河南省“十四五”普通高等教育规划教材

教育专书解读

主　编　郭翠菊

副主编　时　斌　王海霞　田建伟

参　编　姚远峰　房艳梅　王晓雷　肖国刚

南京大学出版社

图书在版编目(CIP)数据

教育专书解读 / 郭翠菊主编. --南京 ：南京大学出版社，2022.8

ISBN 978-7-305-25983-8

Ⅰ. ①教… Ⅱ. ①郭… Ⅲ. ①教育学－师范大学－教材 Ⅳ. ①G40

中国版本图书馆 CIP 数据核字(2022)第 135646 号

出版发行 南京大学出版社
社　　址 南京市汉口路 22 号　　邮　编 210093
出 版 人 金鑫荣

书　　名 教育专书解读
主　　编 郭翠菊
责任编辑 曹　森　　编辑热线 025-83686756

照　　排 南京南琳图文制作有限公司
印　　刷 南京人民印刷厂有限责任公司
开　　本 787×1092　1/16　印张 19.5　字数 462 千
版　　次 2022 年 8 月第 1 版　2022 年 8 月第 1 次印刷
ISBN 978-7-305-25983-8
定　　价 58.00 元

网址：http://www.njupco.com
官方微博：http://weibo.com/njupco
官方微信号：njupress
销售咨询热线：(025) 83594756

---

* 版权所有，侵权必究
* 凡购买南大版图书，如有印装质量问题，请与所购图书销售部门联系调换

序

书籍是培育智慧的工具。伟人酷读，奠基了伟人的伟大，有无数的例证。不厌不倦，阅读成就名师，名师没有不重阅读的。越读书越感到书籍真的是人类进步的阶梯。习近平总书记提出了好老师的四标准：要有理想信念、要有道德情操、要有扎实学识、要有仁爱之心，四者皆不能少，其核心基础是德识，这是好老师的底气。好的学校要有书香气，好的教师要有书卷气，教师要每天不间断地读书，跟书籍结下终生的友谊。读书的高度决定了教师的高度和教学的高度。如果教师不读书，没有在书海中的精神生活，提高他的教育教学技能的一切措施就成了无源之水、无本之木，因为读书才是促进教师专业发展的有效途径，是教师全面提升的根本法宝。

读书必专精不二，方见义理。《教育专书解读》是为教师教育类专业的“教育专书解读”课程或“教育名著导读”课程所编写的一部教材，是教育硕士人才培养方案所设计的课程教材，同时亦是有决心当好老师的人们进行教育专书阅读或教育经典名著研读所必备的读物。该书通过对教育经典名著的深入分析、解读，旨在帮助教师教育类专业学生或已是教师或准备做教师者系统完整地掌握教育专著所蕴含的教育思想、教育观念，以对教育家及其教育思想有更深入细致的思考和领会，学会全面系统地理解具体某一位教育家的思想实质和教育家们思考教育问题的立场、方法。

全书在编写中以习近平总书记关于教育的重要论述为指导，以培养德智体美劳全面发展的社会主义建设者和接班人为旨归，以师范类专业认证理念为依循，以“五结合原则”为贯通。一是教与学结合。教师的教与学生的学相结合，既关注教师讲课之用，更关注学习者或阅读者学习阅读之便。二是理与实结合。理论与实践相结合，既要将观点和理论讲深讲透，又要把理论对实践的指导讲清讲明。三是读与思结合。师生的阅读与师生的思考贯穿整个编写过程，既关注师生阅读之需，又注意难题之思，基于问题意识，将读与思贯穿全书所有章节，读中思，思中读，读中有解，解中有读，解读出名著中的真味，激发学生喜读、乐读、思读，感受读书的美与乐。四是旧与新结合。教育经典中所浸透着的传统观点和新时代教育观念密切结合。既要充分彰显教育经典名著中所蕴含的经久不衰的观点精华，又要规避和批判因其写作时代久远而表现的与时代不入的糟粕错误。五是源与流结合。专书解读，首要的关键是读原著、品原著、悟原著，通过经典语段的精读与赏析，找寻重要教育观点理念的源头及其生命力，同时，又要关注教育经典名著核心观点的当下发展趋势、流向以及与当下教育新研究成果或新观点之间的渗透融合。时刻注意运用马克思主义的观点和习近平总书记关于教育的重要论述统领整个编写过程、编写内容和编写方法，真正做到古为今用、洋为中用，促进读与思、学与用结合，引领学习者在“阅读—越读—悦读”中“进入原著—走出原著”，以持续提高阅读能力、鉴别能力、批判性思维能力和深度学习能力。

本书的出版依托教育学国家一流专业建设和已列入河南省“十四五”规划教材建设名单的机遇，同时又承蒙各编委的用心参与。全书共九章，具体分工如下：导论、第三章、第八章由郭翠菊（安阳师范学院）编写；第一章由房艳梅（安阳师范学院）编写；第二章由王晓雷（安阳师范学院）编写；第四章、第十章由时斌（安阳师范学院）编写；第五章由肖国刚（安阳师范学院）编写；第六章由姚远峰（安阳师范学院）编写；第七章、第九章由王海霞（安阳师范学院）编写。

任何一事的成功，皆是众人心齐助推的结果。本书作为河南省“十四五”普通高等教育规划教材立项建设项目之一，能够顺利出版需要感谢很多人。感谢各位编者的团结一心，感谢田建伟副教授的操心通联，尤其要感谢南京大学出版社和曹森编辑。曹编辑不仅用心、操心、认真、勤奋，更具有高超的组织、联络、校对、沟通的能力和很高的编辑专业水准。此时此刻有一尤其深刻的感受：此书出版的过程，也是深度学习思考的过程。疏漏难免，敬请指正。

是为序。

编　者

2022 年 7 月

目　录

导 论

在阅读中成长与发展

读好书，有好处，开卷有益，人所共知，只是理解的深浅不同。学习好，阅读好，终身学习，尽人皆知，只是践行的力度不同。关于阅读的重要性，家喻户晓，众所周知。世人都说读书好，留下了千古传颂的读书名言警句。如，“读书是人类进步的阶梯。”“读万卷书，行万里路。”“读书破万卷，下笔如有神。”“读书对于智慧，就像体操对于身体一样。”“鸟欲高飞先振翅，人求上进先读书。”“不读书的人思想就会停止。”“三日不读书，便觉语言无味，面目可憎。”纵观人类发展史，遍查文人墨客、先贤圣哲、伟人领袖、英雄模范，名师校长等，凡是成功者或有大贡献者，几乎没有不喜欢读书的。毛泽东主席热爱读书，半床明月半床书。毛泽东说，“我一生最大的爱好是读书”“饭可以一日不吃，觉可以一日不睡，书不可以一日不读”。毛泽东的读书志向、读书精神、读书态度和读书方法，开启了中国共产党人读书治学的一代新风，也留下了许多流传世间的佳话。习近平主席酷爱读书，知青岁月的田间地头见缝插针醉心阅读。在《习近平的七年知青岁月》一书中，所采访的对象无一不说知青时的习近平酷爱读书。“习近平酷爱读书，这一点众所周知。……他在陕北农村劳动期间，数年如一日保持着学习的习惯。……他勤奋好学，到了夜以继日的程度。”①1985 年，联合国教科文组织将每年的 4 月 23 日，即西班牙著名作家塞万提斯和英国著名作家莎士比亚的辞世纪念日作为“世界读书日”“世界图书与版权日”，又称“世界图书日”，至今延续。许多国家都会在这一天举行各种关于读书的宣传活动，鼓励人们阅读，希望散居世界各地的无论男女老幼都能享受到读书的乐趣，并尊重为人类文明作出贡献的大师们。可见，读书之要、读书之妙和读书之美。

专业人员除了读一般书籍，更要读专业书籍。教师是专业人员，需要在广泛阅读的基础上进行专业阅读。早在 1966 年联合国教科文组织与国际劳工组织在《关于教师地位的建议》中就明确提出：应当把教师职业作为专门职业看待。我国 1993 年颁布的《中华人民共和国教师法》中也提出：“教师是履行教育教学职责的专业人员。”教师作为专业人员要达到专业的水平，应该具备专业人员所具有的核心素质：即“专业理念与师德、专业知识和专业能力。专业理念与师德，包括教师的职业道德与认识、对学生的态度与行为、教育教学的态度与行为以及个人修养与行为。专业知识包括教育知识、学科知识、学科教学知识以及通识性知识。专业能力包括教学设计、教学实施、班级管理与教

---

① 中央党校采访实录编辑室. 习近平的七年知青岁月[M]. 北京：中共中央党校出版社，2017：40.

育活动、教育教学评价、沟通与合作以及反思与发展的能力。"①这些核心素质的培养仅仅依靠课堂讲授学习、实习实践学习是远远不够的。对师范生和在职教师来说，阅读、大量阅读、阅读教育专业书籍所获得的理论知识和增长的知识见识，是课堂理论学习、实习实践体悟的基础、背景和佐证。

关于教师阅读的重要性，从习近平总书记关于教育的重要论述中对教师队伍建设的要求到教育部关于教师培养的文件精神，从无数一线优秀教师的成长经历到教学名师大家的成功经验，莫不强调读书成就名师。习近平总书记关于教师队伍建设多次提出殷切期望。他在2014年教师节前夕同北京师范大学师生代表座谈时的讲话中明确提出："教师重要，就在于教师工作是塑造灵魂、塑造生命、塑造人的工作。一个人遇到好老师是人生的幸运，一个学校拥有好老师是学校的光荣，一个民族源源不断涌现出一批又一批好老师则是民族的希望。"②他同时提出了这样的好老师所必须具备的四条标准，即"四有好老师标准"："要有理想信念、要有道德情操、要有扎实学识、要有仁爱之心。"③习近平总书记在北京市八一学校与教师座谈时提出了四个"引路人"："广大教师要做学生锤炼品格的引路人，做学生学习知识的引路人，做学生创新思维的引路人，做学生奉献祖国的引路人。"广大教师要做引路人，首先自己要具备这些良好的品质。教育者必先受教育。孔子说："学而不厌，诲人不倦。"陶行知也十分强调作为教师的人的好学。他说："要想学生好学，必须先生好学，惟有学而不厌的先生才能教出学而不厌的学生。""惟独学而不厌的人，才可以诲人不倦。要想做教师的人把岗位站得长久，必须使他们有机会一面教、一面学，教到老、学到老。当然，一位进步的教师，一定是越学越要学，越学越快乐。"陶行知还强调"好学是传染的。……好学之教师，好学之学生，而且一人传十，十人染百，将会造成一个好学之民族……"④关于教师素质与要求，习近平总书记还提出"四个相统一""六个下功夫""三品"大先生，充分表达了对教师的殷切希望。

在《教育部关于大力推进教师教育课程改革的意见》(教师[2011]6号)中强调："要围绕培养造就高素质专业化教师的目标，坚持育人为本、实践取向、终身学习的理念"。在教育部印发的《幼儿园教师专业标准(试行)》《小学教师专业标准(试行)》《中学教师专业标准(试行)》中，皆将"终身学习"作为基本理念。即"优化知识结构，提高文化素养；具有终身学习与持续发展的意识和能力，做终身学习的典范。"教师理念的转变，如同基因突变，它影响的不只是自己教学行为的改变、教师气质的涵养和精神面貌的改变，也会直接影响和引领学生行为的转变。李政涛在《论教师的好奇心》一文中说："如果将教师发展之路，比喻为'一生中的100里路'，那么教师的价值观、知识、技能和方法等，属于'前50里路'，已有的大多数教师教育、教师培训和教师研修的课程体系，都拥挤在这50里之中，也确实取得了不凡成绩。然而，'后50里路'却相对寂寥，甚少有人

① 《教育学原理》编写组. 教育学原理[M]. 北京：高等教育出版社，2019：294.

② 习近平. 做党和人民满意的好老师——同北京师范大学师生代表座谈时的讲话[N]. 人民日报，2014-9-10.

③ 教育部课题组. 深入学习习近平关于教育的重要论述[M]. 北京：人民出版社，2019：129.

④ 胡晓风等. 陶行知教育文集(第2版)[M]. 成都：四川教育出版社，2007：562-563.

行走其上。”①教师发展的“后 50 里路”在哪里？他用勇气之路、思维品质之路和想象力之路来阐述。在想象力之路中他尤其强调“好奇心之路”。他说：“类似陈寅恪、钱钟书这样的真正的读书人，即使‘读书早已破万卷’，但依然每天沉迷于书本之中，因为‘好奇心’始终与他们的生命同在，他们拥有持续终身的‘好奇心’。从这个角度看，‘终身学习’就是‘终身好奇’，终身好奇是终身学习的内在动力。教师既是‘读书人’，也是‘教书人’，如果教师没有了‘好奇心’，学生怎么办？教师是呵护和激发孩子好奇心的最重要的他人，如同我们无法期待‘不爱读书的教师去激励学生爱读书’一样，我们也不能指望‘自身都没有好奇心的教师去呵护和激发孩子的好奇心’”。

“学高为师，身正为范”。典范，即典型、楷模、模仿、样板。典范是可以作为榜样而起示范作用的人或事物。终身学习的典范，亦即教师要把读书学习贯穿于自己的一生，成为自己始终如一的生活方式，一生忠诚于它。教师本人不仅自己持续不断地学习、学无止境，还要指导引领学生持续不断地学习，做学生持续不断学习的楷模和榜样。教育部《关于实施卓越教师培养计划 2.0 的意见》(教师[2018]13 号)强调实施卓越教师培养计划，强调“培养造就一批教育情怀深厚、专业基础扎实、勇于创新教学、善于综合育人和具有终身学习发展能力的高素质专业化创新型中小学教师。”这样的卓越教师首先应是读书学习的楷模。

无数教育理论家和一线教师也充分论述或表达了读书对成就名师的意义，甚至自身就是读书成就名师的典型案例。《论语》强调“学而时习之，不亦乐乎”“学而不厌，诲人不倦”。苏霍姆林斯基在《给教师的建议》中多次阐述阅读的重要性，特别强调读书和学校读书角的建立。他说：“学生学习越感到困难，他在脑力劳动中遇到的困难越多，他就越需要多阅读。……不要靠补课，也不要靠没完没了的‘拉一把’，而要靠阅读、阅读、再阅读，正是这一点在‘学习困难的’学生的脑力劳动中起着决定性的作用。”②其实，阅读之重要不只是对学习感到困难的学生重要，对所有学生都重要。阅读教育经典专著能使学习困难或厌学的师范生丰富知识背景，重构接纳新知识的知识储备，也能使立志当老师的师范生在教育专著阅读中找到教育理论知识的佐证以及将理论知识深化、透化、融通化的路径；阅读教育经典专著既能使刚当教师的职场小白有底气、有内涵、有理念，高起点地入职开展教学育人；阅读教育经典专著能使从教五年以上的中青年教师突破瓶颈期或高原现象，找到教育教学改革的路向和新目标，以之审视其当下的教育教学，促进教育科学研究，提升教育教学水平向更高境界迈进；阅读教育经典专著能使已获取较高职称或高职称的教师不知疲倦、持续钻研教育教学，促进教育教学水平持续精进、炉火纯青，成为专家型教师。

在教育名著中，《论语》重读书学习，且以强调乐学著称。“学而时习”“不厌不倦”“三人行，必有我师焉。择其善者而从之，其不善者而改之”“学而不思则罔，思而不学则殆”“十五有志于学，三十而立，四十而不惑，五十而知天命，六十而耳顺，七十而从心所欲不逾矩。”“博学而笃志，切问而近思”“逝者如斯夫，不舍昼夜。”《学会生存——教育世

① 李政涛. 论教师的好奇心[J]. 教师发展研究，2020(3)：81－84.

② 苏霍姆林斯基. 给教师的建议(全一册)[M]. 杜殿坤，编译. 北京：教育科学出版社，1984：51.

界的今天和明天》强调学习和终身学习，深刻揭示了未来教育的真谛即终身学习。全书共三个部分，第三部分即以“向学习化社会前进”为题。它认为：“教育正在超出历史悠久的传统教育所规定的界限。它正逐渐在时间上和空间上扩展到它的真正领域——整个人的各个方面。”“未来的学校必须把教育的对象变成自己教育自己的主体，受教育的人必须成为教育他自己的人；别人的教育必须成为这个人自己的教育。这种个人同他自己的关系的根本转变，是今后几十年内科学与技术革命中教育所面临的最困难的一个问题。”①“每一个人必须终身不断地学习。终身教育是学习化社会的基石。”②学会生存实质上就是学会学习和学会发展，且要终身教育、终身学习。

夸美纽斯在《大教学论》中也多次论及阅读及其重要性，甚至包括教师阅读的重要性。他说：“一位教授无论讲演什么题目，他都应该把讨论那个题目的现存的、最好的作品给学生自己去阅读。”③他强调大学必须具有两个重要的条件，“(1)精通一切科学、艺术、学部和语文的有能力的教授，能在任何学科上把知识灌输给全体学生；(2)一所藏有选择得当的图书的图书馆，供大家利用”④。从这两个关键要素来看，学校与图书、阅读有着内在的密切的实质性联系，大学更是专心阅读和学习的地方，“应该当心，只允许勤劳努力、德行优良的学生进大学。不实在的学生，只知道在安逸与奢侈中浪费他们的袭产与光阴，因而给别人以坏的榜样是不能宽容的”⑤。还是在《大教学论》中，第三十一章“论大学”有这样的描述：“我们说过，在大学里面，对于各类作家的作品都应该阅读。这是一件繁难的工作，但是它的用途是很大的，所以，我们希望有学问的人，语文学家、哲学家、神学家、医学家等等都能同样使学生得到好处，如同那些从地理学家学习地理的人所得的好处一样。……这种摘要的用途很大。第一，如果没有时间去读一位作家的全部作品，由此可以对那位作家得到一个概念。第二，凡是(依从辛尼加的劝告)想专心研究一位作家的作品的人(因为不同的作家投合不同的脾胃)，便可迅速地浏览全体作家的作品，根据他们的嗜好去决定他们的选择。第三，对于打算阅读作家的全部作品的人，这种摘要可以使他们从阅读得到更大的好处，正像一个旅行家一样，他若先从地图上研究过旅程中的细节，他就比较容易领略那些细节了。凡是对于读过的作品想去迅速复习一遍的人，这种摘要对于他们也有很大的用处，因为它可以帮助他们记住其中的要点，彻底领悟那些要点。……这种摘要可以单独刊行(为贫苦学生和不能阅读全集者之用)，也可以和全集订在一块，使愿读全集的人在读全集以前对于题材得到一个概念。”⑥这告诉我们，作为一个人是要阅读且要学会阅读的，大学生更需要学会阅读，还得在阅读中学会摘抄，学会原著与摘抄的互补运用。专书解读在某种程度上也就是要

① 联合国教科文组织国际教育发展委员会.学会生存：教育世界的今天和明天[M].联合国教科文组织中文科，译.北京：教育科学出版社，1996：200.

② 联合国教科文组织国际教育发展委员会.学会生存：教育世界的今天和明天[M].联合国教科文组织中文科，译.北京：教育科学出版社，1996：223.

③ 夸美纽斯.大教学论(2版)[M].傅任敢，译.北京：教育科学出版社，2014：201.

④ 夸美纽斯.大教学论(2版)[M].傅任敢，译.北京：教育科学出版社，2014：199.

⑤ 夸美纽斯.大教学论(2版)[M].傅任敢，译.北京：教育科学出版社，2014：200.

⑥ 夸美纽斯.大教学论(2版)[M].傅任敢，译.北京：教育科学出版社，2014：200-201.

让学生既要学会认真仔细地阅读教育经典原著，又要十分用心地细磨和熟记经典语段，经典语段相当于夸美纽斯所阐述的“摘要”，同时，还要在阅读原著的过程中分析出自己最喜欢且有价值的经典语段，并能论说出原因和道理或自己从本段经典中所体悟到的感受。

《教育专书解读》中所论及的每位作家或作品无不强调学习、阅读的重要性。《学记》重阅读学习，强调：“君子如欲化民成俗，其必由学乎！”“玉不琢，不成器；人不学，不知道。”“虽有佳肴，弗食，不知其旨也；虽有至道，弗学，不知其善也。是故学然后知不足，教然后知困。知不足，然后能自反也；知困，然后能自强也。故曰：教学相长也。”“蛾子时术之，其此之谓乎！”“大学之法，禁于未发之谓豫，当其可之谓时，不凌节而施之谓孙，相观而善之谓摩。此四者，教之所由兴也。”“发然后禁，则扞格而不胜；时过然后学，则勤苦而难成；杂施而不孙，则坏乱而不修；独学而无友，则孤陋而寡闻。燕朋逆其师，燕辟废其学。此六者，教之所由废也。”“学者有四失，教者必知之。人之学也，或失则多，或失则寡，或失则易，或失则止。此四者，心之莫同也。知其心，然后能救其失也。教也者，长善而救其失者也。”“善歌者，使人继其声。善教者，使人继其志。”“记问之学，不足以为人师，必也，其听语乎。力不能问，然后语之。语之而不知，虽舍之可也。”①

读书重要，读书的方法更重要。作为教师教育类专业的师范生究竟怎样阅读教育专著？怎样阅读《教育专书解读》？怎样学习教育专书解读这门课程？有三点建议：一是教育专著必须阅读。二是在《教育专书解读》学习的过程中读教育专著。三是将听说读写融通于学习教育专书解读之中。

首先，师范生阅读教育专著是专业要求。识字读书是人生教育的一部分，师范生阅读教育专著如同人一日需要三餐一般稀松平常。陶行知说：“在教师的手里操着幼年人的命运，便操着民族和人类的命运。”②因此，真正能认真阅读教育专著，能认真学习好这门课程，首先是激发兴趣和摆正动机。每个人、每个学生做任何事，首先要有比较好的动机，这个动机可由教师激发，可由学生在持续不断地学习中逐渐萌发，而且这个比较好的动机最好不是外在的、表面的、物质的，比如胜过别人、争当第一、获得物质奖励等。而是内在的、精神的、持续追求的，如读书本身的乐趣、品味出了知识的味道后的喜悦、获得了精神的增长后的日益充盈的兴味等。只有心甘情愿了，真正阅读时才会不厌。正因为此，夸美纽斯在《大教学论》中说：“有许多人，缺乏的不是学习能力，而是学习的意愿，去违反这种人的意志而强迫他们是不愉快的，也是没有用处的。我的答复是：有一个故事，说到一个哲学家，他有两个学生，一个很懒，一个很用功。两个学生都被老师打发走了；因为一个虽有能力学习但不肯学习，另一个虽则渴望求得知识，却没有能力去求得知识。”③可见，自发地体会到读书的重要性，尤其是对师范生和好老师的重要性才是首要的。

其次，阅读《教育专书解读》必须与阅读教育经典专著相结合。《教育专书解读》是

① 高时良. 学记研究[M]. 北京：人民教育出版社，2005：1－2.

② 胡晓风等. 陶行知文集[M]. 成都：四川教育出版社，2007：206.

③ 夸美纽斯. 大教学论(2版)[M]. 傅任敢，译. 北京：教育科学出版社，2014：49.

在对大量的教育名著进行筛选的基础上，先选出作为师范生或未来教师或大中小学幼教师不得不读、至少得读几本作为看家本领的教育经典。由于这些经典或年代久远，或深刻难解，或各有风格等原因，需要在教师认真阅读领会之后对学生进行引领着读、讲解着读和指导着读。这种解读既包括在众多教育经典名著之中选择其中更有特点的内容来读，也包括在某一具体名著中选其片段精华进行欣赏解读剖析。这是一个多与少、泛与精的关系。多与泛类似于背景，少与精如同核心，二者是不能截然分离的。因此，阅读《教育专书解读》，要把握住解读中的内容与原著之关系，教育经典原著与《教育专书解读》之关系如同母与子，亲密无间。阅读时，二者要兼读或同读。

再次，学习教育专书解读课程要听说读写合一。听，即听讲，包括听教师讲和听同学讲；说，即交流，包括同学与同学之间课上课下彼此交流读书心得，也包括在课堂上与教师和同学交流在阅读兴起处的沟通展示；读，即阅读，包括读《教育专书解读》和读教育经典名著；写，即写作，包括撰写阅读教育经典专著和听讲教育专书解读课程的体会、启迪或小论文，也包括撰写与毕业设计相关的大论文。在听说读写的融通中主动阅读《教育专书解读》，主动学习教育专书解读这门课程，主动思考和感悟教育家们的教育情怀、教育志趣、教育精神以及教育经典内容论述的精髓和源远流长的真谛。

无数的经验和案例证明，真正喜欢阅读名著经典的人是颇有静气的，也是颇有知性和气质的。其实，做教师何尝不需要这种静气、这种知性和这种教师气质呢？在教育部颁布的《普通高等学校师范类专业认证实施办法（暂行）》中十分强调“一践行三学会”——践行师德，学会教学、学会育人、学会发展，强调终身学习、持续改进和持续发展。教育部等八部门又于 2022 年之初印发了《新时代基础教育强师计划》，强调着力“培养造就高素质专业化创新型中小学教师队伍”。试想，教师的气质，教师的品位、品行、品德依仗什么来涵养？其实优秀的或卓越的教师品行的培养有多种路径，最根本的是需要在大量的自觉自愿的阅读学习中涵养，需要有书卷气，需要在大量的教育经典阅读中成就教师素养的“万仞之深”。《大量阅读的重要性》《教师阅读力》《新时代教师专业发展的八项修炼》《读书与教书》《优秀教师的九堂必修课》《谁是最具成长力的教师》《读书成就名师》等，无不诠释出了好老师成长轨迹中阅读的重要性。是的，要想当好老师，阅读、听讲、写作、实践、锻炼，应是师范生或教师的基本功，应成为师范生在校生活或大中小幼教师职业生活的常态。正如陶行知所说：“人生为一大事来，做一件大事去。”[①]立德树人作为教育的根本任务，教书育人作为教师的神圣使命，就是我们所有师范生的人生大事，就是我们教师的人生大事。真知识是要自得的，非用心以求不真得。

① 胡晓风等. 陶行知文集[M]. 成都：四川教育出版社，2007：200.

第一章

学而时习之:《论语》

内容提要

《论语》是儒家学派的创始人孔子及其弟子们的言行录,是后人了解、研究孔子教育活动与教育思想的最基本、最重要的资料。在中国古代传统文化中,《论语》的地位极高,在中国思想史、文化史、教育史上都产生过重要影响,在国外也广为人知,受到极大的重视。其内容非常丰富,涉及哲学、政治、经济,教育、文艺等诸多方面,思想博大精深,语言精练生动,是语录体散文的典范。孔子热爱教育事业,终身从事教育活动,形成了有教无类、学而不厌、诲人不倦、循循善诱、因材施教等丰富的教育思想,为中国古代教育奠定了深厚的理论基础。孔子的思想,不仅对中国古代社会产生了深远的影响,对于当代社会仍有极强的借鉴意义。

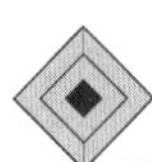

学习目标

1. 了解《论语》的影响及孔子生平。
2. 熟悉并能记诵《论语》中的经典语段。
3. 理解并能阐述《论语》中的精华思想。
4. 学会从不同的视角出发,解读、研究孔子的思想。

第一节　简介及影响

《论语》是对孔子及其弟子们话语的编纂,集中体现了孔子的政治主张、伦理思想及教育思想等,是中国最早的语录体著作。孔子一生奋发求知,长期从事教育活动,是儒家学派的创始人,也是我国古代教育理论的伟大奠基者。《论语》涉及的内容广泛,思想深入人心,对我国的思想史、文化史、教育史都具有深远影响,而且在国外也广为人知,深受重视。

一、论语简介

《论语》是儒家学派的创始人孔子及其弟子们的言行录，是中国传统社会中学子们必读的重要经典之一，其成书年代大致在战国初期。据班固《汉书·艺文志》记载："《论语》者，孔子应答弟子、时人及弟子相与言而接闻于夫子之语也。当时弟子各有所记，夫子既卒，门人相与辑而论撰，故谓之《论语》。"这段话的意思是说孔子的弟子们记录了孔子应答弟子、时人以及孔子弟子们之间的话语，孔子逝世后，弟子们经过讨论、遴选，最后编纂成册，所以叫作"论语"。其中"论撰"一词，推断班氏之义当为"编纂"，"语"是"话语"之义。"论语"就是对孔子及其弟子们话语的编纂。《论语》中记录的大部分是孔子和弟子的对话，集中体现了孔子的政治主张、伦理思想、道德观念及教育思想等，是中国最早的语录体著作。全书共20篇，每篇包括若干章，篇名以其首章首句起首的二字或三字题之，如《学而》《述而》等，各章、各篇之间没有必然的逻辑关系，是松散而简约的语录体，基本上是孔子与其弟子开展教学活动的记录，也是后人了解、研究孔子教育活动与教育思想的最基本、最重要的资料。

作为一部优秀的语录体散文集，《论语》以言简意赅、含蓄隽永的语言，记述了孔子的言论。书中所记孔子循循善诱的教诲之言，或简单应答，点到即止；或启发论辩，侃侃而谈；富于变化，娓娓动人。其中有许多言论在当代仍被世人视为至理名言。如"其身正，不令而行；其身不正，虽令不从。""三人行，必有我师焉，择其善者而从之，其不善者而改之。""见贤思齐焉，见不贤而内自省也。""学而时习之，不亦说乎?"，"学而不思则罔，思而不学则殆。""己所不欲，勿施于人。"等。

《论语》善于通过神情仪态的描写，在简单的对话和行动中展示人物形象。孔子是《论语》描述的中心，书中不仅有关于他仪态举止的静态描写，而且有关于他个性气质的传神刻画。此外，围绕孔子这一中心，《论语》还成功地刻画了一批孔门弟子的形象。如子路的率直鲁莽，颜回的温雅贤良，子贡的聪颖善辩，曾皙的潇洒脱俗……每一个都称得上个性鲜明，给人留下深刻印象。《论语》中的人物都成了中国历史文化中的典型形象，对后世产生了深远的影响。

学者赵伯雄认为，作为儒家的经典，《论语》有三个特点。第一，此书涉及的方面甚广。小至个人涵养，交友孝亲，为人处世，大到国家社会，为政治民，人在政治生活、社会生活、家庭生活种种领域中的一切原则和规范，几乎都可以在《论语》中找到。第二，此书比其他经典更能直接地反映孔子的思想。《论语》中所记述的孔子的言行，大多比较可信，故讨论孔子的思想，根据《论语》应当是最靠得住的。第三，此书是孔子及其弟子谈话、讲论的记录，文字最为接近口语，为原始的语录体，读起来亲切自然，易于为人所接受。①

自汉以来，《论语》就很受重视。汉人把《论语》列为童蒙之书，认为此书乃通经的基础。魏晋以后，《论语》直接被视为经书，列于学官，设博士教授。唐代的各级各类学校，均以《论语》为必修的功课。到了宋代，朱熹将《论语》与《大学》《孟子》《中庸》合编为"四

---

① 唐明贵.《论语》学的形成发展与中衰[M].北京：中国社会科学出版社，2005：序.

书”,对儒家的经典进行了合乎时代需要的提炼与浓缩,《论语》的价值更加彰显。元明以后,《论语》更成了家传户诵之书,每一个读书人自幼便能上口,《论语》的思想与文句,深入人心,达到了前所未有的程度。

《论语》与《大学》《中庸》《孟子》并称“四书”,再加上《诗经》《尚书》《礼记》《周易》和《春秋》,总称“四书五经”。《论语》被司马迁称为“孔氏书”,读《论语》,必须要对孔子有深入了解。

二、孔子的生平

孔子(公元前551—公元前479年),名丘,字仲尼,春秋末期鲁国陬邑(今山东曲阜)人。祖籍宋国栗邑(今河南省夏邑县)。中国古代思想家、政治家、教育家,儒家学派创始人,中国古代教育理论的奠基人。

(一) 奋发求知,招生讲学

孔子祖先是殷商贵族,后自宋迁鲁,到孔子出生时,其家道已经衰落。孔子的父亲孔纥,字叔梁,曾做过陬地的地方官。孔子3岁时父亲去世,随母颜徵在迁居曲阜阙里,由寡母抚养成人。因家贫,孔子从小便不得不为谋生而做事,这使他得以广泛接触社会下层,了解人民的生活和愿望,并学会多种本领。他自称“吾少也贱,故多能鄙事。”

孔子的故乡鲁国是当时的文化中心之一,在“周礼”熏陶下,“吾十有五而志于学”,孔子15岁时便确立了坚定不移的学习志向,奋发求知,努力学习。20岁左右,当过管理仓库的“委吏”和管理畜牧的“乘田”。在他30岁左右,开始招生办学,从事教育活动。他的私学,对学生的年龄、身份不予限制,产生了广泛的社会影响。大约在40岁左右,孔子形成了自己的学说,并通过讲学扩大宣传,对鲁国产生了政治影响。

(二) 周游列国,宣传学说

大约50岁时,孔子获得从政机会,出任鲁国的中都宰、大司寇等职,后因与执政大夫季氏的政见不合而离开鲁国,率众弟子周游宋、卫、陈、蔡、齐、楚等国,一面宣传自己的政治主张,一面从事教育活动。

孔子所处的春秋末期,是中国由奴隶社会向封建社会过渡的历史时期。面对社会的巨变,孔子认为“天下无道”“礼乐崩坏”。他以维护周礼为己任,但同时认为“周礼”必须有所改革,只有经过改革的“周礼”才符合他的理想——“道”。孔子在世时已被誉为“天纵之圣”“天之木铎”,是当时社会上最博学的学者之一,并且被后世统治者尊为“孔圣人”“至圣”“至圣先师”“万世师表”。他的思想始终贯穿着济世救民的理念,希望社会是一个和谐的社会,人们都过上有秩序的生活。孔子生前周游列国,一直都在不遗余力地推行、宣传自己的学说,希望有国君能够崇信并施行自己的学说,进而实现他的王道社会理想。其学说虽偶有被治国者重视起用的时候,但基本上是处于一种不得志状态,甚至遭到武力威胁和围困。司马迁描述他的这种状态“去鲁,斥乎齐,逐乎宋、卫,困于陈、蔡之间……”他自己则自嘲为“丧家之狗”,可见其狼狈。在饱受挫折的情况下,他并没有消极,依然讲诵弦歌不衰。

（三）整理典籍，诲人不倦

68岁时，孔子受礼聘返鲁，被尊为国老。他继续招生讲学，在讲学的同时致力于古代文献的整理，在晚年完成《诗》《书》《礼》《乐》《易》《春秋》的编纂工作。《史记·孔子世家》上说："孔子不仕，退而修《诗》《书》《礼》《乐》，弟子弥众，至自远方，莫不受业焉。"他的思想和学说超越了现实权势，对中国和世界都有深远的影响，被列为"世界十大文化名人"之首。公元前479年，孔子病逝。许多弟子服丧三年，个别弟子长达六年，表现了师生之间深厚的感情。

孔子一生的大部分时间都在从事教育活动，并通过教育活动创立了儒家学派，因此，他是儒家学派的创始人，也是我国古代教育理论的伟大奠基者。据《史记·仲尼弟子列传》记载，孔子有"弟子盖三千，身通'六艺'者，七十有二人"。他在丰富的教育实践经验的基础上概括总结出较为系统的教育思想，对中国古代教育的发展产生了深远的影响。孔子关于教育作用、教育目的、教育内容、教育原则、教育方法等的论述，不仅开我国教育学研究的先河，而且在世界教育史上也有崇高的地位。

孔子主张"述而不作"，其言论、思想主要见诸《论语》，该书被奉为儒家经典。在漫长的古代社会中，《论语》成了当时的"圣经"，大到齐家、治国、平天下，小到个人的待人接物、一言一行，都在它的规范之中。要想了解中国的传统文化，就不能不读《论语》。

三、《论语》的影响

在我国古代传统文化中，《论语》的地位极高，对我国的思想史、文化史、教育史都产生过重要影响。《论语》自汉武帝"罢黜百家，独尊儒术"之后，被尊为"五经之管辖，六艺之喉衿"，是学者必读之书，是研究孔子及儒家思想的第一手资料，后代学者对其注疏者不计其数。北宋政治家赵普曾有"半部《论语》治天下"之说。南宋大儒朱熹认为，《论语》是治学的起点和德行事业的标的，他将《大学》《中庸》《论语》《孟子》合称为"四书"，并作《四书集注》，使之在儒家经典中的地位日益提高，成为当时及后代士子的修身圭臬。明太祖朱元璋更是将《论语》钦定为科举必读之书，此举对中国古代传统文化及思想发展影响深远。此后一直到清朝末年推行洋务运动，废除科举之前，《论语》一直是中国传统社会中士子们必读的典籍之一。康有为曾说："盖千年来，自学子束发诵读，至于天下推施奉行，皆以《论语》为孔教大宗正统，以代六经。"①由此可见此书在中国古代社会所发挥的作用与影响之大。

《论语》不仅在国内有深远影响，而且在国外也广为人知，受到极大的重视。《论语》及其注释书最先传入朝鲜，后经王仁传至日本，被两国作为普及教材使用，对两国的政治、经济、文化产生了深远影响。1593年，著名传教士利玛窦把"四书"译为拉丁文寄回意大利，《论语》传入欧洲。以后又有法、英、德、俄等文译本。《论语》在许多国家都产生过程度不同的影响。如法国的启蒙思想家伏尔泰认为孔子"己所不欲，勿施于人"的思想，是超过基督教教义的最纯粹的道德。被马克思称为"现代政治经济学始祖"的魁奈，

---

① 康有为．论语注[M]．北京：中华书局，1984：序．

自命为孔子的继承人,被人称为“欧洲的孔子”。即使在今天,西方国家仍有不少学者致力于对《论语》现代意义的诠释与阐发。①

《论语》作为一部在国内外都有重要影响的经典,其中蕴含的博大精深的思想直到当代仍然闪耀着智慧的光芒。当代社会层出不穷的新思潮,都不能掩盖《论语》的光辉。进入21世纪,中华大地上出现了持续不衰的“国学热”,面对不断出现的社会问题,人们开始在古代经典中寻找解决新问题的智慧,从“至圣先师”的名言中探求生活的真谛,寻求心灵的升华、情感的依归和生命的价值。记载着孔子言行思想的《论语》一书,一遍又一遍验证着它的普世与超越。对于每一个中国传统文化的学者,以及每一个想实现人生价值升华的中国人来说,《论语》都是一部不可不读的人类文化经典。

第二节 经典语段

《论语》全书共20篇492章,一万余字,内容非常丰富,涉及哲学、政治、经济,教育、文艺等诸多方面,思想博大精深,是我们研究孔子思想最宝贵的材料。在表达上,《论语》语言精练,形象生动,是语录体散文的典范。现根据孔子的教育思想,将《论语》中的经典语段归纳为几个方面。

一、关于性、习

子曰:“性相近也,习②相远也。”(《论语·阳货》)

子曰:“唯上知③与下愚不移。”(《论语·阳货》)

子曰:“生而知之者上也;学而知之者次也;困而学之,又其次也;困而不学,民斯为下矣。”(《论语·季氏》)

子曰:“我非生而知之者,好古敏以求之者也。”(《论语·述而》)

子贡④曰:“夫子之文章⑤,可得而闻也;父子之言性与天道⑥,不可得而闻也。”(《论语·公冶长》)

二、关于有教无类

子曰:“有教无类。”(《论语·卫灵公》)

---

① 唐明贵.《论语》学的形成发展与中衰[M].北京:中国社会科学出版社,2005:1.

② 习:生活习染。也可指学习。

③ 知:同“智”,指知识与品质。

④ 子贡:姓端木,名赐,字子贡,卫人,孔子弟子,以口才著称。

⑤ 文章:指有关古代文献的学问而言。

⑥ 天道:古人所说的天道,一般是指自然与人类社会吉凶祸福的关系。这是古人迷信思想的反映。

子曰:“自行束脩[①]以上,吾未尝无诲焉。”(《论语·述而》)

子适卫,冉有仆[②]。子曰:“庶[③]矣哉!”冉有曰:“既庶矣,又何加焉?”曰:“富之。”曰:“既富矣,又何加焉?”曰:“教之。”(《论语·子路》)

互乡[④]难与言,童子见,门人惑。子曰:“与其进也,不与其退也,唯何甚?人洁己以进,与其洁也,不保[⑤]其往也。”(《论语·述而》)

子曰:“吾有知乎哉?无知也。有鄙夫[⑥]问于我,空空如也,我叩其两端而竭焉[⑦]。”(《论语·子罕》)

三、关于君子

子路问君子,子曰:“修己以敬。”曰:“如斯而已乎?”曰:“修己以安人。”曰:“如斯而已乎?”曰:“修己以安百姓。修己以安百姓[⑧],尧舜其犹病诸!”(《论语·宪问》)

子曰:“君子食无求饱,居无求安,敏于事而慎于言,就有道而正焉,可谓好学也已。”(《论语·学而》)

子曰:“君子不重,则不威。学则不固[⑨]。主忠信。无友不如己者;过则勿惮改。”(《论语·学而》)

子曰:“君子去仁,恶乎[⑩]成名?君子无终食之间违仁,造次必于是,颠沛[⑪]必于是。”(《论语·里仁》)

子谓子产[⑫]:“有君子之道四焉:其行己也恭,其事上也敬,其养民也惠,其使民也义。”(《论语·公冶长》)

子曰:“君子道者三,我无能焉:仁者不忧,知者不惑,勇者不惧。”子贡曰:“夫子自道也。”(《论语·宪问》)

子曰:“君子疾没世而名不称焉。”(《论语·卫灵公》)

子曰:“君子喻以义,小人喻于利。”(《论语·里仁》)

---

① 束脩:脩,干肉,又叫脯。束,十条为一束。束脩就是十条干肉,古代用来作为初次见面的礼物。

② 冉有:名求,字子有,鲁国人,孔子弟子,有政治和军事才能。仆,驾车。

③ 庶:众,指人口众多。

④ 互乡:地名。

⑤ 保:坚守。

⑥ 鄙夫:粗俗的人,庄稼汉。

⑦ 叩其两端而竭焉:指孔子就农夫所问的问题,从首尾两头开始反过来叩问他,一步步问到穷竭处,问题就不解自明了。叩,叩问。两端,指鄙夫所问问题的首尾。竭,尽。

⑧ 修己以安百姓:修养自己的品德,使所有老百姓都得到安乐。

⑨ 学则不固:学习就不会使人固蔽。

⑩ 恶(wū)乎:怎样。

⑪ 颠沛:挫折。

⑫ 子产:公孙侨,字子产,郑穆公之孙,春秋时郑国的贤相。郑国地处晋楚争雄的要冲,子产执政二十二年,不卑不亢,从容周旋于两大国之间,使郑国得到安全和被其他国家所尊重,是一位杰出的政治家和外交家。

子曰:“君子泰而不骄,小人骄而不泰。”(《论语·子路》)

子曰:“君子坦荡荡,小人长戚戚。”(《论语·述而》)

子曰:“君子周而不比①,小人比而不周。”(《论语·为政》)

子曰:“君子上达,小人下达。”(《论语·宪问》)

子曰:“君子不以言举人,不以人废言。”(《论语·卫灵公》)

子曰:“君子义以为质,礼以行之,孙以出之,信以成之。君子哉!”(《论语·卫灵公》)

子曰:“君子成人之美,不成人之恶。小人反是。”(《论语·颜渊》)

子曰:“君子病无能焉,不病人之不己知也。”(《论语·卫灵公》)

子曰:“人不知而不愠,不亦君子乎?”(《论语·学而》)

子曰:“君子求诸己,小人求诸人。”(《论语·卫灵公》)

子曰:“质胜文则野,文胜质则史②。文质彬彬,然后君子。”(《论语·雍也》)

曾子曰:“君子以文会友,以友辅仁。”(《论语·颜渊》)

四、关于诗、书、礼、乐

子曰:“兴于《诗》,立于礼,成于乐③。”(《论语·泰伯》)

子曰:“小子何莫学夫《诗》?《诗》,可以兴,可以观,可以群,可以怨④。迩之事父,远之事君;多识于鸟兽草木之名。”(《论语·阳货》)

子曰:“诵《诗》三百,授之以政,不达;使于四方,不能专对⑤;虽多,亦奚以为⑥?”(《论语·子路》)

陈亢⑦问于伯鱼⑧曰:“子亦有异闻乎?”对曰:“未也。尝独立,鲤趋而过庭。曰:‘学《诗》乎?’对曰:‘未也。’‘不学《诗》,无以言。’鲤退而学《诗》。他日,又独立,鲤趋而过庭。曰:‘学《礼》乎?’对曰:‘未也。’‘不学《礼》,无以立。’鲤退而学礼。闻斯二者。”陈亢退而喜曰:“问一得三:闻《诗》,闻《礼》,又闻君子之远其子也。”(《论语·季氏》)

子所雅言⑨,《诗》《书》、执礼,皆雅言也。(《论语·述而》)

---

① 周、比:当时把以道义来团结人称为“周”,以暂时共同利害相勾结称为“比”。

② 史:古代掌管文书的官吏都叫史。这里和野对举,是文多而质少的意思。

③ “兴于《诗》”三句:修身应当从学《诗》开始,继之学礼以立身,学乐以成德性。

④ “可以兴”四句:兴,诗六艺之一,指起兴、联想,先咏此物引发出彼物。观,观察风俗盛衰。群,群居切磋。怨,讽刺时政。

⑤ 专对:古代的使节,只接受任务,至于如何去交涉应对,只能随机应变,独立行事,这就叫作“受命不受辞”,也就是这里说的“专对”。同时春秋时期的外交酬酢和谈判,多半用诗篇来代替语言,所以《诗》是外交人才的必读之书。

⑥ 亦奚以为:“以”,动词,做“用”讲。为,表疑问的语气词,与“奚”“何”诸字连用,如“何以文为”“何以伐为”。

⑦ 陈亢:字子禽,陈国人,孔子弟子。

⑧ 伯鱼:孔鲤,字伯鱼,孔子之子。

⑨ 雅言:用正音(对于方音而言)读讲。音正然后词义明达。

子语鲁大师乐，曰："乐其可知也：始作，翕如也[①]；从[②]之，纯如也[③]，皦如也[④]，绎如也[⑤]，以成。"(《论语·八佾》)

子与人歌而善，必使反之，而后和之。(《论语·述而》)

子以四教：文，行，忠，信。[⑥] (《论语·述而》)

子曰："君子博学于文，约之以礼，亦可以弗畔[⑦]矣夫！"(《论语·雍也》)

五、关于学、思

子曰："学而时习之，不亦说[⑧]乎？有朋自远方来，不亦乐乎？人不知而不愠，不亦君子乎？"(《论语·学而》)

子曰："学而不思则罔[⑨]，思而不学则殆[⑩]。"(《论语·为政》)

子曰："吾尝终日不食，终夜不寝，以思，无益，不如学也。"(《论语·卫灵公》)

子曰："吾十有[⑪]五而志于学，三十而立[⑫]，四十而不惑，五十而知天命，六十而耳顺[⑬]，七十而从心所欲，不逾矩[⑭]。"(《论语·为政》)

子曰："盖有不知而作之者，我无是也。"多闻，择其善者而从之，多见而识[⑮]之，知之次也。(《论语·述而》)

子曰："多闻阙疑[⑯]，慎言其余，则寡尤[⑰]；多见阙殆[⑱]，慎行其余，则寡悔。言寡尤，行寡悔，禄在其中矣。"(《论语·为政》)

子曰："述而不作，信而好古，窃比于我老彭[⑲]。"(《论语·述而》)

子曰："学如不及，犹恐失之。"(《论语·泰伯》)

---

① 翕：合的意思，五声六律，一齐相合。

② 从，同"纵"，放纵，展开。

③ 纯：美好、和谐，八音和谐。

④ 皦：与"皎"通，明晰，音节分明。

⑤ 绎：相续不绝。

⑥ 文、行、忠、信：文指《诗》《书》《礼》《乐》。行，躬行，实践。忠，忠心。信，信实。

⑦ 畔：同"叛"。

⑧ 说：同"悦"。

⑨ 罔：惘然无所得。

⑩ 殆：有两义，第一、疑惑；第二、疲怠。

⑪ 有(yòu)：同"又"。古文中表数字时常用"有"代替"又"，表示相加的关系。

⑫ 立：站立，成立。这里指立身处世。

⑬ 耳顺：对于外界一切相反相异、五花八门的言论，能分辨真伪是非，并听之泰然。

⑭ 矩：法度。

⑮ 识(zhì)：同"志"，记住。

⑯ 阙疑：把疑难问题留着，不下判断。阙，通"缺"。

⑰ 尤：过失。

⑱ 阙殆：与"阙疑"对称，同义，故均译为"怀疑"。

⑲ 比于我老彭：把自己比作老彭。我，表示亲近。老彭，商代的贤大夫彭祖。

子曰:“三年学,不至[1]于谷[2],不易得也。”(《论语·泰伯》)

子夏曰:“日知其所亡,月无忘其所能,可谓好学也已矣。”(《论语·子张》)

子曰:“笃信好学,守死善道。危邦不入,乱邦不居。”(《论语·泰伯》)

子曰:“由也!女闻六言[3]六蔽矣乎?”对曰:“未也。”“居!吾语女。好仁不好学,其蔽也愚;好知不好学,其蔽也荡;好信不好学,其蔽也贼;好直不好学,其蔽也绞;好勇不好学,其蔽也乱;好刚不好学,其蔽也狂。”(《论语·阳货》)

哀公[4]问:“弟子孰为好学?”孔子对曰[5]:“有颜回者好学,不迁怒,不贰过。不幸短命死矣,今也则亡,未闻好学者也。”(《论语·雍也》)

子入太庙[6],每事问。或曰:“孰谓鄹[7]人之子知礼乎?入太庙,每事问。”子闻之,曰:“是礼也。”(《论语·八佾》)

子贡问曰:“孔文子[8]何以谓之文也?”子曰:“敏而好学,不耻下问,是以谓之‘文’也。”(《论语·公冶长》)

曾子曰:“以能问于不能;以多问于寡;有若无;实若虚;犯而不校[9]。昔者吾友[10]尝从事于斯矣。”(《论语·泰伯》)

子夏曰:“博学而笃志,切问而近思,仁在其中矣。”(《论语·子张》)

子曰:“见贤,思齐焉;见不贤而内自省也。”(《论语·里仁》)

子曰:“不曰‘如之何,如之何’者,吾末如之何也已矣。”(《论语·卫灵公》)

子曰:“人无远虑,必有近忧。”(《论语·卫灵公》)

孔子曰:“君子有九思:视思明,听思聪,色思温,貌思恭,言思忠,事思敬,疑思问,忿思难[11],见得思义。”(《论语·季氏》)

子曰:“由[12]!诲汝知之乎?知之为知之,不知为不知,是知也。”(《论语·为政》)

子曰:“知之者不如好之者,好之者不如乐之者。”(《论语·雍也》)

---

① 至:指意念之所至。

② 谷:禄。

③ 六言:指的是六种品德。

④ 哀公:鲁君,姓姬,名蒋,定公之子,在位27年。“哀”是谥号。

⑤ 对曰:《论语》的行文体例是,臣下对君上的询问,一定用“对曰”。

⑥ 太庙:古代开国之君叫太祖,太祖之庙便叫作太庙。周公旦是鲁国最初受封之君,所以鲁国的太庙,就是周公的庙。

⑦ 鄹:鲁国地名,在今山东省曲阜市东南。孔子的父亲做过鄹大夫,所以这里称为鄹人。

⑧ 孔文子:卫国的大夫孔圉,谥号“文”。

⑨ 校:同“较”。

⑩ 吾友:历来的注释家都以为是指颜渊。

⑪ 难(nàn):这里指发怒可能带来的灾难、留下的后患。

⑫ 由:孔子的高足,姓仲,名由,字子路,卞(故城在今山东泗水县东五十里)人。

子绝四:毋意[①],毋必[②],毋固[③],毋我[④]。(《论语·子罕》)

子曰:“譬如为山,未成一篑[⑤],止,吾止也。譬如平地,虽覆一篑,进,吾往也。”(《论语·子罕》)

子路使子羔为费宰。子曰:“贼夫人之子。”子路曰:“有民人焉,有社稷焉,何必读书,然后为学?”子曰:“是故恶夫佞者!”(《论语·先进》)

六、关于启发引导

子曰:“不愤[⑥]不启,不悱[⑦]不发。举一隅不以三隅反,则不复也。”(《论语·述而》)

子谓子贡曰:“女与回也孰愈[⑧]?”对曰:“赐也何敢望[⑨]回?回也闻一以知十,赐也闻一以知二。”子曰:“弗如也,吾与女弗如也。”(《论语·公冶长》)

子贡曰:“贫而无谄[⑩],富而无骄,何如?”子曰:“可也,未若贫而乐[⑪],富而好礼者也。”子贡曰:“《诗》云:‘如切如磋!如琢如磨[⑫]’,其斯之谓与?”子曰:“赐也!始可与言《诗》已矣,告诸往而知来者。”(《论语·学而》)

子夏[⑬]问曰:“‘巧笑倩兮,美目盼兮,素以为绚兮。’何谓也?”子曰:“绘事后素。”曰:“礼后乎?”子曰:“起予者商也!始可与言《诗》已矣。”(《论语·八佾》)

颜渊喟然[⑭]叹曰:“仰之弥高[⑮],钻之弥坚。瞻之在前,忽焉在后。夫子循循然[⑯]善诱人,博我以文,约我以礼。欲罢不能,既竭吾才,如有所立卓尔[⑰]。虽欲从之,末由也已[⑱]。”(《论语·子罕》)

---

① 意:通“臆”,主观地揣测。

② 必:绝对。

③ 固:固执。

④ 我:自以为是。

⑤ 篑(kuì):盛土的筐子。

⑥ 愤:心求通而未得之意。

⑦ 悱:口欲言而未能之貌。

⑧ 愈:较好。

⑨ 望:同他相比。

⑩ 谄(chǎn):意为巴结、奉承。

⑪ 贫而乐:皇侃本“乐”下有道字。郑玄《注》云:“乐谓志于道,不以贫为忧苦。”

⑫ 如切如磋,如琢如磨:此二句见《诗经·卫风·淇澳》。此语有两种解释:一说治骨曰切,治象曰磋,治玉曰琢,治石曰磨。四字分指平列,谓非加切磋琢磨之功,则四者不能成器;一说治象牙骨者,切了还要磋,使益平滑;治玉石者,琢了还要磨,使益细腻。有精益求精之意。

⑬ 子夏:姓卜,名商,字子夏,卫人,孔子弟子,以文学著名,为魏文侯师,儒家经典主要由他传于后世。

⑭ 喟然:叹气的样子。

⑮ 仰之弥高:之,代表孔子的学说。弥,更加。

⑯ 循循然:有次序的样子。

⑰ 卓尔:高高直立的样子,形容优秀,超过一般。

⑱ 末由也已:由,途径。也已,语助词。

颜渊、季路侍。子曰:“盍①各言尔志?”子路曰:“愿车马衣轻裘,与朋友共,敝之而无憾。”颜渊曰:“愿无伐善,无施劳。”子路曰:“愿闻子之志。”子曰:“老者安之,朋友信之,少者怀之。”(《论语·公冶长》)

子贡问曰:“赐也何如?”子曰:“女,器也。”曰:“何器也?”曰:“瑚琏②也。”(《论语·公冶长》)

七、关于因材施教

德行:颜渊、闵子骞③、冉伯牛④、仲弓。言语:宰我、子贡。政事:冉有、季路。文学:子游⑤、子夏。(《论语·先进》)

闵子侍侧,訚訚如也;子路,行行⑥如也;冉有、子贡,侃侃如也。子乐。“若由也,不得其死然。”(《论语·先进》)

柴⑦也愚,参也鲁⑧,师也辟⑨,由也喭⑩。(《论语·先进》)

子贡问:“师与商也孰贤?”子曰:“师也过,商也不及。”曰:“然则师愈与?”子曰:“过犹不及。”(《论语·先进》)

子路问:“闻斯行诸?”子曰:“有父兄在,如之何其闻斯行之?”冉有问:“闻斯行诸?”子曰:“闻斯行之。”公西华曰:“由也问闻斯行诸,子曰‘有父兄在’;求也问闻斯行诸,子曰‘闻斯行之’。赤也惑,敢问。”子曰:“求也退⑪,故进之;由也兼人⑫,故退之。”(《论语·先进》)

子曰:“中人以上,可以语⑬上也;中人以下,不可以语上也。”(《论语·雍也》)

子曰:“可与共学,未可与适道;可与适道,未可与立⑭;可与立,未可与权⑮。”(《论语·子罕》)

---

① 盍:何不。
② 瑚琏:古代祭祀时盛粮食的器具,很珍贵。
③ 闵子骞:名损,字子骞,鲁人,孔子弟子,以德行著名,孔子称赞他极孝。
④ 冉伯牛:名耕,字伯牛,鲁人,孔子弟子,以德行著名。
⑤ 子游:姓言名偃,字子游,鲁人,孔子弟子,以文学著名。
⑥ 行(hàng)行:刚强貌。
⑦ 柴:高柴,字子羔,孔子的学生。
⑧ 鲁:迟钝。
⑨ 辟(pì):通“僻”,偏激。
⑩ 喭(yàn):鲁莽,刚烈。
⑪ 求也退:冉有性懦弱,遇事退缩不前。
⑫ 由也兼人:子路好勇过人。
⑬ 语(yù):告诉,讲说,谈论。
⑭ 立:立于道而不变,即坚守道。
⑮ 权:本义为秤锤,引申为权衡轻重,随机应变。

八、关于礼、仁

林放①问礼之本。子曰:"大哉问!礼,与其奢也,宁俭;丧,与其易②也,宁戚。"(《论语·八佾》)

子曰:"道之以政③,齐之以刑,民免而无耻④。道之以德,齐之以礼⑤,有耻且格⑥。"(《论语·为政》)

子曰:"恭而无礼则劳,慎而无礼则葸⑦,勇而无礼则乱,直而无礼则绞⑧。君子笃⑨于亲,则民兴于仁,故旧不遗,则民不偷⑩。"(《论语·泰伯》)

子曰:"刚毅木讷,近仁。"(《论语·子路》)

子曰:"巧言令色⑪,鲜仁矣。"(《论语·学而》)

子曰:"志士仁人,无求生以害仁,有杀身以成仁。"(《论语·卫灵公》)

子曰:"唯仁者能好人,能恶人。"(《论语·里仁》)

子曰:"苟志于仁矣,无恶也。"(《论语·里仁》)

子曰:"当仁,不让于师。"(《论语·卫灵公》)

子曰:"仁远乎哉?我欲仁,斯仁致矣。"(《论语·述而》)

子曰:"人而不仁如礼何?人而不仁如乐何?"(《论语·八佾》)

樊迟问仁,子曰:"爱人。"(《论语·颜渊》)

颜渊⑫问仁。子曰:"克己复礼为仁⑬。一日克己复礼,天下归仁焉。为仁由己,而由人乎哉?"颜渊曰:"请问其目。"子曰:"非礼勿视,非礼勿听,非礼勿言,非礼勿动。"颜渊曰:"回虽不敏,请事斯语矣。"(《论语·颜渊》)

仲弓⑭问仁。子曰:"出门如见大宾,使民如承大祭。己所不欲,勿施于人。在邦无怨,在家无怨。"仲弓曰:"雍虽不敏,请事斯语矣。"(《论语·颜渊》)

司马牛问仁,子曰:"仁者其言也讱⑮。"曰:"其言也讱,斯谓之仁已乎?"子曰:"为之难,言之得无讱乎?"(《论语·颜渊》)

---

① 林放:鲁国人。
② 易:弛,指哀不足。
③ 道之以政:用政法诱导民众。道,同"导"。政,政法。
④ 民免而无耻:民众只能暂时免于犯罪,却没有廉耻之心。免,免刑,免罪。
⑤ 齐之以礼:用礼教来约束管理民众。
⑥ 格:正,归于正道。
⑦ 葸(xǐ):拘谨、畏惧的样子。
⑧ 绞:说话尖刻,出口伤人。
⑨ 笃:厚待,真诚。
⑩ 偷:淡薄,不厚道。
⑪ 巧言令色:朱熹注是"好其言,善其色,致饰于外,务以悦人。"即花言巧语,面貌伪善。
⑫ 颜渊:名回,字子渊,鲁人,孔子高足弟子,以德行著称,三十二岁病死。
⑬ 克己复礼为仁:克制自己,使言行都合于礼的原则,这就是仁。
⑭ 仲弓:姓冉名雍,字仲弓,鲁人,孔子弟子,有德行。
⑮ 讱(rèn):说话谨慎,不容易出口。

子贡曰:“如有博施于民而能济众,何如?可谓仁乎?子曰:何事于仁!必也圣乎!尧、舜其犹病诸!夫仁者,己欲立而立人,己欲达而达人。能近取譬,可谓仁之方也已。”(《论语·雍也》)

子贡曰:“管仲①非仁者与?桓公杀公子纠②,不能死,又相之。”子曰:“管仲相桓公,霸诸侯,一匡天下,民到于今受其赐。微③管仲,吾其被④发左衽矣。岂若匹夫匹妇之为谅也,自经⑤于沟渎⑥而莫之知也?”(《论语·宪问》)

子贡问曰:“有一言而可以终身行之者乎?”子曰:“其恕乎!己所不欲,勿施于人。”(《论语·卫灵公》)

子曰:“参⑦乎!吾道一以贯之。”曾子曰:“唯。”子出。门人问曰:“何谓也?”曾子曰:“夫子之道,忠恕⑧而已矣。”(《论语·里仁》)

子曰:“有德者必有言,有言者不必有德。仁者必有勇,勇者不必有仁。”(《论语·宪问》)

九、关于力行

子曰:“古者言之不出,耻躬之不逮⑨也。”(《论语·里仁》)

子贡问君子。子曰:“先行其言,而后从之。”(《论语·为政》)

子曰:“君子欲讷⑩于言而敏于行。”(《论语·里仁》)

子曰:“君子耻其言而过其行。”(《论语·宪问》)

子曰:“其言之不怍⑪,则为之也难。”(《论语·宪问》)

子曰:“文,莫⑫吾犹人也,躬行君子,则吾未之有得。”(《论语·述而》)

宰予⑬昼寝⑭。子曰:“朽木不可雕也,粪土之墙不可圬⑮也!于予与⑯何诛?”子

---

① 管仲:字夷吾,春秋时大政治家,辅佐齐桓公,尊周室,攘夷狄,成就了桓公的霸业。

② 齐桓公和公子纠:两人都是齐襄公的弟弟。襄公荒淫无道,桓公由鲍叔牙侍奉逃亡莒国,公子纠由管仲、召忽侍奉逃亡鲁国。襄公被国人诛杀后,桓公先入齐国立为君。兴兵伐鲁,迫使鲁君杀公子纠,召忽因而自尽。管仲被任命为齐相。

③ 微:假如没有。

④ 被:与“披”同。

⑤ 自经:自缢。

⑥ 沟渎:沟壑。

⑦ 参:姓曾名参字子舆,鲁人,孔子弟子。孔子称他能通孝道,做《孝经》。

⑧ 忠、恕:“恕”,孔子自己下的定义是:“己所不欲,勿施于人。”“忠”则是“恕”的积极面,用孔子自己的话说是:“己欲立而立人,己欲达而达人。”

⑨ 逮(dài):及,赶上。

⑩ 讷(nè):说话迟钝。

⑪ 怍(zuò):惭愧。

⑫ 莫:大概,差不多。

⑬ 宰予:孔子的弟子。

⑭ 寝:在床上睡觉。

⑮ 圬(wū):用来涂抹粉刷墙壁的工具。句中作动词,指粉刷,把墙面抹平。

⑯ 于予与:对于宰予这样的人;与:同“欤”,语气词。

曰："始吾于人也，听其言而信其行；今吾于人也，听其言而观其行。于予与改是。"(《论语·公冶长》)

子曰："弟子[1]入则孝，出则悌，谨[2]而信，泛爱众，而亲仁。行有余力，则以学文。"(《论语·学而》)

十、关于改过

子曰："三人行，必有我师焉；择其善者而从之，其不善者而改之。"(《论语·述而》)

子曰："已矣乎！吾未见能见其过而内自讼者也。"(《论语·公冶长》)

子曰："过而不改，是谓过矣。"(《论语·卫灵公》)

子曰："法[3]语之言，能无从乎？改之为贵。巽[4]与之言，能无说乎？绎[5]之为贵。说而不绎，从而不改，吾未如之何也已矣。"(《论语·子罕》)

蘧伯玉[6]使人于孔子，孔子与之坐而问焉，曰："夫子何为？"对曰："夫子欲寡其过而未能也。"使者出。子曰："使乎！使乎！"(《论语·宪问》)

子贡曰："君子之过也，如日月之食焉，过也，人皆见之；更也，人皆仰之。"(《论语·子张》)

子夏曰："小人之过也必文。"(《论语·子张》)

子曰："德之不修，学之不讲，闻义不能徙，不善不能改，是吾忧也。"(《论语·述而》)

十一、关于以身作则

子曰："其身正，不令而行；其身不正，虽令不从。"(《论语·子路》)

子曰："苟正其身矣，于从政乎何有？不能正其身，如正人何？"(《论语·子路》)

季康子患盗，问于孔子。孔子对曰："苟子之不欲，虽赏之不窃。"(《论语·颜渊》)

子曰："二三子以我为隐[7]乎？吾无隐乎尔。吾无行而不与二三子者，是丘也。"(《论语·述而》)

十二、关于学不厌、教不倦

子曰："若圣与仁，则吾岂敢？抑[8]为之不厌，诲人不倦，则可谓云尔已矣。"公西华曰："正唯弟子不能学也。"(《论语·述而》)

---

① 弟子：有二义，一是指年幼之人，弟系对兄而言，子系对父而言，故曰弟子；二是指学生。此处取前义。

② 谨：寡言少语称之为谨。

③ 法：正道。

④ 巽(xùn)：恭敬，即恭顺谦敬之言，意译为温和委婉的表扬话。

⑤ 绎：抽出事物的条理，加以分析鉴别。

⑥ 蘧伯玉：卫国的大夫，名瑗。孔子在卫国时，曾住过他家。

⑦ 隐：指隐瞒，保留。

⑧ 抑：只不过是。

子曰:“默而知之,学而不厌,诲人不倦,何有①于我哉?”(《论语·述而》)

叶公②问孔子于子路,子路不对。子曰:“女奚③不曰:其为人也,发愤忘食,乐以忘忧,不知老之将至云尔④。”(《论语·述而》)

子曰:“十室之邑,必有忠信如丘者焉,不如丘之好学也。”(《论语·公冶长》)

子曰:“爱之,能勿劳乎?忠焉⑤,能勿诲乎?”(《论语·宪问》)

第三节 讨论与分享

《论语》以言简意赅、含蓄隽永的语言,记述了思想家、教育家孔子的言论,蕴含着深邃的哲理、丰富的思想,在整个中国文化典籍中是弥足珍贵的。孔子热爱教育事业,终身从事教育活动,学而不厌,诲人不倦,循循善诱,因材施教,在教育实践的基础上形成了博大精深的教育思想,为中国教育奠定了深厚的理论基础,并产生了深远的影响。

一、重视教育的作用

孔子认为教育对社会发展具有重要的作用。据《论语·子路》记载:“子侍卫,冉有仆。子曰:‘庶矣哉!’冉有曰:‘既庶矣,又何加焉?’曰:‘富之。’曰:‘既富矣,又何加焉?’曰:‘教之。’”他认为一个国家在人民“庶”与“富”的基础上,要发展教育,提高人民的文化水平,这样才能走上富强之路。在政治上,孔子重视道德修养在构建和谐社会中的重要作用,主张实行德政,以德治国。他认为:“道之以政,齐之以刑,民免而无耻。道之以德,齐之以礼,有耻且格。”(《论语·为政》)政令、刑罚只能避免人们犯罪,并不能让他们感到犯罪是可耻的,如果用道德、用礼教来引导、约束人们,人们不但有廉耻之心,而且会纠正自己的错误。显然,道德教化和以礼治国比苛政刑罚更有利于国家的稳定与发展。

孔子认为教育对人的发展同样具有重要的作用。孔子认为:“性相近也,习相远也。”(《论语·阳货》)人的先天素质没有太大的差别,由于后天的教育和环境的习染,人与人之间才有了明显差别。因此,孔子主张人应当终身不断地学习,不断提高自己的知识与道德修养。孔子自己就是终身学习的典范。“吾十有五而志于学,三十而立,四十而不惑,五十而知天命,六十而耳顺,七十而从心所欲,不逾矩。”(《论语·为政》)此外,孔子强调环境对人发展的重要性,重视生活环境与社会交往的选择,主张应接近有道德的人,同正直、诚信、见闻广博的人交友,“就有道而正焉”“友直,友谅,友多闻,益矣。”让

---

① 何有:有什么。

② 叶公:楚国大夫沈诸梁,字子高。封地在叶邑,今河南叶县南三十里有古叶城。

③ 奚(xī):何,为什么,怎么。

④ 云尔:云,如此。尔,同“耳”,而已。

⑤ 焉:相当于“于是”,也相当于“于之”。

环境产生积极的影响，避免消极的影响。

二、提倡“有教无类”的办学方针

在奴隶社会时期，教育具有鲜明的阶级性与等级性，奴隶主贵族垄断了学校教育，平民是没有受教育的权利的。但孔子开办私学，实行“有教无类”的办学方针，提出“自行束脩以上，吾未尝无诲焉。”(《论语·述而》)不论地位高低，不分贫富贵贱，只要愿意学习，他就倾心执教，把受教育的范围扩大到平民，打破了贵族垄断学校教育的局面，体现了教育的公平性，这种思想是超越时代的。

在“有教无类”教育思想的影响下，孔子的弟子来自各个诸侯国，出身于不同的阶层。如“一箪食、一瓢饮，在陋巷，人不堪其忧，回不改其乐”的贫穷而好学的颜回，食藜藿的野人子路，三年不举火十年不制衣的曾参，着芦衣的闵子骞，居穷阎、敝衣冠的原宪，父为贱人家无置锥之地的仲弓，也有擅长经商的卫国贵族后裔子贡、鲁国贵族南宫敬叔、宋国贵族司马牛等。当时有些人并不理解孔子的思想，以至于产生疑问。南郭惠子问子贡：“夫子之门何其杂也?”子贡说：“君子正身以俟，欲来者不距，欲去者不止。且夫良医之门多病人，檃栝之侧多枉木，是以杂也。”(《荀子·法行》)在南郭惠子的心目中，像孔子这样的教育家，其门下一定都是些富贵子弟，可是事实并不如此。子贡的回答，说明了孔子诲人不倦的博大胸怀。“有教无类”的办学方针，使孔子私学成为当时规模最大、培养人才最多、社会影响最广的一所学校。

三、以培养德才兼备的君子为教育目的

孔子对子夏说：“女为君子儒，毋为小人儒。”(《论语·雍也》)孔子希望子夏能做个君子式的学者，不要做小人式的学者，这表明孔子的教育目的是将学生培养为德才兼备的君子。关于君子应该具备怎样的品格，《论语》中有多处论述。据《论语·宪问》记载：“子路问君子，子曰：‘修己以敬。’曰：‘如斯而已乎?’曰：‘修己以安人。’曰：‘如斯而已乎?’曰：‘修己以安百姓。修己以安百姓，尧、舜其犹病诸!’”可以看出，孔子在这里将君子的品格分为“修己以敬”“修己以安人”“修己以安百姓”三个层次，在修养自身的基础上，使他人安乐、使百姓安乐。此外，孔子提出君子应具有三方面的品质：“仁者不忧，知者不惑，勇者不惧。”(《论语·宪问》)“仁者不忧”是指君子要具备“仁”的品质，心怀仁爱才能够让自己无所忧虑；“知者不惑”是指君子要具备渊博的学识，在为人处世中保持清醒而不迷惑；“勇者不惧”是指君子要在追求理想与抱负的过程中勇往直前而无所畏惧。在以上三方面的品质中，“仁”是核心，“知”与“勇”都要以“仁”为基础，脱离了仁德，君子是无法成就他的声名的，“君子去仁，恶乎成名?”(《论语·里仁》)

四、以“诗、书、礼、乐”为教学内容

关于孔子的教学内容，据《论语·述而》记载：“子以四教，文、行、忠、信。”“文”是指西周传统的《诗》《书》《礼》《乐》等文献知识；“行”是指德行；“忠”的核心内涵，乃是忠诚，尽心尽力地做好本职工作，对自己的所有承诺认真负责；“信”其核心主旨是诚实守信。据《史记·孔子世家》记载：“孔子以诗书礼乐教，弟子盖三千焉，身通六艺者七十有二

人。”此外，在《论语》中还有多处记述，如：“子所雅言，《诗》、《书》、执礼，皆雅言也。”(《论语·述而》)“子曰：‘兴于《诗》，立于礼，成于乐。’”(《论语·泰伯》)以上材料说明，孔子主要以《诗》《书》《礼》《乐》等典籍作为教学内容，并且非常重视德行、忠诚、守信等道德教育，注重学生的全面发展。但道德教育并没有专门的学科，而是贯穿到所有文化知识的学习中。在孔子看来，教育的最终目的是提高人的道德修养。“子曰：志于道，据于德，依于仁，游于艺。”(《论语·述而》)孔子培养学生，就是以道为方向，以德为根据，以仁为凭借，以六艺为涵养之境，使学生能够得到全面的发展。以道德教育为方向的全面的教育内容，使孔子成功地培养出一大批优秀弟子。这些弟子在孔子去世以后，或著书立说，或从政治国，对后世产生深远影响。

五、运用行之有效的教学方法

(一) 好学、乐学、实事求是的学习态度

孔子勤奋好学，终其一生孜孜不倦的学习。孔子对“好学”的解释是：“君子食无求饱，居无求安，敏于事而慎于言，就有道而正焉。可谓好学也已。”(《论语·学而》)在孔子看来，君子饮食不求饱足，居住不追求安逸，对工作勤奋敏捷，说话谨慎，接近有道德有学问的人并向他学习，纠正自己的缺点，就可以称得上是好学了。孔子认为，勤奋好学是获得知识、提高自身修养的重要途径。“我非生而知之者，好古，敏以求之者也。”(《论语·述而》)除了学习书本知识，孔子还注重多听、多看，扩大知识来源。他说：“多闻，择其善者而从之；多见而识之；知之次也。”(《论语·述而》)孔子提倡随时随地向一切人学习，“三人行，必有我师焉；择其善者而从之，其不善者而改之。”(《论语·述而》)见人之善就虚心学习，见人之不善就引以为戒，反省自己。为扩大自己的知识领域，孔子一有机会就外出游学。据记载，孔子曾到当时的京师洛邑，拜见大夫苌弘，向他请教古代歌舞和音乐理论。后来，孔子又在洛邑拜见周王室的守藏吏老子，虚心向老子请教“礼”。孔子不仅虚心向当时的大师请教，也向当时生活在社会底层的人们学习，甚至还向七岁的儿童求教。孔子曾自我评价：“十室之邑，必有忠信如丘者焉，不如丘之好学也。”(《论语·公冶长》)

孔子认为，好学的基础上，还应乐学。他说：“知之者不如好之者，好之者不如乐之者。”(《论语·雍也》)学习知识或本领，懂得学习的人，不如爱好学习的人；爱好学习的人，又不如以学习为乐的人。以学习为乐，就会有强烈的求知欲、浓厚的学习兴趣，就会变被动为主动，在快乐中学习，不但能提高学习的效率，还能够加深对知识的理解，举一反三，灵活运用所学到的知识。孔子的弟子颜回就是以学为乐的典型，孔子曾极力称赞颜回“人不堪其忧，回也不改其乐”的乐学精神。

孔子要求学生做人做学问都要有实事求是的态度。孔子对子路说：“由！诲汝知之乎！知之为知之，不知为不知，是知也。”(《论语·为政》)对待学问，要尊重客观事实，知道就是知道，不知道就是不知道，不要不懂装懂。孔子提出人生四戒，主张做事情要杜绝四种毛病：“毋意、毋必，毋固，毋我。”(《论语·子罕》)“毋意”，即不要凭空臆测，无论做任何事情，都要有真凭实据，不能胡乱揣测。“毋必”，即不要主观武断，听不进别人的

意见，或者不允许别人发表意见，这样做往往易引发严重后果。“毋固”，即不要固执拘泥。有的人明明知道自己错了，但是为了面子，硬是不肯承认错误，有的人因为过于自信，总觉得自己做什么都是对的，结果却酿成大错。“毋我”，即不要自以为是，不能过于自大，要低调行事，谦虚做人，无论对谁都要恭谦有礼。上述实事求是的态度，对于学习具有重要意义。

孔子虽然没有像贵族子弟一样接受过正规教育，但由于他谦虚好学，最终以博学和知礼闻名于世。在孔子的影响下，弟子们也形成了谦逊好学的风气。曾子曰：“以能问于不能，以多问于寡：有若无，实若虚；犯而不校。昔者吾友尝从事于斯矣。”(《论语・泰伯》)子夏曰：“博学而笃志，切问而近思，仁在其中矣。”(《论语・子张》)

（二）学与习、学与思结合

在学习的过程中，除了不断学习新知，对于学过的知识，孔子认为还要经常练习、巩固，“学而时习之”，才能牢固掌握知识。另一方面，“温故而知新”，不断复习学过的知识，又可以从中获得新的理解与体会。在孔子的影响下，弟子们很重视知识的复习与巩固。子夏说：“日知其所亡，月无忘其所能，可谓好学也已矣。”(《论语・子张》)曾子把“传不习乎”作为每天反省的内容之一。

孔子认为学与思是不可分割的两个方面，二者相辅相成，缺一不可，必须结合起来。子曰：“学而不思则罔，思而不学则殆。”(《论语・为政》)学习知识固然重要，如果只是一味埋头学习却不动脑思考，就不会明白其中的道理，洞察事物的内在联系，只能惘然无所得，学到一些死板的知识；如果每天只是一味地冥思苦想，却不去读书学习，只会感到疲劳懈怠，收不到任何效果。孔子以自己的亲身体会告诫人们：“吾尝终日不食，终夜不寝，以思，无益，不如学也。”思考是要以学习和实践作为基础的，没有一定知识做基础的凭空思考，就像无源之水、无本之木一样，只能徒劳无益。

（三）启发引导

孔子在教学中善于运用启发式教学，引导学生深入思考，培养学生的思考能力。他主张：“不愤不启，不悱不发。举一隅不以三隅反，则不复也。”“愤”，心求通而未得之意；“悱”，口欲言而不能之貌。孔子认为在教学时首先要让学生思考，在学生想弄明白却不得其解的时候，再去启发他；在学生想表达却词不达意的时候，再去开导他。教师的启发要建立在学生思考的基础之上，要把握住启发的时机，才能对学生有所帮助。此外，孔子注重培养学生举一反三的能力，反对填鸭式的教学方法。他认为如果已经告诉学生事物的一个方面，而学生不能据此推知事物的其他三个方面，说明学生的接受能力还不够，教师就不要继续讲下去了。

孔子在教学中注意引导学生掌握思考的方法。孔子对子贡说：“女以予为多学而识之者与？”子贡说：“然。非与？”孔子说：“非也。予一以贯之。”(《论语・卫灵公》)孔子在这里讲的是“一以贯之”的方法。他说自己并不是一味埋头苦读并能牢记所学知识的人，只是在多学广识之后形成了一套基本的思想观点，然后又把这种思想观念贯穿在事物的始终。孔子还教给学生“叩其两端”的思考方法。孔子说：“吾有知乎哉？无知也。

有鄙夫问于我,空空如也,我叩其两端而竭焉。”“叩其两端而竭焉”,指孔子就农夫所提的问题,从首尾两头开始反过来叩问他,一步步问到穷竭处,问题就不解自明了。此处讲的是分析问题、解决问题的基本方法,只要抓住问题的两头,引导对方从事物正反两方面进行分析,研究到底,就能求得问题的解决。

孔子循循善诱的教学方法,既有利于学生掌握渊博的知识,又有利于学生学会思考,形成较强的独立思考能力,能够“闻一以知十”。颜回由衷赞叹孔子说:“仰之弥高,钻之弥坚,瞻之在前,忽焉在后。夫子循循然善诱人,博我以文,约我以礼,欲罢不能。”(《论语·子罕》)

(四)因材施教

孔子的学生众多,年龄差距较大,家庭贫富不同,文化水平、性格特征各异。孔子在与学生相处中,通过日常观察、与学生交谈等多种方式,了解学生的特点与专长。《论语》中多处记述了孔子对学生的评价,如“柴也愚,参也鲁,师也辟,由也喭。”(《论语·先进》)“由也果”“赐也达”“求也艺”。(《论语·雍也》)在认识到学生有个别差异的基础上,孔子从实际情况出发,根据学生不同的个性特点、认知水平与学习能力进行有针对性的教育,创立了因材施教的教学方法,并运用于日常的教育教学中,让学生能够扬长避短,各有所长。据《论语》记载,孔子弟子中具有杰出才能的有十人,德行好的有颜渊、闵子骞、冉伯牛,仲弓;娴于辞令的有宰我、子贡;能办理政事的有冉有、季路;熟悉古代文献的有子游、子夏。

孔子主张根据学生的不同资质进行不同层次的教育。孔子说:“中人以上,可以语上也;中人以下,不可以语上也。”(《论语·雍也》)对于中等以上资质的人,可以给他讲授高深的学问,而中等以下资质的人,不可以给他讲授高深的学问。此外,孔子也善于根据学生的个性特点进行有针对性的教育。据《论语》记载,子路和冉有问孔子同一个问题:“闻斯行诸?”孔子对子路说:“有父兄在,如之何其闻斯行诸?”孔子对冉有的回答却是:“闻斯行诸。”孔子的学生公西华对此非常困惑,请教孔子为什么针对同样的问题,对子路和冉有的回答却各不相同,孔子说:“求也退,故进之;由也兼人,故退之。”(《论语·先进》)意思是冉有平时做事退缩,需要鼓励,所以要促进他,而子路的胆量很大,行事鲁莽,所以要抑制他。曾有多个弟子向孔子请教仁的问题,孔子根据学生的不同特点进行了不同的回答。樊迟不懂得仁的基本思想,孔子告诉樊迟“仁”即“爱人”。针对多言而浮躁的司马牛,孔子说:“仁者,其言也讱。”(《论语·颜渊》)告诉他说话要和缓谨慎,少说话多行动。针对天资聪慧、谦虚好学的颜回,孔子说:“克己复礼为仁。”(《论语·颜渊》)要求颜回自我约束,使言语和行动都合乎于礼的要求。同样的问题,孔子针对具体情况、具体对象给出不同的回答,这种因材施教的做法,是非常值得后人学习的。

六、重视道德修养

孔子的教育目的是培养君子,而君子的重要品质就是高尚的道德修养。孔子说:“君子去仁,恶乎成名?君子无终食之间违仁,造次必于是,颠沛必于是。”(《论语·里仁》)孔子把“仁”看作君子必备的品质,认为君子任何时候都不能违背“仁”的要求。因此，在孔子的教育内容中，道德教育是居于首位的。孔子主张："弟子入则孝，出则悌，谨而信，泛爱众，而亲仁。行有余力，则以学文。"强调做人应当先提高道德修养，孝顺父母，敬重兄长，待人接物做到严谨守信，与所有人都友爱相处，这些根基打好后，再进行文化知识的学习，这样才可能成为一个对社会和他人有益的人。

（一）道德修养的目标

孔子把"仁"作为最高的道德准则，也是个人道德修养的最高标准。他说："人而不仁如礼何？人而不仁如乐何？"（《论语·八佾》）在孔子看来，礼、乐的核心与根本是仁，礼与乐都是外在的表现。如果一个人没有仁的本质，没有谦让敬人的美德，即便行礼奏乐，也不具有实质意义。"仁"最基本的要求就是"爱人"，对人有仁爱之心。

关于如何去实施仁道，孔子说："夫仁者，己欲立而立人，己欲达而达人。能近取譬，可谓仁之方也已。"（《论语·雍也》）所谓仁，就是自己要立足，也让别人立足；自己要通达，也让别人通达。当仲弓向孔子请教关于仁的问题时，孔子说："出门如见大宾，使民如承大祭。己所不欲，勿施于人。在邦无怨，在家无怨。"（《论语·颜渊》）意思是应该恭敬诚恳地待人接物，尊重别人，自己所不想要的事物，就不要强加给别人。孔子并没有对弟子讲大道理，而是从实际出发告诉他们怎样去实施仁道。曾子将孔子的思想概括为："夫子之道，忠恕而已矣。"（《论语·里仁》）"忠"是指"己欲立而立人，己欲达而达人"，"恕"是指"己所不欲，勿施于人"。朱熹将"忠""恕"解释为："尽己之谓忠，推己之谓恕。"孔子提倡的"仁"，是道德之根本，是教育的核心，是个人生存和发展的根本原则。

（二）道德修养的方法

孔子提倡学生自觉主动地提升道德修养，他认为实行仁德，完全在于自己。他说："为仁由己，而由人乎哉？"（《论语·颜渊》）"仁远乎哉？我欲仁，斯仁致矣。"（《论语·述而》）孔子在这里强调，"仁"就在我们的身边，并不是高不可攀的，只要我们自觉地朝这个方向努力，任何人都能做到仁。孔子提出的一些道德修养的方法，是值得后人学习的宝贵经验。

1. 克己

孔子要求学生在为人处世中奉行克己的原则，严以律己，宽以待人。他说："君子求诸己，小人求诸人。"（《论语·卫灵公》）在为人处世中，遇到不如意的事情要"反躬自省"，从自己身上找原因，而不苛求别人，这与"躬自厚而薄责于人"是一个意思。孔子告诫弟子们："人不知而不愠，不亦君子乎？"（《论语·学而》）"不患人之不己知，患不知人也。"（《论语·学而》）有德行的人从不担心别人不了解自己，怕的是自己不了解别人，误会了别人。

2. 力行

孔子提倡力行，注重道德实践。他说："君子欲讷于言而敏于行。"（《论语·里仁》）"君子耻其言而过其行。"（《论语·宪问》）"力行近乎仁。"（《礼记·中庸》）孔子提倡的做人准则是少说话，多做事，他认为君子应该以言过其行、夸夸其谈为耻，努力实践才能接近于仁德。他强调做人应该“言必信,行必果。”(《论语·子路》)说出的话一定要守信用,行动一定要有结果。孔子的弟子子路是一个为人忠信果决的人,孔子称赞子路“无宿诺”。此外,孔子主张评价一个人要言行结合,不仅要听他说的话,而且要观察他的行为,一个有修养的人应该言行一致。“始吾于人也,听其言而信其行;今吾于人也,听其言而观其行。”(《论语·公冶长》)

3. 中庸

孔子强调“中庸”,教育学生待人处事要择其中道而行。中庸,其实就是不偏不倚,无过之亦无不及的道理。据《论语》记载,子贡问孔子:“师与商也孰贤?”孔子说:“师也过,商也不及。”子贡说:“然则师愈与?”孔子说:“过犹不及。”(《论语·先进》)“过犹不及”体现了孔子思想的一个重要原则,就是“中庸之道”。宋代著名的理学家朱熹注解说:“夫过与不及均也,差之毫厘,谬以千里,故圣人之教,抑其过,引其不及,归于中道而已。”孔子认为过度与不足同样不好,教育学生要行中庸之道。孔子认为中庸是有修养的君子才能做到的,他说:“君子中庸,小人反中庸。君子之中庸也,君子而时中;小人之反中庸也,小人而无忌惮也。”(《礼记·中庸》)君子之所以能达到中庸的境界,是因为他们的言行时时刻刻都遵守中庸的要求;小人的言行之所以违背中庸的准则,是因为他们没有什么顾忌和害怕的。

4. 内省

孔子主张积极内省,提高自我修养。内省是就日常所做的事进行自我检查与反思,看看是否合乎道德规范。经常反省自己,可以去除心中的杂念,理性地看待自己,快速地改掉自己的缺点,完善自己的道德境界。孔子的弟子曾参说:“吾日三省吾身,为人谋而不忠乎?与朋友交而不信乎?传不习乎?”(《论语·学而》)朱熹《集注》说:“曾子以此三者,日省其身,有则改之,无则加勉,其自治诚切如斯。”孔子认为内省随时随地都可以进行,身边的每一个人都可以提醒我们反省自己。他说:“见贤思齐焉,见不贤内自省也。”(《论语·里仁》)看见有贤德的人想着向他看齐,见到不贤的人,就要反省自己有没有类似的毛病,以正面形象作榜样,以反面形象作镜鉴,正视自己的错误并努力改正,是提升自身修养的重要方法。内省之后,如果问心无愧,也就无所忧愁、无所畏惧了,自然心胸开阔、坦坦荡荡。孔子说:“内省不疚,夫何忧何惧?”(《论语·颜渊》)

5. 改过

孔子鼓励学生要正确对待错误,勇于改正错误。孔子认为,不犯错误的人几乎是不存在的,犯了错误之后,正确的态度是承认错误,寻找原因,加以改正,争取以后不再犯同样的错误。他说:“过则勿惮改”(《论语·学而》),“过而不改,是为过矣。”(《论语·卫灵公》)有了过错不要害怕改正,如果有过错却不加以改正,这才是真正的过错。孔子承认自己也犯过错误,并认为有了过错能被别人知道并提醒自己是很幸运的。他说:“丘也幸,苟有过,人必知之。”(《论语·述而》)对于别人的忠告,要虚心听取并认真改正错误。孔子说:“法语之言,能无从乎?改之为贵。巽与之言,能无说乎?绎之为贵。说而不绎,从而不改,吾末如之何也已矣。”(《论语·子罕》)孔子在这里告诫人们,对待正言规劝要能听得进去,并照着去改正错误;对于恭维表扬的话要去分析其意是真是恶,然后能自省自勉，这才是正确的态度。在孔子的影响下，弟子们正确对待错误并积极改正错误。子贡说：“君子之过也，如日月之食焉，过也，人皆见之；更也，人皆仰之。”（《论语·子张》）子贡认识到君子的过错就像天上的日食和月食一样，他犯了错误，人们都看得见，他改正了错误，人们都会景仰他。颜回有了过错就认真改正，努力做到“不贰过”。

七、提倡以身作则、为人师表

教师要完成教书育人的使命，需要持续不断地学习，掌握丰富的知识，具有高尚的道德修养，才能担当起“传道、授业、解惑”的社会职责。孔子热爱教育事业，终身从事教育工作，他的学而不厌、诲人不倦、以身作则、为人师表、教学相长的精神，为学生树立了良好的榜样，成为后人敬仰的优秀教师的典范。

（一）学而不厌，诲人不倦

孔子一生勤学不辍，不断提升自身修养。他说：“德之不修，学之不讲，闻义不能徙，不善不能改，是吾忧也。”（《论语·述而》）在这里，孔子提出了自己的四大忧虑，即“道德不修、学问不讲、知善不从、有过不改”，他认为一个人如果不能勤奋学习，是令人担忧的。一个真正有志于学的人，应当具有“学如不及，犹恐失之”的紧迫感，具有主动进取的学习态度。在孔子的眼中，只有努力学习求知、不断地充实自己，才是人生之中最大的快乐，这种快乐使他“发愤忘食，乐以忘忧，不知老之将至”（《论语·述而》）。孔子一生以学为乐，孜孜不倦地学习，即便是在他步入晚年之后依然如故。

孔子一生从事教育事业，以教为乐，诲人不倦。他从 30 岁左右开始招生办学，毕生从事教育工作，在从政以及周游列国期间也坚持从事教育活动。他不分贫富贵贱招收学生，在了解学生的基础上，因材施教，耐心教育学生。他对学生充满信心，认为年轻人来日方长，大有可为，他说：“后生可畏，焉知来者之不如今也？”（《论语·子罕》）在他的悉心培养下，他的学生扬长避短，各有所长。

孔子一生学而不厌，诲人不倦，但是孔子却很谦虚，他说：“若圣与仁，则吾岂敢？抑为之不厌，诲人不倦，则可谓云尔已矣。”（《论语·述而》）“默而知之，学而不厌，诲人不倦，何有于我哉？”（《论语·述而》）把所见所闻默默地记在心上，努力学习而从不满足，教导别人而不知疲倦，以学为乐，以教为乐，这是孔子对自己所做的中肯的认识和评价。

（二）以身作则，为人师表

孔子认为，身教比言教更重要。要求别人做到的，自己首先要做到。鲁国的权臣季康子为盗窃事件多发而苦恼，来向孔子求教。孔子对他说：“苟子之不欲，虽赏之不窃。”（《论语·颜渊》）如果做官的不贪求太多的财物，即使奖励老百姓去偷，他们也不会干的。领导者的一举一动，都能起到榜样作用，他们的行为实际上都是在给下属作示范，告诉他们什么是该做的，什么是不该做的。因此，孔子提倡领导者应该以身作则，“正人先正己”，如果端正了自己的言行，治理国家也就没有什么难的。他说：“其身正，不令而行；其身不正，虽令不从。”（《论语·子路》）“不能正其身，如正人何？”（《论语·子路》）孔子作为教师，在学生面前一直都奉行以身作则的原则。他提倡学生做德才兼备的君子，他自己首先以君子的标准严格要求自己,谦虚好学,积极内省,闻过则改,身体力行,为学生树立了君子的榜样。

(三) 教学相长

孔子在教育活动中注重对学生启发引导,而学生深受启发后往往能举一反三,与孔子一起探究深刻的道理。据《论语》记载,学生子贡问孔子:“贫而无谄,富而无骄,何如?”孔子说:“可也。未若贫而乐,富而好礼者也。”子贡说:“《诗》云:‘如切如磋,如琢如磨’,其斯之谓与?”孔子说:“赐也!始可与言《诗》已矣,告诸往而知来者。”(《论语·学而》)孔子希望他的弟子能够达到“贫而乐道、富而好礼”这样的理想境界,子贡在老师的启发下,独立思考、举一反三,领会到道德修养需要不断提高的道理,因而孔子称赞他“告诸往而知来者”。学生子夏问孔子:“‘巧笑倩兮,美目盼兮,素以为绚兮’何谓也?”孔子说:“绘事后素。”子夏说:“礼后乎?”孔子说:“起予者商也,始可与言《诗》已矣。”(《论语·八佾》)在这里,子夏向孔子请教几句诗的意思,根据孔子的回答,领悟力很高的子夏进一步体会到了“先有仁,后有礼”的道理,于是孔子赞扬子夏从“绘事后素”中体会到“礼后乎”的道理。这些事例说明,孔子在教学活动中并非把自己的思想观念直接灌输给学生,而是循循善诱,学生在孔子的启发下独立思考,对问题的理解逐步加深,师生相互启发,教学相长,共同提高。

第四节 延伸阅读

《论语》是中华民族珍贵的文化遗产。《论语》中孔子的思想,不仅对中国古代社会产生了深远的影响,对于当代社会仍有极强的借鉴意义。历代学者研究《论语》的著作,数不胜数。当代的研究者们从不同的视角出发,进一步解读、研究孔子的思想,领悟孔子的智慧,发掘孔子的思想对于当代社会的指导意义。现将研究《论语》的诸多文献进行梳理,挑选其中的一部分与大家分享,以感受《论语》研究的丰富多彩。

一、《论语》学简介

《论语》学是研究《论语》的专门学问。对于《论语》这样的经典,历代都不乏研究者与注释者。自西汉以来,形成了作为经学的一个分支的《论语》学。作为学术术语,《论语》学始见于20世纪20年代,梁启超在《中国近三百年学术史》中谈道:“《论语》学在汉代有《齐》《鲁》《古》三家,自张禹合《齐》于《鲁》,郑康成复合《齐》、《鲁》于《古》,师法不可复辨。”①

① 梁启超.中国近三百年学术史[M].北京:中国书店,1985:199.

（一）《论语》学的研究内容

《论语》学研究的内容十分宽泛，涉及的面也比较广。其内容包括对《论语》名称的由来及含义的研究，对《论语》的编纂者、结集年代、文本变迁、篇章结构、海内外注本、海外传播、社会地位及影响的研究以及《论语》名物考释、文字训诂、篇章真伪、学派风气和《论语》学发展阶段的研究等，涉及哲学史、经学史、经济史、伦理史、教育史、法制史、文化史、中外文化交流史、历史学、文字学、版本学、校雠学等多门学科。①

研究者唐明贵认为，《论语》学的研究现状，主要集中在以下几个方面：其一，关于《论语》一书源流问题的研究。其二，对《论语》注本的研究。其三，对《论语》历史影响及时代价值的研究。其四，对《论语》海外播传、研究情况的研究。②

（二）《论语》学的发展阶段

研究者元尚在《我国历史上的论语学》一文中，把《论语》学的发展划分为三个时期，依次是《论语》一书的整理、定型和文字的训解，《论语》的哲理性阐发和解释，最后是对前两个阶段的综合。③ 研究者唐明贵认为，《论语》学在中国历史上大体经历了六个时期。④

第一个时期是《论语》学的形成期。该时期处于两汉时期。在汉代，由于汉政府推行独尊儒术的文教政策，尊孔重儒，为《论语》学的形成提供了良好的外部条件。历经战国交争，秦皇灭学，到西汉时，据《汉志》记载，《论语》仅剩下了三种版本，即《古论》《齐论》《鲁论》，文本有别，文字、章句自然也有差异。这不仅不利于《论语》的研习与传授，而且也与汉代大一统的文化政策相左。于是，《论语》一书的整理与定型便成为汉儒努力的方向，这一工作的开始也标志着《论语》学作为一门学问的诞生。

第二个时期是《论语》学的发展期。该时期处于魏晋南北朝时期。统治者尊孔重儒的统治政策、相对自由的学术氛围、玄学的兴起以及援佛解经、援道解经的兴起，促进了《论语》学大发展。

第三个时期是《论语》学的中衰期。该时期处于隋唐时期。这一时期统治者垄断了经典话语的解释权，推行鼓励诵读的科举制度以及以古为尚的学术观念，限制了经学的发展空间，致使《论语》学走向衰落，在《论语》学研究方面建树寥寥。

第四个时期是《论语》学的复盛期。该时期处于宋元明时期。这一时期中国的封建社会开始由鼎盛走向衰落，作为传统政治的合法性依据的儒学也不断受到人们的质疑，因此，许多硕儒名士纷纷著书立说，希望通过对儒家经典的创造性解释，来重建儒学的合法性依据之地位，研究《论语》的论著数量大增。

第五个时期是《论语》学的总结期。该时期处于清朝时期。由于实学的兴起和文字

---

① 张岱年. 孔子大辞典[M]. 上海：上海辞书出版社，1993：318.

② 唐明贵.《论语》学的形成发展与中衰[M]. 北京：中国社会科学出版社，2005：7－10.

③ 元尚. 我国历史上的论语学[N]. 光明日报，2000－2－25.

④ 唐明贵.《论语》学的形成发展与中衰[M]. 北京：中国社会科学出版社，2005：2.

狱的兴盛,考据学大兴,重考证成为清代《论语》学的重要特点,由此产生了不少以辑佚、考异、辨伪、注释为主的《论语》研究的新成果。

第六个时期是《论语》学的新时期。这一时期自民国一直到今天,可以分为两个阶段。第一个阶段,从 1911 年到 1949 年。这一阶段虽然战乱不断,但对《论语》的研究并未停止。第二个阶段,从 1950 年到今天。从 1950 年到 1980 年,其研究重心主要在港台地区。1980 年以后,大陆的《论语》研究迅速恢复并发展起来,逐渐成为研究的中心。

(三) 历代研究《论语》的专著

两千年来,为《论语》作注释的书籍不胜枚举。据统计,历代研究《论语》的专著不下三千余种。可惜的是,这些古籍亡佚者居多。流传有序且影响较大者有:汉郑玄的《论语注》,魏何晏的《论语集解》,梁皇侃的《论语义疏》,北宋邢昺的《论语注疏》,南宋朱熹的《论语集注》,清刘宝楠的《论语正义》,民国程树德的《论语集释》。有的研究者认为,从文献学的角度来看,关于《论语》的注释性著作有四部书最为重要。一是魏何晏等编纂的《论语集解》,它是两汉、三国时期经学家研究《论语》的结晶;二是梁皇侃的《论语义疏》,它囊括了魏晋南北朝时期玄学家对《论语》的发挥;三是南宋朱熹的《论语集注》,它是两宋时期理学家《论语》精义的荟萃;四是清刘宝楠的《论语正义》,集清代考据学《论语》研究成果之大成。上述四部《论语》注释代表了《论语》研究的四个阶段,同时也代表了四种研究方法,是现代研究《论语》的基本资料。①

到西汉时期,历经战国纷争与秦代的焚书坑儒之后,《论语》仅有口头传授及从孔子住宅夹壁中所得的本子,包括鲁人口头传授的《鲁论语》、齐人口头传授的《齐论语》和从孔子住宅夹壁中发现的《古论语》三种版本,篇章也不一致。《鲁论语》共二十篇,《齐论语》共二十二篇,《古论语》共二十一篇。到西汉末年,安昌侯张禹依据《鲁论语》篇次,兼考《齐论语》,另成一论,称为《张侯论》。张禹是汉成帝的师傅,其时极为尊贵,此本成为当时的权威读本。据《汉书·张禹传》记载:"诸儒为之语曰:'欲为《论》,念张文。'由是学者多从张氏,馀家寖微。"《张侯论》的问世为后来的《论语》研究奠定了基础。东汉末年,郑玄又以《张侯论》为底本,参照《古论语》撰成《论语注》,这是《论语》演化史上又一次重大的不同版本的融合。郑玄编撰的《论语注》,至唐代一直是人们修习《论语》的主要文本。

魏晋南北朝时期,研究《论语》的专著大增。该时期出现了两本对后世《论语》研究有重大影响的专著:一本是何晏等人的《论语集解》,一本是皇侃的《论语义疏》。何晏等人的《论语集解》不专一说,兼采众家,吸收并发挥了汉末采会同异、以简驭繁、力求博通的解经优点,从而大量保留了汉人解经的痕迹和特色,对于后人在汉代经师《论语》注释史料基本亡佚的情况下,了解和研究汉时《论语》学乃至经学特色是极为珍贵的。皇侃的《论语义疏》,以何晏《论语集解》为底本,兼采东晋江熙《论语集解》所录郭象、李充、范宁等十三家之说以及其他"通儒解释",会通儒玄,出入儒佛,引证广博,是一部集六朝

---

① 郝泽华.历代《论语》注释梳理与研究[J].赤峰学院学报(汉文哲学社会科学版),2016(8):124-126.

《论语》学之大成的著作，对于研究义疏体著作具有重要意义。

宋朝时期，产生了《论语》学史上两部有重要影响力的著作：一部是北宋邢昺的《论语注疏》，一部是南宋朱熹的《论语集注》。北宋邢昺的《论语注疏》，是在刊定皇侃《论语义疏》的基础上加工整理而成的，其中增加了一些对《论语》内容的义理性论说和解释，开了宋代儒者以义理解经特别是以义理解《论语》的先河，此后，许多学者对儒家经典的诠释便走上了义理化的道路。南宋朱熹的《论语集注》，在吸取汉魏古注的基础上，又集宋人释《论》之说，兼下己意，并存疑说，融注音、训诂、考据、义理于一体，而以义理见长，是继何晏《论语集解》、邢昺《论语注疏》之后《论语》学发展史上的又一座丰碑。此书一出，备受后世统治者青睐，甚至被定为科考的基本内容，成为各级学校的必学教材。研究者姚徽认为，朱熹的《论语集注》具有下列特点：首先，常常赋予《论语》新的内涵，尤其表现在对一些理念的解释上；其次，着重推敲字句，挖掘字面下的深层寓意；再次，善于整理出脉络，进行系统化归纳。①

清朝时期，清政府大力提倡理学，但汉族知识分子深深地体会到了王学之空谈误国，所以对它很反感，继而引发了对整个宋明时期学术风尚的反感，他们遥承两汉学术旨趣，遂成乾嘉汉学，由此也引发了学界的汉宋之争，此争论主要围绕朱熹的《论语集注》展开。汉学家批评、驳正朱熹的《论语集注》，而尊宋学者则维护《论语集注》。刘宝楠抛弃汉学宋学的门户之见，集前人及清代各派整理研究成果之大成，撰成《论语正义》。该书训诂、考据、校勘、义理并重，网罗众家，引证博赡，堪称清人注疏中之翘楚。研究者陆晓华认为，刘宝楠的《论语正义》运用了科学归纳的方法，重实证，轻臆测，充分地吸收了前人的研究成果，尤其对清人的注解考证，更是博采众长，详加采录，成就超过前人。②

民国时期，虽然战乱频繁，但对《论语》的研究并未停止，仍有一批专著与论文问世，专著中程树德的《论语集释》最为著名。程树德的《论语集释》，不分门户，采摘广泛，引书达680多种，是迄今为止较为精审、较为详尽的《论语》注释书，也是较权威的一部研究《论语》的专著。

二、关于《论语》中“学”与“好学”的研究

“学”是《论语》中的重要内容，它涵盖了孔子的教育思想、为政思想乃至成德思想的许多方面。“学”在《论语》中是一个出现频率很高的词汇，据杨伯峻《论语译注》统计，“学”在《论语》中共出现64次。《论语》中约有十分之一的篇幅直接或间接地用于讨论“学”与“好学”。在孔子看来，“学”是一切德行的基础，“好学”是成就个人品德的必要条件。“好学”是孔子极为看重的品质，孔子以“好学”自称，在他的所有弟子中，只有颜回被他赞为“好学”。“好学”也是孔子教育和引导弟子的基本方法，在孔子的教育思想中占有重要的地位。《论语》开篇首句即为“学而时习之，不亦说乎”，由此可见孔子对“学”“好学”的重视确实非同一般。钱穆先生曾说：“孔子一生为人，即在悦于学而乐于教。

---

① 姚徽. 论朱熹《论语集注》的特点及贡献[J]. 安徽教育学院学报，1999(4)：60－62.

② 陆晓华. 论刘宝楠《论语正义》的训诂方法及特点[J]. 安徽教育学院学报，2001(2)：80－81.

孔子之自居,在学在教,不在求为一圣人。”当今关于《论语》之“学”与“好学”的研究,主要集中在以下几个方面。

(一) 关于“学”的目的

据研究者王晟、高毓婷分析,“学”的目的首先在于获得“道”。所谓“道”,就是不断要求自己,提高自身修养。其次,“学”的目的在于学以致用,把所学知识用于实践。再次,“学”的目的在于“学而优则仕”,实现政治理想。“学也,禄在其中矣。”在提高自身精神品质的同时,还可获得物质财富。① 研究者赵志浩认为,通过学习,可以提升各方面的素质。大多数人非“生而知之者”,必须通过学习才能有所进步,提高自己的认识水平。一个真正有品德的人,需要通过学习获得智慧与能力,否则,只能是空洞的品德。只有不断学习,才能扩充自己的知识领域,才能闻过则改,不固执己见。不断学习实践,除了提升自己,还可以用自己所学教化大众,惠及大众。② 研究者刘寒认为,学习的目的在于德行的提高与自我修养的完善,“学以致其道”。这里所说的“道”,是做人之道,具体体现为君臣、父子、夫妇、兄弟、朋友之间的行为规范。③ 研究者王云云认为,“学”的目的在于成就“君子”式的理想人格,集外在表现与内在修养为一体。“学”的直接目的是“为己”,提高自身素养,成就理想人格,“为己”的结果是“爱人”。④ 总的来说,“学”的首要目的在于提高自身修养,然后用自身所学惠及他人,服务社会。

(二) 关于“学”的内容

研究者王晟、高毓婷认为,“学”内容主要包括知识与品德两个方面。其中知识方面是指“诗”“礼”“乐”,即《诗经》、周礼、音乐。品德方面,学习的内容包括“行”“忠”“信”。“行”即德行。“忠”,含义之一是“忠恕”之“忠”,即“己欲立而立人,己欲达而达人”;含义之二是“与人谋而不忠乎”之“忠”,即忠诚。“信”即诚实守信。⑤ 研究者赵志浩认为,“学”的内容主要体现为道德境界之学。通过学习,领悟圣贤之道,提升自己的道德修养与思想境界,以圣贤之道修身养德、为人处事、侍奉父母、服侍君主、与朋友交往,不为外在事情烦恼,不为外界环境所困,内心充满喜悦,成就幸福喜悦的人生。在懂得了道德境界方面的学问之后,还要在实践中不断践行,学会处理日常生活中的具体问题,知行合一,学以致用。⑥

(三) 关于“学”的方法

关于如何去学,大多数研究者都认同孔子强调的“学”与“思”相结合、“学”与“习”相

① 王晟,高毓婷.简析《论语》之“学”[J].文学教育,2021(1):88-89.
② 赵志浩.《论语》中关于“学”的内涵及方式[J].衡阳师范学院学报,2018(4):46-50.
③ 刘寒.《论语》之“学”探析[J].信阳师范学院学报(哲学社会科学版),2016(4):21-24.
④ 王云云.《论语》中的学习思想[J].教育文化论坛,2010(5):47-50.
⑤ 王晟,高毓婷.简析《论语》之“学”[J].文学教育,2021(1):88-89.
⑥ 赵志浩.《论语》中关于“学”的内涵及方式[J].衡阳师范学院学报,2018(4):46-50.

结合的方法。关于"学"与"思"相结合,孔子认为"学"优先于"思",要在学习的基础上思考、消化。关于"学"与"习"相结合,一方面孔子强调要在学习的基础上练习、实践,将学习书本理论知识与实践活动相结合,另一方面,"温故而知新",通过温习、巩固旧知而获得新的知识。除了以上关于"学"的方法,研究者赵志浩还提出了主动自觉地"学"、以谦虚的态度"学"的方法。① 人是道德的主体,只有发挥道德主体的主观能动性,才能实现道德境界的提升。当学生有了学习的愿望与动力,还要持之以恒,如果缺乏毅力,就会功亏一篑。此外,还要以谦虚的态度,向任何有道德、有学问的人学习,向书本学习,才能有所进步。只有放低自己,才能让遇到的每个人都成为我们的老师,才能更进一步通向未知。

(四) 关于"好学"的内涵

什么是"好学"? 研究者李建华、冯丕红认为,"好学"是要把学习当作快乐的事情,能切实地从学习中感受到乐趣。"好学"要有端正的学习态度,保持"学如不及,犹恐失之"的积极上进的心态。要确切地知道自己已经学到的知识与尚未学到的知识,对"新知"和"所学"采取不同的学习方法。对"新知"要"日知其所亡",每天坚持学习;对"所学"要"月无忘其所能","学而时习之",经常"温故"。"好学"并不是个人闭门造车似的苦读,而是在"问""闻"等互动与交往之中展开的学习,是开放互动式的共同进步。② 研究者蒋冬梅、潘艺林认为,孔子对"好学"的界定包括三条标准。第一"食无求饱,居无求安",即安贫乐道,把精神追求作为生命的一种内在需要。第二"敏于事而慎于言",即一方面做事敏捷,不推诿,不拖拉;另一方面,说话谨慎,实事求是。第三,"就有道而正焉",即向有道德学问的人求教,端正自己。孔子认可的"好学者",注重的是自身学问道德的内在修养与外在践行。③ 研究者李惠文认为,"好学"就是指治学者立志成为君子、谋求礼治仁政之道而表现出的对学问和德性的热爱和追求,态度上表现为真心爱学、恒久乐学、刻苦勤敏、谦虚老实,行为上体现为学、问、思、辨、行紧密结合、深钻细研、融会贯通、活学活用,还要不断反思、总结,以资借鉴。④ 总的来说,"好学"既表现在爱学、乐学的学习态度上,也体现在学而不厌、持之以恒的学习行为上。

(五)《论语》之"学"的现代意义

研究者刘寒认为,从内容上来看,《论语》之"学"是内容丰富的人文教育,与现代社会的通识教育、公民教育具有相同之处,有助于提升公民的文化素养与道德素养。从方法上来看,《论语》之"学"强调学与习、读书与实践相结合,对当今将理论与实践相结合、从实践中学习具有启示意义;强调学与思相结合,注重知识的内化,而知识内化正是知

---

① 赵志浩.《论语》中关于"学"的内涵及方式[J]. 衡阳师范学院学报,2018(4):46-50.

② 李建华,冯丕红.《论语》中的"好学"之德及现代启示[J]. 大学教育科学,2013(1):112-117.

③ 蒋冬梅,潘艺林.《论语》中孔子的"好学观"及其启示[J]. 成都师范学院学报,2020(12):103-112.

④ 李惠文. 孔子眼中的好学——从一个系统性角度的考察[J]. 孔子研究,2014(3):19-23.

识创新的前提,对于当今的知识创新具有启示意义。从目的上来看,《论语》之“学”的目的在于“学以致其道”,注重德行的提升与自我修养的完善,有助于提升当代学者的学习层次与思想境界。①

(六)《论语》之“好学”的现代意义

《论语》中的“好学”作为一种难能可贵的品质,对于当今的学习者具有极强的启示。研究者李建华、冯丕红认为,《论语》中的“好学”精神给予当代大学生的启示是:当代大学生要从思想深处重视《论语》中反复强调的“好学”之德,把内在人格修养的提升与造福世界的外在人生理想统一起来,以缓解、改善当前大学生存在的厌学现象。此外,大学生要以实际行动养成“好学”之德,要把“好学”作为自己的内在德性并将其贯彻到具体行为中,真正把学习当作乐事,每天坚持“温故知新”。家庭、学校、政府、社会等组织则应该努力营造一个重视“好学”之德的社会环境,并积极培养一种鼓励“好学”之德的精神文化氛围。②

研究者蒋冬梅、潘艺林认为,孔子的“好学”观对当今的启示主要有三点:第一,学而知之,学力有别。绝大多数人并非“生而知之者”,而是“学而知之者”,因此都是需要学习的,并且都具有一定的学习能力,是能够学习的。老师与学校的教育,都只是促进学生发展的外在因素;不同的学生,虽然能力与兴趣各不相同,但都能通过学习有不同程度的进步和提高,因此,对任何学生都不能轻言放弃。各级各类的大学要把因材施教必须落到实处。第二,安贫乐道,学而不厌。无论是学问还是道德的精进,都需要平心静气,持之以恒的研修工夫,需要长期大量的时间保证。研修学问,提升德行,必须学习孔子的乐学、真学、博学的精神。第三,若不好学,美德不美。孔子的“好学”是一种美德,孔子及弟子颜回之所以能以德行著称,皆是“好学”的结果。学习不仅是学技能,更是学道理,不仅是学做事,更是学做人。孔子强调“好学”成就美德,其中蕴含着深刻的道理,值得我们深思。③

学习评价

1. 谈谈孔子的生平对你的启示。
2. 简述《论语》的影响,与同学相互交流。
3. 背诵《论语》的经典语段,与同学相互评价。
4. 阐述你理解较深的《论语》中的精华思想。

---

① 刘寒.《论语》之“学”探析[J].信阳师范学院学报(哲学社会科学版),2016(4):21-24.

② 李建华,冯丕红.《论语》中的“好学”之德及现代启示[J].大学教育科学,2013(1):112-117.

③ 蒋冬梅,潘艺林.《论语》中孔子的“好学观”及其启示[J].成都师范学院学报,2020(12):103-112.

阅读参考

1. 康有为:《论语注》,中华书局,1984。
2. 梁启超:《中国近三百年学术史》,中国书店,1985。
3. 张岱年:《孔子大辞典》,上海辞书出版社,1993。
4. 程树德:《论语集释》,中华书局,1990。
5. 唐明贵:《〈论语〉学的形成发展与中衰》,中国社会科学出版社,2005。

第二章

教学相长:《学记》

内容提要

本章内容共分为四部分,第一部分为“简介及影响”,主要从总体上对《学记》做一个简要介绍;第二部分为“经典语段”,包括《学记》的全文(部分注释)和释义两部分,这一节学习时应当作为重点;第三部分为“讨论与分享”,主要是作者个人的阅读体会;第四部分为“延伸阅读”,主要介绍和《学记》相关联的阅读材料引出的话题对当下教育的影响,以便拓宽读者的视野。

学习目标

1. 能够根据注释、翻译,通读和理解全文。
2. 对文中的重点部分结合自己的经验和体验进行深入阅读和分析。
3. 从历史的角度认识《学记》的教育价值。
4. 通过《学记》的学习,对自己感兴趣的教育问题展开专题研究。

第一节　简介及影响

一、《学记》简介

《学记》是古代中国典章制度专著《礼记》(《小戴礼记》)中的一篇,《礼记》主要记载了先秦时期的典章制度及冠、婚、丧、祭、宴、享、朝、聘等礼仪,反映了先秦儒家的政治理想、哲学思想、美学思想、为人处世的准则以及社会生活礼节方面的要求。同时,《礼记》也记述了中国古代的教育思想,包括学校制度、人才选拔、教学内容及方法等,尤其反映了先秦儒家的礼教思想,在中国古代教育发展史上有着深远的影响。《礼记》中论及教育的最重要的篇章是《学记》《乐记》《大学》和《中庸》,其中《大学》和《中庸》经朱熹的编订和注释,同《论语》《孟子》一起被编入《四书》之中,成为宋代以后学校教育的基本教材和科举考试的标准读本，对中国封建社会后期的教育产生了重大影响。

据郭沫若考证，《学记》是由战国末期孟子的弟子乐正克撰写，累世相传，讲习者不断增补，西汉时期被礼学家们辑录于《礼记》之中。

《学记》之“学”，乃办学、兴学、学校之学。如曾巩《宜黄县学记》中说：“古之人，自家至于天子之国，皆有学。”皆有学，就是说古人从家族到国都都有相应的学校。

《学记》是作者整理、记述和探讨春秋战国时期教育的专著，记述古人理想的教育教学方式和方法，探究教学的兴废与难易，其观点与见解对于今天的教育工作者仍然有着重要的借鉴意义。

《学记》论的是大学教育，应当与《大学》结合起来研究。《学记》和《大学》都论及教育的目的和作用，但《大学》的主要内容是政治和道德教育，而《学记》的突出贡献则在它所提的课程安排和教学原则与方法方面。

《学记》共有二十段，一千二百多字，内容广泛而深入。其文字言简意赅，喻辞生动，系统而全面地阐明了教育的目的及作用，教育和教学的制度、原则和方法，教师的地位和作用，教育过程中的师生关系以及同学之间的关系，是历史上最早专门论述教育和教学问题的著作。

二、《学记》的影响

《学记》是对我国先秦教育教学经验的理论总结与概括。其教育思想不仅对我国长期以来的教育理论研究和教育教学改革有非常高的借鉴价值，同时作为中国传统的教育学元素和符号的《学记》，对近代西方教育学的引入与现今中国教育学建构都产生了深刻的影响。

新中国成立初期，《学记》研究一方面受到马克思主义史观的深刻影响，善于用“批判继承”的态度来研究《学记》；另一方面也反映了“教育学”的取向，学者们开始用教育学的框架去研究《学记》。

改革开放后，相关研究进入繁荣期，打破对之前研究的教条，重新确立《学记》的地位和思想内容。随着思想解放的深入和教育学科的分化与综合，这一时期的《学记》研究趋势良好，学者们开始以多学科的视角去探索这篇教育文献，无论是在《辞海》还是其他教育辞书中，《学记》都成为重要的词条来源，教育学和教育史著作都会各有侧重地对《学记》展开研究。

在当代中国教育改革的背景下，研究者挖掘传统教育专著《学记》中的教育理论，为现代教育改革提供理论支撑和价值引导。当前《学记》研究呈现出新的面貌，一方面研究日益重视与教育实践的结合，显示出明显的“实践性”倾向；另一方面，研究向精细化和纵深化的方向转变。学者对《学记》在教育学上的地位有了更加理性的认识，同时从更加广阔和多元的视角去挖掘其实用价值。

《学记》的研究史其实是中国教育学发展的缩影，当代《学记》研究的过程与中国教育学的发展轨迹几乎一致，而且《学记》作为中国传统的教育经典著作，在当今教育学的本土化和建构中国教育学的时代背景下，也将为教育学的理论建构和实践探索提供必要的参考和借鉴。

第二节 经典语段

一、《学记》原文

发虑宪,求善良,足以謏(xiǎo)闻,不足以动众;就贤体远,足以动众,未足以化(教化)民。君子如欲化民成俗,其必由学乎!

玉不琢,不成器;人不学,不知道("道":古今异义,指儒家之道)。是故古之王者建国君民,教学为先。《兑(yuè"说")命》曰:"念终始典于学。"其此之谓乎!

虽有佳肴,弗食不知其旨也;虽有至道,弗学不知其善也。是故学然后知不足,教然后知困(困惑)。知不足,然后能自反也;知困,然后能自强也。故曰:教学相长(促进)也。《兑命》曰:"学学半。"(前一个"学"字音 xiào,本字读作"斅",意思是教育别人,后一个"学"字音 xué,意思是向别人学习。)其此之谓乎!

古之教者,家有塾,党有庠(xiáng),术(suì)有序,国有学。比年(隔一年)入学,中年考校。一年视离经辨志,三年视敬业乐群,五年视博习亲师,七年视论学取友,谓之小成;九年知类通达,强立(坚强的意志)而不反,谓之大成。夫然后足以化民易俗,近者说(yuè"悦")服而远者怀(向往)之,此大学之道也。《记》曰:"蛾("蚁")子时术之。"其此之谓乎!

大学始教,皮弁(biàn)祭菜,示敬道也。宵雅肄(yì)三,官其始也。入学鼓箧(qiè),孙(以逊顺之心)其业也。夏楚(夏 jiǎ 圆和楚方,一种教杖)二物,收其威也。未卜禘(dì)不视学,游其志也。时观而弗语,存其心也。幼者听而弗问,学不躐(liè 同后文"陵",超越)等也。此七者,教之大伦(纲要)也。《记》曰:"凡学,官先事,士先志。"其此之谓乎!

大学之教也,时教必有正业,退息必有居学。不学操缦,不能安弦;不学博依,不能安诗;不学杂服,不能安礼;不兴(歆:喜也)其艺,不能乐学。故君子之于学也,藏焉,修焉,息焉,游焉。夫然故安其学而亲其师,乐其友而信其道,是以虽离师辅而不反也。《兑命》曰:"敬孙务时敏,厥修乃来。"其此之谓乎!

今之教者,呻其占毕,多其讯言。及于数进,而不顾其安,使人不由其诚,教人不尽其材。其施之也悖,其求之也佛(拂)。夫然,故隐其学而疾其师,苦其难而不知其益也。虽终其业,其去之必速。教之不刑,其此之由乎!

大学之法:禁于未发之谓豫;当其可之谓时;不陵节而施之谓孙;相观而善之谓摩。此四者,教之所由兴也。

发然后禁,则扞(hàn)格而不胜;时过然后学,则勤苦而难成;杂施而不孙,则坏乱而不修;独学而无友,则孤陋而寡闻;燕朋逆其师,燕辟废其学。此六者,教之所由废也。

君子既知教之所由兴,又知教之所由废,然后可以为人师也。故君子之教,喻也。道(dǎo,同导)而弗牵,强而弗抑,开而弗达。道而弗牵则和,强而弗抑则易,开而弗达则思。和、易、以思，可谓善喻矣。

学者有四失，教者必知之。人之学也，或失则多，或失则寡，或失则易，或失则止。此四者，心之莫同也。知其心，然后能救其失也。教也者，长善而救其失者也。

善歌者，使人继其声；善教者，使人继其志。其言也，约而达，微而臧，罕譬而喻，可谓继志矣。

君子知至学之难易而知其美恶，然后能博喻。能博喻，然后能为师。能为师，然后能为长。能为长，然后能为君。故师也者，所以学为君也。是故择师不可不慎也。《记》曰："三王四代唯其师。"此之谓乎！

凡学之道，严师为难。师严然后道尊；道尊，然后民知敬学。是故君之所以不臣于其臣者二：当其为尸，则弗臣也；当其为师，则弗臣也。大学之礼，虽诏于天子，无北面，所以尊师也。

善学者，师逸而功倍，又从而庸之；不善学者，师勤而功半，又从而怨之。善问者如攻坚木，先其易者，后其节目，及其久也，相说以解；不善问者反此。善待问者如撞钟，叩之以小者则小鸣，叩之以大者则大鸣，待其从容，然后尽其声；不善答问者反此。此皆进学之道也。

记问之学，不足以为人师，必也其听语乎！力不能问，然后语之；语之而不知，虽舍之可也。

良冶之子，必学为裘；良弓之子，必学为箕；始驾马者反之，车在马前。君子察于此三者，可以有志于学矣。

古之学者，比物丑类。鼓无当于五声，五声弗得不和；水无当于五色，五色弗得不章；学无当于五官，五官弗得不治；师无当于五服，五服弗得不亲。

君子曰：大德不官；大道不器；大信不约；大时不齐。察于此四者，可以有志于学矣。三王之祭川也，皆先河而后海，或源也，或委也，此之谓务本。

二、《学记》释义

（执政者）思虑要合于法度，征求品德善良（的人士辅佐自己），可以得到小小的声誉，不能够耸动群众的听闻；（如果）亲近礼贤下士，宽容异己体恤百姓，可以耸动群众的听闻，但不能起到教化百姓的作用。君子想要教化百姓，并形成好的风俗，就一定要重视设学施教。

玉石不经雕琢，就不能变成好的器物；人不经过学习，就不会明白道理。所以古代的君王，建立国家，统治人民，首先要设学施教。《尚书·兑命》篇中说："始终要以设学施教为主"，说的就是这个道理。

尽管有味美的菜肴，不吃就不会知道它的美味；尽管有高深完善的道理，不学习也不会了解它的好处。所以，通过学习才能知道自己的不足，通过教人才能感到困惑。知道自己学业的不足，才能反过来严格要求自己；感到困惑然后才能不倦的钻研。所以说，教与学是互相促进的。《兑命》篇说："（在教学过程中）教与学是一个事情的两个方面。"就是说的这个道理。

古代设学施教，每一"闾"（二十五家）设有学校叫"塾"，每一"党"（五百家）有自己的学校叫“庠”,每一“术”(万二千五百家)有自己的学校叫“序”,在天子或诸侯的国都设立有大学。

(学校)每年招收学生入学,每隔一年对学生考查一次。第一年考查学生断句分章等基本阅读能力的情况,第三年考查学生是否专心学习和亲近同学,第五年考查学生是否在广博的学习和亲近老师,第七年考查学生讨论学业是非和识别朋友的能力,(如果这一阶段学习合格)叫“小成”。第九年学生能举一反三,推论事理,并有坚强的信念,不违背老师的教诲,(这一阶段学习合格)叫作“大成”。唯有这样,才能教化百姓,移风易俗,周围的人能心悦诚服,远方的人也会来归顺他,这就是大学教人的宗旨。古书上说:“(求学的人)应效法小蚂蚁衔土不息而成土堆的精神(不倦地学习)。”就是说的这个道理。

大学开学的时候,(天子或官吏)穿着礼服,备有祭菜来祭祀先哲,表示尊师重道,学生要吟诵《诗经·小雅》中(鹿鸣、四牡、皇皇者华)三篇(叙述君臣和睦)诗,使他们一入学就产生要做官的感受;要学生按鼓声开箱取出学习用品,使他们严肃地对待学业;同时展示戒尺,以维持整齐严肃的秩序;(学生春季入学,教官)没有夏祭不去考查学生的学业,让学生有充裕的时间按自己的志愿去学习。(学习过程中)教师应先观察而不要急于对学生的问题给予解答,(用以)反复详审学生的思维活动;年长的学生请教教师,年少的学生要注意听,而不要插问,因为学习应循序渐进,不能越级。这七点,是施教顺序的大纲。古书上说:“在教学活动中,教官首先要尽职,读书人要先立志。”就是说的这个道理。

大学的教育活动,按时令进行,安排有正式课业;休息的时候,也有课外作业。课外不学杂乐,课内就不可能把琴弹好;课外不广泛运用比喻,课内就不能写好诗句;课外不学好如何待人接物,课内就学不好礼仪。不喜欢那些才艺学问,就不可能乐于对待所学的正课。所以,君子对待学习,课内学习要学好正课;在家休息,要学好各种杂艺。唯其这样,才能安心学习,亲近师长,乐于与他人交朋友,并深信所学之道,尽管离开师长辅导,也不会违背所学的道理。《兑命》篇中说,“只有专心致志谦逊恭敬,时时刻刻敏捷地求学,在学业上就能有所成就”,就是说的这个道理。

今天的教师,单靠朗诵课文,大量灌输,一味赶进度,而不顾学生的接受能力,致使他们不能安下心来求学。教人不能因材施教,不能使学生的才能得到充分的发展。教学的方法违背了教学的原则,提出的要求不合学生的实际。这样,学生就会痛恶他的学业,并怨恨他的老师,苦于学业的艰难,而不懂得它的好处。即使学习结业,他所学的东西必然忘得快,教学的目的也就达不到,其原因就在这里。

大学施教的方法:在学生的错误没有发生时就加以防止,叫作预防;在适当的时机进行教育,叫作及时;不超越受教育者的才能和年龄特征而进行教育,叫作合乎顺序;互相取长补短,叫作观摩。这四点,是教学成功的经验。

错误出现了再去禁止,就有产生抗拒而难以克服;错过了学习时机,事后补救,尽管勤苦努力,也较难成功;施教者不按教学内容的顺序传授知识,打乱了条理,就会变得不可收拾;自己一个人冥思苦想,不与友人讨论,就会学识浅薄,见闻不广;与不正派的朋友来往,必然会违逆老师的教导;从事一些不正经的交谈,必然荒废正课学习。这六点,是教学失败的原因。

君子既懂得教学成功的经验，又懂得教学失败的原因，就可以当好教师了。所以说教师对人施教，就是启发诱导：（对学生）诱导而不牵拉；劝勉而不压制；引导学生在学习上积极思考，而不把答案直接告诉学生。（教师对学生）诱导而不牵拉，则师生融洽；劝勉而不强制，学生才能感到学习是件愉快的事；启发而不包办，学生才会自己积极主动思考。能做到师生关系融洽，使学生感到学习容易，并能独立思考，可以说是做到善于启发诱导了。

学生在学习上有四种过失，是施教者必须要了解的：人们学习失败的原因，有人是失于贪多务得，有人是失于学习过于偏狭，有的人失于见异思迁不求甚解，有的人失于学习上不能持久，浅尝辄止。这四点，是由于学生的不同心理和才智所引起的。教师懂得受教育者的不同心理特点，才能帮助学生克服缺点。教育的作用，就是使受教育者能发挥其优点并克服其缺点。

会唱歌的人，能够使人情不自禁地跟着唱；会教人的人，能够诱导学生自觉地跟着他学。教师讲课，要简单明确，精练而完善，举例不多，但能说明问题。这样，才可以达到使学生自觉地跟着他学的目的。

君子要知道最完美的教学境界中的难易甘苦等种种情况，才能知道教学过程中表现出的正确的与错误的不同思想倾向和教学方法，才能对学生多方面灵活的启发诱导。能够多方面启发诱导，才能当好教师。能当好教师才能做官长，能做官长才能当人君。所以说，当教师的，就是凭借（老师）来学习成为君王的。因为这个缘故，所以选择教师不可不慎重。古书上说，"古代君王只尊敬老师"。就是说的这个道理啊。

凡是学习的关键，严师是难能可贵的。教师严格才能重视他传授的道。在上的君王能尊师重道，百姓才能专心求学。所以君王不以臣子相待的臣子有两种人：一是正在祭祀中作为神的替身的人，不以臣子相待；二是教师，不以臣子相待。根据礼制，（这二种人）虽被天子召见，可以免去朝见君王的礼节，这就是为了表示尊师重道的缘故。

会学习的人，能使教师费力不大而效果好，并能感激教师；不会学习的人，即使老师很勤苦而自己收效甚微，还要埋怨教师。会提问的人，就像木工砍木头，先从容易的地方着手，再砍坚硬的节疤一样，（先问容易的问题，再问难题），这样，问题就会容易解决；不会提问题的人却与此相反。会对待提问的人，要回答得有针对性，像撞钟一样，用力小，钟声则小，用力大，钟声则大，从容地响，留给提问者充分回味和消化的时间；不会回答问题的恰巧与此相反。以上这些，讲的是有关进行教学的方法。

单靠死记一些零碎的知识，不能做个好教师，一定（要有渊博的知识）随时准备根据学生的提问并给以圆满的回答才行。如果学生提不出问题，就要引导启发他们；告诉了他以后，仍不能理解，可以暂时放一放再说。

（若要学到父亲高超的手艺）高明的铁匠的儿子，一定要先去学缝皮袄；高明的弓匠的儿子，一定要先去学编撮箕，训练小马学拉车的人会先反过来，让小马在车后跟着走。君子懂得了这三例（是通过先易后难、由浅入深、反复练习、循序渐进）使事业成功的道理，就可以搞好教学工作了。

古代求学的人，能够对同类事物进行比较，举一反三。

鼓不等同于五声,而五声中没有鼓音,就不和谐;水不等同于五色,但五色没有水调和,就不能鲜明悦目;学习不等同于五官,但五官不经过学习训练就不可治理;师不等同于五服之亲,但没有教师的教导,人们不可能懂得五服的亲密关系。

君子说,德行很高的人,不限于只担任某种官职;普遍的规律,不仅仅适用于那一件事物;有大信实的人,用不着他发誓后才信任他;因时制宜的人不可拘于一途。懂得这四点,就可以帮助我们领会做事求学的道理了。古代的三王祭祀江河的时候,都是先祭河而后祭海,这是因为河是水的本源,而海是水的归宿。这才叫抓住了根本。

第三节 讨论与分享

一、对《学记》中"教学相长"思想的认识

在世界教育史上,《学记》首次提出了"教学相长"的思想。原文是这样论述的,"虽有佳肴,弗食不知其旨也,虽有至道,弗学不知其善也。是故,学然后知不足,教然后知困。知不足,然后能自反也,知困,然后能自强也。故曰,教学相长也。"意思是,虽然烧了好菜不经过品尝就领会不到它的美味,虽然有深远的道理,不经过学习钻研就领会不到它的奥秘。所以说,只有经过学习实践,才会发现自己的知识水平不够,只有经过教学实践,才会发现自己的教学存在很多困惑。懂得不够,便能督促自己去加紧学习,认识到困惑,便能鞭策自己去努力研修。所以说,教与学是相互促进的。

从《学记》原文及通篇的整体思路可以看出,"教学相长"中的"教学"不是现代意义的"教学",而是"教"和"学"两种活动,"相长"就是相互促进。"学"并非学生的"学",而是教师的"学"。它的意思是教师自身的教和学两种活动相辅相成、相互促进。

在《学记》中,"教学相长"所阐明的"教与学的辩证关系"仅集中在一个主体身上,这个主体是教师。这样的思想与儒家知与行、学与用辩证统一的思想是一脉相承的。

"教学相长"的本义旨在阐明一个人"学"与"教"的关系,即同一主体学与用、知与行、理论与实践的辩证关系问题。

在现代教育理论的语境里,"主体"一词是指"在对象性活动中,活动的发出者",通俗地讲,就是在具体的活动关系中,谁发起了这个活动。这个发起者一定是人(人类),只有人才能够成为世界的主体,主体所作用的对象就是客体。如果具体到教学活动这一对象性活动,教学活动应该有两个主体,一个是教师,另一个是学生,教学就是通过传授一定的教学内容(教学客体),把两个教学主体统一在这个教学活动中,构成了完整的"教学"活动,既然是教学活动,必然有教有学,缺乏任何一方,都不能够称其为"教学"活动,如果缺少了学生的学,教师的教变成了"独白",如果缺少了教师的教,学生的学则变成了"自学",两个教学主体共同参与了教学活动,都是教学活动的发出者,因此都是教学活动的主体。但两个教学活动的主体在教学过程中发挥的作用是不同的,教师主体发挥的是"主导"作用,这里的主导是指主要起指导和引导作用,也有学者认为是"导

主”，即引导学生主体性的发展。学生主体发挥的是主观能动性，也就是说，教学过程的实质是通过教师的引导，发挥学生的主观能动性。

其实，主体有自己的本质特性，就是我们说的主体性，它是相对于客体来说的，是客体所不具备的特性，一般认为，主体性有三大基本特性，那就是主动性、独立性和创造性，主动相对于被动、独立相对于依赖、创造相对于模仿，教师和学生这两个教学主体都要发挥其主体性，或者说要发挥其主动性、独立性和创造性。

教师作为教育的主体，他除了要研究教学内容（教师和学生共同面对的教学客体），还需要关注学生这个教育客体（在教学中和教师相对互为主客体关系，也就是说，教师除了要钻研教学内容外，还要认识我们的教学对象——学生，把学生当成我们研究的对象，但学生这个客体不是纯粹意义上的客体，而是具有主体性的客体，这会让教师的研究变得复杂、艰巨，这也就是我们平时说的“教师劳动的复杂性和创造性”的由来）。

教学的本质就是要发挥学生的主体性，但要想发挥学生这个教学主体的主体性，就必须发挥教师这个教学主体的主体性，因为教师的主体性仅仅为学生的主体性而存在，如果调动不了学生的主体性，意味着教师也没能发挥自己的主体性，因为学生的主体性是检验教师主体性是否发挥或发挥程度的唯一标准，任何不能调动学生主体性的教师的努力都是徒劳的，都不能称作教师主体性的发挥。教师的口头禅“对牛弹琴”看似贬低的是学生，实际上是对自己教育教学的否定，它暗含的思想是“我无法调动起学生学习的积极性”。

教育领域有这样一句话，“没有教不好的学生，只有不会教的老师”，此话虽然有些绝对，但也从另一个方面说明了一个道理，那就是教师一定要不满足现状，要勇于进取，不断钻研教育和教学理论，深入认识学生，逐步实现自身知识、情感和能力的专业化需求。这里的专业化不是指教师达到某个目标，而是指教师始终处在不断完善和发展的过程。

《学记》中的“教学相长”专指教学过程中的教育主体——教师，是指教师要有对知识的不断渴求，对教学实践的深入追求。“是故，学然后知不足，教然后知困。知不足，然后能自反也，知困，然后能自强也。故曰，教学相长也。”这句话是在说教师要做两件事，一是不断学习，对自己提出新要求；二是从教学实践中发现问题，不断勉励自己去增强实践智慧，能够更好解决教学中遇到的问题。这些实践智慧的获得需要在不断学习——实践——反思——勉励——学习……这样周而复始的过程中去完成，只有这样，你才能够把学习和教学活动当成是一件很值得研究和快乐的事情，就像每天品味美食一样，就像领悟了世界上最好的道理一样乐此不疲，把教育当成自己最美好的追求。这大概就是我们现在说的教师的“教育情怀”，有了这样的情怀，我们才能够成为一个不懈追求的人，成为一个不断自我完善之人，成为一个学习型教师。

在《学记》中，“教学相长”主要是指在儒家教育思想的滋养下，教师的学习和教学实践的发展，实现教学和学习的统一。如果离开《学记》，从教与学的一般意义上来说，这种教和学的辩证统一关系不再是单就教师一方而言的，它被迁移到教学活动中，用来说明教师的教与学生的学相互促进、共同提高。与此同时，“教学相长”也具有了“教师与学生之间平等的相互促进的关系”的含义。从本义到引申义，并不是一个简单的“望文生义”的过程,而是以深厚的儒学思想为背景,经过长期的历史积淀而形成的。

这个“教师”我们可以做广义的理解,如果用一个恰当的词去表达,“教者”这个词就比较合适,尤其是对师范生来说,我们既是学生,有时候又要学着扮演教师的角色,学着去像一个真正的教师那样去教学生,教学技能和能力的训练在所难免,这个“教学相长”思想有助于我们树立专业思想,形成专业技能,打好教学的基本功,争取成为一名合格的教师。

二、对《学记》中教学目的的认识

为了便于论述以及与教育学教科书相对接,我们不妨在这里把“教学目的”和“教育目的”相等同,不做太多的区分,避免概念的反复转换,集中精力探讨《学记》中的教学(教育)目的问题。

《学记》开篇就提出了“建国君民”与“化民成俗”的教育目的。“建国君民”是教育目的的社会价值取向,而“化民成俗”则是教育目的的个人价值取向,其实质在于通过教育教学使个体社会化,从而实现个体发展与社会发展的统一。

人类教育自产生以来就带有很强的目的性,从古到今的中外教育千差万别,教育目的异彩纷呈,透过这些各异的教育目的,我们不难发现,所有教育目的中都包括两部分,一是教育目的社会价值规定;二是教育目的个人价值规定。由于时代、地域不同,人们在社会生活中所处的地位不同,人们的教育理解都带有主观性,这种主观性主要表现在对教育目的社会价值的认识和教育目的个人价值的认识不同,也就是我们说的历史上教育目的的社会本位论和教育目的的个人本位论。我们到底是关注教育的社会价值还是关注教育的个人价值?每种教育价值所占的分量如何,他们之间的关系又是怎样的等都是我们要探讨的问题。

《学记》提出“建国君民”的社会目的和“化民成俗”的个体成人目的相统一的教学目的观,是一种历史的必然。它是由当时社会文化和历史发展的趋势所决定的。先秦儒家代表孔子、孟子和荀子,生活于诸侯争霸、百家争鸣的春秋战国时代,他们所关心的是如何结束天下大乱实现天下大治的问题。他们终身从事教育,其目的就在于希望通过教育来实现他们的社会理想。通过教育教学来改造现实社会,实现理想化的社会治理,即《学记》总结的“建国君民,教学为先”,另一方面,理想社会的建立要通过对个体的教化来实现,即《学记》提出的“化民成俗”。只有通过教育教学,使个体接受儒家文化的熏陶与陶冶,其心灵得以净化,人格得以升华。个体人格和谐发展了,每个人的内心有了制约,社会才能稳定和谐发展,理想中的社会才能实现。

儒家以“仁”为个体教育目的的核心,实质上是要造就全面、和谐发展的人。“仁学”的基本精神是教人如何做人,需要落实到社会的日常生活中,因此,它是一种个体与社会的和谐统一。

儒家的教学目的既非“社会本位论”,亦非“个人本位论”,春秋战国时期儒家教育思想的这种特点,决定了《学记》在教学目的的价值取向上人与社会统一的特点。个人价值如果脱离了社会需要和社会文化则很难实现,即使实现了个人目的,其个体的目的缺乏着力点,其内心也是慌张的,看不到自己生命的意义和价值。

三、对《学记》中教学原则的认识

（一）《学记》中的教学原则

1. “禁于未发之谓豫”：教学的预防性原则

《学记》指出：“禁于未发之谓豫”“豫”即预防、预备、预见。“禁于未发”就是要在学生问题还没有发生时，防止学生问题的发生，要有一定的预见性，做到未雨绸缪，防患于未然。“禁”可作两方面的理解：一方面，要告诫学生不要做什么，另一方面，要指导学生应做什么，即消极的禁止和积极的引导。

那么，如何进行预防呢？《学记》认为教学要遵循基本的规律，即“教之大伦”：“大学始教，皮弁祭菜，示敬道也。《宵雅》肄三，官其始也；入学鼓箧，孙其业也。夏楚二物，收其威也。未卜禘，不视学，游其志也。时观而弗语，存其心也。幼者听而弗问，学不躐等也。”《学记》认为这七个方面是教学过程中必不可少的仪式、礼节和一般的原则。要通过各种仪式和礼节唤起人们对“道”的敬畏之心，即所谓“示敬道也”。有了对“道”的敬畏，师生才会以虔诚之心探索学问，才会专心致志、矢志不渝地以学习为己任，也才会时时刻刻提醒自己，以免在学习和生活中犯下错误。这就是一种预防。

《学记》指出：“发然后禁，则扞格而不胜。”就是说，当学生犯了错之后再去禁止，就很难得以改变。这是导致教学失败的原因之一。

“发然后禁，则扞格而不胜”。“扞格”，是一种逆反与抵触的心理倾向。如果平时疏于引导，学生在思想上停留于某种错误的认识就会形成这种心理倾向，就会对教师的批评教育产生反感抵触情绪。这自然会加大教育的难度，甚至导致教育的失败。缺乏正确的引导和相应的预防措施，在学生对某些知识形成了错误理解以后，特别是形成了错误的思维定势后，就需要付出更多的时间和精力去进行矫正。这势必会导致教学效率的低下，甚至导致教学的失败。

2. “当其可之谓时”：要善于抓教学时机的及时性原则

《学记》指出：“当其可之谓时。”“时”有时常、及时等多重含义。“当其可之谓时”，强调的是要把握施教与学习的关键期，做到适时而变，才能取得最佳的教学效果。

“时”有及时、经常之意。孔子就曾说：“学而时习之，不亦说乎？”经常的练习与复习可以增强记忆，同时随着知识的不断增加与阅历的不断丰富，人的认识能力与理解水平也会不断提高。经常复习不但可以加深理解，还可以从中领悟出新的知识，即孔子所谓“温故而知新”。“时”还有及时之意。学习新的知识技能以后，要及时地复习和练习。这样才能有牢固的记忆。否则，错过了最佳时间，记忆的效率就会大大降低。这是对荀子思想的进一步发挥。荀子认为“学不可以已”，学习不能停止，也就是要时时、经常学习，才能不断进步。“君子博学而日参省乎己”，君子应该博学，并且要时刻反省自己。“参”即三，但又并非确数三，而是强调反省要经常，这样才能“知明而无过”，才能进德修业。

学习、练习要经常、及时，但最关键的是要把握时机。孔子说：“不愤不启，不悱不发。举一隅不以三隅反,则不复也。”启发要把握最佳的时机才能收到良好的效果。学生不具备“愤”“悱”的心理状态就对其进行启发,结果只能是言者谆谆而听者藐藐;学生已进入这种心理状态而不进行启发,其结果也必定停滞不前而一无所获。启与发的最佳时机就在于学生的心理达到“愤”“悱”状态的时刻。把握住这一最佳时机进行启发,就会使学生茅塞顿开、豁然开朗,起到“山重水复疑无路,柳暗花明又一村”的效果。

《学记》在前面提出了“当其可之谓时”的观点,这里则从反面提出“时过然后学,则勤苦而难成”的观点,认为在人的一生中错过了最佳的学习时间,再发奋刻苦也难有所成,即使有所成也要耗费更多的时间和精力。这是对我国先秦时期早期教学思想的总结。

3.“不陵节而施之谓孙”:照顾到教学顺序的循序渐进原则

《学记》指出:“不陵节而施之谓孙”这是一种循序渐进的教学思想,且是教学取得成功的必要因素之一。“节”有四层含义:教学内容的逻辑之序,人的认识规律或心理程序,学生能力的发展顺序,个别差异。在“节”的限度内循序渐进地施教,才能取得成功。要遵循“不陵节而施”的原则,首先要做到循序渐进。“一年视离经辨志,三年视敬业乐群,五年视博习亲师,七年视论学取友,谓之小成。九年知类通达,强立而不反。”由低到高,教学目标逐步提升,内容由易到难,测评标准逐步提高。其次,要照顾学生年龄差异,“幼者听而弗问,学不躐等”。再次,问题设计要先易后难,先简后繁。“善问者如攻坚木,先其易者,后其节目,及其久也,相说以解。”最后,要适应学生的知识水平、能力结构等认知发展水平及个性心理。《学记》指出:“杂施而不孙,则坏乱而不修。”教学内容杂乱无章,违背了循序渐进的规律,教学就很难收到好的效果。这也是导致教学失败的原因之一。

先秦时期儒家的教学内容主要是“六艺”。虽然“六艺”并不能与现代的学科课程相比,但是“六艺”中的每一科都已自成体系,其内容的安排也体现了一定的顺序。从内容的难易程度来说,一般做到先易后难。从《学记》所设定的学业制度可以看出,学校课程的安排在内容上就体现了先易后难的顺序:“一年视离经辨志,三年视敬业乐群,五年视博习亲师,七年视论学取友,谓之小成。九年知类通达,强立而不反,谓之大成。”从“离经辨志”,到“敬业乐群”“博习亲师”,从“小成”到“大成”,都体现了教学内容的连贯性。

4.“相观而善之谓摩”:建立学习共同体的交往性原则

《学记》指出,“相观而善之谓摩”,提倡教学主体之间相互学习,彼此取长补短,发挥教学共同体的作用。这是教学取得成功的原因之一。

首先,“相观而善”体现的是教学与研究相结合的思想。教学需要相互切磋,并使它逐步完善。“相观”,可以弥补教师个体的不足,丰富其教学经验,从而拓展各自的发展空间,并真正实现教学的“善”。

其次,“相观而善”也可以指学生之间把差异当作一种教学资源加以充分利用。《学记》指出,教学过程中之所以会形成学生发展的差异,是因为每个学生“心之莫同”。教学就要遵循学生心理发展的规律,促进学生优势个性的发展,弥补其缺陷与不足,即所谓“长善救失”。《学记》指出,“独学而无友,则孤陋而寡闻”。认为学生孤立地学习就不利于扩大知识面，就会变得短视，不利于整体知识的学习，最终导致教学的失败。

（二）《学记》教学原则的当代价值

1.《学记》的教学原则是对教学规律的反映

首先，《学记》所揭示的教学原则是对教学规律的反映，代表着那个时代教育思想家们对教育规律探索的高度，《学记》对教学规律的认识达到了相当高的水平。其次，《学记》所揭示的教学规律思想在教学论史上具有极高的地位。如果说，先秦诸子的教学思想还只是经验总结，那么，《学记》则从经验的总结上升为具有普遍性的理论，在教学思想史上具有很高的地位，甚至对今天的教学理论建设和教学实践都具有一定的价值。再次，《学记》的教学思想是我国传统教学思想的重要组成部分。今天的教学理论是在继承和发展的基础上建立起来的，它有很深的历史根基，这是我们建立本土化教学理论的底气。发掘《学记》教学思想，使其融入当代教学理论与实践，本身就是本土教学理论建设的一部分。

2.《学记》中的教学原则需要我们不断超越

《学记》诞生于两千多年前，但其所揭示的教学规律不仅适用于当时的教学实践，在今天看来，也仍然具有很强的适用性。但《学记》毕竟才一千多字，尽管涉及教学的方方面面，但要想把教学问题说清楚，还需要结合当代教育理论的探索，使之不断扩充和完善，不断加深对教学问题的认识，我们赶上这样一个多彩的时代，每一位教育人都应当从中汲取力量，实现在教学理论和实践上的超越，建立起相对深入和完备的现代教学理论体系，这也是我们每位教育人的历史使命。

第四节　延伸阅读

启发式教学和注入式教学是两种对立的教学方法指导思想，这两种教学方法指导思想几乎贯穿了整个人类的教学发展史，是教育理论发展进程中的重要一环，也可以换一种说法，通过启发式教学和注入式教学指导思想的历史演进，我们看到了人类教育发展的历史轨迹。

《学记》反对注入式，提倡启发式教学，主张教与学并重，提倡师与生互动，认为教学的过程是教学主体沟通、对话与互动的过程。《学记》从人的能动性角度强调了教学的主体性本质，确立了人的主体性在教学过程中的能动作用，揭示了教学过程中教师主导作用和学生主观能动性的辩证关系。

启发式教学的指导思想具体体现在教学技巧上，《学记》提出了“善教”与“善学”的教学思想。教师的教方面，要讲究“喻”之启发诱导、“言”之简明扼要、“继其志”之身教，以及“善问”与“善待问”的问题；学生方面，掌握“摩”“时”“听”“乐”等学习的方法与艺术。本文在分析其思想的基础上，也论述了其教育指导思想对于我国当代教学改革的现实意义。

一、《学记》对注入式教学的透彻分析

《学记》在继承孔子启发式教学思想的同时，对当时现实教学实践中存在的注入式教学现象进行了深刻的批判分析。

《学记》指出："今之教者，呻其占毕，多其讯言，及于数进而不顾其安，使人不由其诚，教人不尽其材，其施之也悖，其求之也佛。"这种教学问题主要表现在教学过程和对待学生两个方面。在教学过程方面，表现为照本宣科式的"呻其占毕"，满堂灌式的"多其讯言"，填鸭式的"及于数进"。在对待学生问题上，就是不注意学生的接受能力和学习巩固程度的"不顾其安"，不调动学生学习的自觉性和主动性的"不由其诚"，没有充分发挥学生聪明才智的"不尽其材"。这种注入式教学由于违背了育人的宗旨，忽视了学生主体的存在，把学生当作接受知识的容器。在教与学的关系上，片面夸大教师的作用，把学生只是看作教育的客体，否认学生在教学中的主体地位和作用，忽视了学生主观能动性的发挥和学习动机的培养；在教学与发展的关系上，教学的目的只是在于单纯地传授知识，忽视学生智力、能力的发展，以及动机、情感、态度和品德的培养；在教学方法上，片面强调教师外在的注入、灌输，让学生死记硬背，不注重教师的启发、点拨、诱导；在教学环境上，过于强调教师的权威和控制的作用，师生之间处于一种传授与接受、决定与被决定、控制与被控制的关系，教师不能做到尊重、信任和理解学生，采取压制、管教的态度，师生之间缺乏民主平等的学习和交流氛围。

《学记》指出："夫然，故隐其学而疾其师，苦其难而不知其益也，虽终其业，其去之必速，教之不刑，其此之由乎。"就是说，注入式教学使学生厌恶学习，怨恨教师，只感觉到学习的困苦而不知道学习的好处，即使完成了学业，很快就会忘得一干二净，造成教学失败的后果。注入式教学会带来以下几个方面的问题：

（一）使学生产生厌学的心理

《学记》指出，注入式教学所造成的一个后果就是使学生"隐其学"。隐，隐藏、隐匿，引申为逃避之意。由于教师枯燥乏味的照本宣科，不厌其烦满堂灌（问），令人生厌的重复，这种无休止的灌输，必定使学生厌恶学习。厌恶是一种否定性的情绪。只有学生对所学知识产生了积极的情感，才会投入精力主动学习，所学知识才能理解透彻，记忆牢固。相反，一旦学生对学习产生了厌恶的心理，就不会积极主动地去理解知识，教师所灌输的知识也不会内化为学生的财富，教师所费的工夫必将化为乌有。孔子说："知之者不如好之者，好之者不如乐之者。"学生对学习产生了"好之""乐之"的情感体验，教学才能收到应有的效果。而注入式教学让学生"知之"都做不到，更谈不上使其"好之""乐之"了。它所带来的后果只能使学生"厌之"而"隐其学"。

（二）使学生以学为苦

《学记》指出，注入式教学所造成的另一后果是使学生"苦其难"。就是说，注入式教学下的学生将会失去学习的兴趣而视学习为畏途、为负担。当教师不停地进行灌输的

时候，学生始终处于被动消极接受的状态，他们没有独立思考的机会，不能体验到通过自己独立的思考而获取知识的乐趣，更谈不上有收获知识的成就感。兴趣是人们对某件事物或某项活动的意识倾向，它表现为对事件或活动的选择性态度和积极的情绪反应。兴趣是最好的老师，又是强大的内驱力。学生对所学知识产生了兴趣，就会以极大的热情投身于学习之中。而注入式教学要求学生无条件地接受并记忆教师灌输的知识，这样的教学很难使学生对所学知识和教师的教学产生兴趣，不能感到任何乐趣。被迫参与他们不感兴趣的教学，被迫记忆不感兴趣的知识，学生的感受也就只能是“苦其难”了。

（三）使学生不能理解知识和学习知识的意义

即“不知其益”。学生迫于外在的强行灌输而不得不被动接受知识、机械地记忆知识，知识不能通过学生的主动探索理解而内化为其生命的一部分。这种情况下，学生不能理解所接受的知识，不能体会知识对于其自身成长与发展的意义，更不能理解学习本身的意义。

（四）使学生厌恶老师，造成师生关系的紧张

即“疾其师”。师生关系是教学中最基本、最重要的关系。在本质上，师生关系是一种心理关系和情感关系，它是由认知的、情感的和行为的三种相互作用的心理因素所组成。师生关系是否和谐将会直接影响到教学的效果。在注入式教学中，教师关注的只是知识的学习，缺乏师生双方的认知交流，更缺乏师生之间情感的共鸣，由此造成教学阻隔和教学失衡。没有平等的师生关系，会使学生厌恶老师并造成师生关系的紧张甚至对抗。对此《学记》归纳为“疾其师”。“疾”者，痛恨之意，是一种深深的否定性情感。当学生对老师不是敬佩、爱戴，而是痛恨的时候，这种否定性的情感就会迁移到学生对待老师所传授的知识上，从而产生由“疾其师”到“疾其学”到“隐其学”的恶性循环。

（五）就学习效果来说，学生容易遗忘所学知识

即“虽终其业，其去之必速”。从学生学习的角度来看，注入式教学下学生的学习是一种机械学习。美国心理学家奥苏贝尔认为，这种学习表现为两个方面的特点：一是教师提供给学生的新知识缺乏潜在的意义，新知识与学生认知结构中的有关知识无法建立实质的联系，原有知识不能同化新知识，而获得明确而稳定的意义，只能靠死记硬背获得知识；二是学生缺乏积极主动的学习心向而处于被动状态。学生所学知识与其认知结构中原有的观念的某些部分只能建立起暂时的、表面的联系，所以，学习的结果很快就会遗忘。这样的教学，不但不能培养具有“大德不官，大道不器，大信不约，大时不齐”品格的君子，也更谈不上实现“化民成俗”“建国君民”的教学目的。

回顾历史，我们不禁为《学记》能够对注入式教学存在的弊端进行深刻的批判而感到惊叹。然而，令我们更为惊叹的是，当我们回到现实，两千多年前就已被《学记》彻底批判了的注入式教学依然存在。注入式教学就像一道难以祛除的魔障，历经世世代代无数教育家的批判与责难，不但没有消失，反而在几千年的历史长河中得以延续。现实

的课堂上,我们仍然可以看到这样的情景:为了教师能够顺利讲授,儿童必须抬头挺胸,双手放在背后,不得有任何的小动作,否则就要受到惩罚。唯恐学生没有听懂而影响考试分数,于是教师滔滔不绝、天花乱坠,而学生却一脸茫然甚至漠然。为了应付考试,教师煞费苦心制作标准答案,学生无条件接受而死记硬背等。这种严重的教学缺失,不仅影响了教学质量,更为严重的是,它是对学生身心的极度摧残。本来具有无限发展可能性的学生,经过长期的注入式教学的“磨练”,也会变得思维迟钝毫无生气,甚至出现逃学的现象。如此严峻的情况不正是两千多年前《学记》所批判的注入式教学的延续吗?

注入式教学存在种种弊端,造成严重的教学后果,最终导致“教之不刑”。那么,如何革除这种教学弊端,使教学朝着正常的、健康的方向发展,从而使教学取得成功,对此《学记》在批判注入式教学的同时,也为我们提供了一种理想的教学指导思想——启发式教学。

二、《学记》对启发式教学的深入思考

注入式教学不能实现预期的教学目标,还会造成严重的不良后果,这就需要寻求某种新的教学思考方向,以克服注入式教学的弊端,实现教学的目的。《学记》认为,要培养君子,实现“化民成俗”“建国君民”的目的,就要诉诸启发式教学。

《学记》指出:“君子之教,喻也。”喻,即启发诱导之意。如何启发,怎样诱导,《学记》进一步指出:“道而弗牵,强而弗抑,开而弗达。”只有这样,才能收到“和”“易”“思”的理想效果。“道而弗牵则和,强而弗抑则易,开而弗达则思。”《学记》认为,教师进行教学必须善于启发诱导,具体而言,就是要引导学生而不牵着他们走,鼓励、督促和要求学生而不要使他们感到学习是负担,启发学生思维而不代替他们达成结论,这样就能使学生有浓厚的学习兴趣,学习起来轻松愉快,从而能够自主学习、积极思考、独立钻研。

作为一种与注入式教学相对的教学指导思想,启发式教学思想可谓源远流长。早在春秋末期,孔子就有经典名言:“不愤不启,不悱不发。举一隅不以三隅反,则不复也。”按照朱熹的解释:“愤者,心求通而未得之意。悱者,口欲言而未能之貌。”就是说,只有当学生的思维处于既想弄懂而未得、想说出而不能的状态,也就是颜回所说的“欲罢不能”的状态时给予及时开导,教学才会取得良好的效果。如果启发的时机没有把握好,则不能收到应有的效果。“不待愤、悱而发,则知之不能坚固。待其愤、悱而后发,则沛然矣。”进行启发诱导的前提是学生的思维处于高度激活的积极主动状态,即教师的启发引导与学生的主动学习相结合,将启发诱导建立在对学生的心理状态深入认识的心理学基础之上。启发诱导的关键则是“诱导”。颜回说:“夫子循循然善诱人,博我以文,约我以礼,欲罢不能。”“诱”就是通过培养兴趣、激发学生思考,使学生产生强烈的求知欲望和学习冲动,在具体的教学方法上,孔子则运用“各言其志”“扣其两端”“就近取譬”等方法,使学生进入积极主动的学习中,从而产生“好学”“乐学”的心理状态。概括而言,孔子从教学的动机、教学目的、教学的逻辑起点和过程、教与学的关系方面揭示了教学的规律。教学时要在学生积极主动思考的基础上再去启发引导,达到“举一反三”“闻一知十”的目的。要求学生在广泛涉猎的基础上,进行抽象概括,即“由博反约”,把握事物的本质规律,然后以它为指导,贯穿于一切处世接物的言行中。启发教学思想包括两个要点:其一,教师的

引导要以学生积极主动思考为前提，并力求“开其意”“达其辞”；其二，引导学生从具体事例中，概括出普遍原则，再以普遍原则类推于同类事物，扩大认知范围。

《学记》继承并发展了孔子的启发式教学思想，对教学提出了三条要求：

（一）教师必须调动学生的主动性

要引导学生主动向前，而不要强逼硬拖，牵着他们走，即所谓“道而弗牵”。“道”本义是指路，引申为引导。小孩初学走路，需要大人的牵引，否则，就会摔跤，就会迷失方向。学生的学习亦如小孩学习走路，也需要教师的引导。学生学习什么，怎么学习，都需要教师的引导。但是，也正如小孩学习走路一样，最终路要靠小孩自己去走，学生的学习也要靠自己去实现。教师的引导只能为其确立方向，指点方法，提供动力。因此，《学记》指出“道而弗牵则和”。在教师的引导下，通过学生的自主努力，才能达到师与生之间的和谐，并实现教学目的。

（二）教师必须启发学生的自觉性

要激励他们的信心，督促他们充分发挥他们的能量，而不要压抑他们，推着他们被动前进，即“强而弗抑”。学生毕竟处于成长、发展的过程之中，他们的生理、心理还处于不成熟的状态，对于学习意义的理解不可能透彻，对于学习方法的运用也不可能很熟练，思考问题也不可能全面、深刻，学习的过程也会充满失败与挫折。因此，在学生学习的过程中，就需要教师的督促、鼓励，并不断地提出要求。这就是《学记》所提出的“强”，也就是要督促、勉励学生使其不断前进。但是，督促、鼓励、要求却又不能过度，要把握好分寸，不要超出学生的心理承受能力，不要使学生产生过于强烈的心理负担而感到压抑，否则就会适得其反。这就是《学记》所说的“强而弗抑”。“强而弗抑则易”，在教师的鼓励、督促下，学生才会感到学习并非可望而不可即，而不会望而却步，以一种轻松愉悦的心情积极主动地学习。

（三）教师必须调动学生思维的积极性

即“开而弗达”。引导他们积极主动思考、钻研，自己寻求结论，教师不要越俎代庖代替学生求得通达。这就需要教师适时点拨、启发、开导。通过点拨、启发、开导，学生获得心灵的敞亮和思维的顺畅，从而引发学生进一步的思考与探索。“开”同样要把握分寸，不能以教师的“开”而代替学生自己的思维，即要做到“开而弗达”。不能因教师的“开”而剥夺了学生的自主思考和探究的权利。只有这样，才会出现“开而弗达则思”的局面。

做到以上三点，师生关系才会融洽，学生发展才会顺利，学生才能学会独立思考。这既是对孔子启发式教学思想的继承，更是对它们的发展，是在继承基础上的发展与提高。《学记》所概括的启发诱导思想与孔子的启发式教学思想比较而言，都从人的能动性的角度强调了教学的主体性本质，确立了人的主体性在教学过程中的能动作用，都揭示了教学过程中教师主导作用和学生主观能动性之间的辩证关系。

但是，孔子主张只有在学生达到“愤”“悱”状态时才给予启发，但没有明确阐明学生在没有达到这种状态之前，教师应不应该启发，在强调充分发挥学生主体性的同时，在一定程度上又弱化了教师的主导作用。《学记》则强调既要发挥学生的主观能动性，又要充分体现教师的主导作用。孔子更注重启发的结果，《学记》更注重启发和引导的过程。

三、两种教学方法指导思想在教学中容易产生的误解

启发式教学和注入式教学是教育理论中的古典问题，却又是常想常新的问题，它们就像一对孪生兄弟，一同降临在教育的摇篮中，从此便开始了在人类教育的两极彼此消长、对峙和抗衡。其中，注入式教学受到责难，启发式教学受到青睐，但由于启发式教学的思想不是一会儿半会儿就能够形成的，但人们在教学改革中又想把自己的教学纳入启发式教学的体系中去，于是在课堂教学中就出现了对启发式教学的误解。

误解一：把"启发式""注入式"同某些具体的教学方法简单联系起来

从调查中我们知道，有人把课堂讲授法作为注入式教学的主要表现形式，提出："要废除注入式就首先要废除课堂讲授法，代之以新的教学方法。"不错，课堂讲授法容易成为"注入式"和"满堂灌"，但讲授法自身并不就是"注入式"或"满堂灌"，关键在于运用这种方法的是谁，他怎样运用这种方法。苏联学者莫罗认为，教师讲授"是考虑到教材特点的传授知识的最有效和最经济的方法"，"就在学校的现代发展阶段，这些方法一点也没有，而且也不能失掉自己的意义，因为这些方法有助于用实在的知识、技能和技巧来武装儿童，不具备这些知识、技能和技巧，任何独立的创造活动都是不可能的"。另一位美国学者说："讲授法尽管受到当代教育家们的许多批评，但仍幸存了这么多年（今后将一直存在下去），这足以证明讲授法具有某些独特的长处。"因而讲授法仍然是当今学校教学中最基本的教学方法之一。

与上述观点相对应，有人提出讨论法或课堂提问就是"启发式"教学。有人甚至拿古希腊哲学家苏格拉底的"问答法"作为引证。除此以外，还有柏拉图的"回忆法"、布鲁纳的"发现法"、马赫穆托夫的"问题教学法"等，都被西方学者纳入启发式教学模式的范畴。这里面的误解在于，这些方法在被具体运用的过程中，符合了启发式教学的构成要件，反映了启发式教学的精神实质，因此它们是启发式的，但不能反过来说只要是谈话法和讨论法就属于启发式教学，这会造成以偏概全。其实，一般意义上的课堂提问或讨论法并非就是"启发式"教学，只有像苏格拉底那样，不断提出能够激活学生思维的问题，才能真正"启发学生自己逐渐找到正确的答案"。在苏格拉底那里，如果学生对于老师所提出的问题做了不正确的回答，他并不是马上给予纠正，而是根据不正确的答案提出补充的问题，使对方的答案显出荒谬，或迫使对方承认自己的无知。这样，不正确的答案便自行得到修正，而研究也就循着正确的（从苏格拉底的观点上看来）轨道一直进行下去了。如果教师只是让学生从课堂上寻章摘句地回答，学生举起手，放下手，站起来，坐下去，似乎非常热闹，但是却没有学生真正提出有价值的问题，这细究起来只不过是充满提问的注入式教学罢了。如果教师单纯地让学生讨论某些早已结论化了的东西，而又不允许学生提出自己的看法，不引导讨论的深入，不注意开拓学生的思路，变换思考问题的角度，也只能算作注入式教学的变式罢了。

误解二:以课堂授课时间的长短来解释“注入式教学”与“启发式教学”

前边我们提到注入式教学的极端表现形式是“满堂灌”,所有人都对“满堂灌”持批评态度。到底什么是“满堂灌”,有一些人认为教师一讲到底就是“满堂灌”,他们把注意力集中到“满堂”上,而忽略了这个词的落脚点是在“灌”,“灌”才是我们反对的根本所在,“满堂”只是说明了“灌”的程度。因此,就有一些学生甚至一些教育学老师提出了所谓的课堂教学改革意见,似乎教师在课堂上讲得越少就越具有启发性。这种认识使得很多教师为了所谓的“教学改革”,机械地把一节课分成两半:教师讲一半,学生学一半。把“满堂灌”变成了“半堂灌”。有的以教学改革、培养自学能力为名,一上课就什么也不指导,让学生自己看书,结果教师轻轻松松,学生放任自流,启发式教学无从谈起。

误解三:对“调动学生学习的主动性、积极性”做片面理解

教科书上明确指出:启发式教学的精神实质是调动学生学习的主动性、积极性和创造性,让学生参与到教学中去。于是就有一些教师错误地认为,只要课堂上热热闹闹,教师提问“是不是”,学生回答“是”或“不是”,就是学生积极参与了。观摩课上,我们经常听到教师让学生总结那些早已结论化了的中心思想和段落大意,却没有人提出异议。而我们所说的“学生的积极性、主动性和创造性”,则主要指学生在教师的指导下独立思考问题,是思维的积极性。在某市举行的优质课比赛中,就出现了教师不讲,让班上的一位学生做了准备之后担任主讲的事情。我们且不论这位学生讲的水平如何,课后,当评委给教师评分时出现了争执。有评委认为这种方法新颖,调动了学生的积极性、主动性,是“启发式教学”。但是,更多的评委则坚决反对:难道学生讲得比教师还出色吗?如果真是这样,那是这位学生的优质课而非教师的优质课。如果说调动了学生的积极性、主动性的话,那只是调动了这一位学生的学习主动性、积极性。因此,不但不能称其为“启发式教学”,相反,却表现出对“启发式教学”的片面理解。而从实际来看后半部分评委的意见是有道理的。

误解四:对“注入式”教学的误解

现在的教育学教科书在给“注入式”这一概念做解释时,往往用很多批判性的带有个人感情色彩的词语来修饰它。如:“把学生当作简单的接受知识的容器”“剥夺了学生学习的主动权”“采取‘灌’的方法”,“让学生呆读死记”等,似乎“注入”是完全要不得的。教师一提起“提倡启发式教学”,学生马上就能够接上“废除注入式教学”。其实,从字源上考察一下教学的含义,就会发现注入式教学代表了早期人们对教育的认识。中国古代就把教学理解为传授、仿效和记忆。在犹太人看来,教学应“先记住,后理解”,古希腊的荷马时代也是强迫学生记住“这是对的,那是错的”并服从命令。我们撇开个人的感情因素,冷静地坐下来分析一下,就会发现,作为一种教学指导思想,我们在教学中要提倡启发式教学,这一点是正确的,但教学中能否事事处处都启发呢?美国心理学家布卢姆给教学目标进行了分类,其中认知部分可以分为六类,第一类的“知识”又分为九种,这九种知识大部分要求教师告知学生“是什么”而不存在“为什么”的,如一个地名,一个事实等。告知学生“是什么”本身就是一种“注入”,一种“灌输”,而这种“注入”在教学当中又是必不可少的。徐特立针对注入式教学谈道:“我们还不是在一切场合否定注入式,比如技术课程,在动手时,这种示范就是注入式的。又如学习一个没有经过的特殊历史问题,那就要先作报告,然后再讨论,这种报告就是注入式的。”

针对以上误解,我们应在教学中树立对启发式教学的正确认识。

首先,启发式教学不是某种具体的教学方法,它是人们在运用教学方法时的教学指导思想。从总的方面看,教学指导思想分为两种:一种是启发式教学,一种是注入式教学。启发式教学的核心是调动学生思维积极性。不管我们采用什么方法进行教学,只要教师能够让学生积极主动去思考问题,思维活跃起来,就是启发式教学。注入式教学则相反,它使教师无法调动学生思维积极性,学生被动地去接受教师传授的知识,学习成了外在于自己的东西是一种负担。不管是启发式教学或注入式教学,都不是具体的教学方法。任何一种教学方法既可以是启发式的也可以是注入式的,关键在于你在具体运用教学方法时是如何思考和运用的。如果我们把具体的教学方法比喻为躯壳,教学方法的教学指导思想则是灵魂,只有把教学方法的躯壳和教学指导思想的灵魂结合起来,才会产生不同的教学效果。如果你的方法上附着的是注入式教学思想的魂,则教学就是注入式的,如果是启发式教学指导思想的魂,则你的教学就是启发式的。

其次,方法本身并无好坏之分,它是我们在教学中根据不同教学目的,为完成不同教学任务所采用的不同措施。同一种方法用在不同场合、不同的教育对象中,或者不同教师来运用同一种方法都会产生不同的教学效果,没有一种方法是完美无缺的,可以运用在一切场合,方法之间具有互补性。

再次,最好的方法是适合自己。我们经常在教学中看到很多学校或教师去简单的模仿他人的“好的”教学方法,其实那只是在模仿别人教学的外在形式,而他人在教学中所渗透的思想是看不见摸不着的。一个好的教学其实是一个思想体系,而教学方法是这一思想体系的外化,我们要学习别人的东西,首先要深入进去,吃透精神,以自己的经验为基础,逐步去借鉴、吸收别人的思想,然后改组、改造自己的经验,这才是真正的学习。否则,就像很多教师说的,越学越不像,最后成了“四不像”。

学习评价

1.《学记》的影响,与同学相互交流、评价。

2. 背诵《学记》的经典语段,与同学相互评价。

3.《学记》中最能触动你的思想,与同学相互交流、评价。

4. 写一篇小短文,谈谈你对《学记》中某个教育思想的理解、评价。

阅读参考

1. 肖朗:《中外教育名著选读》,高等教育出版社,2009。

2. 高时良:《学记研究》,人民教育出版社,2006。

3. 谌安荣,张传燧:《〈学记〉教学思想研究——中国古典教学论体系阐释》,南京大学出版社,2016。

4. 杨伯俊译注:《论语译注:局庆纪念版》,中华书局,2007。

第三章

把一切事物教给一切人们的全部艺术:《大教学论》

内容提要

“寻求并找出一种教学的方法,使教员因此可以少教,但是学生可以多学;使学校因此可以少些喧嚣、厌恶和无益的劳苦,多具闲暇、快乐和坚实的进步……”这是捷克著名的爱国者、教育理论家和教育实践家夸美纽斯在 1632 年发表的《大教学论》中开篇所追求的主要目的。这一观点和目的如若在当下提出并追求之,也不过时,甚至还很迫切,何况是在近乎 400 年以前。《大教学论》是有“教育史上哥白尼”和“现代教育学之父”之称的夸美纽斯的代表作,是世界教育史上的不朽之作,他在该书的扉页上就阐明《大教学论》写作本书的目的,旨在“把一切事物教给一切人们的全部艺术”,要“使男女青年,毫无例外地,全部迅速地、愉快地、彻底地懂得科学,纯于德行,习于虔敬……”阅读本书后,越发认识到:只有真正地、认真地、彻底地阅读领会夸美纽斯的《大教学论》之后,你才能真正感受到《大教学论》之“大”的意蕴,才能真正感受到“教育适应自然”之真谛,才能真正感受到国民教育制度或学校教育制度是怎样一步步发展起来的,才能真正感受到班级授课制的样貌和优越,才能真正感受到教学原则、教学方法、教学秩序、教学纪律、教学艺术之妙。

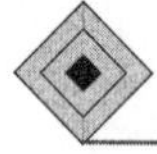

学习目标

1. 认真阅读《大教学论》文本,深入领会作者写作此书的意图。

2. 领会作者的爱国敬业精神和《大教学论》的总体思想内涵。

3. 领会和掌握《大教学论》中所体现的作者的主要观点和思想,如教育适应自然观、泛智观、道德教育观、学校制度、班级授课制、教学原则、教学方法、教学纪律观、教学秩序等。认真阅读本书,请对这些观点进行摘析和讨论。

4. 摘录和思考《大教学论》中的经典语段,并结合当下的教育教学实践现状进行交流和分享。

第一节　简介及影响

本节主要从两个方面分析和讨论:一是《大教学论》的作者及其影响,二是《大教学论》的思想及其影响。

一、《大教学论》的作者及其影响

《大教学论》的作者是生活在欧洲十六世纪末至十七世纪六十年代的捷克大教育家夸美纽斯(1592—1670),他被称为中世纪的最后一位教育家,同时又是近代最早或最初的一位教育家。夸美纽斯生活的时代相当于我国明代万历二十年到清康熙九年,距今已有四百多年。夸美纽斯是捷克伟大的爱国者、教育理论家和教育实践家,他一生著述甚丰,各类著作达 265 种之多,包括大量影响深远的论文和教材。他在 1632 年发表的《大教学论》,被称为有史以来最杰出的教育论著之一,是教学论诞生的标志。夸美纽斯的教育主张启迪了现代世界各国的教育革新运动,被誉为"教育史上的哥白尼"。

(一) 伟大的爱国者

夸美纽斯一生赢得了很多赞誉,但他首先是一个爱国者,是一个一生都衷心地热爱自己祖国的人。夸美纽斯全称是扬·阿姆斯·夸美纽斯,1592 年 3 月 28 日诞生于波希米亚王国南摩拉维亚的尼夫尼兹。波希米亚又译为波西米亚,是拉丁语和日耳曼语对捷克的称呼。1918 年 10 月 28 日,捷克与斯洛伐克联合建立捷克斯洛伐克共和国。1993 年 1 月 1 日起捷克与斯洛伐克和平分离,成为独立主权国家,即捷克共和国,简称捷克。十五世纪,捷克经历了胡司领导的宗教改革运动和长达十五年的胡司战争,一度获得了民族独立;十六世纪,捷克又重新并入了神圣罗马帝国版图,代表资产阶级的新教取代封建地主阶级旧教的宗教改革运动震荡了欧洲,胡斯运动中的左翼是塔波尔派,该派的余众组成了一个比较温和的新教派,名叫捷克兄弟会。捷克兄弟会的会员多是贫苦农民、手工业者和小商人,继承了"塔波尔派反对封建暴政、反对天主教会、反对民族的民主传统和爱国主义精神"①。夸美纽斯就诞生在这样一个新旧交接的时代和这样一个捷克兄弟会的会员家庭;夸美纽斯的父亲是一个手工业者,也是颇受尊敬的兄弟会会员,夸美纽斯自幼就受到了亲兄弟会的教义和传统的熏陶,其成长和生活道路与捷克民族、兄弟会的历史命运息息相关,这样的生长环境对其世界观和教育观有着潜移默化的深刻影响。

"夸美纽斯的一生是为祖国的复兴,民族的解放,兄弟会的生存而奋斗的一生;是为改革旧教育,创建新的教育学体系而辛劳的一生。"②他十二岁失去了父母,成了孤儿,

① 夸美纽斯. 大教学论[M]. 傅任敢,译. 北京:人民教育出版社,1984:序 4.

② 夸美纽斯. 大教学论[M]. 傅任敢,译. 北京:人民教育出版社,1984:序 4.

是兄弟会资助他求学、派送他赴德国学习、到西欧游学，搜集资料，一心为祖国同胞编写捷克语词典和捷克文百科全书。在三十年(1618—1648)战争期间，捷克军队被打败，国家完全丧失了独立，其妻与子死于战争带来的瘟疫，国破家亡，举目黑暗，但他仍然忧国忧民，愤恨战争，渴望和平，出版作品，揭露黑暗，抨击罪恶，改革教育。“他深信良好的教育是复兴祖国、改良社会的主要手段，因此在辗转流浪之中仍在探讨如何改进教育的问题。”①夸美纽斯重视教育，提出许多富有创建的、甚至是首创的教育主张或教育观点，其实旨在使社会“因此可以少些黑暗、烦恼、倾轧，增加光明、整饬、和平和宁静。”②夸美纽斯的一生是颠沛流离的一生，包括外出学习和被驱逐流浪，从“夸美纽斯生平和著作年表”上看，除了自己的祖国以外，其足迹到过德国、荷兰、波兰、英国、匈牙利、瑞典等国家，尤其是三十年战争期间，因不愿听从德国皇帝所颁布的人皈依天主教的命令，便逃离捷克，此后终身流亡国外。在他 76 岁“沉疴压身、缠绵病榻之际，回顾了自己的一生，完成了最后一部自传性的作品《唯一的必要》。在此文中作者写道：‘……我整个一生主要不是在祖国，而是在流浪中度过的。我的住所时时变动，没有一个地方我长久居住过。’但他对自己能矢志不渝做一个‘追求理想’的人而感到欣慰。”③1670 年 11 月 15 日，夸美纽斯与世长辞于荷兰阿姆斯特丹，结束了其坎坷动荡却奋斗不息、流亡国外却致力于民族独立的一生。

(二) 教育理论家与实践家

夸美纽斯被公认是一位教育理论家和教育实践家。说他是教育理论家，主要在于他首创性地提出了许多经典性的教育思想或教育主张。如普及教育思想，班级授课制度，国民教育制度，泛智说，类比法，直观性原则，教学艺术，教学论等。说他是教育实践家，主要在于他终其一生从事教育工作，致力于教育改革事业。他不仅亲自研究教育理论、创新教育理论，还亲自担任教育实践工作，亲自从事教育实践。夸美纽斯“主持过祖国的兄弟会小学和波兰黎撒的兄弟会中学，替瑞典编写过教科书，帮匈牙利改革过教育。”④通读夸美纽斯的《大教学论》《夸美纽斯教育论著选》等，可以发现，夸美纽斯的教育教学理论来源于他的教育教学实践，或者说他的教育教学理论正是从其所致力的教育教学实践以及所考察的教育教学实践中总结概括出来的。

夸美纽斯是一位著名的教育理论家，一生首创性地提出了大量的新颖的教育思想或教育主张。第一次提出了大众教育和普及义务教育的主张。在《大教学论》扉页，开宗明义地阐明“把一切事物教给一切人们的全部艺术”，而且，要“使男女青年，毫无例外地，全部迅速地、愉快地、彻底地懂得科学，纯于德行，习于虔敬”⑤。夸美纽斯强调教育应该普及到每一个人，他将《大教学论》第一章命名为“人是造物中最崇高、最完善、最美

① 夸美纽斯. 大教学论[M]. 傅任敢，译. 北京：人民教育出版社，1984：序 5.
② 夸美纽斯. 大教学论[M]. 傅任敢，译. 北京：人民教育出版社，1984：前言 2.
③ 夸美纽斯. 大教学论·教学法解析[M]. 任钟印，译. 北京：人民教育出版社，2006：381.
④ 夸美纽斯. 大教学论[M]. 傅任敢，译. 北京：教育科学出版社，2014：215.
⑤ 夸美纽斯. 大教学论[M]. 傅任敢，译. 北京：教育科学出版社，2014：扉页.

好的”,但是怎样才能“最崇高、最完善、最美好”? 夸美纽斯强调要“知道你自己”“认识你自己”,而且,他“愿这不是刻在庙宇的门上,不是刻在书籍的封面上,不是刻在一切人们的舌上、耳里与眼里,而是刻在他们的心中! 愿它为一切教育人的人所做到,使他们能去领略他们的工作和他们自己的美德的尊贵,使他们能用尽方法去图他们的神性的完全实现!”①他强调普及教育和人人受教育。夸美纽斯从普及教育的要求出发,提出了泛智教育思想。他的泛智教育思想,有两个基本方面,一是一切知识,一切事物。二是一切人们,一切男女。夸美纽斯多次以不同的措辞强调一切人们、一切男女、人人应具有受教育的必要性和可能性。除此之外,夸美纽斯还提出了教育史上第一个完整的学制,包括从学前教育到大学的完整学制。在第二十七章“论学校根据年龄与学力的四重区分”中,他强调“学习应从婴儿期开始,一直继续到成年;这二十四年的光阴应当分成界限分明的几个时期。……即婴儿期、儿童期、少年期和青年期,我们应给每期分派六年的光阴和一种特殊的学校。”②第一个提出了创立培养师资的学校的建议。“至于世上任何地方倘能设立一个学校之学校(School of Schools)或教学法学院(Didactic College),那种好处是无待指陈的。”③他第一个从理论上提出并系统论述了班级授课制度,第一个从哲学高度研究了直观性教学原则。他的《母育学校》被称为第一本《学前教育学》,他的《世界图解》被誉为西方教育史上第一本附有插图的、对儿童进行启蒙教育的小百科全书,“儿童插图书的始祖”。④

夸美纽斯作为一位著名的教育实践家,“先后在捷克、波兰、匈牙利、英国、瑞典和荷兰从事过教育工作。他在工作的实践过程中,积累了丰富的教育经验,并广泛地观察与研究了当时欧洲各国已经积累起来的教育经验,这样,使他有可能把那些正确的、先进的经验加以概括和总结,写成了世界教育史上永垂不朽的著作‘大教学论’。”⑤《大教学论》中的诸多“第一次”或“第一个”及其首创性,《大教学论》在教育思想和教学理论上作出的划时代的贡献,奠定了夸美纽斯在人类教育史上的地位,使之被尊崇为教育学上的“哥白尼”。⑥

二、《大教学论》的思想及其影响

《大教学论》的写作、发表有其曲折艰难的过程,《大教学论》的译介、影响有其特定的内涵。本解读所依托和解读的《大教学论》主要是傅任敢先生在 1984 年 12 月翻译出版的《大教学论》的基础上又于 2014 年 12 月校译的《大教学论》第 2 版。

---

① 夸美纽斯. 大教学论[M]. 傅任敢,译. 北京:教育科学出版社,2014:2.

② 夸美纽斯. 大教学论[M]. 傅任敢,译. 北京:教育科学出版社,2014:179.

③ 夸美纽斯. 大教学论[M]. 傅任敢,译. 北京:教育科学出版社,2014:202.

④ 夸美纽斯. 大教学论[M]. 傅任敢,译. 北京:人民教育出版社,1984:序 6.

⑤ 李文奎. 论伟大的捷克教育家杨·阿摩斯·夸美纽斯的著作“大教学论”[J]. 山东师范大学学报(人文科学),1957(1):163-172.

⑥ 夸美纽斯. 大教学论[M]. 傅任敢,译. 北京:教育科学出版社,2014:215.

(一)《大教学论》的成书背景

《大教学论》是夸美纽斯最有影响的代表作。夸美纽斯生于十六世纪末的捷克，他主要生活的十七世纪时逢文艺复兴之后的欧洲宗教改革运动期间和启蒙运动开启之时。文艺复兴、宗教改革、启蒙运动被称为西欧近代三大思想解放运动，夸美纽斯正是生活在这样的年代。正如恩格斯在谈到这个时代的特征时所说："这是一次人类从来没有经历过的最伟大的、进步的变革，是一个需要巨人而且产生了巨人——在思维能力、热情和性格方面，在多才多艺和学识渊博方面的巨人的时代。"夸美纽斯生当其时，在新旧交替、政治经济文化和科技正在发生变革的时代，在批判传统的、落后的旧教育基础上，在总结和吸纳正在进行的新教育的前提下，借鉴许多前辈如培根、拉特克、辛尼加、阿尔斯泰德等人的见解和观点，从 1927 年夏天做出决定，至 1632 年发表，历经几年的辛劳，用捷克文发表了集中反映夸美纽斯教育理论的代表作《大教学论》。后在 1635—1638 年又进行了修改和补充，译成拉丁文，于 1657 年将该书列为其《教育论著全集》的首卷公开发表。"作者是在十七世纪二十年代开始酝酿创作《大教学论》的。那时，夸美纽斯正处在忧痛祖国的沦陷和欧洲遭受战争恐怖的悲愤之中。在他看来，愚昧无知是社会混乱的根源，教导好青年便是对祖国最大的贡献。"①为了祖国的复兴，他决心探究一种新的教育艺术。可见，《大教学论》是作者在批判性地总结前人研究成果的基础上，经过长期构思、几经修改、先破后立而写成的重要教育论著。

(二)《大教学论》的框架结构

从《大教学论》的目录来看，它包括三十三章内容。这三十三章如果按内容模块划分，究竟应该分为几部分，不同学者观点不一。以下主要撷取了傅任敢翻译的《大教学论》(人民教育出版社 1984 年 12 月 2 版译本)第 9 页、任钟印翻译的《大教学论·教学法解析》(人民教育出版社 2006 年译本)第 1—2 页和刘新科、栗洪武主编的《中外教育名著选读》(中国人民大学出版社 2007 年版)第 337 页中的相关内容和材料，列表对比如下：

表 3-1 夸美纽斯《大教学论》内容结构模块划分对比表

傅任敢译本		任钟印译本		中外教育名著选读	
章目	内容模块划分	章目	内容模块划分	章目	内容模块划分
1—9	概述人生和教育的目的，教育在人的发展中的作用	1—14	总论。第一章可以看作全书的绪论或引言。第二、三、四章讨论教育的目的和任务。第五、六、七章论述教育的作用或教育与人的发展的关系。第八、九章论述普及教育问题。第十、十一、十二章论述教育改革的必要性和可能性。第十三、十四章探索教育和教学的规律性或总的指导原理	1—9	概述的教育目的和作用

① 夸美纽斯. 大教学论[M]. 傅任敢，译. 北京：人民教育出版社，1984：序 8.

续　表

傅任敢译本		任钟印译本		中外教育名著选读	
章目	内容模块划分	章目	内容模块划分	章目	内容模块划分
10—14	说明改革旧教育的必要性与可能性,设立新学校的基本原理	15	体育(健康教育)	10—14	论述改革旧教育的重要性和可能性,以及设立新学校的基本原理
15—19	阐述教学理论,提出教学与学的一般原则	16—22	教学论。第十六至十八章教育原则、规则和方法;第十九章教学组织形式——班级授课制;第二十至二十二章分科教学法,分别论述自然科学、人文科学和语文教学法	15—19	阐述教学的一般原则
20—25	分述各科教学法	23—26	德育论。分别论述了道德教育、宗教教育、纪律和学生读物的精选	20—25	分述各科教学法
26	论学校纪律	27—31	学制和课程。分别论述了统一的、互相衔接的四级学制及各级学校的课程设置、教科书及升入高一级学校的考试制度	26	论述学校纪律
27—32	制定统一的学校制度以及各级学校的基本方案	32—33	总结。论述了本学校改革方案的优越性以及实现这一方案的必要条件,呼吁社会各界人士通力协作,共襄义举	27—32	论述统一的学校制度
33	作者叙述了实现他的教育教学理想应具备的条件			33	阐述实现教育理想的条件

从上表中足见《大教学论》所涉猎的内容之丰富、对教育教学问题的论域之广博,以及对某些教育思想或教育理论观点之首创的佐证。正如有学者所说:“无论是就规模、广度、深度,还是就远见性而言,《大教学论》都是前无古人的。如果说昆体良是古代希腊、罗马教育思想之集大成者,那么,夸美纽斯便是集希伯来、希腊、罗马、中世纪直至近代初期教育思想和教育经验之大成,又将它推进到一个新阶段。”①其思想影响之深远以此可以充分窥见。但是从表格所列也可发现,三十三章的结构划分也存在着出入,但不影响大致相同的总体结构。其实,仔细阅读《大教学论》,作者在每章的开头或结尾有时候也阐明前后的内容相续与内含的结构衔接。如在第十二章的结尾指出:“现在引子算是说完了,应当去讨论这本书的真正论旨了。”②由此可见作者心中撰写《大教学论》的结构设计与前后关系。

① 夸美纽斯. 大教学论・教学法解析[M]. 任钟印,译. 北京:人民教育出版社,2006:序 2.

② 夸美纽斯. 大教学论[M]. 傅任敢,译. 北京:教育科学出版社,2014:53.

(三)《大教学论》的思想影响

夸美纽斯的《大教学论》在教育史上的地位有很多种说法,有"教育学独立学科诞生标志"之说,有"教学论作为一门学科诞生标志"之说,有"近现代独立形态教育学的发端"[①]之说,也有评价说"被西方称为'近代教育科学之父'的捷克教育家夸美纽斯在1632年出版的《大教学论》中提出从家庭到大学,从城市到农村一整套教育体系"。足见《大教学论》的思想意义和深远影响。1632年《大教学论》初稿发表之后,由于用捷克语写成之语言的缘故,流传范围十分有限。1657年《夸美纽斯教育论著全集》四卷本出版,首卷首篇刊登了其代表作《大教学论》。"全集印刷和装帧极为精美,但出版后,很多人只注重其华美的外表,而忽略了它那博大精深的内容,对作者呕心沥血之作《大教学论》反应冷淡。这使夸美纽斯在欣慰之余又感到莫大的痛苦和失望。"[②]但是,"阳春白雪,和者盖寡。夸美纽斯的新教育观在生前就被许多人不理解。……夸美纽斯去世以后,有的人没有全面研究夸美纽斯的理论著作,便妄下断语,诋毁夸美纽斯。……历史的尘垢终将被历史的洪流所冲刷。夸美纽斯的教育理论超前历史两百年(基廷语),当寂寞等待的两百年过去时,当实现夸美纽斯教育理论的条件成熟时,为夸美纽斯恢复名誉的时机便到来了。"[③]1843年,劳默尔在所著的教育史中重新发现了夸美纽斯,自此,夸美纽斯成了备受尊敬的人物,《大教学论》也被广泛传播,其影响也日见其盛,至今不衰。

1. 对教育学科建设的影响

《大教学论》开宗明义,概述了该书的写作宗旨,它要阐明"把一节事物教给一切人们的全部艺术"。其实,本书所阐明的并非只是教学的艺术,它包括教育所应遵循的思想精神——适应自然、普及教育、和谐教育;教育培养什么样的人——智慧、德行与虔信,泛智、和谐、周全;怎样培养人——教育制度、教育原则和教育方法。其他还包括对教师的要求、对学生的要求、对教材建设的要求、对教学秩序的要求、对教学纪律的要求,以及学习意愿和学习兴趣的激发等。这也是《大教学论》之"大"之处——所包括的教育内容之"大"和教学方法之"大"。其内容强调泛智和周全,其方法既包括具有普遍性的教学方法,也包括学科教学的具体方法。因此,有人认为"《大教学论》堪称第一本系统的《教育学》"[④]。许多教育科学类著作中,如袁振国的《当代教育学》、滕大春的《外国近代教育史》都将《大教学论》视为独立形态教育学诞生的标志,或教育学建立的标志。马克思主义理论研究和建设工程重点教材《教育学原理》将之表述为"近现代独立形态的教育学的发端。"可见《大教学论》对教育学科建设的深刻影响,为近代教育理论的发展奠定了基础。

---

① 教育学原理编写组.教育学原理[M].北京:高等教育出版社,2009:9.

② 夸美纽斯.大教学论·教学法解析[M].任钟印,译.北京:人民教育出版社,2006:380.

③ 夸美纽斯.大教学论·教学法解析[M].任钟印,译.北京:人民教育出版社,2006:序11-12.

④ 夸美纽斯.夸美纽斯教育论著选[M].任宝祥,等译.北京:人民教育出版社,2004:5.

2. 对教育思想发展的影响

《大教学论》中所渗透的教育思想至今还体现出其现实意义并将具有永存不朽的思想价值。这集中表现在:一是人性假设和人本教育思想的影响,二是教育适应自然思想的影响,三是普及教育思想的影响,四是关于学前教育思想的影响,五是关于教育制度思想的影响,六是关于教学艺术和教学法思想的影响等。“夸美纽斯关于学前教育的思想被福禄贝尔发扬光大,普及初等教育的主张被许多国家提上议事日程,班级授课制被学校普遍采用,夸美纽斯的教学法被初等学校接受。”①对教育制度建立的影响。在宏观上,《大教学论》首创性地根据人的年龄特点与学力对人从出生到 24 岁进行了每个阶段都是 6 年光阴的四重划分,划分为四个明显的阶段,每个阶段都设计一种特殊的学校;在中观上,《大教学论》从理论上论证了班级授课制,成为至今教学的基本组织形式;在微观上,《大教学论》强调教学秩序和教学纪律,保障了教学的有效性。

3. 对教学艺术和教学法的影响

尽管《大教学论》没有提出“教学艺术”这一概念,但是,不仅它强调这本书要阐明“把一切事物教给一切人们的全部艺术”,还阐明了教学的直观性、便易性、彻底性等教学原则,强调了“学习意愿”“学习兴趣”激发的重要性以及激发的方法。提出了普遍性的教学方法和学科教学法。

总之,只有认真地阅读《大教学论》全文并细心地梳理许多学者对夸美纽斯及其《大教学论》的研究材料之后,才能真正体悟到夸美纽斯对教育理论和教育实践的影响,才能真正体悟到《大教学论》的思想对世界教育教学理论与实践的过去、现在和未来已经产生的或将要产生的不可估量的影响。

第二节　经典语段赏析

未真正阅读《大教学论》名著之前,只是笼统地知道它在教育史上的地位和影响,真正从头至尾逐章逐句阅读《大教学论》之后,会被其所渗透的新颖的教育思想、纷呈的经典语段、类比的表达方式、点睛的引注运用和丰富的教育涉猎深深打动。该节本着“深入文本—走出文本—回到文本—抛开文本—超出文本”的逻辑路径,主要通过对《大教学论》认真仔细地阅读,抽绎出《大教学论》所含在的精华思想与经典语段并进行赏析。

一、人性假设

人性假设是指对人的本性的根本看法或基本看法,亦可视为教育中或管理中的人性观。实践证明,有什么样的人性假设就有什么性质的教育或管理,人性假设决定着教育方式或管理方式,是教育和管理的必要前提。在我国,对人性的假设一般有“性恶论”

---

① 夸美纽斯. 大教学论[M]. 傅任敢,译. 北京:人民教育出版社,1984:序 12.

"性善论"和"无恶无善论"。在西方,有来自拉丁文和英文中的"教育"(education)的基于人性善良的"引出""导出"之意,也有后来西方管理学中的"经济人""社会人""自我实现人""复杂人"的人性假设。夸美纽斯的《大教学论》之所以要阐明"把一切事物教给一切人们的全部艺术",之所以强调给所有青年以"博学""德行"和"虔信",使人人成为有理性的生物,通过教育成为人,皆是基于他对人性的"人是造物中最崇高、最完善、最美好的"的假设。他认为,人是可教的,人是需要受教育的,人要知道自己成为怎样的人,教育的目的应该长远,教育应该是普遍的,"知道你自己"或"认识你自己"是无止境的。

经典语段一

人是造物中最崇高、最完善、最美好的。……古时候彼塔卡斯(Pittacus)向世人说"知道你自己"的时候,那句格言是为智者所十分赞同的,他们为使人民铭记这句格言起见,于是说它来自上天,把它用金字写在许多人常去聚会的得尔斐的阿波罗(Delphic Apollo)的庙里。……愿这不是刻在庙宇的门上,不是刻在书籍的封面上,不是刻在一切人们的舌上、耳里与眼里,而是刻在他们的心中!①

经典语段赏析

此语段见于《大教学论》第一章:"人是造物中最崇高、最完善、最美好的。"这是《大教学论》中开篇就对人性所给予的最高的假设和定位。该语段开篇连用的三个"最"——"最崇高""最完善""最美好",高调的、创新性地对人性给予了定调。所引用的彼塔卡斯的名言"知识你自己"并将之用金色的字印刻在得尔斐或得尔斐的阿波罗神庙上的故事,来表达人有发展的需要和受教育的必要。夸美续斯对"人是造物中最崇高、最完善、最美好"的认识,是对人作为教育的基础,人作为崇高、完善和美好基础的深刻把握。这种追求崇高、完善和美好的目标,不是表面的口号化的,而是实质的、心中的、用尽方法的,它应被一切教育人的人做到。有学者将《大教学论》开篇的三个"最"视为《大教学论》的指导思想之一。"它反映了夸美纽斯对人的尊重,对人的价值的肯定,对人的智慧和力量的深刻信念,对生命的珍惜和热爱,对人的和谐发展的渴望,对人的使命的高度评价。人不再是神的消极无为的奴隶,而是生命的主人。生命不再是眼泪和悲哀的溪谷,人生而具有追求幸福的权利和义务,人不应自暴自弃,而应振奋精神,自求多福。教育的意义就是建立在这种人文主义的深刻信念之上。"②

经典语段二

人类这种完善的生物较之其他一切生物注定有一个更高的目标……因为我们一切

① 夸美纽斯.大教学论[M].傅任敢,译.北京:教育科学出版社,2014:1-2.

② 夸美纽斯.大教学论·教学法解析[M].任仲印,译.北京:教育科学出版社,2006:序8.

所成、所作、所思、所说、所谋、所获、所有，全部含有一个等级的原则，我们虽则永远在往上爬，爬到较高的一级，但是我们仍旧往前进，绝对没有达到最高的一级。[①] 在一个有价值的人心里面，这种种功用全部倾向一种更高的发展，我们对于我们所想望的或愿完成的事情也是没有止境的。……假如有人把心思用在研究智慧上面，他的研究便没有止境；因为一个人知道得愈多，他便愈知自己的无知。所以所罗门(Solomon)说眼看不会看厌，耳不会听厌，真是确当不移之论。[②]

经典语段赏析

本部分经典语段皆选自书中第二章“人的终极目标在今生之外”。本章与第一章“最崇高”“最完善”“最美好”相接续，强调人是有目标的、有理性的生物，而且人会不断地认识自己去追求更高一级的目标。人的终极目标就是成为“最崇高、最完善、最美好的”有理性的、不断追求的人。这是一种不断向更高发展的、没有止境的过程。

经典语段三

今生只是永生的预备……我们寄居在母亲的子宫里面，当然是为身体方面的生活作准备，同样，我们寄居在身体里面，当然是为随后的永存的生活作准备。离别母亲的子宫的时候四肢已长完全的人多么幸福啊！而离别现世的时候灵魂纯洁清白的人，则更有千倍的幸福。[③]

经典语段赏析

本语段见于书中第三章今生只是永生的预备的结尾部分。以人的胚胎在母亲子宫里发育为喻，试图阐明人生苦短却向往永生，母亲给予我们生理的健全已是非常幸福，如若通过后天的教育最终使我们的灵魂纯洁、清白，则较之“四肢已长完全”更有千倍的幸福。值得我们深思的是，这种“多么幸福”和“更有千倍的幸福”的体验状态怎样才能获得呢？

经典语段四

人要成为一个理性的动物，就要唤出万物的名字并推考世间的一切事物……要知道世界的构造和各行运行的潜力；要知时间的始末和中间；要知太阳运转与季节的变换；要知年岁的运行与星辰的位置；要知生物的个性与野兽的凶猛；要知风的暴烈与人

---

① 夸美纽斯. 大教学论[M]. 傅任敢，译. 北京：教育科学出版社，2014：3.

② 夸美纽斯. 大教学论[M]. 傅任敢，译. 北京：教育科学出版社，2014：4.

③ 夸美纽斯. 大教学论[M]. 傅任敢，译. 北京：教育科学出版社，2014：7－9.

类的思想；要知植物的种类与草根的效能，总而言之，要知一切隐暗或明显的事。[①] 人要主宰万物，就要使万物的正当目的正确地实现出来，使万物均为己用；要在造物之中使自己的行为来得高贵，即来得庄严与正直……他不应该使自己成为其他造物的奴隶，甚至不要成为自己的血肉的奴隶；他应该为自己自由地役使一切，应该知道每件东西在什么地方使用，在什么时候使用，怎样使用，可以使用到一个什么程度，应知身体应该得到多少满足，邻人的利益应该得到多少顾念。总而言之，他应善于管束自己的内外举止与行动，以及别人的举止与行动。……假如我们愿意用三个著名的词去表示这三桩事情，这三个词就是：博学、德行、虔信。……人类的一切优点完全表现在这三种品质中，因为只有它们才是今生与来生的基础。其他一切（健康、力量、美貌、财富、荣誉、友谊、幸运、长生）如果上帝给了某人，那也只是人生的一种附带的装饰，倘若有人贪恋它们，过于追求它们，沉溺其中以致忽略了那些更加重要的事情，它们便会成为多余的浮华，有害的障碍。[②]

经典语段赏析

这一连串的经典语段出自书中第四章，强调的是教育要培养人成为怎样的人。人要成为一个理性的动物或理性的生物，必须具备什么样的品质或哪几件事情。从本章所析出的经典语段，强调了人要成为理性的动物，就必须知道万物的性质，唤出万物的名字，能够推考世间的一切事物，能够认识到万物之用，既包括对自己以及自己作用的认识，也包括对邻人利益的顾念。将这些品质加以聚焦，其核心可以三个著名的词来表示这三桩事情，即博学（学问）、德行（恰当的道德）和虔诚，这三种品质代表着人类的一切优点，其他的只是人生的一种装饰。夸美纽斯在本章还以钟和马作类比，强调好看与性能要相衡量，性能、质量为要，外饰、华丽为次。他说："我们在这个世界上面追求学问、德行与虔信，我们就是相应地在向我们的终极目标前进。""这三者无疑是我们的生活的要点；其余的全是些岔道、障碍或装饰。"[③]

经典语段五

人心的能量是无限的，它在知觉方面像个无底的深渊。……哲学家把人叫作小宇宙或宇宙的缩型。[④] 亚里士多德把人心比作一张白板，板上什么都没有写，但是什么都能写上。……此外，把我们的思想工场，脑子，比作能够接受印痕或制作小小形象的蜡，也是合适的。因为能变成各种形状，能照任何方式再三加以铸范，人脑也是一样，它能

---

① 夸美纽斯.大教学论[M].傅任敢，译.北京：教育科学出版社，2014：10.
② 夸美纽斯.大教学论[M].傅任敢，译.北京：教育科学出版社，2014：11.
③ 夸美纽斯.大教学论[M].傅任敢，译.北京：教育科学出版社，2014：12.
④ 夸美纽斯.大教学论[M].傅任敢，译.北京：教育科学出版社，2014：14.

接受万物的影像,能够接纳整个宇宙中的任何事物。[①] ……人心也与眼睛不会看饱似的,它渴求事物,永远热衷于注意一切知识,取得一切知识,不,简直是攫取一切知识,它不会感到厌倦,只要它不被过多的事物塞饱,只要事物是一件一件地按着合适的次第给它去观察的就行。[②]

经典语段赏析

本语段选自书中第五章"这三者(学问、德行与虔信)的种子自然存在我们身上"。该章作者多次用"种子"作隐喻,阐明"我们不必从外面拿什么东西给一个人,只需把那暗藏在身内的固有的东西揭开和揭露出来,并重视每个个别的因素就够了。"[③]强调了人天生有好奇心和求知的欲望,同时人也具有受教的可能和接受教育的条件。正如作者所引用的辛尼加的观点那样,"一切艺术的种子都已种在我们的身上,上帝把智能从黑暗中引出来。"[④]教育的真谛岂不正是引出、导出和产生积极的影响。夸美纽斯对人性的假设,尤其是"白板说""蜡说"这种对教育作用和意义的认识,对后世的教育家如洛克等产生了较大影响。

二、教育适应自然

在夸美纽斯的《大教学论》中,如果说第1—12章像作者本人所说的"引子算是说完了",亦即,通过前12章的阐述,对人性有了崭新的认识,批判了旧教育的不当与无益,阐明了教育的重要性,分析了理想的新教育或新学校要培养什么样的人。那么,怎样培养这样的人呢?培养这样的人的教育要遵循什么样的指导思想或观念?在"第十三章改良学校的基础应当是万物的严谨秩序",以秩序的重要,类比和喻指建立教育制度的重要。但以什么来建立这样的教育制度呢?夸美纽斯强调要遵循"万物的严谨秩序",而万物的严谨秩序又在哪里?"第十四章教导的严谨秩序应当以自然为借鉴,并且必须是不受任何阻碍的",给了我们答案。如果说夸美纽斯的教育适应自然的思想在前面章节中已有显现,那么真正泼墨较多的论述,是从第十四章开始的。第十五章、第十六章、第十七章、第十八章、第十九章等几章论述教学原则时,主要是从自然现象出发,对照学校的偏差,然后再提出纠正的要求,依此,阐述了教与学的一般原则和方法,将教育适应自然的思想淋漓尽致地予以阐释和使用,把教与学的道理和艺术讲得清楚透彻、深入浅出、通俗易懂。

教育适应自然,即自然适应性原则。简言之,指教育的实施要遵循自然的普遍法则,要依据儿童身心发展的特点。亦即,教育要遵循事物运动的法则和人的自然天性,不能违背自然发展。教育适应自然是贯穿夸美纽斯整个教育体系的一条根本的指导性

① 夸美纽斯.大教学论[M].傅任敢,译.北京:教育科学出版社,2014:16.
② 夸美纽斯.大教学论[M].傅任敢,译.北京:教育科学出版社,2014:17-18.
③ 夸美纽斯.大教学论[M].傅任敢,译.北京:教育科学出版社,2014:15.
④ 夸美纽斯.大教学论[M].傅任敢,译.北京:教育科学出版社,2014:16.

思想、原则或主张。夸美纽斯之所以提出这一教育思想，有两条线索：一是源于教育史上的自然教育思想，二是源于他从事教育工作中对教育实践"偏差"的考察。在教育史上，古希腊就已有自然教育思想的萌芽，首先提出教育必须适应自然，把德、智、体结合起来促进人发展的是亚里士多德，"而真正研究探索和论证自然教育理论的当属17世纪捷克教育家夸美纽斯。其全部思想理论都贯穿凸显着教育适应自然原则，他在对自然科学的探讨中发现了自然存在着普遍的秩序，整个世界斗转星移、四季交替、万物生存都是被这种秩序所支配着，人是自然界重要的组成部分，因此更应该遵守自然法则。所有的教学原则和规则都是在遵循自然的基础上慢慢发展探索出来的。"①在实践上，夸美纽斯通过亲自当老师、当校长以及为其他国家提供教育改革方案的过程中发现当时教育教学的"偏差"。他在《大教学论》的第十一章将标题设为"在此以前没有一所完善的学校"，用夸美纽斯自己的话说，这个标题不是"太武断了"，而是能"拿出见证"。他向往一所"完全尽职的学校是一个真正的锻炼人的地方……在那里，人们都能彻底学会一切事情。"②但事实并非如此，甚至大相径庭。他本来想找寻的是这样一种学校：为一切城镇村落的一切男女青年所设、能够采用一种比较容易的教导方法、使学生对学习不仅不感厌恶甚至还能被不可抵抗的吸引力所诱导，这样的学校，孩子从读书所得的快乐不会比整天玩球和整天自己作乐所得的快乐少。但事实却是，学校不仅没有普及，即使有学校，也只是为富人设立的，"并且教导青年的方法通常都是非常严酷的，以致学校变成了儿童恐怖的场所，变成了他们的才智的屠宰场，大部分学生对学习与书本都感到厌恶，都急急离开学校，跑到手艺工人的工场，或找别种职业去了。反之，凡是继续学下去的人(不论是出于父母或保护人的强迫，还是因为希望借他们的学识去取得某种荣誉的地位，或是自然醉心学术，是出于他们的本性)，都没有获得一种认真的或广博的教育，获得的只是一种荒谬的和害人的教育。"③基于此，夸美纽斯坚定地指出，"改良学校是可能的"④，但"改良学校的基础应当是万物的严谨秩序"⑤。依此秩序，他拿自然界的种子、土地、太阳、树木、钟表、水流、小鸟等比喻和类比，甚至几乎自然界的一切都可以类比教育，都可以用其运行的秩序规则，来服务于对青年、对孩子的教育。他相继提出了改良学校的一系列原则、方法和策略。

因此说，夸美纽斯的教育适应自然的思想不仅是他整个教育思想的一根主线，也是他教学理论的主导原则或基本原理，但毫无疑问地说，在夸美纽斯整个教育或教学论体系中，教育适应自然"不是一个普通的教学原则，而是一切教学原则的基础，一切教学原则与规则都是从'遵循自然'这一总原则上推演出来的。"⑥他在整个论述中自始至终都

---

① 孙刚成，高文文. 夸美纽斯在《大教学论》中的教育思想评析[J]. 绍兴文理学院学报，2017(12)：115-120.

② 夸美纽斯. 大教学论[M]. 傅任敢，译. 北京：教育科学出版社，2014：41.

③ 夸美纽斯. 大教学论[M]. 傅任敢，译. 北京：教育科学出版社，2014：42.

④ 夸美纽斯. 大教学论[M]. 傅任敢，译. 北京：教育科学出版社，2014：45.

⑤ 夸美纽斯. 大教学论[M]. 傅任敢，译. 北京：教育科学出版社，2014：55.

⑥ 晏小敏. 教育适应自然教育思想解析——研读夸美纽斯《大教学论》[J]. 高校教育管理，2013(1)：116-120.

企图从对自然界的类比研究中,探求出教育工作的客观规律、教学原则,并以此指导整个教育实践。夸美纽斯所提出的教育适应自然的思想对近代教育革新运动有着直接的影响,尤其对卢梭、杜威的教育思想产生了直接的影响,并成为儿童中心论的思想来源。概言之,对《大教学论》扉页的开宗明义所阐明的主旨应特别注意几个关键词,即"一切事物""一切人们""全部艺术"。"这里的自然包含两方面:万物和身心。从万物中找到课程智慧""从身心里选择课程契机","全部艺术"是指方法,就是那些自然的、和谐的、简洁的、高效的教育方法。

经典语段一

人类与树木的境遇原是相似的。①

一切事物的本性都是娇弱的时候容易屈服,容易形成,但长硬以后,就不容易改变了。蜡在柔软的时候容易定型,定样;硬了的时候就容易破碎。一棵幼小的植物可以种植、移植、修剪,可以任意转向。当它长成一株树木以后,就不可能这样办了。②

我们把人类的脑比作过蜡,因为它接受外物呈现在它的感官面前的影像,它在儿童时代是很湿润柔顺的,适于接受一切外来的影像。往后一点,我们从经验发现,它渐渐变硬,变干了,事物就不那么容易印在或刻在它的上面了。……假如一个人想成为一个优秀的书法家、画家、裁缝、冶匠、细木匠或音乐家,他就必须从小从事那种技巧,因为那时他的想像是活泼的,指头是柔顺的;否则他便绝对做不出什么结果。假如要使虔信在任何人的心里生根,那就应在他年纪还轻的时候把它灌输进去;假如我们希望任何人有德行,我们就应在他的少年时期训练他;假如我们希望他在追求智慧方面得到巨大的进展,我们就应从婴儿时期就把他的能力领向这个方向,因为那时欲望正在沸腾,思想正很迅捷,记忆正很牢固。③

在人身上,唯一能够持久的东西是从少年时期吸收得来的,这从同一例证可以看明白。……同样,在一个人身上,头一次的印象是黏附得非常坚实的,只有奇迹才能消灭它们。所以,最谨慎的办法是,在很小的时候,就去把人形成到合乎智慧的标准。④

经典语段二

艺术若不模仿自然,它必然什么都做不了。⑤

正像自然一样,由于穹苍的运行,让春夏秋冬四季按时到来,按时离去。⑥

---

① 夸美纽斯.大教学论[M].傅任敢,译.北京:教育科学出版社,2014:26.
② 夸美纽斯.大教学论[M].傅任敢,译.北京:教育科学出版社,2014:27.
③ 夸美纽斯.大教学论[M].傅任敢,译.北京:教育科学出版社,2014:27.
④ 夸美纽斯.大教学论[M].傅任敢,译.北京:教育科学出版社,2014:28.
⑤ 夸美纽斯.大教学论[M].傅任敢,译.北京:教育科学出版社,2014:58.
⑥ 夸美纽斯.大教学论[M].傅任敢,译.北京:教育科学出版社,2014:59.

现在就很明白了,秩序是把一切事物教给一切人们的教学艺术的主导原则,这是应当、并且只能以自然的作用为借鉴的。一旦这个原则彻底地被掌握以后,艺术的进行立刻便会同自然的运行一样容易,一样自然。西塞罗说得很恰切,他说:“假如我们把自然看作我们的向导,她是决不会把我们领入歧途的。”他又说:“在自然的指导之下,迷途是不可能的。”这是我们的信仰,我们的建议是要经心地注视自然的作用,要去模仿它们。①

我们将把自然当做我们的向导,去找出下列各种原则:

1. 延长生命的原则。
2. 精简科目,使知识能够更快地获得的原则。
3. 抓住机会,使知识一定能被获得的原则。
4. 开发心智,使知识容易获得的原则。
5. 使判断力变锐利,使知识能够彻底地被获得的原则。②

经典语段三

有一个充分的证明是:每一造物不但容易被导向与它本性相投的方向去,而且实际上还是不能不走向想望中的目标去的,如果中途受到阻碍,它便感到痛苦。……一只鸟儿学飞,一条鱼儿学游,一头野兽学跑,都不需要任何强迫。它们一旦觉得自己的肢体长得够强健了,它们立刻就自行去做这些事情。水自行从山上流下来,同样,有了燃料和流通的空气,火便自行着起来……事实上,这种种东西都在努力实践各自生来合适的职分,如果得到帮助,无论帮助如何微弱,它的职分便实践得更圆满。③

我们在第五章说过,知识、德行和虔信的种子存在一切人类的身上(畸形的人例外),由此当然可见,他们所需要的只是一种和缓的推动和谨慎的指导而已。但是反对的人说,不是每一块木头都可以雕成一个麦叩利神(Mercury)的。我的答复是:只要没有完全败坏,每一个人都是可以成为一个人的。④

大家会说,有些人的智性非常迟钝,要他们去求知识是不可能的。我的答复是:我们差不多找不出一块模糊的镜子模糊到了完全反映不出任何形象的地步,我们也差不多找不出一块粗糙的板子粗糙到了完全不能刻上什么东西的地步。……同样,假如教员肯充分卖力气,人是可以被琢磨好的,最后,一切人便会懂得一切事情了。⑤

此外还有一种反对的说法:说有许多人,缺乏的不是学习的能力,而是学习的意愿,去违反这种人的意志而强迫他们是不愉快的,也是没有用处的。我的答复是:有一个故事,说到一个哲学家,他有两个学生,一个很懒,一个很用功。两个学生都被老师打发走

① 夸美纽斯. 大教学论[M]. 傅任敢,译. 北京:教育科学出版社,2014:59-60.
② 夸美纽斯. 大教学论[M]. 傅任敢,译. 北京:教育科学出版社,2014:61.
③ 夸美纽斯. 大教学论[M]. 傅任敢,译. 北京:教育科学出版社,2014:47.
④ 夸美纽斯. 大教学论[M]. 傅任敢,译. 北京:教育科学出版社,2014:48.
⑤ 夸美纽斯. 大教学论[M]. 傅任敢,译. 北京:教育科学出版社,2014:49.

了;因为一个虽有能力但不肯学习,另一个虽则渴望求得知识,却没有能力去求得知识。但是,假如我们指出,学生之所以憎恶学问,原因是在教员自己身上,不知道事情又当怎样?亚里士多德说得对,他说一切人类生来都是渴于求知的,事情确是如此,这是我们在第五章和第十一章已经知道了的。但是在实际上,父母的溺爱往往妨碍了孩子们的自然倾向,他们后来又被好玩的同伴引上懒惰的途径,而城市与宫廷生活中的一切以及外界环境又使他们远离本来的倾向。

这里是一个合适的地方,来略微谈谈性格的区别。有些人是伶俐的,有些人是迟钝的;有些人是温柔和顺从的,有些人是强硬不屈的;有些人渴于求取知识,有些人较爱获得机械技巧。从这三对相反的性格,我们一共得到六种不同的区分。

那些伶俐的、渴于求知的、容易受影响的人应当归入第一种。这种人较之其余一切的人都更适于受教育。此外,还有一些伶俐但倾向迟钝懒惰的人。这种人是应该加以督促,使其前进的。第三,我们有一些伶俐而且渴于求知,但同时又很倔强不易驾驭的人。这种人常常是使学校受到困难的大根源,他们大部分被绝望地放弃了。但是,如果正确地对待他们,他们常常可以成为最伟大的人。……第四,我们有温柔、渴于求知,但又迂缓迟钝的人。这种人是能够跟随上述那种人前进的。但是为使这点变为可能起见,教员应当估计到他们的短处,不应该使他们负担过重,不向他们提出任何过分的要求,应当有耐心,应当帮助他们,应当给他们以力量,应当使他们走上正轨,以免灰心丧气。这种学生虽然成熟较迟,但是他们也许更能持久,如同成熟较晚的果实一样。在铅上面盖印记虽则很困难,但是盖上了就可以支持很久,同样,这种人的性格较之天分较高的人要来得稳定一些,对于学过的东西不容易忘记。所以,在学校里面,他们是应当得到一切机会的。第五种是心智低弱,同时又很怠惰的人。这种人只要不顽梗,也是可以得到很大的进展的。不过需要巨大的技巧和耐心而已。最后,我们有一些智性低,同时性情又很倔强恶劣的人。这种人很少能有什么用处。但是"自然"对于有毒的事物,总是预备了解毒剂的,不结果实的树木适当移植以后也能结出果实,所以我们不应该完全灰心,至少应该看看他们的倔强的性格是不是能够加以克服,把它清除掉。只有到了证明不可能的时候,歪扭多节的木头方才可以丢弃,……但是智性低到这样无从施教的人,千人中不易找到一个……①

对于少年儿童的性格,谁也不能负责;但是用适当的训练使他们变得有德行,是我们力所能及的。②

如果不是积习已深,心性上的每种过与不及之点都是可以互相抵消的。……在知识的阵营里面也是一样的;迂缓的和迅捷的,愚鲁的和机敏的,顽强的和柔顺的,都混在一起,他们需要指导时,都受同样的训条与榜样的指导。③

凡是认识进展的天然力量的人就容易懂得这层道理。一株树木的每一个芽每年只能生出一根嫩枝;但是在三十年中,同一株树木就有千百枝大大小小的树枝,无数的树

---

① 夸美纽斯. 大教学论[M]. 傅任敢,译. 北京:教育科学出版社,2014:50-52.

② 夸美纽斯. 大教学论[M]. 傅任敢,译. 北京:教育科学出版社,2014:52.

③ 夸美纽斯. 大教学论[M]. 傅任敢,译. 北京:教育科学出版社,2014:53.

叶、花儿和果实了。然则为什么不能使一个人的活动在二十或三十年之内达到任何高度或深度呢？①

谁会否认撒种与种植需要技巧和经验呢？假如一个没有经验的园丁把幼树种在一座果园里面，大多数幼树死掉了，少数长得茂盛的则是由于机遇之故，不是由于技巧。但是受过训练的园丁的工作是很小心的，因为他受过良好的教导，知道在什么地方去做，知道在什么时候去做，知道怎样去做，并且知道什么不必去做，自己才不至于失败。②

直到现在为止，教导的方法还很不可靠，很少有人敢说："在若干年月之内，我可以把这个青年教到某种某种程度；我一定用某种某种方法去教他。"所以我们应该看看，我们能不能够把训练才智的艺术奠定在一种坚实的基础上面，使我们能够得到可靠的与准确的进步。③

由于只有尽量使艺术的步骤符合自然的步骤才能正确地奠定这种基础(这是我们在第十五章已经知道了的)，我们打算遵循自然的方法，拿一个孵化幼鸟的鸟儿来做我们的榜样；假如我们看见园丁、画家和建筑家步随自然的后尘得到了好结果，我们就该明白，教育青年的教育家是应该采取同一行径的。④

强迫孩子们去学习的人，就是大大地害了他们。因为他们能够期望什么结果呢？假如一个人没有食欲，却又被迫去吃食物，结果只能是疾病与呕吐，至少也是不消化、不痛快。反之，假如一个人饿了，他就急于要吃食物，立刻可以把食物加以消化，容易把它变成血肉。所以爱索克拉提斯(Isocrates)说："凡是热忱求学的人就会是具有学问的人。"昆提利安(Quintilian)也说："知识的获得要靠求知的志愿，这是不能够强迫的。……应该用一切可能的方式把孩子们的求知与求学的欲望激发起来。……教导的方法应该减轻学习的苦楚，使学生在功课上不受到任何阻碍或耽误他们的进步。……孩子们的求学欲望是由父母、由教师、由学校、由所教的学科、由教学的方法、由国家的权威激发起来的。"⑤

孩子们的求学欲望能由父母激发起来，假如他们当着子女的面，揄扬学问与学者，或应许给他们美好书籍和衣服，或其他精致的东西，鼓励他们去用功；假如他们称赞教师(尤其是教他们的儿子的教师)，称赞教师对于学生的友谊，称赞教师的教学技巧(因为爱与慕是最能激发模仿欲的感情)；最后，假如他们不时打发学生带着小小的礼物到教师那里去，这样一来，他们就容易使子女爱好他们的功课，爱好他们的教师，并且信任他们的教师了。⑥

孩子们的求学欲望能由教师激发起来，假如他们是温和的，是循循善诱的，不用粗鲁的办法使学生疏远他们，而用仁慈的情操与言语吸引他们；假如他们称赞学生当时所

---

① 夸美纽斯.大教学论[M].傅任敢，译.北京：教育科学出版社，2014：66.

② 夸美纽斯.大教学论[M].傅任敢，译.北京：教育科学出版社，2014：68.

③ 夸美纽斯.大教学论[M].傅任敢，译.北京：教育科学出版社，2014：68－69.

④ 夸美纽斯.大教学论[M].傅任敢，译.北京：教育科学出版社，2014：69.

⑤ 夸美纽斯.大教学论[M].傅任敢，译.北京：教育科学出版社，2014：83.

⑥ 夸美纽斯.大教学论[M].傅任敢，译.北京：教育科学出版社，2014：83－84.

学功课的美好、快意与安易,假如他们不时称赞用功的学生……或是间或让儿童带信给他们的父母,总而言之,假如他们和善地对待学生,他们就容易得到学生的好感,学生就宁愿进学校而不愿意待在家里了。①

学校本身应当是一个快意的场所,校内校外看去都应当富有吸引力。……要使方法能够激起求知的愿望,它第一就必须来得自然。因为凡是自然的事情就都无须强迫。水往山下流是用不着强迫的。……眼睛看到美丽的图画,耳朵听到优美的曲调,用不着督促就会去欣赏的。在这种情形之下,必须约束的时候比必须督促的时候还多。②

如果想使学生发生兴趣,我们就应用心使方法合口味,务使一切事物,无论如何正经,都可以亲切地、诱人地放到他们跟前;比如用对话的形式,即诱导学生争相答复,并解释深奥的问题、比较和寓言之类。……政府当局和学校的主管人可以出席公共仪式(如同宣告、辩论、考试和升级之类),赞扬用功的学生,给他们小小的礼物(不可偏袒),这样去激起学生的热忱。③

为使学习的进展轻易而有成就,第一得假定,只有经过选择的智者,人类中的精英,才去学习。余下的人最好把他们的注意用到比较合适的职业,例如农业、机械或商业上去。……第二个假定,每个学生都把他的全部精力用在那门显然适合他的天性的学科上面。因为有些人比别人适于当神学家、医生或律师,而其他的人则对音乐、诗词或演说具有天赋才能,擅长这些学科。在这方面,我们常常容易犯错误,我们想用每块木头雕出一尊雕像,没有注意"自然"的意向。结果,好些人学习他们没有天赋的学科,没有得到良好的结果,在副业方面的成就反而大于他们所选的正业。④

经典语段赏析

本经典语段主要选自《大教学论》第十三章"改良学校的基础应当是万物的严谨秩序"和第十四章"教导的严谨秩序应当以自然为借鉴,并且必须是不受任何阻碍的"。如果说第十三章是作者正式提出"教育适应自然"思想的铺垫、前奏,那么第十四章则是作者对"教育适应自然"的正式宣告。同时,夸美纽斯也解答了用"秩序""严谨的秩序"究竟要隐喻什么。两章中列举出了许多类比之物,有蜜蜂、蚂蚁、蜘蛛,有印刷机、钟、树木、石头,有鱼儿游泳、鸟儿飞翔、动物发声、闪电、雷鸣、水的流动,还有四季更迭、自然运行……"根据的法则却是合乎自然的"。"一切事件都是有赖于它的各个部件的和谐工作的。……教学艺术所需要的也不是别的,只不过是要把时间、科目和方法巧妙地加以安排而已。""教育适应自然"其实就是"道法自然",夸美纽斯关于教学的原则、方法,以及道德教育的原则、方法等,包括教育制度、班级授课制度等等,皆是在模仿、类比自然中所创设的。

① 夸美纽斯. 大教学论[M]. 傅任敢,译. 北京:教育科学出版社,2014:84.
② 夸美纽斯. 大教学论[M]. 傅任敢,译. 北京:教育科学出版社,2014:84.
③ 夸美纽斯. 大教学论[M]. 傅任敢,译. 北京:教育科学出版社,2014:85.
④ 夸美纽斯. 大教学论[M]. 傅任敢,译. 北京:教育科学出版社,2014:199-200.

三、普及教育

普及教育思想是指国家对全体儿童所实施的一定程度的普通教育。它与义务教育相关,但又有所不同。义务教育是国家用法律形式规定的一定年龄阶段的儿童必须实施的一定程度的普通教育。亦即,国家为了有效地实施普及教育,通常以法律形式规定国家、社会、家庭所承担的义务性质,普及义务教育。世界上最早提出普及初等教育思想的正是17世纪的捷克大教育家夸美纽斯。夸美纽斯从民主主义思想出发,强调"把一切事物教给一切人们",而《大教学论》正是阐述"把一切事物教给一切人们的全部艺术"。这里的两个"一切",无论前者"一切事物"或"一切事项",还是后者"一切人们"或"一切人类",强调的都是"人人""无论男女","一切男女青年都应该进学校"①,"人人应该受到一种周全的教育,并且应该在学校里面受到。"②

概言之,夸美纽斯在《大教学论》中所申明的普及教育思想首先强调的是"一切人们",即一切人,人生而有受教育的权利,无论男女,一切男女青年都应该进学校,男女平等、无论贵贱、有教无类。

经典语段一

《大教学论》它阐明把一事物教给一切人们的全部艺术……一切教区、城镇和村落…… 使男女青年,毫无例外地,全都迅速地、愉快地、彻底地懂得科学,纯于德行,习于虔敬……③

我们已经知道,知识、德行与虔信的种子是天生在我们身上的;但是实际的知识、德行与虔信却没有这样给我们。这是应该从祈祷,从教育,从行动去取得的。有人说,人是一个"可教的动物",这是一个不坏的定义。实际上,只有受过恰当教育之后,人才能成为一个人。……所以,谁也不可相信一个没有学会按照一个人的样子去行动,即没有在组成一个人的因素上受到训练的人,真正能成为一个人。这从一切造物的例证可以看明白,因为它们虽则注定了要为人所用,但是不经人手的安排是不合于人的使用的。④

人的身体生成是要劳动的;但是我们知道,人生来只有学习劳动的能量。他要受到教导,才会坐,才会站,才会走,才会用他的手。然则我们哪能希望我们的心理一来便已完全发展,事先一点准备都不需要呢?……我们更需要多从经验去学习,因为我们的悟性只是一个虚空的形式,如同一张白纸一样,并且我们也不善于做事、说话,或去知道任何事物;因为这种种能力都只潜伏地存在,需要加以发展。⑤

---

① 夸美纽斯.大教学论[M].傅任敢,译.北京:教育科学出版社,2014:33.

② 夸美纽斯.大教学论[M].傅任敢,译.北京:教育科学出版社,2014:36.

③ 夸美纽斯.大教学论[M].傅任敢,译.北京:教育科学出版社,2014:扉页.

④ 夸美纽斯.大教学论[M].傅任敢,译.北京:教育科学出版社,2014:22.

⑤ 夸美纽斯.大教学论[M].傅任敢,译.北京:教育科学出版社,2014:23.

有些例证告诉我们,凡是从小被野兽攫去,在野兽群中长大的人,他们的智力都没有超过野兽的水准,他们如果不是重新回到了人类的社会,他们用舌、用手、用脚的能力也不会超过野兽所能的。……所以柏拉图说得真对。他说[《法律篇》(Laws),第一,6]:"人若受过真正的教育,他就是个最温良、最神圣的生物;但是他若没有受过教育,或者受了错误的教育,他就是一个世间最难驾驭的家伙。"①

教育确乎人人需要,我们想想各种不同程度的能力,就可以明白这一点。愚蠢的人需要受教导,好使他们摆脱本性中的愚蠢,这是无人怀疑的。其实聪明人更需要受教育,因为一个活泼的心理如果不去从事有用的事情,它便会去从事无用的、稀奇的、有害的事情……富人没有智慧岂不等于吃饱了糠麸的猪仔?贫人不懂事岂不等于负重的驴子?美貌无知的人岂不只是一只具有羽毛之美的鹦鹉,或是一把藏着钝刀的金鞘?具有权力的人们,国王、亲王、官吏、牧师与教师,他们必须有智慧,正如向导要有眼睛,舌人要能说话,喇叭要出声音,或者刀要有刃是一样的。……我们由此可以知道,凡是生而为人的人都有受教育的必要,因为他们既然是人,他们就不应当成为无理性的兽类,不应当变成死板的木头。并且由此可见,一个人愈是多受教导,他便愈能按照准确的比例胜过别人。……凡是以为智慧与纪律没有用处的人就会得祸;他没有(达到他的愿望的)希望,他的劳力不会有结果,他的工作会白费。②

经典语段二

青年人应该受到共同的教育,所以学校是必须的……由于人类职务和人类数目的增加,所以很少有人具有充分的知识或充分的闲暇去教导自己的子女。因此就兴起了一种贤明的制度,为儿童的共同教育选出一些有丰富知识和崇高道德的人。这种教导青年的人叫作导师、教师、教员或教授,作为这种共同教导之用的场所就叫作学校、小学、讲堂、学院、公立学校和大学。③

经典语段三

一切男女青年都应该进学校……不仅有钱有势的人的子女应该进学校,而且一切城镇乡村的男女儿童,不分富贵贫贱,同样都应该进学校。……一切生而为人的人,生来都有一个同样的目的,就是他们要成为人,即要成为理性的动物,要成为万物的主宰及其造物主的形象。所以,他们都应该达到这样一个境地,即在适当地吸取了学问、德行与虔信之后,能够有益地利用此生,并且好好地预备来生。④

女性完全不能追求知识(用拉丁文或用她们的国语),也是没有任何充分理由的(对

① 夸美纽斯. 大教学论[M]. 傅任敢,译. 北京:教育科学出版社,2014:24.

② 夸美纽斯. 大教学论[M]. 傅任敢,译. 北京:教育科学出版社,2014:25.

③ 夸美纽斯. 大教学论[M]. 傅任敢,译. 北京:教育科学出版社,2014:29.

④ 夸美纽斯. 大教学论[M]. 傅任敢,译. 北京:教育科学出版社,2014:33.

于这一点我要特别提一下)。……她们具有同等敏锐的悟性和求知的能力……①

假如有人问:"如果工匠、乡里人、脚夫,甚至妇人都有了学问,结果会是什么呢?"我的答复是,假如这种青年普及教育能以合适的方法实现,他们便谁也不会缺乏思考、选择、遵行和做出好事的材料了。人人就会知道,人生的行动与努力应该怎样加以调节,我们应在什么限度以内前进,每个人要怎样才能保护他自己的地位。②

经典语段四

人人应该受到一种周全的教育,并且应该在学校里面受到。……所谓人人,是指一切被派到世上来做演员与观众的人们。③

学校是造就人的工场,因为人之所以真正成为人,无疑地是由于学校的媒介,所谓真正的人就是(按照我们前面的分析):(1) 一个理性的生物;(2) 一个为一切生物之主并为自己之主的生物;(3) 一个为造物主所爱的生物。……这三种品质必须在一切学校的一切青年身上培植起来……④

心灵的要素包含三种能力,使我们回想到没有经过创造的三位一体,就是智性、意志和记忆。智性的本分是观察事物之间的区别,甚至观察最细微的细节。意志是关于选择的——就是说,选择有益的事物而拒绝无益的事物。记忆是把用过智力与意志的一切事物保存起来,以备日后使用,并且提醒心灵,使它记得自己是依赖上帝的,知道自己的责任;在这一方面,它又叫作良心。⑤

经典语段五

在第九章我已指明,全部男女青年都应该被送进公立学校,现在我要补充一句,就是头一步应当把他们送进国语学校。……我所建议的教育包括了合于一个人的一切事,是生到了这世上的一切人所应分享的。所以,在可能的范围以内,人人应在一道受到教育,使他们互相激励,互相敦促。⑥

经典语段六

德行不仅包括外表的礼仪,它还是我们的内外动作的整个倾向。……倘若有人愿意成为一个人,但对人生的装饰较之人生的要素更为关心,他就更是个傻子,是自寻

① 夸美纽斯.大教学论[M].傅任敢,译.北京:教育科学出版社,2014:34

② 夸美纽斯.大教学论[M].傅任敢,译.北京:教育科学出版社,2014:35.

③ 夸美纽斯.大教学论[M].傅任敢,译.北京:教育科学出版社,2014:36.

④ 夸美纽斯.大教学论[M].傅任敢,译.北京:教育科学出版社,2014:36-37.

⑤ 夸美纽斯.大教学论[M].傅任敢,译.北京:教育科学出版社,2014:37.

⑥ 夸美纽斯.大教学论[M].傅任敢,译.北京:教育科学出版社,2014:187.

罪孽。[1]

全部青年期都当用来培植才智(我们的意思不是说学会一种艺术就够了,是说应该学会一切文艺和一切科学)。[2]

凡是天分特别优良的学生应该各科都研究,使世上永远能有具备百科全书式知识的人。[3]

经典语段七

人需要一种道德的和谐……所以,说人是生来具有德行的种子的,这句话的真实性关联着两个论题:(1) 人人喜爱和谐;(2) 人的本身里外都只是一种和谐。……人爱和谐,渴求和谐,这是很明显的。……事实上,人不过是身心两方面的一种和谐而已[4]。

在灵魂的运动里面,最重要的转轮是意志。……所以,人的本身不是别的,只是一种和谐而已[5]。

爱好真理的人容易看到真理,寻求真理的人容易发现真理。……诗人未纽喜阿(Venusia)说:"谁也不能野到不能驯服的境地,只要他肯耐心地倾听教导与知识。"[6]

经典语段赏析

夸美纽斯在《大教学论》中所阐述的普及教育思想贯穿始终,他的这一思想与其对人性假设的认识、对教育重要性的认识以及泛智论等是一体的。在《大教学论》的三十三章内容中,这一普及教育思想较集中地体现在第五章、第六章、第九章、第十章。其阐述的维度主要有三个视角:一是从人人需要受教育的视角,教育或受教育必须遍及所有类型的人,包括愚蠢的人、富人、贫人、美貌无知的人、具有权力的人、地位较低的人等,所有的人都需要教育,正如《大教学论》所说"教育确乎人人需要""凡是生而为人的人都有受教育的必要";二是从学校教育应该是普遍的视角,阐述了学校是必需的,青年人应该受到共同的教育;三是从普及什么样的教育的视角,阐述了泛智论与和谐教育。强调运用"百科全书式的教本",对儿童进行周全的和谐的教育,培养儿童的学问、德行与虔信。

四、道德教育

一般而言,道德教育是指一定的社会或集体为使人们自觉遵循其道德行为准则,履

---

① 夸美纽斯.大教学论[M].傅任敢,译.北京:教育科学出版社,2014:11-12.
② 夸美纽斯.大教学论[M].傅任敢,译.北京:教育科学出版社,2014:179.
③ 夸美纽斯.大教学论[M].傅任敢,译.北京:教育科学出版社,2014:200.
④ 夸美纽斯.大教学论[M].傅任敢,译.北京:教育科学出版社,2014:18.
⑤ 夸美纽斯.大教学论[M].傅任敢,译.北京:教育科学出版社,2014:19.
⑥ 夸美纽斯.大教学论[M].傅任敢,译.北京:教育科学出版社,2014:21.

行对社会和他人的相应义务,而有组织有计划地施加系统的道德影响。在我国,道德教育属于德育或思想品德教育的几大范畴包括政治教育、思想教育和道德教育之一。在国外,多数国家的学校德育主要指或限指道德教育。夸美纽斯在《大教学论》中也十分重视道德教育,概括说来,其道德教育思想主要包括五个方面:

1. 对道德的定义

他认为:"我们的真正工作是什么呢?是智慧的学习,它提高我们,使我们得到稳定,使我们的心灵变高贵——我们把这种学习叫作道德,叫作虔信。"①他认为:"人需要一种道德的和谐,……人是生来具有德行的种子的,这句话的真实性关联着两个论题:(1) 人人喜爱和谐;(2) 人的本身里外都只是一种和谐。……在灵魂的运动里面,最重要的转轮是意志。"②"心灵的要素包含三种能力……就是智性、意志和记忆。……意志是关于选择的——就是说,选择有益的事物而拒绝无益的事物。"③

2. 对道德教育重要性的认识

在"学问、德行、虔信"三位一体的教育目标中,道德教育占有重要份额。在教给学生"一切事物""一切知识"的"周全的教育"中,德行与虔信也是不可缺少的内容。他说:"因为虔信与德行是教育的两个最重要的因素,可是最被忽视。……因而在大多数情形之下,学校培养出来的不是顺从的羔羊,而是凶狠的野驴和倔强的骡子;学校培养不出合乎德行的品性,培养出的只是一种虚伪的道德外表,一种令人生厌的、外来的文化皮毛,和一些专务世俗虚荣的眼光与手脚。"④他强调,学校是"造就人的工场",是人真正成为人的"媒介",在学校里应该过"道德生活"。他提出了学问、德行和虔信三位一体的教育目标。他说:"这三个因素假如不联结在一起,如同由一副坚固的链条连着似的,那就是一种不幸的拆散。不能导向德行与虔信的教导,是一种何等恶劣的教导啊!因为没有德行,文学技巧算得什么呢?凡是在知识上有进展而在道德上没有进展的人(一句古话说),就不是进步而是退步。……'妇女美貌而无见识,如同金环带在猪鼻上。'"⑤

3. 对道德教育内容的设计

夸美纽斯强调"一切德行都应当培植到青年身上,不能有例外。……主要的德行应当首先培植;这些德行是持重、节制、坚忍与正直"⑥。不仅如此,《大教学论》中还对"幸福""心灵""意志""良心"等进行了阐述。如他说:"'幸福'一词,我们所指的不是躯体的快乐(虽然这种快乐包括良好的健康状况、饮食和睡眠享受,那是只能够从节制的德行产生的),而是心灵的快乐。"⑦"学问、德行、虔信,这三个元素就是涌出一切最完美的快

---

① 夸美纽斯. 大教学论[M]. 傅任敢,译. 北京:教育科学出版社,2014:145.
② 夸美纽斯. 大教学论[M]. 傅任敢,译. 北京:教育科学出版社,2014:18-19.
③ 夸美纽斯. 大教学论[M]. 傅任敢,译. 北京:教育科学出版社,2014:37.
④ 夸美纽斯. 大教学论[M]. 傅任敢,译. 北京:教育科学出版社,2014:42.
⑤ 夸美纽斯. 大教学论[M]. 傅任敢,译. 北京:教育科学出版社,2014:39-40.
⑥ 夸美纽斯. 大教学论[M]. 傅任敢,译. 北京:教育科学出版社,2014:145.
⑦ 夸美纽斯. 大教学论[M]. 傅任敢,译. 北京:教育科学出版社,2014:38.

乐之流的三个泉源。”①

4. 对道德教育方法的论述

夸美纽斯在第二十三章,设专章论述道德教育多样的方法,如早早教育、理性行动、正面引导、劳苦教育、榜样教育、经常做正当的事情、一切不可过度、避免不良社交、防备懒惰、严格纪律,制止邪恶等。在第二十四章,又专论了灌输虔信的方法,强调沉思、祷告与考验,“要注意在童年早期去灌输虔信。……因为不耽搁这种教导是有利的,耽搁是危险的”②。“教导这一切的时候要当心,不可让矛盾的例证中途拦人。”③除此之外,《大教学论》中还在第二十六章专章阐述了“论学校的纪律”,既强调了纪律的重要性,又阐明了如何运用纪律约束,以规避不良行为的发生,运用纪律要火候得当,恰到好处。

5. 对教师良好德行的要求

《大教学论》中,关于教师的称谓,也作老师、导师、教师、教员或教授之称。他对教师德行的要求,有的是直接的,有的是间接的。他认为:“为儿童的共同教育选出一些有丰富知识和崇高道德的人。这种教导青年的人叫作导师、教师、教员或教授……”④什么样的教师、教员或导师才是理想的呢?不只要求“知识丰富”“道德高尚”,还要“肯充分卖力气”有“吸引人的诱导”,杜绝“令人厌倦的教导”,不当“把我们领向错误的”教师,要琢磨、研究学生,不“生气、发怒、恼火”。要“用良好的榜样,用温和的言辞,并且不断诚恳地、直率地关心学生”⑤。《大教学论》的最后一章说,“我们非常缺乏有方法的、能主持公立学校并能产生我们所望的结果的教师”⑥。然而,“有许多富有天分的人毁在他们的教员手里,这些教员没有能力去管理或指导那些自由人,他们不是把他们当作马匹看待,而是把他们当作驴子看待”⑦。他强调教师要做学生养成各种美德的“活的榜样”。可见,具有“把一切事物教给一切人们的全部艺术”的教师或教员,该是怎样的卓越啊!

经典语段一

一个人无论倾向哪方面他都可以实际地觉察到这种情形。假如有人过于爱好财富,他便即使富有天下,还是找不出可以满足他的贪心的事情,……假如有人好名心盛,即使全世界都在崇拜他,他还是不能安静下来。……假如有人贪图快乐,那么,即使他的一切感官全都沉浸在快乐的溪流里面,但是他已习惯了快乐,他的嗜欲仍会爱了这样

① 夸美纽斯.大教学论[M].傅任敢,译.北京:教育科学出版社,2014:39.

② 夸美纽斯.大教学论[M].傅任敢,译.北京:教育科学出版社,2014:151-152.

③ 夸美纽斯.大教学论[M].傅任敢,译.北京:教育科学出版社,2014:159.

④ 夸美纽斯.大教学论[M].傅任敢,译.北京:教育科学出版社,2014:29.

⑤ 夸美纽斯.大教学论[M].傅任敢,译.北京:教育科学出版社,2014:178.

⑥ 夸美纽斯.大教学论[M].傅任敢,译.北京:教育科学出版社,2014:209.

⑦ 夸美纽斯.大教学论[M].傅任敢,译.北京:教育科学出版社,2014:51.

又爱那样。假如有人把心思用在研究智慧上面,他的研究便没有止境;因为一个人知道得愈多,他便愈知自己的无知。所以所罗门(Solomon)说眼不会看厌,耳不会听厌,真是确当不移之论。①

经典语段二

我们的真正工作是什么呢?是智慧的学习,它提高我们,使我们得到稳定,使我们的心灵变高贵——我们把这种学习叫作道德,叫作虔信……②

经典语段三

我们必须看看这种灌输真正德行与虔信的艺术怎样才能用一种明确的方法去贯彻,怎样才能介绍到学校里去,使我们能够公正地把学校叫作"人类的锻炼所"。③

经典语段四

形成道德的艺术是根据下列十六条基本规则的:

(1) 一切德行都应当培植到青年身上,不能有例外。

(2) 主要的德行应当首先培植,这些德行是持重、节制、坚忍与正直。

(3) 持重应当从接受良好的教导,从学习事物间的真正区别和那些事物的相对价值去获得。

(4) 应当教孩子们在饮与食、睡眠与起床、工作与游戏、谈话与缄默方面,在整个受教期间实行节制。

(5) 坚忍应当从自我克制去学习;就是要在错误的时候或者过了恰当的时候,就要压下游戏的欲望,要抑制急躁、不满足和愤怒。

(6) 青年人应当不损害人,应当把各人当得的给予各人,应当避免虚伪与欺骗,应当显得殷勤随和,这样学习去行正直。

(7) 青年人格外必需的坚忍是坦率大方与忍劳耐苦。

(8) 坦率大方是由经常接近有价值的人,由在这种人前按照所受的教诲去行动而获得的。

(9) 假如孩子们不断工作或游戏,他们便能学会忍劳耐苦。

(10) 与正直同源的德行,或敏于而且乐于替别人服务的态度应当尽力在青年人身上培植起来。

(11) 德行应该在邪恶尚未占住心灵之前,早早就教。

---

① 夸美纽斯.大教学论[M].傅任敢,译.北京:教育科学出版社,2014:4.

② 夸美纽斯.大教学论[M].傅任敢,译.北京:教育科学出版社,2014:145.

③ 夸美纽斯.大教学论[M].傅任敢,译.北京:教育科学出版社,2014:145.

(12) 德行是由经常做正当的事情学来的。

(13) 父母、保姆、导师和同学的整饬生活的榜样必须不断放到儿童的跟前。

(14) 但是榜样之外,关于行为的教诲与规则也是必需的。

(15) 儿童必须非常用心地避免不良的社交,否则他们便会受到传染。

(16) 我们不可能谨慎到不让任何恶事得到一个进口,所以,严格的纪律是必须用来制止邪恶的倾向的。①

经典语段五

亚里士多德和希波克拉提斯都埋怨过人生短促,非难过自然,说它把长久的岁月给了牡鹿、乌鸦以及其他动物,却把生来负有重大责任的人类的生命限制在狭小的范围里面。但是辛尼加反对这种看法,他说得很明智:"我们所得的生命并不短促,除非我们自己使它短促。我们并不苦于岁月缺乏,而是浪费了给予我们的岁月。假如我们知道怎样利用人生,人生是很长的。"他又说:"假如我们把我们的生命好好地安排,它们是够长的,它们可以让我们做成最伟大的事业。"……事实上这种看法是对的,假如真是对的话,那么,如果我们的生命证明不够长,不能使我们做完伟大的事业,那便只能十分责备我们自己,因为我们浪费了我们的生命,一方面由于我们没有照顾好它们,以致它们没有达到自然的限度,一方面由于我们把生命消磨在没有价值的目标上了。②

经典语段六

有些人在中年以前就达到了别人在长期的人生中所达不到的境界,这种例子证明短促的人生(即五十、四十或三十岁的人生)只要用得合适,也足以实现最高的目标。③

经典语段七

凡是遵守这三个原则的人(即饮食有节制,身体有运动,并且利用自然所供给的休息机会),他是不会不尽可能长久地保持生命与健康的。……我们知道,良好的学校组织主要在于工作与休息分配得当,有赖于读书、松缓、紧张的间隙与娱乐的分配。在这样长久的一段期间里面,我们是可以得到很大的进步的,不管进步的步骤如何缓慢,只要是在继续不断地进步就行。……点滴复点滴,顷刻成大垤。……一天有二十四小时,假如为生活的日常使用,我们把这二十四小时分做三部分,拿八小时来做睡眠之用,拿八小时来供给身体的外部需要……我们剩下八小时来供生活上的正经工作。这样一来,我们一星期就有四十八个工作时了(第七天留下来休息)。一年就有二千九百四十

① 夸美纽斯.大教学论[M].傅任敢,译.北京:教育科学出版社,2014:145-149.

② 夸美纽斯.大教学论[M].傅任敢,译.北京:教育科学出版社,2014:62.

③ 夸美纽斯.大教学论[M].傅任敢,译.北京:教育科学出版社,2014:63.

五小时，十年、二十年或三十年之中，就成了一个无量的数目了。①

经典语段八

假如一个人每小时能够学会某项知识的一个片段，学会某种技艺的一条规则，学会一个单纯的悦意的故事或谚语(这是不必费力就可以学会的)，然则他所存留的学问将会是何等的丰富呢?②

经典语段赏析

本经典语段主要选自《大教学论》的第二十三章"道德教育的方法"和《大教学论》的第十五章"延长生命的基础"。正如作者在第二十三章开篇所讲，前面章节"我们已讨论过了比较易于教授与学习科学和艺术的问题。……它们的确只是对于更重要的事情的一种准备而已，……'是我们的开端，不是我们的成品'"③。意思是前面所讲的只是更重要的事情的一种准备而已，最重要的事情是"我们的心灵变高贵"，即道德或虔信。本章在前面章节所提出的道德教育目的的基础上，着重提出了道德教育的重要性、道德教育的十六条基本原则，以及道德教育的基本方法，阐明了"持重、节制、坚忍与正直"的具体培养方法和要求，强调孩子们或青年人要养成德行，就要正面引导、榜样示范，就要不断工作、忍劳耐苦，就要树立目标、正当做事，就要早早就教、避免不良，就要远离懒惰、规避邪恶……但是，即使如此，如果我们的敌人一直在轮值，"不独我们睡着的时候在轮值，我们清醒的时候，他也在轮值，当我们把优良的种子撒到学生的心灵时，他也努力在把他的莠草种在那里，有时候腐败的天性又可以自行生出莠草，所以这种邪恶的性情必须用力量去制止才行"。这其实阐明的是"以正面教育为主、纪律约束为辅"的德育原则。作者在《大教学论》第二十六章"论学校的纪律"中专章讲述了纪律问题。由此可见，对孩子或学生给予正当的惩戒是必须且必要的，但有一条金科玉律"一切不可过度"④。

在第十五章"延长生命的基础"中，作者从生命的长短、人生短促、如何延长生命以及如何让生命用得合适等入手，讲述了生命教育。从人生观的视角，阐述了一天二十四小时应该怎样度过，如何让人通过每小时能够学会某项知识的一个片段，学会某种技艺的一条规则，学会一个单纯的悦意的故事或谚语等，从而让自己短促的人生富有意义，变成一个"无量的数目"。正如他在第十五章最后所引用的辛尼加的话那样："假如我们知道怎样利用人生，人生是长久的；假如人生用得合适，它是足以完成最伟大的事业

① 夸美纽斯. 大教学论[M]. 傅任敢，译. 北京：教育科学出版社，2014：65－66.

② 夸美纽斯. 大教学论[M]. 傅任敢，译. 北京：教育科学出版社，2014：66－67.

③ 夸美纽斯. 大教学论[M]. 傅任敢，译. 北京：教育科学出版社，2014：145.

④ 夸美纽斯. 大教学论[M]. 傅任敢，译. 北京：教育科学出版社，2014：146.

的。”①这不得不让我们每一个生存在世上的人深思:究竟什么才叫生命用得合适?究竟什么才是“最好地利用我们的生命的艺术”?

五、教育制度

教育制度即教育机构的体系,包括学校制度(即学制)和管理学校的教育机构行政体系。夸美纽斯在《大教学论》中对教育制度的贡献但凡学过教育学的人尽皆知的。他关于班级授课制的理论阐述、关于学段划分、关于纪律问题等,皆给予后人深刻的启示。

经典语段一

青年人应该受到共同的教育,所以学校是必需的……由于人类职务和人类数目的增加,所以很少有人具有充分的知识或充分的闲暇去教导自己的子女。因此就兴起了一种贤明的制度,为儿童的共同教育选出一些有丰富知识和崇高道德的人。这种教导青年的人叫作导师、教师、教员或教授,作为这种共同教导之用的场所就叫作学校、小学、讲堂、学院、公立学校和大学。②

经典语段二

在每一个秩序良好的居民区(不管它是一个城市,一个乡镇,或是一个村落),都应该设立一所学校,或者一个教育青年的地点。……在这种种情形之下,果园愈大则树木长得愈好,鱼池愈大则鱼儿长得愈大。所以像为鱼儿掘鱼池,为果树修果园一样,也应当为青年人修建学校。③

经典语段三

改良学校是可能的……无论如何,我们在这件事情上面已到了必须说明下面两点的时候,就是:① 我们实际应许的是什么;② 我们打算根据什么原则去做。④

经典语段四

一个教师怎样能同时教许多孩子,不管多到多少呢?

我认为,一个教师同时教几百个学生不仅是可能的,而且也是要紧的;因为,对教师,对学生,这都是一种最有利的制度。教师看到跟前的学生数目愈多,他对于工作的

---

① 夸美纽斯. 大教学论[M]. 傅任敢,译. 北京:教育科学出版社,2014:67.

② 夸美纽斯. 大教学论[M]. 傅任敢,译. 北京:教育科学出版社,2014:29.

③ 夸美纽斯. 大教学论[M]. 傅任敢,译. 北京:教育科学出版社,2014:30 - 32.

④ 夸美纽斯. 大教学论[M]. 傅任敢,译. 北京:教育科学出版社,2014:45.

兴趣便愈大(正同一个矿工发现了一线丰富的矿苗,震惊得手在发抖一样);教师自己愈是热忱,他的学生便愈会表现热心。同样,在学生方面,大群的伴侣不仅可以产生效用,而且也可以产生愉快(因为人人乐于劳动的时候有伴侣);因为他们可以互相激励,互相帮助。对于这种年龄的孩子,竞争确是一种最好的刺激。并且,假如一个教师的班次不大,也许这一点或那一点不会被全体学生所听到。但是,假如同时有许多学生听他讲课,各人尽量领会自己所能领会的,每当复述功课的时候,一切人都回到了他们的心灵里,因为一个人的心灵可以激励另一个人的心灵,一个人的记忆也可以激励另一个人的记忆。总而言之,一个面包师搓一次生面,热一次火灶,就可以做出许多面包,一个砖匠一次可以烧许多砖,一个印刷匠用一套活字可以印出成千成万的书籍,所以,一个教师一次也应该能教一大群学生,毫无不便之处。我们岂不知道一株树干能够支持无数的树枝,并为它们供应树汁,岂不知道太阳能够把生气给予整个世界吗?①

经典语段五

假如班次大,这就得花费很多时间。我的答复是:教师用不着去听每个学生的功课,也用不着去考查每个学生的书本;因为他有各组的组长帮忙,每个组长都可以考查他那一组的同学。②

经典语段六

我们这就知道了一个教师可以教一百个学生,所费的精力和教几个学生一样小。③

经典语段七

全部期间应当分成四个明显的阶段,即婴儿期、儿童期、少年期和青年期,我们应给每期分派六年的光阴和一种特殊的学校。

(一)婴儿期	的学校应为	母亲的膝前
(二)儿童期		国语学校
(三)少年期		拉丁语学校或高等学校(Gymnasium)
(四)青年期		大学与旅行

每个家庭应当有个母育学校(Mother-School),每个村落应当有个国语学校,每个城市应当有个高等学校,每个王国或每省应当有个大学。④

① 夸美纽斯.大教学论[M].傅任敢,译.北京:教育科学出版社,2014:110-111.
② 夸美纽斯.大教学论[M].傅任敢,译.北京:教育科学出版社,2014:113.
③ 夸美纽斯.大教学论[M].傅任敢,译.北京:教育科学出版社,2014:115.
④ 夸美纽斯.大教学论[M].傅任敢,译.北京:教育科学出版社,2014:179-180.

经典语段八

这四种学校可以比作一年的四季。母育学校使人想起温和的春季,充满形形色色的花香。国语学校代表夏季,那时我们的眼前尽是谷穗和早熟的果实。拉丁语学校相当于秋季,因为这时田野和园中的果实都已收获,藏进了我们的心灵仓库。最后,大学可以比作冬季,那时我们把收来的果实准备各种用途,使我们日后的生活能够得到充分的供养。……我们的教育方法也可以和一株树木的各个生长阶段相比。由父母细腻地照顾着的六岁的孩子像小心地种植的、生了根、将要发出蓓蕾的嫩苗。到了十二岁的时候他们就像有了枝丫与蓓蕾的幼树,虽则枝丫与蓓蕾将要怎样发展,还没有把握。到了十八岁,青年已在语文与艺术方面受到了良好的教导,就像长满了花朵的树木,又好看,又好闻,而且还有结出果实的希望。最后,到了二十四五岁的时候,青年人已在大学里面受到了彻底的教育,他们就像一株结了果实的树木,我们需要果实的时候就可以去摘取了。①

经典语段九

国语学校的一切儿童规定在校度过六年,应当分成六班,如有可能,每班应有一个教室,以免妨碍其他班次。……每班应有特备的书,这些书应当包括该班所学的全部学问方面、道德和宗教教导的教材。②

每天上课不可超过四次,其中两次在上午,两次在下午。下余的时间可以有利地用在家务(尤其贫苦的孩子是如此)或某种形式的娱乐上。……早晨应当专门用来练习智性与记忆,下午应当练习手与声音。③

下午不应当再做新的功课,但是早晨做过的功课应当加以复习。学生们应当把他们的印成的书本抄写一部分,应当互相比赛,看早晨的功课谁记得最多,或看谁写得最好,唱得最好,或算得最好。④

经典语段十

熟悉历史是一个人的教育中的最重要的因素,是他终生的眼目。所以这门学科六班之中每班都应教,务使我们的学生对于从古至今所曾发生过的事件没有一件不明白;但是这门学科应该这样安排,要减轻他们的工作而不是加重他们的工作,要成为他们的

---

① 夸美纽斯.大教学论[M].傅任敢,译.北京:教育科学出版社,2014:181.
② 夸美纽斯.大教学论[M].傅任敢,译.北京:教育科学出版社,2014:189.
③ 夸美纽斯.大教学论[M].傅任敢,译.北京:教育科学出版社,2014:191.
④ 夸美纽斯.大教学论[M].傅任敢,译.北京:教育科学出版社,2014:192.

比较严肃的劳动以后的一种调剂。①

应该当心,只允许勤劳努力、德行优良的学生进大学。不实在的学生,只知道在安逸与奢侈中浪费他们的袭产与光阴,因而给别人以坏的榜样是不能宽容的。这样,没有病毒,自然就没有传染,大家便会专心工作了。……至于世上任何地方倘能设立一个学校之学校(School of School)或教学法学院(Didactic College),那种好处是无待指陈的。②

经典语段十一

第二十六章"论学校的纪律":波希米亚有一句谚语说,"学校没有纪律犹如磨盘没有水",这是很对的。因为如果你从磨坊取去了水,磨盘就会停止,同样,如果你从学校取消了纪律,你就是剥夺了它的发动力。……所以,关于纪律,教育青年的人最好能够知道它的目标,它的题材,和可能采取的各种形式,然后他就可以知道为什么要用系统化的严格性,什么时候用和怎样用了。……我们可以从一个无可争辩的命题来开始,就是犯了过错的人应当受到惩罚。但是他们之所以应受惩罚,不是由于他们犯了过错(因为做了的事不能变成没有做),而是要使他们日后不去再犯。所以,纪律应当免除人身的因素,如同愤怒或憎恶,而应怀抱如此坦白、诚恳的目标去执行,使学生也知道是为了对他们有好处,在上的人只是执行父母的权力而已。这样一来,他们便会把惩罚当作医生给他们开的苦药一样看待了。③

用良好的榜样,用温和的言辞,并且不断诚恳地、直率地关心学生。……谁曾看见过金匠只用锤子去制作一件工艺品呢?这是没有的事。这种东西铸起来比打出来容易,如果其中有应除掉的赘疣,工匠并不用暴力去除掉,而是接连轻轻地敲打,或用一把锉刀或一双钳子去除掉;最后,他把他的作品琢磨一番,工作才算完成。……一个渔夫用网到深水里面捞鱼,他不独用铅块悬在网上,使它沉下去,而且把橡木系在网的另外一端,使它能够浮到水面。同样,凡是想把青年捞入德行的网里的人,他就必须一方面用严酷的办法使之畏惧和恭顺,一方面用温和与情爱的办法去抬高他们。凡是能够结合这两个极端的教师就是幸福的教师!凡是能够得到这种教师的孩子就是幸福的孩子!……青年人决不应当被迫去做任何事情,他们的工作的性质与做法应当能使他们自行去做,能使他们爱好工作。④

经典语段十二

我们必须知道怎样才能使这些想望不仅是想望,而且还能以一定的形式实现出

① 夸美纽斯.大教学论[M].傅任敢,译.北京:教育科学出版社,2014:197.
② 夸美纽斯.大教学论[M].傅任敢,译.北京:教育科学出版社,2014:200-202.
③ 夸美纽斯.大教学论[M].傅任敢,译.北京:教育科学出版社,2014:200-202.
④ 夸美纽斯.大教学论[M].傅任敢,译.北京:教育科学出版社,2014:178.

来。……我们非常缺乏有方法的、能主持公立学校并能产生我们所望的结果的教师……再则,怎样能使贫苦的孩子有时间进学校呢?学究们固执古老的方法,轻视一切新的事物,也是很可怕的……此外还有一个因素,没有它,整个学校组织就会变成没有用,有了它,整个学校组织就可以得到最大的帮助,就是一种综合的、有条理的教本的适当供应。……由此可见,我的计划的成功,完全系于一种百科全书式的教本的适当供应,这种教本只能由几位具有创造性的、精力饱满的学者合作才能得到。……如果我们希望得到绝对完美的结果,那是一个人一辈子也完成不了的,所以应当交给一个学者的团体去担任。……但是若非得到某个王者或国家的支持,供给经费,这么一个团体是不可能出现的,同时为了保证成功起见,必须有一个安静隐僻的地点和一座图书馆。……还有什么比你们的劳动尽量丰收更使你们快乐的呢?所以,你们应使你们的神圣职业和以儿女托付你们的父母的信任心变成你们身内的一团火焰,使你们和受到你们的影响的人都不止息,直至你们的祖国全被这个热情的火炬所照亮。①

经典语段十三

但愿我们人人齐心合力,用尽方法,通过忠告、警告、劝诫、矫正,……去促进这样一个有价值的目标。谁也不要以为在这件事情上面,他不需要采取行动。因为一个人尽管天生不宜于做教师,或者在做牧师、政客或医生,忙不过来,但若以为因此就可以不去参加改良学校的共同工作,他就错了。……苏格拉底得到大家的称赞,因为他不把他的时间用在做官上面,而用在教育青年上面。②

假如我们承认,为了彻底地教育一个青年,不可吝啬费用,然则我们若是开辟一条道路,使一切青年受到普遍的教育,并用一种决不失败的方法,让悟性得到发展,我们还有什么可说的呢?③

经典语段赏析

在教育制度方面,概括来说,夸美纽斯的《大教学论》中阐述了宏观、中观、微观三个层面的教育教学制度。在宏观层面,主要是学校建立的必要性、可能性以及学校建立的条件;在中观层面,主要是教学组织形式的设立,即班级授课制度的必要性、意义和具体模式;在微观层面,主要集中于教学秩序和教学纪律。尤其是他类比学徒训练、树木生长、一年四季等,首创性地提出并从理论上论证的班级授课制度,尽管受到诟病,但作为一种教学的基本组织形式运用至今,仍然发挥着其生命力。

---

① 夸美纽斯.大教学论[M].傅任敢,译.北京:教育科学出版社,2014:209－211.

② 夸美纽斯.大教学论[M].傅任敢,译.北京:教育科学出版社,2014:211.

③ 夸美纽斯.大教学论[M].傅任敢,译.北京:教育科学出版社,2014:213－214.

六、教学原则

所谓教学原则，是“人们根据一定的教学目的、遵循一定教学规律制订的指导教学工作的基本要求。教学原则一般包括三个方面的含义：首先，教学原则是为实现教学目的服务的；其次，教学原则是对教学规律的认识和反映；最后，教学原则对教学内容、教学方法、教学组织形式的选择和运用起指导作用。……教学原则的规定必须依据教学规律，是教学规律的体现。它们的不同之处在于：教学规律是教学过程中各因素之间客观的、内在的、本质的必然联系；教学原则是人们主观地根据教育规律制订的，它反映了人们对教学工作的要求。”①究竟有哪些教学原则，不同的《教育学》教材有不同的列举和阐述，但一般情况下多分为方向性原则、直观性原则、启发性原则、循序渐进原则、因材施教原则等，这些原则不仅常用且在不同的教育学教材中皆有阐述，而这些原则很多与夸美纽斯在《大教学论》中对教学原则的阐述有关联。

夸美纽斯在《大教学论》中多处论述教学原则和教学方法。其中，有五章专门论述教学原则和要求，有四章分述学科教学方法。具体包括：第十六章“教与学的一般要求”，即一定能产生结果的教与学的方法；第十七章“教与学的便易性原则”；第十八章“教与学的彻底性原则”；第十九章“教学的简明性与迅速性原则”；第二十章“科学教学法”；第二十一章“艺术教学法”；第二十二章“语文教学法”；第二十三章“道德教育的方法”；第二十四章“灌输虔信的方法”。这些教学原则和方法既有普遍性又有特殊性，既适合于所有教学又能指导具体学科的教学，至今仍有启发意义和操作指导价值。

经典语段一

存在心灵中的事情是没有不先存在感觉中的，所以智性所用的一切思想材料全是从感觉得来的，它进行思想的方式可以叫作“内在的感觉”，就是说，是依靠那些达到它的跟前的事物的影像去思想的。②

经典语段二

第十六章教与学的一般要求，即一定能产生结果的教与学的方法：

原则一：自然遵守适当的时机。

原则二：自然先预备材料，然后再给它形状。

……

原则九：自然小心地避免障碍和一切可能产生伤害的事物。③

---

① 《教育学原理》编写组．教育学原理[M]．北京：高等教育出版社，2019：268．

② 夸美纽斯．大教学论[M]．傅任敢，译．北京：教育科学出版社，2014：64．

③ 夸美纽斯．大教学论[M]．傅任敢，译．北京：教育科学出版社，2014：69－79．

经典语段三

第十七章教与学的便易性原则:

原则一:自然从小心地选择原料开始。

原则二:自然使它的原料真能获得它的形状。

原则三:自然发展一切事物都是从头开始的,开头虽则显得无关紧要,但是具有巨大的潜伏力量。

原则四:自然从容易的进到较难的。

原则五:自然并不使自己负担过重,它有一点点就满足了。

原则六:自然不性急,它只慢慢前进。

原则七:自然不强迫任何事物去进行非它自己的成熟了的力量所驱使的事。

原则八:自然采取一切可能的方式去协助它的工作。

原则九:自然所产生的事物没有不能明显地看出其实际用途的。

原则十:自然的一切作为全是划一的。①

经典语段四

第十八章教与学的彻底性原则:

原则一:自然决不产生无用的事物。

原则二:当物体形成时,自然决不省略任何产生它们所必需的东西。

原则三:除非有了基础或根柢,自然不在任何事物上面起作用。

原则四:自然把根柢打得很深。

原则五:自然发展一切事物都从根柢开始,不从别处入手。

原则六:自然对于任何事物的用途愈多,则事物明显的再区分就愈多。

原则七:自然决不静止,而是继续前进;决不牺牲正做的工作去开始新的工作,而只进行业已开始的工作,把它做完。

原则八:自然把一切事物在连续的组合里面连接起来。

原则九:自然在质量两方面对树根和树枝保持一种适当的比例。

原则十:自然因为常动,所以才变丰产和强健。②

经典语段五

第十九章教学的简明性与迅速性原则:

问题一:一个教师怎样能同时教许多孩子,不管多到多少呢?

---

① 夸美纽斯.大教学论[M].傅任敢,译.北京:教育科学出版社,2014:81－92.

② 夸美纽斯.大教学论[M].傅任敢,译.北京:教育科学出版社,2014:93－106.

问题二：怎样能用同样的书去教一切学生呢？

问题三：一所学校里面所有的学生怎样同时能做同样的事情呢？

问题四：怎样能够按照一种，并且同一种方法去教授一切呢？

问题五：许多的事情怎样能用少数的话说清楚呢？

问题六：一次怎样能做两三件事呢？

问题七：学科怎样才能循序渐进地划分阶段呢？

问题八：关于障碍的排除与避免。①

经典语段赏析

仔细阅读夸美纽斯在《大教学论》中关于教学原则的阐述，可谓是面面俱到、无比丰富、精彩纷呈、具体可依。在他所提出的教学原则要求中，还包含大量丰富的启发性很强的操作指导。如基于教与学中的难题，遵循教育适应自然的思想，运用“自然的榜样”而模仿大自然中的事物的举措，非常具有指导性。夸美纽斯在阐述方式上，或类比一只鸟儿的形成，或一株树木的生长，或太阳照耀大地，或建筑师建造建筑物，或艺术家在画布上作画，或园丁种植树木等，通过“模仿”“偏差”“纠正”三个维度，提出了多种多样的、切实可行的教学要求、教学原则或破解教学问题的方法策略，问题意识强，解决问题的方法细腻，既具有理论指导性，又具有实践操作性，如对学习兴趣、学习意愿或学习志愿的重要性的论述和激发、唤醒策略方法的分析解释，极具可实用性。它启发我们，在教与学的过程中，要想圆满地完成教学目标，必须遵循教学原则，必须恰当合理地运用教学方法，必须讲究教学艺术。正如夸美纽斯在《大教学论》扉页上所强调的那样“《大教学论》它阐明把一切事物教给一切人们的全部艺术”，他还说：“教学艺术所需要的也不是别的，只不过是要把时间、科目和方法巧妙地加以安排而已。”这样，也只有这样，夸美纽斯撰写《大教学论》的初衷才能得以实现。他说：“我们这本《大教学论》的主要目的在于：寻求并找出一种教学的方法，使教员因此可以少教，但是学生可以多学；使学校因此可以少些喧嚣、厌恶和无益的劳苦，多具闲暇、快乐和坚实的进步；并使基督教的社区因此可以减少黑暗、烦恼、倾轧，增加光明、整饬、和平与宁静。”②

在夸美纽斯的《大教学论》中，除了上述博大精深的教育教学思想之外，该书还对怎样进行分科教学的方法进行了论述，包括科学教学法、艺术教学法、语文教学法、道德教育的方法以及灌输虔信的方法等。这些分科教学的具体方法既要符合教学的总要求、总原则，同时，也要遵循各具体学科的教学特点和要求，与总的教学原则之间的关系是见林见木的关系。

① 夸美纽斯. 大教学论[M]. 傅任敢，译. 北京：教育科学出版社，2014：110－123.

② 夸美纽斯. 大教学论[M]. 傅任敢，译. 北京：教育科学出版社，2014：扉页.

第三节 延伸阅读

认真阅读夸美纽斯的代表作《大教学论》,需要至少从三个方面进行延伸阅读,以相互映照、彼此佐证、相得益彰。这三个方面包括:一是《大教学论》中的泛智,二是《大教学论》中的隐喻,三是《大教学论》中的教学。这三者是深入理解夸美纽斯教育学体系和形成研究教育学基本问题的关键要素。

一、《大教学论》中的泛智

夸美纽斯的《大教学论》整本都蕴含着泛智教育思想。泛智教育思想作为夸美纽斯教育理论的核心,连通着他的教育适应自然的教育思想、泛智学校的建设,以及其教学原则和教学方法的建立,对当下教育教学也有着深刻的启示。夸美纽斯在《大教学论》中所贯穿的泛智教育思想具体指的是什么?为什么提出了泛智教育思想?泛智教育思想如何实施?这些是需要深入思考探究的问题。

(一)夸美纽斯泛智教育思想的含义

"所谓'泛智',在夸美纽斯看来,是指广泛的、全面的智慧。而泛智教育则是实现泛智理想的工具。"①夸美纽斯的泛智教育思想可从三个方面理解:一是人人许可受教育。夸美纽斯提倡普及教育,他在《大教学论》中强调:"一切男女儿童都应该进学校……不仅有钱有势的人的子女应该进学校,而且一切城镇乡村的男女儿童,不分富贵贫贱,同样都应该进学校。"②"人人都应受教育"的"人人"指的是谁?夸美纽斯说:"所谓人人,是指一切被派到世上来做演员与观众的人们。"③;二是人人应该受到一种周全的教育。这里的"周全",强调的是人人均须学习一切。"我们应该采取强有力的步骤,使没有一个人在人生的旅途中遇到任何他所完全不知的事,以致对它下不了健全的判断,不能把它纳入正当的用途而犯严重的错误。"④泛智教育,强调的也正是智慧的、周全的和全面的教育;三是人人所受到的教育应该在学校里面受到。夸美纽斯强调人人应该受到一种周全的教育,"并且应该在学校里面受到"⑤,即建设泛智学校。对此,夸美纽斯做了明确的说明,他说:"我们希望有一种智慧的学校,而且是全面智慧的学校,即泛智学校,也就是泛智工场。在那里,人人许可受教育,在那里,可以学习当前和将来生活上所需

---

① 单中惠.外国教育思想史[M].2版.北京:高等教育出版社,2017:65.
② 夸美纽斯.大教学论[M].傅任敢,译.北京:教育科学出版社,2014:33.
③ 夸美纽斯.大教学论[M].傅任敢,译.北京:教育科学出版社,2014:36.
④ 夸美纽斯.大教学论[M].傅任敢,译.北京:教育科学出版社,2014:36.
⑤ 夸美纽斯.大教学论[M].傅任敢,译.北京:教育科学出版社,2014:36.

要的一切学科，并且学得十分完善。”[①]夸美纽斯在《大教学论》副标题或扉页上开宗明义地概括出或标明了他的泛智教育思想，即“把一切事物教给一切人们”。夸美纽斯“有时又把这种泛智教育称作‘周全的教育’，并通过对‘周全的教育’的解释进一步阐明其泛智教育的主张。他强调，周全的教育并非要求‘人人懂得(确切地或深刻地懂得)一切艺术与科学。’”[②]实际上，也没有人能真正做到获得周全的教育。因为人生有涯，知识却无涯。每种科学都是极广泛、极复杂的。“我们应该集中我们的精力，一生一世，在学校里面，……学校是造就人的工场，因为人之所以真正成为人，无疑是由于学校的媒介”[③]。综上所述，泛智教育有三大内涵：一是，教育对象上，强调人人受教育；二是教育内容上，实施百科全书式的教育；三是教育制度上，设置系统的学校体系。

（二）夸美纽斯泛智教育思想的依据

在教育对象上，夸美纽斯强调人人接受教育，主张普及教育。夸美纽斯基于民族主义思想和人的差异性特点，提出了其普及教育的主张。

1. 人具有发展的潜能，知识是经验和教育的结果

为批驳封建社会的血统论和天赋观，夸美纽斯提出“知识、德行与虔信的种子是天生存在我们身体上的”[④]，人人都有实现自我发展的潜能，人是“可教的动物”。此后，洛克、卢梭、爱尔维修等经验主义论者继承发展了这一思想。人的知识是从经验和教育中获得的。对如何获得发展问题，夸美纽斯认为人不是全知万能的神，先天获得知识的潜能需要在后天的经验和教育中得到发展。我们生来就不具有任何具体的知识，只是具有接受知识的潜能或悟性，例如人天生没有语言，与其他人交往就获得了各种语言。

2. 人人需要受教育，不同人需要不同教育

人人需要受教育。愚蠢的人需要教育摆脱愚昧，聪明的人需要教育以摆脱有害的思想，富人需要教育以获得智慧，穷人通过教育以卸下生活的艰难。不同人需要不同的教育。夸美纽斯认为，男女青年受教育的程度和受教育目的不一样，权贵人物和地位低下人家的子女受教育也不一样。权贵家庭的子女受教育是为了成为领袖，地位低下人家的子女受教育是为了聪明、自愿、谨慎地服从，女孩受教育是为了增进家庭幸福。夸美纽斯对不同人受不同教育的具体看法带有历史局限性，但对当前思考不同的人如何接受适合自己的教育的问题，依然具有现实意义。

3. 教育对国家强盛和个体发展的重要作用

夸美纽斯从改造社会和建立国家的角度深刻地论述了教育的社会功能。教育能敦化人的德行，使得社会少些倾轧和黑暗，多些光明和宁静。夸美纽斯在《论天赋才能的培养》中，阐述了有文化教养的民族和没文化教养的民族在生产、生活方面的不同，揭示

---

① 张焕庭. 西方资产阶级教育论著选[M]. 北京：人民教育出版社，1979：42.
② 单中惠. 外国教育思想史[M]. 2版. 北京：高等教育出版社，2017：65.
③ 夸美纽斯. 大教学论[M]. 傅任敢，译. 北京：教育科学出版社，2014：36.
④ 夸美纽斯. 大教学论[M]. 傅任敢，译. 北京：教育科学出版社，2014：22.

了教育对经济的驱动作用,甚至夸美纽斯还谈到了教育对国防建设的重要意义。因此,治国者“不要吝惜一切费用”发展教育。夸美纽斯从人的天赋发展角度论述了教育对个体发展的作用。夸美纽斯认为人都有天赋,而天赋发展到什么程度,取决于其是否接受合理而有效的教育。

(三) 夸美纽斯泛智教育思想的实施

泛智教育思想如何在教育实践中落实,夸美纽斯从学制和课程内容入手,阐述了其实施主张。

1. 在学校教育制度上建立国家统一学制

为实现人人受学校教育的目标,夸美纽斯强调必须建立系统的学校教育体系。夸美纽斯之前,还没有形成系统的国家学校教育体系,夸美纽斯所提出的建立国家统一学制的思想促使教育从非制度化走向了制度化。这主要表现在两个方面:一是国家管理教育。鉴于教育对国家和个体的巨大作用,国家应该重视教育,掌握教育管理的最高权限,不应该把教育的举办权交给教会和其他的社会组织。为了实现国家的教育管理职能,夸美纽斯主张设置督学,由受人尊敬、教学经验丰富、贤明的人担任;二是建立国家学校体系。夸美纽斯基于自然主义教育思想和泛智教育理念,系统论述了国家应建立的学校体系。教育要遵循自然秩序,而大自然有春、夏、秋、冬四季,人的教育要分四个阶段,每阶段分六年。首先是母育学校(0—6 岁)。每个家庭都是一所学校。培养儿童外部感觉能力。其次是国语学校(6—12 岁)。每个村庄设立一所国语学校。培养儿童内部感觉能力。再次是拉丁语学校(12—18 岁)。每所城市设立一所拉丁语学校。培养儿童理解与判断能力。最后是大学(18—24 岁)。每个王国或省设立一所大学学校。培养学生协调性和意志力。

在教育史上,夸美纽斯首次提出前后衔接、统一的学校教育体系,打破了封建教育的等级制限制,阐明了人的发展的有序性和学校系统化的思想,这对近代教育制度的形成具有重要的影响。

2. 在课程内容上主张百科全书式

夸美纽斯主张教育是把一切事物交给一切人们的全部艺术,其中“一切事物”的教育就是要实施“周全”的教育,为实现这一教育理念,他在教育内容上主张百科全书式的课程内容。

夸美纽斯百科全书式的课程内容观是对历史上伟大教育家思想的继承。古希腊时期,亚里士多德倡导自由教育思想,强调学校要开设广泛的自由学科,不能只关注职业知识,自由学科服务于人的高级能力和理性发展;古罗马时期的西塞罗主张雄辩家要具有广博的知识,雄辩家如果没有获得一切重要学科和艺术的知识,就不能成为完备的具有一切优点的雄辩家。古罗马的昆体良系统地探讨了专业知识与广博普通基础知识的关系,强调专业知识要建立在广博文化知识基础上;文艺复兴时期,许多人文主义学者都论述了多方面知识和多方面素养的重要性,尤其是文艺复兴后期英国哲学家培根提出了“泛知识论”的主张,这一思想直接影响了夸美纽斯的“泛智”教育思想。

百科全书式的课程与夸美纽斯的教育目的紧密相连。夸美纽斯将教育目的分为终极目的和现实目的，终极目的是实现永生，现实目的是培养有学问、德行和虔信的人。对应学问、德行和虔信三种素养，百科全书式的课程内容对应知识教育、道德教育和宗教教育。不同教育阶段，夸美纽斯百科全书式教育内容的具体安排见表 3-1。

表 3-1 夸美纽斯不同教育阶段百科全书式教育内容一览

阶段	百科全书课程内容
母育学校（0—6）	自然方面的有天文学、物理、静力学等；行动方面的有算术、几何、音乐和劳动等；语言方面的有语法、修辞、诗歌等
国语学校（6—12岁）	学习算术、几何、音乐、赞美诗、政治、经济学、世界通史、天文、地理以及生产和生活的技能等全方位的知识
拉丁学校（12—18岁）	国语、拉丁语、希腊语、希伯来文、七艺、物理（自然哲学）、地理学、史学、道德神学等
大学学校（18—24岁）	在广博的知识学习基础上，根据学生的天性和国家的需要让学生学习神学、政治、医学等专业

二、《大教学论》中的隐喻

隐喻是在彼类事物的暗示之下感知、体验、想象、理解、谈论此类事物的心理行为、语言行为和文化行为。在教育著作中，教育家为使说明的道理和论证的观点直观化、简洁化，经常把隐喻作为一种重要的研究方法使用。如《论语》中的“举一隅不以三隅反”中的“隅”、《学记》中的“玉不琢，不成器”中的“琢玉”、《理想国》中的“洞穴”、《民主主义与教育》中的“生长”等，都寓意深刻地表达了作者的思想。而夸美纽斯的《大教学论》则是至今隐喻运用最多的教育名著，他研究教育的方法是隐喻法，即类比法，可以说，隐喻是夸美纽斯教育研究的主要方法。

教育学博士高维从隐喻视角对《大教学论》做了通篇分析，发现全书共有 317 个隐喻。他认为：“《大教学论》中的 317 个隐喻，从目标域来看，覆盖五个大类：关于教育目的和作用等的隐喻、关于学校的隐喻、关于教师的隐喻、关于学生的隐喻、关于教学的隐喻。”①这些隐喻主要从自然事物与现象、人类生活中事物、人类及其行为活动三个方面来说明教育问题。用自然类隐喻来说明教育问题的主要有“太阳”“鸟”“种子”“树”“水”等；用人类生活中事物作隐喻来说明教育问题的主要有“钟”“瓶子”“木头”“镜子”等；用人类及其行为活动类作隐喻来说明教育问题的主要有“画画”“种树”“建房屋”等。

夸美纽斯在论述教育目的、教育作用、教育原则、教育方法、教师等方面的问题时都充分地运用了隐喻。在教育目的方面，夸美纽斯用“钟表”的隐喻来说明人的身心和谐发展。他说：“世界上本身就像一座大钟，这座钟有许多转轮和铃子，并组合得很巧妙，全钟的各部分相互依赖，使转动持续与和谐。”②在教育作用的论述中，夸美纽斯用“麦

① 高维，于善萌. 论大教学论中的隐喻[J]. 现代大学教育，2019(2)：36-47.

② 夸美纽斯. 大教学论[M]. 傅任敢，译. 北京：教育科学出版社，2014：18.

子"的隐喻来说明教育对个体成长的作用。他说:"推磨的时候如果不洒下面的原料——麦子,磨石便会磨出声音,磨损,以致经常磨坏一样,一个活泼的心理如果没有正经的事情可做,它便会被无意的、稀奇的和有害的思想所困扰,会自己毁掉自己。"①在教育原则的阐述中,夸美纽斯用"鸟儿"的隐喻来说明教育适应自然的原则。他说:"形成一只鸟儿的时候,自然并不忘记它的头、翅、腿、爪、皮肤,以及任何这种有翅膀生物的重要部分。"②在教师问题的说明中,夸美纽斯用"点上火""点好灯"等来隐喻说明教师的主导作用。

夸美纽斯在《大教学论》中广泛地使用隐喻,既有其优点,也有其不足。多样化、系统化的隐喻运用,能让读者从不同角度直观、简洁地理解教育与实际生活和大自然的关联,从而领会夸美纽斯系统的教育学思想。但是,隐喻毕竟只是一种打比方的方式,只是有助于理解事物本质,但隐喻所使用的本体和喻体毕竟不是同一种事物。因此,隐喻还不能直接揭示事物的本质特征,缺乏研究上的理性和科学性。

三、《大教学论》中的教学

《大教学论》中所蕴含的教学内容、教学原则、教学组织形式、教学方法、教学管理等思想,形成了夸美纽斯比较系统的教学理论体系。教学内容问题在前面已有论述,此处不再细究。该部分主要从夸美纽斯的教学原则、教学组织形式、教学方法等方面的教学思想进行展开。

(一)提出了系统有效的教学原则体系

在《大教学论》中,夸美纽斯从第16章到第19章集中论述了教学的基本原则,但其论述的教学原则内容庞杂、相互交叉,后期学者主要整理出以下几个方面的基本原则。

1. 直观性原则

夸美纽斯是世界上第一个论述直观教学的教育家。夸美纽斯认为一切知识都是从感官的感知开始的,感觉上没有的东西,在理智上也不会有。夸美纽斯主张通过实物和图片进行教学。经过直观而获得的知识是最可靠的,也最易于理解和记忆。因此,直观性原则是教学的一条"金科玉律"。

2. 系统性原则

夸美纽斯认为,秩序存在于自然界和人类的一切活动之中,教学必须循序渐进,系统进行。夸美纽斯反对教育教零碎知识,按自然顺序不能跳跃,应使先行的为随后的铺平道路。他主张教学科目的安排要由易到难,由简到繁,从已知到未知;教学要遵守严格的时间,不能随意打乱计划。

3. 自觉性原则

夸美纽斯认为,强迫儿童学习是违背自然法则的,教学要用一切可能的方法激发学

① 夸美纽斯. 大教学论[M]. 傅任敢,译. 北京:教育科学出版社,2014:25.

② 夸美纽斯. 大教学论[M]. 傅任敢,译. 北京:教育科学出版社,2014:95.

生想知道、想学习的意愿。学校教育要教给孩子尊重知识和知识分子;教学内容和科目要符合儿童的年龄和兴趣;学校要向学生传授实际有用的知识;教师要注意教学方法,使教学富有吸引力;学校要美化环境,使学生得到美的享受,乐于上学。

4. 巩固性原则

夸美纽斯认为,理解是巩固的前提,同时,运用知识也很重要。他把理解性教学比喻成"勾子""夹子",将新知牢固钉在头脑里。为此,学校教育要重视知识理解;要反复练习,加深记忆;要重视复习;特别是要把自己所掌握的知识学会教给别人。

5. 量力性原则

夸美纽斯是教育史上第一个提出量力性原则的教育家。他批评经院主义教育无视儿童接受能力、知识抽象繁多、教育方法死记硬背。强调教学进度与分量应与儿童的接受能力相符合。

(二)第一次系统论证了班级授课制度

为了给学校教学工作以秩序性和组织性,能像一座"钟"那样有序运行,夸美纽斯系统论述了学年制和班级授课制。

1. 学年制

为改变教学计划混乱无序的现象,夸美纽斯提出了学年制。学年制是指所有的公立学校在一年之中只招一次学生,秋季始业,同时开学,同时放假。一年分为四个学季,四次节假日。学校工作按年、月、日安排。学年终了时,学生通过考试,同时升级。

2. 班级授课制

为了克服当时学校中个别教学的弊端,以及为了普及教育,夸美纽斯大力提倡班级授课制。他主张按照儿童年龄和知识水平分成不同班级,每个班级一个教室,由一个教师同时对全班学生进行授课。为每个班级制定统一的教学计划,编写统一的教材,规定统一的作息时间,以统一教学内容和进度。

夸美纽斯认为,班级授课制的优点在于其扩大了教育对象,有利于普及教育,提高教学效率;教师面对众多学生,工作兴趣大增,热情高涨,从而促进教学工作,发挥了教师的主导作用;学生可以一起学习、互相激励、互相帮助,形成集体,能促进学生学习的积极性;为学校教学管理的标准化、制度化提供了可能。缺点在于不利于因材施教;分科课程缺乏生活完整性。

此外,夸美纽斯还系统地阐述了艺术教学法、语文教学法、道德教育的方法、宗教教育的方法等分科教学方法。

总之,夸美纽斯基于泛智的教育思想,运用隐喻的教育研究方法,系统地阐述了教育目的、教育作用、教育原则、教育内容、教育方法、教育管理等教育教学主张,初步形成了教育学研究的基本框架。正因为此,《大教学论》一书的出版标志着教育学开始成为独立学科,夸美纽斯也因此被誉为"教育学之父"。

学习评价

1. 如何理解和认识《大教学论》是“把一切事物教给一切人们的全部艺术”?
2. 如何理解和认识夸美纽斯的“教育适应自然”观?
3. 请摘抄《大教学论》中的部分经典语段,并阐明自己的体会和认识。

阅读参考

1. 夸美纽斯著,傅任敢译:《大教学论》(第 2 版),教育科学出版社,2014。
2. 夸美纽斯著,任钟印译:《大教学论 · 教学法解析》,人民教育出版社,2006。
3. 夸美纽斯著,任宝祥等译:《夸美纽斯教育论著选》,人民教育出版社,2004。
4. 全国十二所重点师范大学:《教育学基础》(第 3 版),教育科学出版社,2014。
5.《教育学原理》编写组:《教育学原理》,高等教育出版社,2019。

第四章

绅士教育的体系:《教育漫话》

内容提要

约翰·洛克,17 世纪英国著名的哲学家、思想家、教育家。《教育漫话》是洛克最具代表性的教育学著作,它由洛克与友人之间针对孩子教育问题的系列书信整理而成,系统展示了洛克绅士教育思想体系的全貌。本章主要介绍了《教育漫话》的成书背景、内容及影响;节选《教育漫话》中的部分经典语段供读者赏析;从教育目的、教育功用、儿童观、教育内容、教学方法等五个方面分析讨论《教育漫话》中洛克的教育思想体系;探讨了洛克的教育思想对我国当前教育实践的启示。

学习目标

1. 通读《教育漫话》,了解其主要内容,领略洛克的绅士教育思想概貌。
2. 分析《教育漫话》中洛克的主要教育理念和观点。
3. 结合《教育漫话》中的相关内容,分析当前的教育实践,探讨其借鉴和启发意义。

第一节 简介及影响

一、作者生平

约翰·洛克(John Locke 1632—1704),英国著名的政治家、思想家、教育家,出生于英格兰的西南部萨墨塞特郡灵顿小镇一个清教徒家庭。[①] 洛克的父亲是一名律师,对其管教比较严格,儿时的洛克对父亲既崇敬又疏离,随着时间的增长,父子感情日益笃厚。14 岁之前,洛克接受的是严格优质的家庭教育。后被送到当时最好的威斯特敏斯特公学接受最为传统的古典教育基础训练。20 岁时,洛克进入牛津大学学习,先后

---

① 赵厚勰,李贤智.外国教育史教程[M].武汉:华中科技大学出版社,2018:129.

获学士学位和硕士学位,后留校任教,主讲希腊语和哲学,直到1665年离开牛津大学。此外,洛克在医学、科学等方面也有较高的造诣,1668年成为皇家协会研究员,1675年获牛津大学医学学士学位。政治上,洛克追随辉格党的创始人沙夫茨伯里伯爵,并担任其家庭私人医生、家庭教师兼秘书。在沙夫茨伯里伯爵因反对当时执政党统治而遭受迫害后,洛克于1684年流亡荷兰,直至1689年英国"光荣革命"后重返祖国,并担任英国高等法院委员。回国后的洛克致力于思考政治问题,并出版了其政治学上的两本著作《人类理解论》和《政府论》。[①] 在《人类理解论》一书中,洛克提出了著名的"白板说",强调人心中没有天赋的原则,人生之初如一块白板,所有的理性和知识都是从后天的经验中而来。[②] 1693年,洛克的教育学著作《教育漫话》问世,书中所提出的绅士教育思想奠定了英国近代教育的思想基础。1700年由于身体健康原因,洛克退休,过着完全隐居的生活,直至1704年与世长辞,享年73岁。

洛克的一生是坎坷的一生,也是辉煌的一生,他堪称人类思想史上里程碑式的人物,在哲学、政治学、教育学、医学等多个学术领域都颇有建树。在哲学上,洛克是不列颠经验主义的开创者,认为人类所有的思想和观念都是感官经验的反映,并提出哲学史上著名的"白板说"。在政治学领域,洛克是第一个系统论述宪政民主政治的学者并提倡"人的自然权利",主张捍卫人的生命、自由和财产权。[③] 洛克的自由主义思想对世界政治的发展起到极大的影响。同时,洛克在《教育漫话》中提出了绅士教育思想,详细勾绘了绅士培养的蓝图,奠定了洛克在世界教育史上的不朽地位。

二、成书背景

关于《教育漫话》一书的思考始于1684年,当时洛克流放荷兰,他在英格兰的朋友乡绅爱德华·克拉克希望他能够在儿子的教育问题上给予指导和帮助。当时洛克有丰富的家庭教师经历,对绅士教育问题思考良久,积累了很多想法,加之远离政治生活的纷扰,思考时间充裕,于是在两人间就开始了长达数年的书信交流。洛克在书信中向克拉克先生全面传授了他的教育心得——培养一个绅士的主要内容和做法,并深受克拉克信赖。其他一些有幸慕名拜读过二人书信的人也对洛克在教育上的真知灼见赞赏不已,于是在洛克回国后一致要求他将书信整理出版。1693年,洛克将有关的书信整理后以《教育漫话》为名出版。此书一经问世,就在教育领域产生了巨大影响,成为英国教育乃至世界教育界的瑰宝。[④] 数百年来,《教育漫话》一书犹如教育学界的一部"神话",不仅影响着英国近现代的教育思想及实践,同时对世界教育的发展亦有着重要影响。

《教育漫话》是洛克最主要的教育论著,虽然洛克也出版有其他的一些教育著作,但影响都没有《教育漫话》深远。就洛克本人来说,他也非常重视《教育漫话》这本书,所以在其出版后,洛克一直在持续地对其进行修正,补充新的内容,以使其更加完善。

---

① 王天一,夏之莲,朱美玉.外国教育史(上)[M].北京:北京师范大学出版社,1993:256.

② 伍德勤,贾艳红,袁强.中外教育简史[M].合肥:安徽大学出版社,2005:342.

③ 高长丰,彭娟.教育名著选读[M].合肥:合肥工业大学出版社,2018:2.

④ 约翰·洛克.教育漫话[M].杨汉麟,译.北京:人民教育出版社,2006:2.

三、主要内容及影响

从总体上看,《教育漫话》是以绅士教育思想为主线,以绅士的培养为主要目的,集体育、德育、智育为一体的教育著作。书中所论及的儿童健康保健、道德的养成、知识与技能的培养等观点,都蕴含着先进的教育思想和理念,语言深入浅出,发人深省,自出版以来就被后人广为流传,至今已被翻译成30多种语言文字,在中国有多个《教育漫话》的中文全译本。

《教育漫话》全书共包括217节,主要分为三个部分:第一部分是第1至30节,主要论述体育教育;第二部分是第31至146节,主要论述德育教育;第三部分是第147至216节,主要论述智育;第217节是结论部分。同时在多个段落中穿插了关于教育目的、作用等的论述。

(一)教育目的

在《教育漫话》一书中,洛克主要考虑的是"年轻绅士的养育"问题,这些绅士通常情况下会继承父辈的财产,要身体健康、有道德、有理智、有教养、有才干。年轻绅士们应该对科学、农业及社会生活怀着广泛而浓厚的兴趣,他们日后会在国家管理事务中发挥作用。洛克的绅士教育思想对当时英国的教育实践产生了较为深远的影响。可以说,直到今天英国的绅士教育理念依然深入人心,这实现了洛克当年的部分目的。洛克认为健康的精神寓于健康的身体之中,只有拥有健康身体的绅士才能对抗挫折、迎接挑战从而获得人生的幸福;高尚的道德品质和良好的教养是绅士最重要的品质;同时绅士也必须具备广博的知识和良好的技能,以上这些构成了绅士教育的主要理论框架。

洛克主张采用家庭教育的方式来培养绅士,由父亲或聘请优秀的家庭教师来承担此任务。洛克从上层阶级的观点出发,认为如果把孩子送到学校,可能会使孩子染上社会的"粗鄙与邪恶",而失去原本的"纯洁"。同时,他认为学校的教学方法呆板,学究气太浓,不适合绅士的培养。可以说,洛克的此种观点是英国贵族重视家庭教育的传统阶级偏见的深刻反映。

(二)体育

《教育漫话》的第一部分是身体健康教育,可见洛克对于儿童身体保健的重视。洛克指出:健康的精神寓于健康的身体,这是人世幸福状态的根本,所以二者缺一不可。洛克有从医经历,同时自己的身体状况不佳,所以非常重视儿童身体保健方法。比如洛克提出儿童不能娇生惯养,这一观点在某种程度上是基于观察穷苦孩子而来。[①] 洛克发现穷人的孩子由于从小所受的照料不周,反而造就了他们比较强壮的体魄。所以,他对年轻绅士的身体健康状况的养成方法相对来说是比较"残酷"的。他提出应该让孩子多呼吸新鲜空气、有足够的运动和睡眠;饮食要清淡,不喝烈性的饮料;穿衣不可过暖和

---

① 弗兰克·M·弗拉纳根.最伟大的教育家[M].卢立涛,安传达,译.上海:华东师范大学出版社,2009:80.

过紧;脚应该习惯于寒冷的水;鞋子的材质要薄以便在水中走路时渗水或漏水。他认为,通过这种严格的身体训练,孩子的身体素质自然会逐步强壮;相反,如果被过多的照顾和保护,儿童的身体健康状况往往不够理想。

可以说,洛克的很多体育教育的意见是针对当时贵族家庭对于孩子的过度保护,娇生惯养的习气而提出。所以洛克比较强调孩子要能吃苦耐劳,从小养成良好的生活习惯,不能间断,这些观点开创了西方教育史上的先例。

(三) 德育

《教育漫话》的第二部分是德育。德育是《教育漫话》中一个最重要的组成部分,此部分的篇幅最长。洛克认为拥有健康的体魄之后,就要使绅士的言行举止符合自己的身份。所以,他指出"一个绅士的各种品性之中,德育是第一位,是最不可缺少的。"①由此可见洛克对德育的重视。

关于德育的主要内容,洛克指出了两个方面:一是理智,二是良好的礼仪。洛克认为:人首先要有理智。如果身体健康的标准是耐苦,那么心理健全的标准就是能忍耐。一个绅士,首先要学会克制自己的欲望,要能用理智去指导自己的行动,而非在自我的欲望下去贸然行事。同时,洛克否认天赋道德的观点,他认为人的行动要以理智为标准,具有克制欲望的能力,这是德育的基础,在当时该观点具有把德行从宗教神学中解放出来的先进意义。② 其次,一个绅士需要拥有良好的礼仪和教养。所谓有礼仪就是不在人前显示自己的优越感,不冒犯和得罪别人,而无礼则表现为在人前忸怩羞怯或行为傲慢不检点。所以,为了使绅士拥有良好的教养,需要消除粗暴、轻蔑、非难、揶揄等不良行为。

关于德育方法,洛克主要强调以下几点:第一,要对儿童进行及早教育。洛克认为,儿童的德行养成要靠及早实践,形成习惯。第二,要宽严相济,奖惩结合。洛克反对溺爱、放纵子女,比如对于儿童"顽梗、跋扈"的哭泣,父母绝对不能允许或妥协,否则会助长孩子的欲望。洛克认为要重视奖励,尤其是精神奖励,同时尽量少用惩罚,反对鞭笞。第三,主张对儿童进行说理教育。洛克认为有效的德育不应该是压制,而是要对孩子晓之以理、动之以情,要温和、镇定、畅晓地进行说理教育。第四,要重视榜样作用。在孩子的成长过程中,父母或导师要以身作则,为孩子树立良好的榜样,同时注重同伴的影响。

(四) 智育

《教育漫话》的第三部分是智育。洛克认为:相对于德育而言,智育是第二位的。他认为一个有德行、有教养的绅士要比掌握了许多脱离实际学问的学者更为可贵。所以洛克指出:"学问是应该有的,但是它应该居于第二位,只能作为辅助更重要的品质之

① 袁锐锷.新编外国教育史纲要[M].广州:广东高等教育出版社,2005:158.

② 袁锐锷.新编外国教育史纲要[M].广州:广东高等教育出版社,2005:159.

用。”[①]洛克关于智育的另外一个观点是认为训练官能、形成学生能力比单纯的知识灌输和填充更为重要，正确思考比掌握知识更有价值。所以，他主张教育要努力发展学生的思维、记忆等智慧品质，而反对消极的死记硬背。

在智育内容上，洛克为未来绅士们所设计的科目比较广泛，其中有语言、阅读、地理、算术、几何、年代学、历史、法律、修辞学、逻辑、自然哲学、写字等。这些内容与生活实践紧密相连，符合新兴学科发展趋势，相对于学校教育来说，洛克所设计的教育内容中神学和古典学科的比例较少，体现了实用性的理念，对于当时的教育实际状况来说，这是一种极大的进步。同时，洛克也比较强调绅士的技艺学习，比如骑马、舞蹈、音乐、手工、绘画、商业计算等。

关于教学方法，洛克要求教师“不是要把世上可以知道的东西全部教给学生，而是使学生爱好知识，尊重知识，在使学生采用正当的方法去求知，去改造他自己”。洛克反对当时学校流行的死记硬背的教学法，认为这样只会把儿童培养成一个古板的学究。具体的方法如下：第一，激发学生的好奇心，培养学生求知欲。鼓励父母不管儿童提出什么问题都要认真回答，引导学生思考，维护其好奇心。第二，要循序渐进，照顾儿童的实际能力。洛克提出要从最简单的知识开始，一次少量地教，这样可以引导学生思考，启发学生悟性。第三，寓教于乐，注重学生学习兴趣的培养。洛克认为，学习应该努力变成一种游戏、一项娱乐，如果学习是一种充满荣耀、快乐的事情，那么学生就会向往求学受教。第四，集中并保持学生的注意力。洛克认为导师的一个巨大技巧就是集中学生的注意力，并设法使其长久。要做到这一点需要导师教学态度温和、有耐心，能够针对不同的教学内容灵活采用不同的教学方法。第五，要多练习。洛克认为，各科知识并不全是通过一门门的书本教材来学习，而主要是通过各种有关的实践活动来求得实际知识。[②] 洛克也提出了年轻绅士要出国旅行，从而增长自己的见识与本领。

《教育漫话》从 1693 年出版，至今已有三百余年的历史，可以说它是近代英美文化的一颗明珠，是近代英美教育学思想的奠基之作。从它问世后，曾经被译为中、法、荷、德、意等 30 余种语言文字，在国际上有重大影响，其后的教育学者都将其作为必读书目。[③] 同时，对于父母而言，这也不啻为一本家庭教育的经典之作。书中没有晦涩难懂的学术概念和理论，语言平实亲切，道理通俗易懂，可以为父母提供很多宝贵而切实可行的育儿建议。

---

① 约翰・洛克. 教育漫话[M]. 杨汉麟，译. 北京：人民教育出版社，2006：142.

② 黄英. 浅谈洛克的智育思想[J]. 法制与社会，2008(7)：234.

③ 黄英. 洛克教育哲学思想研究[D]. 重庆：西南大学，2008：1.

第二节 经典语段

一、上篇:健康教育

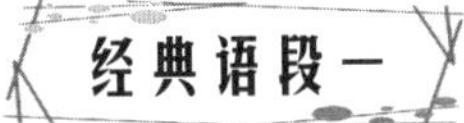

教育的作用及健康教育的意义

对于人世幸福状态的一种简洁而充分的描绘是:健康的精神寓于健康的身体。凡是二者都具备之人就不必再有其他的奢望了,然而一个人的身体与精神中若有一方面存在缺陷,即使功成名就,也绝无幸福可言。人们的幸福或痛苦主要由自己决定。心智颟顸者做事定然找不到正确的途径;身体衰弱者即使有了正确的途径,也决不能获得进展。本人承认,有些人的身心生来就很强健,无需别人的多少帮助;他们凭借天赋之力,自幼便能日臻完善;并依靠与生俱有的优良体质,能够建功立业,创造奇迹。但是此类人实属罕见;我认为,可以这样说:我们日常所见到的人中,他们是行为端庄或品质邪恶,是有用或无能,十分之九都由他们的教育所决定。人与人之所以千差万别,均仰仗教育之功。我们童稚时所得到的印象,哪怕极其微小,乃至无法察觉,都有极重大、极久远的影响,犹如江河的源头,水性异常柔弱,一点点人力便可以影响河流的流向,乃至使河流的方向根本改变;总之,从源头上加以引导,河流就接受了不同的趋向,最后流向十分遥远的地方。①

经典语段二

避免娇生惯养

此处,我所要讨论的健康问题,并非医生对于有病的或体质衰弱的儿童应该怎样救治;而是说,父母对于儿女原本健康,至少是未曾患病的体格,在不借助于医药的情况下应该怎样维护及改进。对于该问题,其实只要短短的一条规则就可以厘清,这就是:绅士们对待儿女应该像诚笃的农夫及殷实的自由民的所作所为一样。然而由于为人母者可能觉得我的方法未免严酷了一点,而为人父者也许又认为我的说法过于简略,所以我打算做些具体说明;只是我有一种普通而准确的观察,供妇女们仔细考虑,这就是大多数儿童的身体都因娇生惯养及溺爱之故而遭到戕贼,至少也受到损伤。

应该当心的第一件事是:无论冬夏,儿童的穿着都不可过暖。我们出生时,面孔的娇嫩并不在身体其他部分之下,后来由于锻炼,才使之能经受风寒。正因为如此,当有个雅典人看见锡西厄的哲人在霜天雪地中竟赤身裸体而大惑不解时,锡西厄哲人的回

① 约翰·洛克.教育漫话[M].杨汉麟,译.北京:人民教育出版社,2006:7.

答是颇为令人玩味的。他说:“冬天寒气袭人,你们的面孔暴露在外,为什么经受得住呢?”那个雅典人说:“我的面孔已经习惯了。”“那么你把我的身体都看作面孔好了。”锡西厄人继续说道。诚然,我们的身体的确是能承受一切的,只要从小养成习惯。①

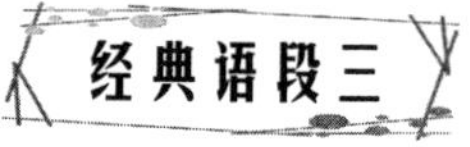

脚的锻炼与冷水浴

我主张让他每天用冷水洗脚;他的鞋子应该做得很薄,遇到须踩水时,水可浸入。说到这里,恐怕无论是主妇还是女仆都会反对我。主妇觉得肮脏不堪,女仆害怕洗涤袜子的麻烦。然而真理却是:孩子的健康较之其他种种考虑都重要,甚至重要百倍。请设想一下吧,那些从小养尊处优的人一旦沾湿了脚,会带来何等麻烦,甚至可能把命搭上,大家那时就会觉得不如和贫民的孩子一道赤脚混大的好;由于从小养成了赤脚习惯,贫苦的孩子即使弄湿了脚,也如同弄湿了手一样,不会伤风,也不会有任何不适。手与脚之间之所以有如此之大的区别,请问除了习惯使然外,难道还有别的原因吗?②

经典语段四

游泳与户外运动

当孩子长到可以学习游泳的年龄而且又有人教他时,他应该学习游泳,这是不必由我在这里多说的。许多人的生命是由于会游泳才得以保全;所以罗马人把掌握游泳技能看得异常重要,甚至将其与文学并列;他们在形容一个人未受到良好教育、百无一用时,喜欢用这样一句谚语:他既不会读书,又不会游泳。

但是游泳除了使他获得一种技能,能应付急需外,又因在炎夏时节,可以使他常常浸泡在冷水中洗浴,对于健康也大有裨益,对此想必是无须我来提倡的了,只有一点应当小心在意,那就是在他运动发热之后,或者是血脉处于亢奋状态时,是决不能贸然下水的。

还有一件事对于每个人尤其是儿童的健康极有好处,这就是要多到户外活动,即使在冬天,也应尽量少烤火。这样,他就习惯于既能忍受寒冷,又不畏惧炎热,既不怕骄阳,也不怵风雨了;若是一个人的身体连冷热晴雨都不能忍受,这样的身体对于他活在世上又有多大帮助呢?若待他长大成人才去着手培养这一习惯,就会为时过晚。这种习惯要尽早培养,逐步养成。③

衣　着

说到女孩子,一件事浮上我的脑海,大家决不可忘记;这就是你的孩子的衣服一定

---

① 约翰·洛克.教育漫话[M].杨汉麟,译.北京:人民教育出版社,2006:8-9.

② 约翰·洛克.教育漫话[M].杨汉麟,译.北京:人民教育出版社,2006:10.

③ 约翰·洛克.教育漫话[M].杨汉麟,译.北京:人民教育出版社,2006:13-14.

不可做得过于紧身,尤其是胸口部分。就让自然(Nature)按照它所认为的最佳方式去塑造形体吧。自然自己的作为远比我们指导它去做的好得多、精确得多。倘若当胎儿在子宫里面时,妇女能按照自己的设想去形成儿女的体态,如同她们生下孩子后去修正他们的体态一样,我们就根本不可能有完善的儿童降生,就像衣着紧绷、束缚过多的儿童很少有优美的身材。

我们的身体之所以需要遮盖,目的是遮羞、保暖、护体,可是由于父母的愚昧或恶习,却将穿衣戴帽在孩子身上移作他用。他们教一个孩子盼望一套新衣,目的是贪图其精巧漂亮;看见小女孩穿了一套新衣,戴了一顶新帽,做母亲的赶紧去叫她几声"我的小皇后"、"我的小公主",教她自我陶醉一番,认为不这样做那哪成呢?这样一来,小孩子衣服还不会穿,却已学会向别人炫耀自己的服装。既然做父母的从小就教子女这样行事,他们长大后岂能不继续炫耀裁缝为他们制作的服装的时髦样式?①

经典语段六

睡眠与卧床

在所有各种显得缠绵、温柔的事情中,没有什么比睡眠更易使儿童沉溺其中。在生活起居中,只有睡眠是儿童可以充分享受的;没有什么比睡眠更能增进儿童的生长与健康。惟一应当成为规范的是,一天24小时之间,究竟哪一部分应当作为他们的睡眠之用;这一问题不难解决,正如常言道:早起成习惯,受益无穷多。如果早起形成习惯,对健康极为有益;一个人若从童年起就养成及时起床的习惯,并驾轻就熟,游刃有余,那么,至他成年之后,他就不会将他生命中最宝贵、最有用的时间浪费在昏睡中及床褥上了。如果儿童必须早起,自然便得早睡,其结果可使他们养成一种习惯,不去涉足那种不健康、不安全的放荡的夜生活;凡是正常安排生活的人很少因放荡淫逸而遭致责难。②

经典语段七

用 药

儿童有点小恙,不用动辄服药、请医生;尤其是万一请来的医生是个多事之徒,他立刻就会在病者的窗台上摆满药瓶、药罐,胃里塞满药丸。其实,与其将孩子交给一个胡乱处置的人,或是一个认为儿童的一般毛病可用除了食物之外的任何东西医治好,或是相信与此类似方法的人,还不如完全任其自然来得安全。无论是从理智或经验考量,我都觉得儿童的娇嫩的身体应尽量少加摆布,除非是在某些个案确实需要,绝对必须的情况下,才另当别论。③

---

① 约翰·洛克.教育漫话[M].杨汉麟,译.北京:人民教育出版社,2006:15,32.
② 约翰·洛克.教育漫话[M].杨汉麟,译.北京:人民教育出版社,2006:22-23.
③ 约翰·洛克.教育漫话[M].杨汉麟,译.北京:人民教育出版社,2006:27.

经典语段八

身体保健的原则

与身体及健康有关的事宜,我这就说完了,总结起来可以归纳为如下几条极易遵守的规则:大量呼吸新鲜空气,经常运动,睡眠充足;食物须清淡,不喝酒或烈性饮料,少用乃至不用药物;衣着不可过暖、过紧,尤其是头、脚要保持凉爽,脚应习惯与冷水接触,不怕暴露在潮湿的环境中。①

二、中篇:道德教育

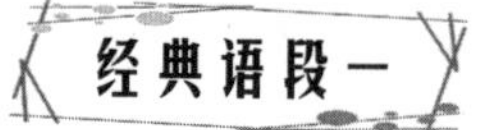

道德教育的意义

一旦身体获得了应有的关注,保持强健兴奋,能服从并执行精神的命令之后,另一个主要问题就是如何使精神保持正常,使之在一切场所的一切行为举止得当,合乎一个理性动物高贵美善的身份。

我在本文开头说过,人们的言谈举止、能力之所以千差万别,较之任何其他事物,教育所起的作用乃是最大的;倘若这种说法如本人所确信,诚然不错的话,我们就有理由提出以下主张:要格外重视儿童的精神的形成,而且须及早形成,这足以影响他们今后一生的生活。因为他们做事或好或坏,随之而来的赞扬或责备便会与其所受的教育相联系;他们如果在某件事上出了差错,人们便要批评,声称那样的结果是符合其所受的教养的。

身体强健主要体现在能吃苦耐劳,精神的强健同样如此。一切德行与价值的重要原则及基础就在这一点上:一个人能抗拒自己的欲望,能够不顾自身的自然倾向而纯粹服从理性最好的指向,尽管与欲望背道而驰。②

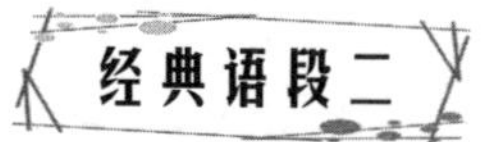

早期教育的意义

据本人观察,人们在教育儿童方面有个重大错误,对一个问题没有给予及时充分的注意;这就是人的精神在最纤弱、最容易支配之时未能使其习惯于遵守纪律,服从理智。接受自然的明智的命令,为人父母者无不爱护自己的子女,但是如果理性不是极为严密地监视这种自然的爱,就容易流于溺爱(fondness)。父母爱护自己的子女,固然是其职责;但是她们常常连子女的过失都呵护有加。诚然,对子女的行为不宜横加干涉,应当允许他们在各项事务上运用自己的意志;而且,由于孩子年龄尚幼,他们也不会做出太出格的坏事,所以做父母的总觉得可以放纵子女的过失而无危险,他们以为孩子任性地

① 约翰·洛克. 教育漫话[M]. 杨汉麟,译. 北京:人民教育出版社,2006:28.

② 约翰·洛克. 教育漫话[M]. 杨汉麟,译. 北京:人民教育出版社,2006:29.

嬉戏打闹是孩子纯真的童年的表现。但是对于一个溺爱子女、对于其恶作剧不去纠正、一味原谅并认为那是无关紧要的小事的父母,梭伦答复得好:“不错,但是习惯却是一件大事啊!”①

经典语段三

教育儿童用理智克服欲望

对于我来说有一件清楚明白的事情是:一切德行(virtue)与美善(excellence)的原则在于,当欲望得不到理性认同时,我们需要具有克制自身欲望得到满足的能力。这种能力的获得及改进依靠习惯,而使之轻松、熟练地发挥则靠早期实践。倘若我的话有人相信,我建议与常规背道而驰,儿童自呱呱坠地时起就应该习惯于克制自己的欲望,做事行动时不要对这种欲望念念不忘。他们应该学会的第一件事是,他们之所以得到某样东西,并非那件东西博得他们青睐,而是因为适合他们获得。如果只提供他们所需之物,他们就决不会哭闹着祈求得到别的什么东西,他们就能学会即使在愿望未得到充分满足时也不贪心,就决不会利用大吵大闹、死缠硬磨的手段去争夺支配权;目前常见的此类儿童的一般情形——于人于己鸡犬不宁的景象,何止会降低一半的烈度,因为他们从最初开始就未曾这样被人对待过。倘若他们从未因表达了自己对某物的强烈欲望而使自己的心愿得到满足,他们就不会哭闹着要求什么,正如他们不会哭闹着去要天上的月亮一样。②

经典语段四

亲子关系

子女年幼时,应该视父母如君主,即具有绝对权力的统治者,以这样的方式去敬畏父母;而一旦到了成熟的年龄,则应当视父母为他们最好的、惟一可信赖的朋友,以这样的方式去热爱与尊敬他们。③

经典语段五

反对惩罚

我们人类的天性倾向于迷恋肉体的与现实的快乐,而极力避免各种程度的痛苦;但体罚不仅不能克服这种倾向,反而会给予鼓励,从而增强其作用于我们身上的力量,那是一切邪恶及生活中反常行为产生之源……有鉴于此,所以我认为儿童无论受到什么惩罚,接受处罚时若对犯错误的羞愧心理不比惧怕痛苦的心情来得重,那么这种惩罚便乏善可陈。④

---

① 约翰·洛克. 教育漫话[M]. 杨汉麟,译. 北京:人民教育出版社,2006:29-30.

② 约翰·洛克. 教育漫话[M]. 杨汉麟,译. 北京:人民教育出版社,2006:34-35.

③ 约翰·洛克. 教育漫话[M]. 杨汉麟,译. 北京:人民教育出版社,2006:37.

④ 约翰·洛克. 教育漫话[M]. 杨汉麟,译. 北京:人民教育出版社,2006:40.

经典语段六

对儿童管教的方法、措施

倘若你要他做点分内之事，便以金钱去酬劳；或见他温习了课本，便拿少许甘美的食物去奖励；要他完成一些小小的作业，便许诺以镶嵌花边的颈巾或漂亮的新衣回报；那么，这种种酬报岂不意味着他应以这些心仪之物作为目标，鼓励他去向往乃至习惯于将自己的快乐立于其中吗？人们为了使儿童努力学习文法、舞蹈以及其他诸如此类的对于他们生活的幸福或利益无关紧要的东西，便乱用奖励与惩罚，从而牺牲了他们的德行，颠倒了他们教育的秩序，教他们去爱奢侈、骄傲、贪婪。①

经典语段七

称赞与奖励儿童

儿童对于称赞与奖励——也许比我们所想到的还要早一些——就极其敏感的。他们感到被别人称赞及得到好评，尤其是被父母及自己依赖的人看得起，是一种快乐。所以做父亲的若看见子女行为端庄，便予以爱抚及赞扬；若看见子女行为不轨，便显出冷若冰霜及不屑理会的神色；同时母亲及儿童周边的人也都用同样的态度去对待他们，这样，无需多久，儿童就会感到其中的差异；这种方法如能坚持贯彻下去，我毫不怀疑其功效一定比威胁或鞭挞要大得多，威胁或鞭挞一旦用得太多就会丧失震慑力，当羞耻之心未随之产生，就毫无用处；因此除了以后所说的万不得已的情形以外，是应该禁止，决不采用的。②

经典语段八

怎样去责备或赞扬孩子

在儿童犯有过失时，斥责和呵斥有时难以避免，但这样做时不但用语应严肃认真，不受情绪支配，而且应当背着别人私下进行；至于儿童应受赞扬时，则应当着众人去得到。③

经典语段九

通过练习培养习惯

但是请你务必记住，儿童绝非用规则就可以教好，规则迟早是会被他们忘掉的。倘若你感到他们有什么必做之事，你便应该利用一切机会，甚至在可能的时候创造机会，为他们提供一种不可缺少的练习，使之在他们身上固定。这样就可以使他们养成一种

---

① 约翰·洛克. 教育漫话[M]. 杨汉麟，译. 北京：人民教育出版社，2006：42.
② 约翰·洛克. 教育漫话[M]. 杨汉麟，译. 北京：人民教育出版社，2006：44.
③ 约翰·洛克. 教育漫话[M]. 杨汉麟，译. 北京：人民教育出版社，2006：46.

习惯,有关习惯一旦培养成功,便无需借助记忆,轻易自然地就能发生作用了。①

经典语段十

矫柔造作的弊端

凡是豁达开朗,对自身投手举足控制自如,既不浅陋狭隘,也不孤高傲慢,亦未曾沾染任何重大瑕疵的心灵,总会对他人产生吸附作用……与此相反,矫揉造作是对本应纯真轻松表现行为的一种丑陋而勉强的模仿,缺乏那种追随自然的美;因为凡是矫揉造作发生之处,外表的行为与内在的心境总是不相符的。②

经典语段十一

家庭教师的作用

我相信,凡是家里请得起教师的人,则雇来的教师较之学校里的任何人必定能使其子举止更为优雅、更具阳刚之气,同时在什么是有价值、什么是合适的观念上,使其子更有分寸感,教师在教他儿子学习作交易及尽早成人方面较之学校能做的必定更为精通。③

经典语段十二

父母应为子女树立榜样

现在我还要向做父母的进一言,就是如果谁希望自己的儿子尊重他以及他下达的命令,他自己便应尊重他的儿子。正所谓:最大的尊重应属于儿童。

你不愿意他去效法之事,你自己便决不可当着他的面去做。假若某件事情,他做了你认为是一种过错,而你自己却不小心照做不误,那么,他便必定会以你的榜样作为掩饰的口实,那时你再想用正当的方法去纠正他的错误就非易事。④

经典语段十三

礼 仪

礼仪是在他的一切其他美德之上加上的一层光泽,使之具有效用,去为他获得一切与他接近的人的尊重与好感。缺乏良好的礼仪,其余一切成就都会被人看成骄矜、自负、徒然与愚蠢。⑤

---

① 约翰·洛克.教育漫话[M].杨汉麟,译.北京:人民教育出版社,2006:49.
② 约翰·洛克.教育漫话[M].杨汉麟,译.北京:人民教育出版社,2006:51.
③ 约翰·洛克.教育漫话[M].杨汉麟,译.北京:人民教育出版社,2006:58-59.
④ 约翰·洛克.教育漫话[M].杨汉麟,译.北京:人民教育出版社,2006:62.
⑤ 约翰·洛克.教育漫话[M].杨汉麟,译.北京:人民教育出版社,2006:80-81.

经典语段十四

教师应具备的条件及其地位与作用

对于人世的惟一防备，就是彻底掌握有关世界的知识；一个年轻绅士应在他的能力承受范围内逐步走进世间；而且越早越好，那样他就会置身在安全的、技艺高超的掌控中，得到切实的指导。场景的大幕应当徐徐拉开，他的入场应该一步一步地走去，他的身边充斥从各种地位、各种气质、各种图谋以及各种团体的人那里所发出的危险，对此亦应加以指点。他应准备遭受一部分人的打击，获得另一部分人的庇护；应该提醒他，什么人会反对他，什么人会欺骗他，什么人会陷害他，什么人才会为他效力。他应受到教导，知道如何去认识及分辨他们；何时应当让他们看见，何时对于别人及其目的、图谋要佯装不知。倘若他过于相信自己的力量与本领，事事出头，轻率冒进，那么，让他间或经受一些挫折，遭遇一些麻烦，只要不致损伤他的清白、健康或名誉，也不失为教他处事小心、更加谨慎的一个良方。①

经典语段十五

怎样对待儿童的好奇心

儿童的好奇心是一种追求知识的热望，因此应加以鼓励，这不仅因为它是一种令人欣慰的迹象，而且因为这是自然为他们提供的扫除天生愚昧的优良工具。如果缺乏这种急切的求知欲，无知就会将他们变成呆滞无用的动物。②

经典语段十六

绅士应具备的四种品质

每个绅士（凡是关心儿子教育的绅士）希望为其子所做之事，除了留给他家产外，包括在（我假定的）以下四种品质的培养上，即德行、智慧、教养和学问。

德行：在一个人或者一位绅士应具备的各种品性之中，我将德行放在首位，视之为最必需的品性；他要有存在价值，受到敬爱，被他人接受或容忍，德行乃是绝对不可缺少的。缺乏德行，无论是在阳世还是在阴间，我认为他都是毫无幸福可言。

智慧：我将智慧理解为：一个人在世上处理其个人事务时精明强干并富于远见。这是善良天性、心智专一和经验结合的产物，故非儿童所能企及。

教养：一个绅士的第二种美德是良好的教养（breeding）。不良教养在行为举止上有两种表现：一种是忸怩羞怯，另一种是轻狂放肆。要避免这两种情况就须恪守一条规则，即：不可轻视自己，也不要藐视他人。③

---

① 约翰·洛克. 教育漫话[M]. 杨汉麟，译. 北京：人民教育出版社，2006：85.

② 约翰·洛克. 教育漫话[M]. 杨汉麟，译. 北京：人民教育出版社，2006：116.

③ 约翰·洛克. 教育漫话[M]. 杨汉麟，译. 北京：人民教育出版社，2006：128－132.

三、下篇:知识与技能教育

经典语段一

学问在教育中的地位

你也许会觉得奇怪,为何我将学问放在最后,假若我告诉你,我认为学问最不重要,你是更会觉得难解了。这从一个书呆子口里说出来是稀奇的;通常大家为儿童殚精竭虑的即使不全是学问,但主要是学问,人们谈到教育时,所想到的几乎也只是有学问一件事,所以我的上述说法就更显得是一种反论了。人们为了一点拉丁语与希腊语,不知道遭了多少罪,耗费了多少年的光阴,无端地弄出了多少吵嚷与忙碌,每忆及此,我就禁不住想到,儿童的父母还在依靠学校教师的教鞭的威慑,他们把教鞭看做教育的惟一工具,好像掌握一两种语言就是教育的全部事务。人们认为,一个儿童在他最好的年岁里拿出七八年乃至上十年的功夫去刻苦向学,以求掌握一两种语言,这是必要和可能的;我却认为,儿童所花的劳苦与时间可以大打折扣,难道它们不是几乎都可以从游戏里面学到吗?①

经典语段二

关于读书、写字和学问

读书、写字和学问,我也认为是必需的,但却不应成为主要的工作。我想,如果有人竟然不知道将一个德者或者智者看得远比一个大学者更为可贵,你也会觉得他是一个愚不可及之人。我并不否认,对于心智健全的人来说,学问对于辅佐德行与智慧都极有帮助,然而同时我们也得承认,对心智不是那么健全的人来说,学问就徒然使他们更加愚蠢,乃致沦落。我说这些话的意思,是要你在考虑令郎的教养,为他寻求一个教员或教师的时候,不可只是一心想着拉丁语和逻辑。学问固然不可少,但应居于第二位,只能作为辅助更重要的品质之用。你应寻找一个知道如何去小心地形成他的风度的人;务必将孩子交到这样的人的手上,他能尽量保持令郎的纯真,珍惜并培植其优点,温和地改正与消除其任何不良倾向,视之养成良好的习惯。这才是问题肯綮之所在,只要作如此安排,我想学问不仅可以去追求,而且可用我们能够想到的办法去获取,且收事半功倍之效。②

经典语段三

如何诱导儿童学习

当他到了能够说话的时候,他就应该开始学习阅读。但是与此有关,我又要提到一件大家极易遗忘之事,再来叮嘱一下。这就是,你应该极力注意,决不可把读书当作他

---

① 约翰·洛克.教育漫话[M].杨汉麟,译.北京:人民教育出版社,2006:141.

② 约翰·洛克.教育漫话[M].杨汉麟,译.北京:人民教育出版社,2006:142.

的一种工作，也不可使他把读书看成一项任务。我已经说过，我们甚至从摇篮时代起就是自然而然地爱好自由的，所以我们对于许多事情之所以感到憎恶，不为别的，只因那些事情均系强加于我们之故。我常发一种奇想：学习可以变成儿童的一种游戏、一项娱乐；觉得如果学习被儿童当成一件充满荣耀、名誉、快乐及娱乐意味的事情，或是把它当成作了某事的奖励；假如他们从未因为忽略了求学就受到责备或惩罚，他们是会向往求学受教的。①

经典语段四

关于阅读

关于学习阅读，我说的已经很多，就是不要强迫他学习，也不要因此责备他；你要尽你可能地诱导他去阅读，但是不可将此作为他的一种任务。在儿童可以阅读之前，你宁可让他迟一年学会读书，不可使他因此对学习产生憎恶心理。如果你要与他辩驳，应局限于那些急切的、关系真理与善良的事情上面；但是不能把 ABC 当作任务强加于他。应该利用你的技巧，使其意志变柔顺，服从理智。你应教他爱好信用与赞誉；害怕被别人误解或小觑，尤其怕被你和他的母亲看不起，然后，其余一切都可轻而易举地发生作用了。不过，我觉得，如果你打算那样做，你就不可在无关紧要的事情上面定下许多规则，对他加以束缚，也不可为他的每一个微不足道的过错，或可能别人以为是大的过失，就去责备他；但是关于这一问题，我已说得够多了。②

经典语段五

对外语学习的意见

一到他能说英语的时候，他就应该学习别种语言。如果建议儿童去学的别种语言是法语，那是不会引起任何人的疑虑的。其理由是，一般人习惯于教授法语的正确方法，这就是经常用法语与儿童交谈，而不是诉诸语法规则。如果常和儿童在一起的教师只与他说拉丁语，也只准他用拉丁语回答问题，那么，他的拉丁语一定也同样地容易学好。不过由于法语是一种时下流行的语言，更多地用在口语中，故应先学，可在儿童发音器官还很柔弱时开始，以使它能对那些规范的声音构成十分熟悉，从而养成法语发音纯正的习惯，这是耽搁愈久就愈不容易做到的。③

经典语段六

教师的合理教学方法及技巧

教师的突出技巧在于集中并且保持学生的注意；一旦办到之后，他就可以在学生能力所及的范围内向前推进；如果他不能集中并保持学生的注意，他的所有忙乱辛劳就会

---

① 约翰·洛克. 教育漫话[M]. 杨汉麟，译. 北京：人民教育出版社，2006：142－143.

② 约翰·洛克. 教育漫话[M]. 杨汉麟，译. 北京：人民教育出版社，2006：146.

③ 约翰·洛克. 教育漫话[M]. 杨汉麟，译. 北京：人民教育出版社，2006：152.

是无的放矢。为了达到此目的,他应该使儿童理解(尽其所能地理解)他所教授的东西的用途,应该让儿童知道,利用他所学过的知识,他就能够做出以前所不能做的事情了;这种事情能给他以力量,使他具有真正的优势,凌驾于对此一无所知者之上。此外,教师在他的一切教导中,还要显得和蔼可亲;他可通过谦和的举止,使儿童知道教师是爱他的,他的良苦用心只是为了自己好,这是在儿童身上激发爱心,使之一心向学,热爱教师教导的惟一方法。①

经典语段七

一般文化课的设置及学习方法

算术是心理通常所具有,或习惯于使自身具有的抽象推理的最简单,因而自然是位居第一的类型,它在日常生活、事务的各个部分用途甚广,缺少了它,几乎任何事情都休想办成。诚然,一个人在算术方面不可能懂得过多,也不可能过分完善;所以一旦他具备了计数能力,就应立刻去练习计数;他每天都应进行这种练习,直到掌握了数的技术。当他懂得了加法与减法时,他可以进一步去学习地理,等到他把两极、带、平行圈与子午线弄明白之后,就可教他了解经度及纬度,并使他从经纬度去学会使用地图,从地图两侧的数目字去了解各个国家的位置,并学会在地球仪上找出那些国家。②

经典语段八

关于历史学习

最能给人教训的是历史,最能使人得到愉快的也是历史。由于它能给人教益,故应由成人去研究;因为它能给人愉悦,所以我觉得它最适合于一个少年去学习;一旦他学过了年代学,知道了本地所经历的几个时代,而又能将其变成儒略历以后,他就应该去学一点拉丁语的历史了。选择的时候要以文体平易为准;无论他从什么地方读起,借助于年代学,他的阅读可以避免杂乱无章,此外,题材有乐趣,就会吸引他去读,在不知不觉之中就将语言学到家,不至于像一般儿童那样,因为要去阅读他们的力所不及的书籍,诸如罗马演说家和诗人的作品等(其目的只是为了学习罗马语言),而大伤其神,乃致焦头烂额。当他读过并通晓了较易理解的作家的作品,然后再去阅读稍难理解的作家作品就不会有太大的麻烦;这样从文体最简明、最易解的历史学家渐渐读去,最后最深邃、最超脱的拉丁语作家的作品,诸如西塞罗(Tully)、威吉尔(Virgil)和荷拉斯(Horace)等人的作品,也都不在话下了。③

---

① 约翰·洛克.教育漫话[M].杨汉麟,译.北京:人民教育出版社,2006:158.
② 约翰·洛克.教育漫话[M].杨汉麟,译.北京:人民教育出版社,2006:172.
③ 约翰·洛克.教育漫话[M].杨汉麟,译.北京:人民教育出版社,2006:174-175.

经典语段九

关于法律学习

如果有人认为一个英国绅士不必懂得他本国的法律，这恐怕是一种奇谈怪论。一个绅士无论身在何处，法律都是须臾不可或缺的，从一个保安官一直到政府部长，我知道没有一个地方的人缺少了它会感到踏实。我的意思并不是指法律里面的奸诈或争论与吹毛求疵的部分；一个绅士的职责是寻求是非的真实尺度，而不在于掌握避免干某事、而在另一事上获得回报的技巧；当他在为国服务问题上劳神费力时，他决不应该这样去研究法律。为了这个目的，我认为一个不拟以法律为业的绅士研究我们法律的正确途径是：去浏览一下我们英国宪法以及古书上不成文法中关于政府的论述，以及比较接近现代的某些作家的作品，去从中了解这个政府。一旦他对此获得了一个正确的观念，他就可以去读英国史，在历史上的每个王朝都要加上当时制定的法律。这种做法可以揭示我们英国各种法令的原委、制定法令的真实依据及其应有的分量。①

经典语段十

口头及书面语言能力的培养

迄今人们取得共识的一点是，一旦儿童具有讲故事的能力时，也许应不失时宜地令其实践，通常要他们讲述他们知道的故事；开始阶段，在故事情节联结的方式上，要帮助他们克服其中最明显的错误。等到改正后，再将次要的错误告诉他们，这样一个个地更正，务使所有的错误，至少是大错误，均予改正为止。当他们已能相当流利地说故事时，你可以要他们将故事写出来。《伊索寓言》是我所知道的几乎惟一适合儿童之用的一本书，这本书就可以提供材料，供他们去做此类英语写作的练习，这种作用正同它在帮助儿童学习拉丁语时，可供他们阅读与翻译一样。一旦他们文法上的错误已经消除，能够将一个故事的若干情节组合成一篇连续的、前后呼应的文字，而不在过渡之处显得突兀、不自然（这种情况是经常发生的），那时如果有人希望他们在这种勿需搜索枯肠、就能出口成章的第一步功夫上面更上一层楼，他可以向西塞罗求助，在西塞罗的第一本书《论创造》(De Inventine)的第 20 节中，有一些关于掌握雄辩才能的规则，可以根据几个主题与构思，将这些规则付诸实践，使他们由此懂得，一个完美的叙事，其技巧及优雅究竟何在。从这些规则的任何一条中都可以找出恰当的例子，向他们显示其他人是怎样实践的。古代的经典作家提供了许多此类范例，这些范例不仅可用于翻译，而且应放在他们面前，作为日常效法的榜样。②

经典语段十一

儿童须掌握的研究方法

据说，次序与恒心是使得人与人产生重要区别的原因；我对此深信不疑，没有何物

① 约翰·洛克. 教育漫话[M]. 杨汉麟，译. 北京：人民教育出版社，2006：176.

② 约翰·洛克. 教育漫话[M]. 杨汉麟，译. 北京：人民教育出版社，2006：178－179.

比良好的方法更能为学者清扫道路，帮助他前进，使他在从事探索时，行进得如此便捷、如此深入。他的教师应努力使他明白这层道理，使他习惯于遵守次序，应在所有运用思想的场合，教之以方法；向他显示，方法何在，其优点是什么；使他熟知若干种类的方法，既要知道从一般到特殊的方法，也要知道从特殊到比较一般的方法；应使他在二者上均得到练习，使他懂得根据具体情况而采用相应的合适方法，以便最好地为所要达到的目的服务。

在历史研究中，时间的次序居于主导地位，在哲学探究上，自然的次序则应居于主导地位，在一切进展中，自然的次序是从某物当时所在地向周边结合处推进；在心理方面也是一样，应从心理已有的知识入手，进而探求与其相邻相关的知识，这样延续下去，使之从事物的最简单、最基本、可以分解的部分出发，去达到它的目的。就此目的而言，如果能使学生习惯于对已有事物仔细地加以甄别，亦即具有清晰的观念，无论置身何处，其心理都能找出事物真正的区别所在，这对他将是极有用处的；然而，凡是在他尚未具备清晰的观念或尚未具备各自有别的清楚观念之处，他应该小心地避免从术语上去加以区分。①

经典语段十二

结束语

我对于教育所持的明确的意见，现在要宣告结束了，不过我不愿意大家认为我把这些文字看成一篇讨论教育题材的恰切论文。教育上需要考虑的事情还有成百上千件；尤其是当你考虑到儿童的各种不同气质、倾向、过失，要去给予合适的医治时，更是如此。事情实在太复杂，要一本书才能写完；其实一本书也还不够。每个人的心理都与他的面孔一样，各有一些特色，使之与他人区别开来；我们很难找到两个能用完全相同的方法去进行教导的儿童。此外，我认为一个王子、一个贵族，以及一个普通绅士子弟，其教养方式也应当彼此有别。但是我在这里所提到的只是针对教育的主要结果、目的，提出若干仅供参考的一般意见，这些议论原是为一位绅士的儿子而发的，那时这位绅士的儿子年龄很小，我只把他看成是一张白纸或一块蜡，可以随心所欲地描画或铸造成时髦的式样；我所提到的差不多全是这种年轻绅士的教养所必需的项目；我现在将这些偶然的想法公诸于世，同时怀有这种希望，即本文虽然远谈不上是一篇完善的教育论文，它也不能使得每个人都从中获得正好适合于其孩子的方法，但是本文能给予那些对自己珍爱的小孩子关怀备至的人以若干启示，使他们在教育子女问题上格外有勇气，宁可服从自己的理智，冒些风险，而不是完全地服从古老的习俗。②

---

① 约翰·洛克. 教育漫话[M]. 杨汉麟，译. 北京：人民教育出版社，2006：189.

② 约翰·洛克. 教育漫话[M]. 杨汉麟，译. 北京：人民教育出版社，2006：203.

第三节 讨论与分享

《教育漫话》是由洛克写给友人关于其子女教育问题的系列书信整理而来，主题内容是论述“绅士的培养问题”，其教育对象是刚夺得政权的英国资产阶级和新贵族的子弟。全书以一种比较随意的漫谈的形式展示洛克的教育思想，无论是对当时英国的教育实践还是对其后世界教育的发展都有重要的影响和指导意义，值得我们进行深入学习和探讨。

一、教育目的——绅士的培养

《教育漫话》的主题是“绅士教育”，可以说绅士教育是欧洲文艺复兴时期兴起的代表新兴资产阶级的教育观，它以上层社会子弟为教育对象。① 这些绅士既要有绅士风度，能活跃在上流社会圈和政治舞台，同时又要有事业家的开拓精神和实干才能。洛克认为“绅士”必须是“有德行、有用、能干”的人，他们都拥有四种基本特质和素质“德行、智慧、礼仪、学问”。这些思想是当时英国贵族阶级对下一代的要求和期望。这些绅士将是英国社会未来的统治者和中流砥柱，在经济上应该能够尽力增强祖国的经济实力，政治上能有效地从事国家领导和管理活动，同时还能勇敢地开拓国家的海外势力。②所以他们的德行必须符合上层统治阶级的要求和价值倾向；在各种社会场所都能保持得体的礼仪，展示良好的教养；能够具有开拓资本主义事业的能力和才干。

洛克主张，绅士的培养必须在家里由父亲或者聘请优良的家庭教师来进行。同时，洛克认为要对导师进行严格筛选，导师自己首先要有良好的教养，懂得为人处事，有智慧、有德行。但是，在洛克的观念中，教师并不是有较高社会地位的人，他们只是贵族阶级聘用来照顾小绅士的人。他反对把孩子送到文法学校去，因为学校充斥着“粗野与邪恶”，孩子们到学校去就会被“传染”而失去“纯洁”。洛克对文法学校的观点尚且如此，可想而知，洛克对于一般的学校的态度如何。同时洛克也反对孩子与“没有教养和德行”的仆人过多接触，以免学到一些陋习。洛克的这一观点，反映了英国贵族阶级过于重视家庭教育的偏见，具有时代的局限性。从现在的观点来看，洛克的这一观点显然有些难以立足，因此在体味书中的精华思想之时，我们也要学会对其中的一些过时的、不当的观点进行区分。

二、教育的功能与作用

在政治和哲学观上，洛克继承和发展了培根的唯物主义经验论，认为人对外界的感觉和经验是人类认识的巨大源泉，并在其著作《人类理解论》一书中旗帜鲜明地提出“白

① 约翰·洛克. 教育漫话[M]. 杨汉麟，译. 北京：人民教育出版社，2006：2.

② 黄英. 洛克教育哲学思想研究[D]. 重庆：西南大学，2008：11.

板说”。[①] 他认为人心中没有天赋的原则,人生之初,心灵如一块白板,所有的理性和知识都是从后天的经验中来。洛克对天赋论的批判,是对经院哲学和唯心主义先验论的沉重打击。洛克还认为,认识的来源除了外部经验外还有内部的经验,两者同时并存,共同构成认识的源泉,这体现出唯心主义的倾向性,这也是他本人唯物主义思想不彻底的体现。

洛克从反对天赋观念的“白板说”出发,论述教育在人的发展中的作用。洛克认为人的好坏和差异,十分之九都是由于其所受的教育决定的,充分肯定了教育在人的发展中的重要功能和作用。[②] 从广义的教育的范畴来理解,洛克的这一观点是正确的,比当时封建社会所奉行人的发展由遗传决定的观点有很大的进步之处,同时也超越了唯心主义“天赋观念”的教育主张。在强调教育在人的发展中的重要性的同时,洛克也非常重视教育的社会功能。洛克认为:国家的幸福和繁荣也靠儿童具有良好的教育。由此看来,洛克对于教育的个人和社会发展功能都给予了充分的肯定。当然,由于洛克本人所生活的时代和所处的社会立场影响,洛克关于教育功能的认识,都与其资产阶级观念和政治立场密切相关。

洛克对于教育功能的重视是值得后人学习的,但是同时,洛克没有关注到教育与遗传、环境以及社会发展状况之间的辩证关系,过于片面地强调了教育的作用,这应当引起我们注意。人的发展应该是教育、遗传、环境、个体主观能动性等多方面因素共同影响作用的结果,并非绝对是由某一种因素影响的产物。

三、儿童观

儿童观是对儿童的基本观点和认识,它直接影响着人们对儿童的教育和管理行为,因为人的行动总是受观念的影响和支配的。洛克的儿童观概括起来有以下几点:第一,儿童是有自主性的人。洛克认为,在学习中应该调动孩子的学习自主性,决不可把读书当作他的一种工作,也不可使他把读书看成一项任务。[③] 他认为,人生来就是向往自由的,所以不可以将学习作为一种强制性的任务施加给儿童,那样容易引起儿童的反感,只有调动儿童的学习自主性,才能取得较好的效果。第二,儿童是有理性的人。洛克指出:儿童一到懂话的时候就懂得道理了,而且他们希望被人看作理性的动物,比我们所想象到的年岁还要早。所以,我们应该把儿童当作有自我思想的人去对待,在教育过程中要尊重儿童,用说理的方法进行,而非一味惩罚和鞭笞。第三,儿童是有潜能的人。洛克认为人是有发展潜能的,并且人和人之间是存在个体性差异的。洛克指出:人与生俱来就有几乎能做一切事情的才能,这超乎我们想象,但是只有经过后天的教育和锻炼,这些潜在的能力才可转化为现实。

---

① 伍德勤,贾艳红,袁强.中外教育简史[M].合肥:安徽大学出版社,2005:342.

② 约翰·洛克.教育漫话[M].杨汉麟,译.北京:人民教育出版社,2006:7.

③ 约翰·洛克.教育漫话[M].杨汉麟,译.北京:人民教育出版社,2006:142.

四、教育内容

在绅士培养的内容上，洛克首次把教育内容的三个重要组成部分德、智、体做了明确的区分，并且尤其强调德育的重要性，这一观点在洛克所处的时代来看是极具先进性的。可以说，洛克关于绅士教育的内容选择，体现着全面发展的理念，对于年轻一代的培养具有较好的现实指导意义。

《教育漫话》开篇所谈的问题是体育，可见身体健康教育在绅士教育体系中的重要地位。洛克认为"健康精神寓于健康之身体"，一个绅士的体格必须强健，可以随时拿起武器，身先士卒，保卫国家。洛克是西方教育史上第一个提出并制定了具有实际意义的体育理论和绅士健康教育计划的教育家。洛克的体育教育思想和主张，为英国体育和保健制度的发展奠定了坚实的理论基础。虽然洛克身处社会上层阶级，同时绅士教育的对象也是贵族子弟，但是洛克的体育教育理念却渗透着普通阶层培养孩子体能的方法。因为洛克认为，上层阶级对于孩子的过度保护和溺爱，导致未来的绅士们身体不够强壮，抵抗力较差。他通过观察认为，社会底层人民对于孩子较为粗放的照顾方法反而塑造了年轻一代较为强壮的体格。所以，他大胆将此培养方法引入绅士教育体系，提出一套比较系统的绅士体育训练计划，其核心思想是培养孩子"忍耐劳苦"的精神，反对娇生惯养，主张身体锻炼要及早进行。

德育方面，洛克从个人利益和个人幸福的原则出发，论述了培养绅士具有坚毅的精神、良好的教养和高尚的德行的重要性。他认为德行在绅士所应具备的各种品性中应该居于首位，如果一个人道德不良，那么其他的品质都显得黯然失色。这一点与我国当前全面发展教育中所奉行的"五育德为先"的观念是高度吻合的。就德育内容来讲，洛克认为青年绅士应具有理智、智慧、礼仪、勇敢等品德，而且应从小培养。在绅士的德行培养上最重要的应该使他学会用理智去克服自己的欲望，不溺爱、放纵儿童，要坚决对其无理的要求和不良嗜好说"不"，这些主张对于当前学校德育的实施和家庭教育的进行都具有很好的借鉴意义，值得广大教师和家长细细体味。

洛克的智育包括了学问、知识以及技艺课业等方面的学习问题。洛克认为与德育相比，学问居于次要地位，它只是一种辅助品质。因为对于品德高尚之人，学问可以帮助其实现更有意义的价值，增强正能量。然而，对于品性不端之人，拥有学问和技能则会增加其危害性，使他变得更坏。洛克坚决主张，智育的目的不仅仅在于传授知识，更重要的是借以发展儿童各方面的能力，这是"形式教育论"的典型观点。所以在传授知识的同时，训练学生的思维、培养理解力和判断力是非常重要的。为了培养学生的学问和技能，洛克设置了比较宽泛的课程内容体系，包括阅读、书写、绘画、语言、文法、地理、历史、自然哲学、几何、算术、天文、写作、年代学、伦理学、逻辑学、神学、修辞学、法律、速记、拉丁文、希腊文、法文、跳舞、音乐、骑马、击剑等。此外，还要学习木工、园艺、农业等手艺。① 另外，与封建教育计划不同的是，洛克的智育内容体系具有较强的实用性。洛克认为绅士应该学习实用的知识，以帮助他处理各种事务。洛克关于让学生学习实用

---

① 黄英.洛克教育哲学思想研究[D].重庆:西南大学,2008:22－23.

该主张促进了西方教育内容由“烦琐哲学”到“实用主义”的转变。

五、教学方法

洛克在《教育漫话》中所提及的一些教育教学方法无论在当时还是在当代,都是值得我们借鉴学习的。归纳起来有以下几点:第一,提倡早期教育。洛克认为对于孩子的教育,无论是道德上还是在体能和学问上,都应该及早进行。他指出:我们幼稚时期所得到的印象,哪怕极其微小,乃至无法察觉,都有极重大且深远的影响,犹如江河的源头,水性异常柔弱,一点点人力便可使河流的方向根本改变。① 当然,早期教育固然重要,但也要注意遵循儿童的身心发展顺序和特点,洛克在这一点也有所论及。第二,要循序渐进。洛克主张对于知识的学习要遵循其逻辑顺序,由浅入深、由易到难进行。他认为:次序与恒心是使得人与人产生重要区别的原因,所以教师要努力引导学生遵循知识的次序进行学习,只有这样才能取得良好的效果。② 第三,重视练习法。健康的体魄、高尚的德行、良好的学问等方面素质的形成,都不能仅仅停留在说教的层面,它们最终都依赖练习来实现。所以,洛克提倡通过实践练习去培养学生。这对当前我们的教育实践,尤其是德育实践具有深刻的启示,道德的形成绝对不是仅仅靠课堂上的说教能够形成的,它需要加强实践锻炼,让学生习惯成自然。第四,重视榜样的力量。在孩子成长的过程中,有很多对其发展产生重要影响的人物,即“重要他人”。这些人有可能是社会知名人士、榜样人物,也有可能是学生身边的人,如教师、家长、同伴等。洛克比较重视榜样示范对学生的影响,他主张家长和教师要以身作则,主张为孩子选择良好的同伴。他说:父亲应该以身作则,教导儿童尊敬教师;教师也应言传身教,如果教师自己放浪形骸,那么他教导儿童克制情绪冲动便会徒劳无功;如果他不洁身自好,那么他改正学生不端行为的努力将付诸东流。③ 同时,他认为坏榜样比好规则更容易被接受,所以一定要避免孩子与行为举止不当之人接触。第五,注重调动学生学习的自主性和兴趣。他认为:儿童应学的事情,决不应该变成儿童的一种负担,也不应该当作一种任务去加在他们身上。④ 教育者要尊重儿童的自主性,想方设法激发儿童的学习兴趣,而非压制儿童、以规定硬性任务的方式让他学习。关于此观点,洛克举了一个非常浅显而生动的例子说明:吩咐一个孩子,要他每天到了固定的时间就去抽陀螺,不管他高兴与否,你只要让抽陀螺变成他的一项任务,不要多久,你看他是否厌倦此种游戏?这使很多教师和家长不得不思索一个问题:我们应该如何引导学生去热爱学习?

《教育漫话》是一本教育学上的经典名著,其中很多真知灼见在当代依然熠熠生辉,所以值得我们认真研读,领略其思想精华。当然,不可避免这本著作也存在以下几个问题,需要我们注意:第一,从整体上看,绅士教育的培养对象极其有限,它将普通阶级的子女排除在外,主张精英教育的思想,只为上流阶级服务。他为劳动人民子弟拟定了完

---

① 约翰·洛克.教育漫话[M].杨汉麟,译.北京:人民教育出版社,2006:7.

② 约翰·洛克.教育漫话[M].杨汉麟,译.北京:人民教育出版社,2006:188.

③ 约翰·洛克.教育漫话[M].杨汉麟,译.北京:人民教育出版社,2006:77.

④ 约翰·洛克.教育漫话[M].杨汉麟,译.北京:人民教育出版社,2006:63.

全不同于绅士教育体系的教育计划——《贫穷儿童劳动学校计划》，具有比较明显的阶级立场和偏见。[①] 同时绅士教育是将女孩子的教育排除在外的，它关注的是未来能够统治和管理社会的男孩子的教育问题。所以，其教育思想中所体现出的性别差异取向也是比较鲜明。第二，绅士教育思想是建立在洛克的唯物主义经验观的基础之上的，洛克本人一再强调"人生如一块白板"，强调教育在儿童后天成长中的重要作用和指导意义。但是他又提出要重视儿童的天性、性向等属于先天性因素的方面，难免给人以一种前后矛盾之嫌。第三，从形式上看，这本书是在系列书信的基础上整理而成，所以行文比较随意，缺乏一般的学术著作的严谨性和系统性，有些资料显得比较零散，全书缺乏系统的框架结构和标题，有的地方存在重复、啰唆的现象。第四，洛克在书中所提到的对于学校教育的看法，对仆人的看法等也带有比较强烈的阶级偏见，反映了时代局限性，这些我们也需要加以鉴别。

当然，从整体上看，《教育漫话》是富有教益的。洛克对教育的重视、德育的重视，关于体、德、智全面发展的论述，提出的一些比较经典的教育方法等对数百年后的教育发展与实践依旧具有现实指导意义。尤其是洛克对于德育比智育更为重要的强调，对于我国当前教育教学实践中的应试教育倾向是一种极好的清醒剂。[②] 所以，这本被后人誉为教育学上的一枚瑰宝的《教育漫话》，值得关注儿童成长和发展的学者、教师和家长研读思考。

第四节 延伸阅读

《教育漫话》被人们视为教育学的经典著作，自其出版以后就受到世人的追捧，我国目前已有多个中译本。但是人们往往容易忽视的是，洛克的《教育漫话》之所以受到大家广泛关注，其实除了书中有很多比较先进的思想观点值得我们学习外，还有一个重要原因是洛克在哲学上的建树。洛克的《人类理解论》《政府契约论》使他跻身于世界一流哲学思想家的行列，这是两部具有划时代意义的哲学著作。《人类理解论》引发了人们在认识人类、理解人类工作方面的一场革命，其中"白板说"就是在这本著作中首次提出。在《政府契约论》中他主要阐述以下两个观点：首先世界上没有神，也没有绝对的君主权力。其次，在保障人们公共利益方面，政府是值得信赖的机构，但是统治者的权威是有条件限制的，并正式提出国家分权学说。[③]《政府契约论》对西方大革命的政治思想的形成产生了巨大影响。所以，洛克被称为 17 世纪最伟大的哲学家之一。正因为如

① 赵厚勰，李贤智. 外国教育史教程[M]. 武汉：华中科技大学出版社，2018：135.

② 约翰·洛克. 教育漫话[M]. 杨汉麟，译. 北京：人民教育出版社，2006：7.

③ 弗兰克·M·弗拉纳根. 最伟大的教育家[M]. 卢立涛，安传达，译. 上海：华东师范大学出版社，2009：76.

此,他的《教育漫话》才被人认真地看待,也许认真程度都超出了书籍本身的价值。①

洛克的教育学著作主要有三部:《教育漫话》《理解能力指导散论》《漫谈绅士的阅读与学习》,它们共同构成了洛克教育思想体系。其中,《教育漫话》是洛克最著名的教育学著作,《理解能力指导散论》是《教育漫话》的姊妹篇,主要内容是指导人们运用理智能力去学习,提升学习效果。虽然两本著作写作目的不同,但是写作风格和途径有很多相似之处,具体细节相辅相成。《漫谈绅士的阅读与学习》是一篇文章,篇幅最短,它主要针对绅士的阅读问题进行论述。

一、《理解能力指导散论》

锻炼心智是《理解能力指导散论》的核心思想,心智的有效锻炼使人更容易寻求真理。② 洛克从正反辩证的角度指出了在寻求真理的过程中我们会碰到的种种失误,同时也指点了我们关于获得真理的正确方法。他说:人的理解能力里有许多天生的缺陷,这些缺陷能够改正,不过没有引起注意而完全被忽视了,因而使他们终身陷于无知和失误之中。他在书中指出人们探寻真理的过程中容易出现的失误有:概念模糊、滥用类推、成见偏爱、散漫、匆忙、浅尝辄止等。其中对于偏见、匆忙等问题,他进行了多次反复论证,讨论其危害之处,这反映了他对人性的弱点洞察之深,具有很好的借鉴意义。同时他认为培养心智和理解能力的方法有重视实验、证据、推理、不偏不倚等。他认为一个人能使得心智腾飞,上下求索,以追求真理,必定要在他的头脑里处理好他用来思考的一切确定的观念,而且一定能自己判断以及公平地判断他从其他人的著作或者论述里得来的一切内容。③ 洛克在《理解能力指导散论》中向人们系统展示了训练心智,发展理解能力的具体方法,不失为指导人们培养学习能力,训练思维的一部有效指南。在西方学术史上,洛克的《理解能力指导散论》上承培根的《新工具》,下启杜威的《思维术》,在人类运用科学方法探求真理的历程中具有里程碑式的意义,是人类认识和思想发展史上绚丽的一页。④

二、《漫谈绅士的阅读与学习》

《漫谈绅士的阅读与学习》这篇文章主要围绕绅士的阅读问题而展开,开篇第一句指出了阅读的目的:阅读是为了改进理解。改进理解的目的是增长知识并且能够向别人传递和解释知识。通读整篇文章会发现其中反映了洛克的教育思想中所存在的文艺复兴时期强调研习经典著作的余韵。⑤ 在《漫谈绅士的阅读与学习》中,洛克指出绅士的阅读方法有三个步骤:首先,要广泛阅读道德类和政治类书籍,使其具备和他的职业

---

① 弗兰克·M·弗拉纳根.最伟大的教育家[M].卢立涛,安传达,译.上海:华东师范大学出版社,2009:2.

② 约翰·洛克.理解能力指导散论[M].吴棠,译.北京:人民教育出版社,2005:8.

③ 约翰·洛克.理解能力指导散论[M].吴棠,译.北京:人民教育出版社,2005:14.

④ 约翰·洛克.理解能力指导散论[M].吴棠,译.北京:人民教育出版社,2005:9.

⑤ 约翰·洛克.理解能力指导散论[M].吴棠,译.北京:人民教育出版社,2005:10.

有关的观念，促进其知识增长。其次，要在了解概念的基础之上，探索它们之间的联系，有自己的判断和理解。如果只是一味接受书本知识，没有自己的理解和判断，那么人的理解能力是无法得到提升的。正如洛克指出：读书多的人博学，然而可能无知。第三，学会在阅读的过程中，找到命题展开推论的依据，学会推理。洛克认为，只有进行此类深层次的阅读，人们才能在阅读和学习中得到真实的知识，改进理解能力。同时，洛克认为绅士阅读的目的不仅在于自己的知识增长和理解力提升，同时还要改进自己的说话艺术，这样才能最好地利用他的知识去影响他人。至于说话的艺术，洛克主张要把握两点：清晰易懂和推理正确。这篇文章的后半部分则是洛克从不同的学科领域出发为绅士推荐的阅读书目及其简要介绍，包括道德、政治、历史、年代学、地理学、人类学等领域的经典名著，同时还包括各种辞典。洛克相信，绅士们通过正确的阅读方法去阅读这些经典书目，一定会对其知识增长和理解力发展有所裨益，从而提升个人修养和能力。

三、洛克教育思想对我国当代教育的启示

（一）洛克教育思想对我国家庭教育的启示

从最初的意义上来讲，洛克的《教育漫话》主旨向父母传授家庭教育的思想和方法，其中蕴含的家庭教育理念对当前的家庭教育实践依然具有指导意义。目前，我国民众家庭经济条件不断提高，家庭人口相对减少，家长对于孩子的教育标准和期望不断提升。然而物质条件的改善并不意味着家庭教育水平的提升，有太多的由于家庭教育方法不当导致的不良后果值得我们深思。

洛克的家庭教育思想中对我们最大的启示就是放弃溺爱，以理性的态度去对待孩子的成长问题。当前我国家庭教育中普遍存在以孩子为中心的现象，几个成人围着一个孩子转，导致对孩子的过度溺爱。在这样的家庭教育环境下娇纵、包办和过度保护的现象随之而来。孩子在家里说一不二，脾气往往会比较暴躁，家长包办孩子的日常事务，导致其自理能力差，离开父母无所适从，抗挫折能力不强，社会交往能力不足。洛克在《教育漫话》中明确提出不要对孩子娇生惯养，应该对孩子及早进行身体和忍耐力的锻炼。他提倡睡硬板床、脚要习惯凉水、饮食清淡、衣物不可过暖等。同时，洛克主张家长要有底线，不纵容孩子的不良嗜好，如果孩子犯错，要严厉批评，采取适当的惩罚措施促使其改正。这些都是锻炼孩子意志和品性非常有效的方法，值得我们借鉴学习。

在德育和学问的关系上，洛克明确指出，德行第一，学问第二。这对于当前我国家庭教育中过于关注孩子成绩，忽视孩子思想引领和习惯锻炼的现象也极具启发意义。家长应该扭转对于孩子学习上的高关注、高期望、高压力的状态，把家庭教育的重心转移到孩子品行培养、意志锻炼和价值观引领上来。人生的幸福并非只是一些外在目标的满足，洛克认为，健康的精神寓于健康的身体，这是人世最简单而充分的幸福，这值得当前的家长反思和学习。

(二) 洛克的教育思想对我国学校教育的启示

1. 加强体育教育,强健学生体魄

洛克在《教育漫话》的开篇论述了体育教育的重要性,他认为凡是身体精神都健康的人就不必再有什么别的奢望了,身体精神有一方面不健康的人,即便功成名就,也绝无幸福可言。① 他所提出的多种身体锻炼的方法如接触自然、加强磨炼等被后人继承和发展,有的甚至成为学校的体育教育的指导方法。反观当前我国教育实践,虽然我们都承认身体健康的重要性,但是在应试教育的现实下,体育教育不得不偏居一隅,成为学校教育中一个比较尴尬的存在。很多学校并不重视体育教育,体育设施不完善,体育教师缺乏等现象普遍存在。更有甚者,在学生临近考试期间,直接将体育课挤占。凡此种种,都直接反映了对体育教育重视不够这一事实。当前由于课业负担过重,同时缺乏有效的体育锻炼,导致学生体质下降,超重及肥胖现象增加,影响学生的身体健康和心理健康。教育部对我国学生进行的每两年一次的体质监测结果显示:我国青少年学生在体能、弹跳力、爆发力、耐力、心肺功能等方面呈连续下降趋势,而近视率与肥胖率则持续上升。② 有关研究显示:近年来,我国小学生视力不良检出率为45.71%,将近一半的学生存在着视力方面的问题,这已经成为困扰国人的一个较为严重的问题。③ 人没有健康的身体素质,就不能承担起应有的责任。所以,加强学校体育工作,增强学生体能,是一个刻不容缓的问题。洛克提倡的遵循自然、户外活动、重视游戏等体育教育思想无疑会给我国学校体育工作的改进以有益的启示。

2. 强化道德教育,说理实践结合

在洛克的绅士教育思想体系中,德育摆在首位,他认为,如果一个人品性不良,那么学问和能力只会增强其危害性。当前,在我国全面发展教育目的体系中,同样坚持德育为先,这一理念与洛克的德育思想观念比较一致。但是,在教育实践中,还存在着“以智育代替其他各育的现象”,评价学生时以偏概全,认为只要学生学习好,其他方面都不是问题,在“三好学生”评定时存在以“一好”代“三好”的现象,这值得我们反思和重视。加强学校德育任重道远,对德育的重视不能仅仅停留在思想认识层面,还需要我们在实践中真正践行这一理念,把学生思想意识和道德品质的培养工作做好、做实。

同时,当前我国学校道德教育实践中重视课堂道德说教,忽视道德实践锻炼,导致学生在道德品质上存在知行不一的现象。学生在思想上能够区分道德行为的好坏,但在行动上缺乏约束力,容易犯错。道德教育绝对不能仅仅停留在课堂讲述的层面,它需要理论和实践相结合,只有这样才能真正提升学生的思想道德品质和修养。洛克认为对孩子的教育需要说理,他们期望被作为一个理性的人来对待,这一方法是针对不当的惩罚和鞭挞而言。因为循循善诱的说理,更体现对于儿童的尊重,使其更愿意接受成人

---

① 约翰·洛克.教育漫话[M].杨汉麟,译.北京:人民教育出版社,2006:7.

② 拾景玉.教育是儿童的成全——读约翰·洛克的《教育漫话》[J].江苏教育.2018,(3):70.

③ 于娟.三部门发文加强儿童和青少年近视防控[N].中国医药报,2016-11-04(1).

的指引。洛克也建议要通过练习培养孩子的习惯。他指出：儿童绝非用规则就可以教好，规则迟早是会被他们忘掉的。倘若你感到他们有什么必做之事，你便应该利用一切机会，为他们提供一种不可缺少的练习，使之在他们身上固定，直至形成习惯。[①] 洛克在德育上主张说理和练习相结合的方式为我们提供了很好的参照。在当前我国的学校德育中，应该加强对学生的道德实践锻炼，让学生既懂得道理，又能养成良好的道德行为习惯，做到知行合一。

3. 注重思维训练，加强能力培养

我国当前基础教育的突出特点是在教学实践中，重视知识的传授，要求学生通过大量的练习和背诵，掌握和巩固知识。学生在繁重的学习负担下，机械地学习，主动思考和判断的能力不足。无论是教师还是家长都过分看重学生分数，导致学生只剩下学习，知识视野不宽，思维能力不足，创新能力有限。可以说，通过题海战术掌握的知识并不能很好地内化于学生的知识体系中，随着考试结束，这些知识很快就会被遗忘。所以，应试教育方式存在诸多弊端，我们必须要有决心和勇气去破除。作为形式教育的代表人物之一，洛克反对死记硬背，他认为发展学生的能力，比实际掌握某种知识更有效。洛克主张发展学生的逻辑思维能力，教会学生思考和学习的方法。他指出教师的职责并不在于要把世上可以知道的全部知识都教给学生，而在于使得学生爱好知识，尊重知识，采用正当的方法求知。这种思想对于扭转当前学校智育领域中过分重视知识传递，忽视能力培养的现象极具启发意义。

同时，洛克认为智育要实用，学习要同生活联系起来，要求学生要把大部分时间花在日常生活中最有用的事情上来。究其根源，洛克提倡的绅士教育是一种素质教育，只不过它是早期资本主义形态的素质教育，但是其思想精华值得我们借鉴和学习。[②] 我们提倡对学生实施素质教育，培养学生的创新精神和实践能力，在新课程改革中提出课程回归生活的理念，这些都是针对当前教育实践中的一些弊病而提。反复斟酌洛克《教育漫话》中的一些经典语段，会发现其中有很多思想观点都为我们指出了解决问题的方向。

4. 尊重学生人格，调动学生学习积极性

洛克主张：最大的尊重应属于儿童。在教育过程中，如果学生能够得到来自教师的尊重，那么他就愿意对教师敞开心扉，接受其指导；相反，如果学生得不到尊重，那么他要么变得顽梗，要么变得退怯，这都是我们不愿意看到的结果。马斯洛的需要层次理论认为，人的需要由低级到高级分别为生理需求、安全需求、社会需求、尊重需求、自我实现需求。尊重的需要作为一种人的高级需要，在人的发展中起着不可估量的影响。一个被爱和被尊重的孩子，他的发展之路必然是阳光的。苏霍姆林斯基说："教育的核心，就其本质来说，就在于让儿童始终体验到自己的尊严感。"尊重学生意味着在教育过程中要把学生当作一个独立的个体，尊重学生的人格，尊重学生的合法权益等。所以，教

---

① 约翰·洛克. 教育漫话[M]. 杨汉麟，译. 北京：人民教育出版社，2006：49.

② 吴珠丽. 洛克的教育思想及其当代意义[D]. 武汉：武汉理工大学，2008.

师在与学生相处的过程中,要真正把学生当“人”,而非自己的“改造对象”来看待,不讽刺、不挖苦、不歧视、不体罚或者变相体罚学生。如果学生在与教师交往的过程中能充分感受到教师对自己的尊重和信任,那么他们会主动向教师靠拢,乐于接受教师的指导,最后也会还给教师一个惊喜。

在教育过程中,学生是学习活动的主体,若要取得良好的教育效果,学生的积极性必须调动起来。但是,我们在实际生活中看到太多孩子被教师或家长逼迫着学习的现象,其效果可想而知。洛克认为:人从摇篮时代起就是向往自由的,所以我们对于许多事情之所以感到憎恶,是因为那些事情均系强加于我们之故。洛克还指出,如果学习能够被儿童当作一件充满荣耀、快乐和娱乐意味的事情,那么他们是会向往求学受教的。所以在教育过程中,教师应该设法调动学生学习积极性,变“要我学”为“我要学”,只有这样才能取得良好的教育效果。在洛克的教育理念中,教学方法是非常重要的,他提出教师要诱导学生学习,教师要维护学生的好奇心和求知欲,主张通过游戏的方式学习等,这些都不失为调动学生学习积极性的良方。

5. 欣赏教育为主,合理进行奖惩

在当前的教育实践中,赏识教育赢得人们的青睐,我们相信如果学生能够得到教师的信任和鼓励,他的表现会越来越好。心理学上的“罗森塔尔效应”也证明了此观点。洛克认为对于儿童要善于利用称赞和奖励。他指出:儿童对于称赞与奖励是极其敏感的,他们感到被别人称赞是一种快乐,这种快乐是他们继续保持良好行为的动力。所以,教师要进行赏识教育,善于发现学生的长处和优点,并及时鼓励和表扬。但是,我们也应该意识到,欣赏教育并不代表着一味地表扬和肯定,当学生犯错误时也应该得到应有的惩罚。

奖惩法是洛克绅士教育体系中的一个非常重要的方法。从整体上看,洛克主张对儿童的教育中应该以鼓励为主,尽量避免惩罚,尤其是反对体罚。但是,这并不意味着洛克反对惩罚,他认为必要的时候,可以运用惩罚,坚持“善有奖,恶有罚”,但是奖惩方式要恰当。如果学生做点分内之事,教师或家长就乱用奖励,那么只会使学生变得骄傲和贪婪。在赏识教育大行其道的今天,惩戒似乎失去了其应有的价值。学生们听惯了太多的表扬和鼓励,对于批评的接受程度和忍受力下降,我们造就了太多的“玻璃心”学生,导致老师对学生的错误出现不敢批评、不敢罚的现状。洛克主张对学生及早管教、赏罚分明的教育思想对于我们重新审视惩戒教育的意义,把握好惩戒教育中的“理”与“度”具有深刻的启示。① 学生的成长过程中需要鲜花和掌声,也需要经历坎坷和批评,只有这样学生才能真正成长为独立的、有毅力、有担当的人。

① 张露静.洛克《教育漫话》惩戒理论的德育启示[J].山西青年职业学院学报.2019,(2):99.

学习评价

1. 试述洛克的绅士教育思想。
2. 洛克教育思想对我国当代教育的启示。
3. 谈谈你对洛克在《教育漫话》中教学方法的认识和理解。
4. 简述洛克《教育漫话》中的“儿童观”思想。

阅读参考

1. 约翰·洛克著,吴棠译:《理解能力指导散论》,人民教育出版社,2005。

2. 高长丰、彭娟:《教育名著选读》,合肥工业大学出版社,2018。

3. 弗兰克·M·弗拉纳根著,卢立涛、安传达译:《最伟大的教育家》,华东师范大学出版社,2009。

4. 萧云瑞、诸惠芳等:《外国教育史话》,人民教育出版社,2003。

5. 罗伯特·R·拉斯克、詹姆斯·斯科特兰著,朱镜人、单中惠译:《伟大教育家的学说》,山东教育出版社,2013。

第五章

教育学作为独立学科诞生的标志：《普通教育学》

内容提要

赫尔巴特是现代教育学之父、科学教育学的代表人物，其1806年出版的《普通教育学》是教育学（正式）成为独立学科的标志。本章分四节，第一节对赫尔巴特及其作品进行简单介绍；第二节按照《普通教育学》章节顺序，摘录了其经典语段，供学习者分享；第三节是本章的重点，这部分对《普通教育学》内容进行解读，总结赫尔巴特在儿童管理、教学（多方面兴趣培养）和训育上的基本观点；第四节延伸阅读部分，分析了《普通教育学》的历史地位，描述了赫尔巴特思想的传播路径，揭示了赫尔巴特思想的局限性。

学习目标

1. 了解赫尔巴特的生平。
2. 掌握《普通教育学》体现的总体教育思想。
3. 揣摩并欣赏《普通教育学》的具体篇章精华语言和思想。
4. 理解《普通教育学》作为教育学独立学科标志的原因。

约翰·弗里德里希·赫尔巴特（Johann Friedrich Herbart，1776—1841）是德国著名的哲学家、心理学家和教育家，在西方教育史上，他被誉为“现代教育学之父”“教育科学之父”“科学教育学的奠基人”。其1806年出版的《普通教育学》被视为教育史上第一部具有科学体系的教育学著作，它标志着教育学成为独立的学科。

“从19世纪中叶以来，可以说没有一个教育家能像他那样对学校教育实践有如此直接、如此广泛、如此巨大、如此久远的影响。”①所谓“直接”，指的是赫尔巴特的教学理论即学即用，直指课堂教学的一线；所谓“广泛”，指的是赫尔巴特的理论渗透基础教育

---

① 赫尔巴特. 赫尔巴特文集（第1卷）[M]. 李其龙，郭官义，等译. 杭州：浙江教育出版社，2002：1.

领域的方方面面;所谓"巨大",指的是赫尔巴特的理论雄踞几乎所有现代国家的课堂教学实践;所谓"久远",指的是我们在两百多年后的课堂上仍然清楚地见其踪影,并且在可以预见的未来,它也绝无消失殆尽的迹象。

第一节 简介及影响

一、赫尔巴特生平

(一) 早年求学阶段(1776—1797)

赫尔巴特 1776 年 5 月 4 日出生在德国西北部小城奥尔登堡的一个书香门第的家庭,受过良好的早期教育。赫尔巴特的祖父是文科中学的校长,还是一位颇有声望的医生。赫尔巴特的父亲早年当律师,后来升为枢密院顾问官,思想保守。赫特巴特的母亲出身于医生家庭,富于智慧和教养,她婚后因与丈夫不和,遂将爱心倾注到独生子赫尔巴特身上。赫尔巴特 5 岁时不慎跌入盛满开水的浴盆中,烫伤严重,造成体质虚弱,所以童年时期他一直在家中接受母亲及家庭教师的教育。虽然母亲对赫尔巴特十分疼爱,但没有放松对赫尔巴特的教育和要求,她聘请哲学家于尔岑担任家庭教师。在母亲和家庭教师的培育下,幼年的赫尔巴特在数学、语言、逻辑和哲学等方面表现出色,并且对钢琴、小提琴表现出浓厚的兴趣。1788 年,12 岁的赫尔巴特在奥尔登堡拉丁语学校二年级学习,表现十分优异。13 岁时,他写下了人生的第一篇哲学论文《论人类道德的自由》,16 岁开始研究康德的思想,17 岁时,他为毕业班的同学做了一场哲学方面的报告,题为《略论一个国家中道德兴衰的普遍原因》,其分析透彻,说服力强,受到了一致好评,因而,该文被当地一家杂志所刊用;在毕业时,他用拉丁文做了演讲,对西塞罗与康德的至善观念与实践哲学原理作了分析比较,深受赞许。

1794 年中学毕业以后,赫尔巴特的父亲希望他子承父业,学习法学,成为一名律师或司法官。当年 10 月 18 岁的赫尔巴特进入耶拿大学学习法律,当时耶拿大学是德国哲学的中心,许多著名的哲学家在此开展研究和教学工作。赫尔巴特对法律兴趣不大,他更喜欢哲学,在母亲的帮助,他认识了哲学家费希特。不久,赫尔巴特就成了费希特的得意门生,但是,在哲学思想观点上,他却渐渐成了费希特哲学的批判者,并最终与费希特分道扬镳,走上了独立的哲学道路。

(二) 伯尼尔——不来梅的家庭教师阶段(1797—1802)

1797 年初,赫尔巴特还未修完大学课程,听从母亲的建议来到瑞士伯尼尔,在贵族施泰格尔家里担任家庭教师,负责他的三孩子的家庭教育工作。在三年的家庭教师工作中,赫尔巴特认真分析三个孩子的个性特点,制订有针对性的教育计划,每月向雇主提交书面报告。施泰格尔深感满意,十分赏识赫尔巴特的才华。家庭教育实践让赫尔巴特认识到教育必须建立在坚定的哲学基础上,教学方法、课程设置以及纪律教育必须从哲学中寻求答案。1799年,赫尔巴特利用工作之余,去瑞士的布格多夫拜访已负盛名的教育家裴斯泰洛齐,与他建立了忘年交,裴斯泰洛齐的"教育心理学化"思想给他以极大启示。

1800年,赫尔巴特的家庭教育工作结束,应朋友要求,他来到不来梅,担任一所教堂学校的数学教学工作,同时专攻哲学。

(三) 哥廷根大学任教阶段(1802—1809)

1802年赫尔巴特从不来梅移居哥廷根,1802年10月,他在哥廷根大学取得博士学位,随后留校任教,讲授教育学、心理学和哲学。在教育工作之余,赫尔巴特勤奋写作,他在1802年发表的《论裴斯泰洛齐的新作(葛笃德怎样教育她的子女)》和《裴斯泰洛齐的直观教学ABC》,形象生动地、富有启发性地介绍了裴斯泰洛齐的教育主张,在德国教育界产生了强烈的轰动。三年之后他的影响越来越大,海德堡大学向他发出了担任该校正教授的邀请书,但赫尔巴特陶醉于哥廷根大学的学术环境,谢绝了这一邀请,接受哥廷根大学让其任副教授的邀请,继续留在哥廷根大学进行教学和研究。

在哥廷根大学里,赫尔巴特进行了很多关于哲学的研究,也形成了自己独特的教育思想,1806年了著名的《普通教育学》,这本书是第一部系统地论述教育问题的著作,更是标志着教育学成为一门独立的、规范的学科,奠定了他在教育史上的重要地位。接着赫尔巴特又发表了《形而上学概要》《逻辑概要》《一般实践哲学》等一系列哲学著作。

(四) 哥尼斯堡大学任教阶段(1809—1833)

1809年,赫尔巴特前往柯尼斯堡任教。赫尔巴特在柯尼斯堡大学共任教25年,在教学、研究和教育实验上取得了丰硕的成果。他在柯尼斯堡大学的讲学颇受学生们欢迎,他讲演时,教室里座无虚席。与此同时,赫尔巴特继承了裴斯泰洛奇的"教育心理学化"的教育思想,大力开展心理学研究,相继撰写了《心理学教科书》《论数学应用于心理学的可能性与必要性》等重要心理学著作,这为他的教育学思想提供了心理学的基础。赫尔巴特不仅致力于教学和研究,而且积极参与教育改革。为了把教育理论与教育实践联系起来,从1817年起,他在柯尼斯堡大学建立了教育学研究班,进行教育实验活动,这是世界上第一个教育研究所。除此之外,他还创办了师范研究班、附属实验学校,为培养优秀教师作出了贡献。

(五) 老年阶段

由于政治和健康原因,1833年4月,赫尔巴特重回哥廷根大学任教,担任哲学学院的院长。1835年,他出版了《教育学讲授纲要》,对先前的《普通教育学》作了补充和进一步阐述。

1841年8月11日他猝然昏厥,并于14日与世长辞,他的亲友把他安葬在阿尔巴尼教堂公墓。在他的墓碑上镌刻着这样的墓志铭：

探求神圣深湛的真理，
甘于为人类幸福奋斗，
是他生活之鹄的。
此刻，他的自由的灵魂，
充满光明，飞向上帝，
此地，安息着他的躯体。

二、内容简介

（一）《普通教育学》的目录及介绍

《普通教育学》全称为《从教育目的引出的普通教育学》，全书共分三编，十四章。三编之前有一个“绪论”。

其目录如下：

绪论。这部分赫尔巴特着重说明教师学习教育学的意义与作用。

第一编　教育的一般目的

这一编共分两章，主要论述管理和教育的一般目的问题。具体包括的章节如下：

第一章　儿童的管理

这一章分别阐述“儿童管理的目的”“儿童管理的措施”“以教育代替的管理”“在与管理的时照中看真正的教育”四个问题。

第二章　真正的教育

这一章分别阐述“教育的目的是单纯的还是多方面的”“兴趣的多方面性——道德性格的力量”“把学生的个性作为出发点”“关于把上述不同目的综合起来考虑的需要”“个性与性格”“个性与多方面性”“略论真正教育的措施”等七个问题。

第二编　兴趣的多方面性

第二编共分六章。这一编主要论述兴趣的多方面性问题，并以此为基本原理来解释学校的教学计划和学科设置，阐述教学的过程、环节等一系列教学论问题。具体包括的章节如下：

第一章　多方面性的概念

这一章分别阐述“专心与审思”“清楚、联合、系统、方法”两个问题。

第二章　兴趣的概念

这一章分别阐述“兴趣与欲望”“注意、期望、要求、行动”两个问题

第三章　多方面兴趣的对象

这一章分别阐述“认识与同情”“认识与同情的成分”两个问题。

第四章　教学

这一章分别阐述“教学作为经验与交际的补充”“教学的步骤”“教学的材料”“教学的方式”等四个问题

第五章　教学的过程

这一章分别阐述“单纯提示的教学——分析教学——综合教学”“教学的分析过程”“综合教学的进程”“关于教学计划”等四个问题。

第六章　教学的结果

这一章分别阐述“生活与学校”“对青年教育期结束的考察”两个问题。

第三编　道德性格的力量

第三编共分六章,这一编主要论述训育和道德性格的形成问题。具体包括的章节如下:

第一章　究竟什么叫作性格

这一章分别阐述“性格的主观与客观部分”“意志的记忆、选择、原则、冲突”两个问题。

第二章　论道德的概念

这一章分别阐述“道德的积极部分与消极部分”“道德的判断、热情、决定与自制”两个问题。

第三章　道德性格的表现形式

这一章分别阐述“控制欲望和为观念服务的性格”“可被决定的部分与决定的观念”两个问题。

第四章　性格形成的自然过程

这一章分别阐述“行动是性格的原则”“思想范围对于性格的影响”“素质对于性格的影响”“生活方式对于性格的影响”“对性格的道德形态有特别作用的各种影响”等五个问题。

第五章　训育

这一章分别阐述“训育对性格形成的关系”“训育的措施”“训育的普遍应用”等三个问题。

第六章　对训育特殊性的考察

这一章分别阐述“偶然的训育与连续的训育”“按特殊意图进行训育”两个问题

(二)《普通教育学》内容简介

赫尔巴特认为教育学的基础是哲学与心理学,前者分析教育目的,后者分析教育途径、方法和障碍。基于赫尔巴特的伦理学思想,教育的目的是培养道德性格的力量,这主要体现在五个道德观念上,即内心自由、完善、仁慈、正义和公平。他把实现这种教育目的的手段分为三种,即管理、教育性教学和训育。由此,《普通教育学》一书的体系得以成型,第一编是“教育的一般目的”,探讨的是教育管理问题;第二编是“兴趣的多方面性”,探讨的是教育性教学问题;第三编是“道德性格力量”,探讨的是训育问题(也即德育问题)。

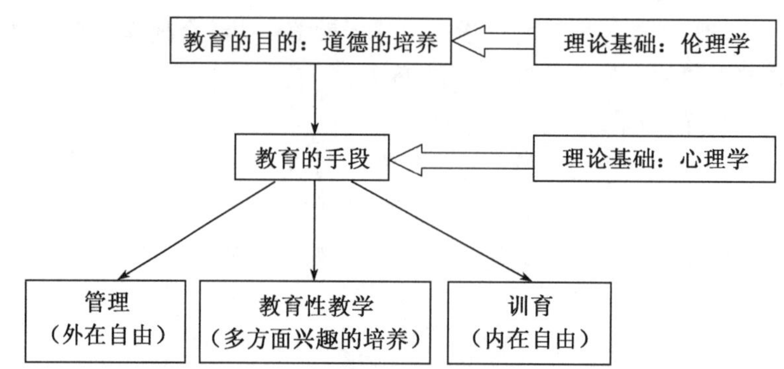

图 5-1 《普通教育学》(或《从教育目的引出的普通教育学》)一书的逻辑框架图

1. 第一编介绍的是实现道德培养的第一个手段——教育管理

教育管理的目的在于对儿童进行外部的领导，维持教学与教育的秩序，为实施教学与教育创造条件。管理的主要措施是威胁、监督、命令、禁止、惩罚、权威和爱，他认为教育者应在儿童心目中树立权威形象，受到他们的爱戴，树立权威的关键在于卓越的智慧；而受到爱戴的关键在于教育者自己要爱儿童，与他们保持亲密的关系。

2. 第二编介绍的是实现道德培养的第二个手段——教育性教学

(1) 教育性教学的内容

赫尔巴特认为要使知识影响道德品格的培养，学生必须对知识产生强烈的兴趣，从而产生坚强的行为意志。这种兴趣还必须是多方面的、平衡的，这样道德的培养才能是多方面的、平衡的。所以教育性教学的目的是培养学生平衡的多方面兴趣，使他们形成思想范围。赫尔巴特把分兴趣为两大类和六种，并根据六种兴趣设置了相适应的学科。

(2) 教育性教学的条件

赫尔巴特指出教育性教学的条件是注意与统觉，即在教学中必须引起学生的注意和兴趣，同时必须让学生在原有观念的基础上掌握新的观念。

(3) 教育性教学的途径

教育性教学的途径是分析教学与综合教学。分析教学是从学生及其经验出发进行的，即将学生的杂乱经验分析为各种组成部分或因素；而综合教学是从材料与提示出发展开的，即将学生的一些部分的认识概括成整体、系统。这种教学都以学生的专心与审思为基础。

(4) 教育性教学的阶段

学生通过专心达到“清楚(明了)”与“联合”，通过审思达到“系统”与“方法”。清楚(明了)、联合、系统和方法在赫尔巴特看来乃是教学过程的四个主要阶段，或者说教学的四个主要环节。

3. 第三编介绍的是实现道德培养的第三个手段——训育

赫尔巴特指出训育是一种持续的诱导工作，它通过交际、榜样、启发使学生直接得到积极的发展。训育就是要直接和间接地陶冶儿童的性格，在儿童身上培养一种有利于教学的心理状态。训育的措施可以是抑制、惩罚、赞许和奖励。

综上所述，赫尔巴特提出的教育学体系是一个比较严密的体系。

第二节 经典语段

《普通教育学》全书共分三编、十四章,全书思路严密,论证充分,为后世留下了许多教育智慧和教育警示。值得我们仔细揣摩和欣赏。

第一编:教育的一般目的

经典语段一

满足于管理本身而不顾及教育,这种管理乃是对心灵的压迫,而不注意儿童不守秩序行为的教育,连儿童也不认为它是教育。此外,如果不紧紧而灵巧地抓住管理的缰绳,那么任何课都是无法进行的。①

经典语段二

儿童管理的目的是多方面的:一是为了避免现在和将来对别人与儿童自己造成危害;二是为了避免不调和斗争本身;三是为了避免社会参与它没有充分权力参与却被迫要参与的那种冲突。②

经典语段三

一个孤僻的人,一个说话生硬并斤斤计较的人,他肯定得不到爱;而另外有一种与儿童亲近的人,他们本来应该在乐意与儿童相处的同时慎重对待儿童,但他们在参与儿童玩乐时追求自己的玩乐,这种人也是得不到爱的。爱所要求的感情和谐可以通过两种方式产生:教育者深入到学生的感情中去,十分巧妙地悄悄融合在学生的感情中;或者他设法使学生的感情以某种方式接近他自己的感情。③

经典语段四

不应长时间地与孩子过不去!不应故意摆威风!不要神秘的缄默!尤其不要虚伪

---

① 赫尔巴特.普通教育学[M].李其龙,译.北京:人民教育出版社,2015:16.

② 赫尔巴特.普通教育学[M].李其龙,译.北京:人民教育出版社,2015:18.

③ 赫尔巴特.普通教育学[M].李其龙,译.北京:人民教育出版社,2015:20.

的友好！无论各种感情活动会发生多少变化。都必须保持坦率、诚恳。①

经典语段五

教育艺术使儿童的心灵激动而不再平静，给它以信任与爱，使它能随意地被控制与激发起来，并在时间尚未来到之前就把它投到未来岁月的漩涡中去。②

经典语段六

因为人的追求是多方面的，所以教育者所关心的也应当是多方面的。③

经典语段七

我观察人生，发现许多人，他们把道德看成是种约束，很少有人把它看成是生活本身的原则。④

经典语段八

教育者力求教育的普遍性，而学生是个别的人。⑤

经典语段九

应当尽可能避免侵犯个性。为此，我们特别要求教育者识别他本人的癖性，当学生的行为与他的愿望不一致，而在两者之间又不存在带有实质性的优劣时，他应当慎重考虑。他必须立即放弃他自己的愿望，如可能，甚至必须抑制对这种愿望的表达。无理性的父母会按照他们的好恶来打扮他们的儿女，如同在没有刨过的木头上涂上各种油漆。这种油漆在孩子开始独立的岁月中将重新被强行抹去，但这自然不是没有痛苦与损伤的，所以真正的教育者假如不能阻止这样做的话，那至少不应该参与进去。⑥

① 赫尔巴特.普通教育学[M].李其龙，译.北京：人民教育出版社，2015：26.
② 赫尔巴特.普通教育学[M].李其龙，译.北京：人民教育出版社，2015：27.
③ 赫尔巴特.普通教育学[M].李其龙，译.北京：人民教育出版社，2015：30.
④ 赫尔巴特.普通教育学[M].李其龙，译.北京：人民教育出版社，2015：32.
⑤ 赫尔巴特.普通教育学[M].李其龙，译.北京：人民教育出版社，2015：33.
⑥ 赫尔巴特.普通教育学[M].李其龙，译.北京：人民教育出版社，2015：34.

第二编:兴趣的多方面性

经典语段一

把人交给自然,或者甚至把人引向自然并让自然来训练,那是愚蠢的。

经验虽然是我们一生的老师,但它仅仅赋予我们庞大整体中的极小的一个片段。无限的时间与空间阻碍了我们获得无限多的经验的可能。……无论是这方面还是那方面都必须同样地欢迎通过教学来加以补充。①

经典语段二

符号对于教学来说是一种明显的负担,教师假如不通过对符号所标志的事物产生兴趣的力量来消除这种负担的话,那么它就不可能把教师与学生抛出正在前进的教养之轨道。②

经典语段三

所以一种连贯的讲课必须通过使学生始终保持急切的期待心理来激发学生,或者,假如教育者在什么地方不能做到这一点(在对儿童教学时,要做到这一点是困难的),那么他就不要把讲课连贯下去,而允许学生穿插意见打断教学,或者由自己启发学生穿插意见。③

经典语段四

让儿童指出各种物件名称、叫出各种物件名称、触摸和摆弄各种物件,这都可以放在一切活动之前进行。④

经典语段五

心灵的充实——这应当视为教学的一般结果——比其他任何细枝末节的目标更重要。⑤

---

① 赫尔巴特.普通教育学[M].李其龙,译.北京:人民教育出版社,2015:54.
② 赫尔巴特.普通教育学[M].李其龙,译.北京:人民教育出版社,2015:66.
③ 赫尔巴特.普通教育学[M].李其龙,译.北京:人民教育出版社,2015:69.
④ 赫尔巴特.普通教育学[M].李其龙,译.北京:人民教育出版社,2015:83.
⑤ 赫尔巴特.普通教育学[M].李其龙,译.北京:人民教育出版社,2015:100.

经典语段六

我们的学习不是为了学校，而是为了生活！假如我们知道这里的学校与生活意味着什么，那么我们便会更加清楚地领悟这一明智的格言了。①

经典语段七

不断更新的生活将不断产生学校。在那懂得培育生活之果实的聪明人存在的时代，事实上的确会如此。请不必抱怨迄今一直不断地产生另外的各种学校，而请多考虑一下这时期的短促和迄今转向这种学校的力量的薄弱。②

经典语段八

现在让我们比以前更忠实地翻译一下！学校——让我们给予这个崇高的名词一个正确的含义吧！学校就是闲暇，而闲暇便是审思、鉴赏与宗教的共同财富。③

第三编：道德性格的力量

经典语段一

性格寓于意志之中，意志自然不是指可以变动的愿望和情绪，而是指意志的前后一致性与坚定性。由于这种特性，意志一定是这样的，而不是别的什么。对那种坚定性，我们把它称为性格。性格见诸一个人决意要什么与决意不要什么这两者之间的比较之中。④

经典语段二

不论在道德中存在着何等程度的谦逊，德行表现在它的实施上总被每一个人称为“坚强的”，而没有人称它为“濡弱的”。⑤

① 赫尔巴特. 普通教育学[M]. 李其龙，译. 北京：人民教育出版社，2015：101.
② 赫尔巴特. 普通教育学[M]. 李其龙，译. 北京：人民教育出版社，2015：104.
③ 赫尔巴特. 普通教育学[M]. 李其龙，译. 北京：人民教育出版社，2015：104.
④ 赫尔巴特. 普通教育学[M]. 李其龙，译. 北京：人民教育出版社，2015：106.
⑤ 赫尔巴特. 普通教育学[M]. 李其龙，译. 北京：人民教育出版社，2015：113.

经典语段三

道德的决定显然处在它所决定的与它被决定的两者之间。欲望,即指属于所谓低级欲望官能的一切,将要在道德决定中被抑制、被调整、被保留在业已选定的先后顺序中。①

经典语段四

低级欲的官能是以欲望和憎恶的感情为基础的。一个性格完整的人忍受一部分欲望和憎恶,而摒弃其余部分。他知道什么是他要容忍的,什么是他不能容忍的,他已经排除了不耐烦的不安状态。②

经典语段五

散漫的生活方式对于性格的影响是多么有害,这已经再三为教师们和其他人指出过,因此我只希望大家能相信这一点。最有必要注意的是,不要把儿童当作大人的娱乐品。我希望这种告诫不被人责备为迂腐,相反能为人重视。父母们通过其对家事的全部安排来建立日常生活的严格规范。可以给他们的孩子带来明显的好处。③

经典语段六

在这些场合,压制必须仅仅用来完成管理目的,而没有其他意图。在使用时,我们应当冷静,不拖泥带水,不动感情,一旦事情已过,就显得一切都已忘记了似的。④

经典语段七

管理者与被管理者、教育者与受教育者,是生活在一起的人,不可避免地要发生愉快的或不愉快的相互影响。……如果这种气氛是危险的,可能变为有害的,那就要削弱它的影响。⑤

---

① 赫尔巴特.普通教育学[M].李其龙,译.北京:人民教育出版社,2015:115.
② 赫尔巴特.普通教育学[M].李其龙,译.北京:人民教育出版社,2015:117.
③ 赫尔巴特.普通教育学[M].李其龙,译.北京:人民教育出版社,2015:125.
④ 赫尔巴特.普通教育学[M].李其龙,译.北京:人民教育出版社,2015:137.
⑤ 赫尔巴特.普通教育学[M].李其龙,译.北京:人民教育出版社,2015:139.

经典语段八

通过应得的赞许给儿童以快乐，这是训育的出色的艺术。这种艺术很难能教给谁，但是真心热爱这种艺术的人是比较容易得到它的。①

经典语段九

几乎像一位歌手练习发现他那音域与最细微的音阶一样，一位教育者必须练习在思想上不断摸索对待儿童的音阶。②

经典语段十

训育对形成思想范围的这种协作不仅对授课产生影响，而且尤其会对儿童的整个情绪产生影响。在授课时保持安静与秩序，排除对教师不敬重的任何迹象，这是管理的事情。但是，注意与灵活的理解同安静秩序还有一点不一样。儿童可以被训练得安安静静地坐着，但会一句话也听不进！许多方面配合起来才能使学生产生注意。③

经典语段十一

我们首先不应当忘记的是，不单单那种为我们所感觉到的活动属于人的行为，而且那种在人的内心实现的活动也属于人的行为，只有使这两者相结合才能构成性格。④

第三节　讨论与分享

基于伦理学和心理学理论，赫尔巴特在《普通教育学》中建构了一个体系完整，逻辑严密的教育学思想体系。在他看来，教育过程可分为管理、教学和训育三大部分。

他从管理问题开始，系统分析了教育目的、教学以及德育问题。

一、儿童的管理

儿童管理是教学活动的前提。如果不通过管理将儿童天生的粗野倔强的性格压下

① 赫尔巴特.普通教育学[M].李其龙，译.北京：人民教育出版社，2015：140.

② 赫尔巴特.普通教育学[M].李其龙，译.北京：人民教育出版社，2015：141.

③ 赫尔巴特.普通教育学[M].李其龙，译.北京：人民教育出版社，2015：142.

④ 赫尔巴特.普通教育学[M].李其龙，译.北京：人民教育出版社，2015：143.

去,无论是教学还是教育都无从进行。基于"性恶论",赫尔巴特提出在儿童天性中处处都会表现出不服从的烈性,儿童的管理是实施教育工作的必不可少的前提条件。赫尔巴特认为,儿童的管理工作对儿童教育工作的展开显得尤为重要,要努力在管理和教育工作两方面建立联系,使它们相互取长补短。赫尔巴特说:"满足于管理本身而不顾及教育,这种管理乃是对心灵的压迫,而不注意儿童不守秩序行为的教育,连儿童也不认为它是教育。此外,如果不紧紧而灵巧地抓住管理的缰绳,那么任何课都是无法进行的。"①

(一) 儿童管理的目的、方法以及要求

1. 儿童管理的目的

赫尔巴特强调,对儿童管理的根本目的是创造一种秩序,为教育提供准备。赫尔巴特说:"这种管理并非要在儿童心灵中达到任何目的,而仅仅是创造一种秩序。然而,读者不久就会清楚,儿童心灵的培育是完全不能忽视管理的。"

赫尔巴特认为,儿童管理的具体目的有三个方面:"一是为了避免现在和将来对别人与儿童自己造成危害;二是为了避免不调和斗争本身;三是为了避免社会参与它没有充分权力参与却被迫要参与的那种冲突。"②

2. 儿童管理的措施

赫尔巴特认为,儿童管理的主要措施是"威胁""监督""权威"和"爱"。"威胁"与"监督"是儿童管理的主要措施,"权威"与"爱"是儿童管理的辅助措施。

3. 儿童管理实施的要求

管理应该跟教育相结合。赫尔巴特强调应该引导学生理解管理要求的必要性,这就需要在管理中开展教育工作。赫尔巴特认为,管理不应该通过纯粹的约束措施、军事化的严厉手段逼迫儿童服从,应该把服从同儿童本人的意志结合起来,并只能把这种服从当作一种已经进行了一段时间的真正的教育的结果来期待。赫尔巴特说:"当他们刚刚被迫去做时,就应当向他们解释:'为什么如此决断。而不作另一种决定?'"③这就是说,应当使学生按照这样的解释在今后对教育者的命令作出判断。可见,对服从的必要性具有信念的儿童只能接受人们不是擅自作出的决定。

教师应注意管理中文明语言的使用。管理赫尔巴特认为,在教育过程中要摆脱生硬语气的要求,教师要退回到自己的人格上,力争从不协调的状态中摆脱出来。赫尔巴特说:"真正的教育也一样能采用可以称为强制的办法。虽然真正的教育对待儿童从来不是生硬的,却常常是很严格的。它的极端形式表现在这种赤裸裸的话中:'我要。'而这句话一下子可以不加补充地变换成具有同样意义的'我希望'来,以至于必须慎重地使用这两句话。"④

---

① 赫尔巴特. 普通教育学[M]. 李其龙,译. 北京:人民教育出版社,2015:16－17.
② 赫尔巴特. 普通教育学[M]. 李其龙,译. 北京:人民教育出版社,2015:18.
③ 赫尔巴特. 普通教育学[M]. 李其龙,译. 北京:人民教育出版社,2015:23.
④ 赫尔巴特. 普通教育学[M]. 李其龙,译. 北京:人民教育出版社,2015:23.

（二）教育目的

1. 可能的目的和必要的目的

同时，赫尔巴特把教育目的分为可能目的和必要目的两个领域，可能目的是与儿童未来所从事的职业有关的目的，必要目的是道德目的。

所谓“必要的目的”或“道德的目的”，是指教育所要达到的最高和最为基本的目的。赫尔巴特指出：“教育的唯一工作与全部工作可以总结在这一概念之中——道德。道德普遍地被认为是人类的最高目的，因此也是教育的最高目的。”①他所企图培养的就是要以内心自由、完善、仁慈、正义和公平等五种道德观念为基础，具有所谓完美意志、完善道德品格的人。

所谓“可能的目的”或“选择的目的”，是指与儿童未来所从事的职业有关的目的，也就是“学生将来作为成年人本身所要确立的目的”。赫尔巴特认为教育者的任务是在儿童身上看到其成年后可能面临的种种选择职业的问题，要有意地为他们做好将来就业的一般的和必要的准备，为此就要发展学生多方面的兴趣，使人的各种能力得到和谐的发展。

在考虑教育的措施时，赫尔巴特把教学放在第一位，而训育放在第二位。在赫尔巴特看来，多方面兴趣和知识的学习有助于道德发展，如果抛弃多方面兴趣培养，道德发展就缺乏根基，训育旨在于控制、激发、驱使学生，使善性在他身上生长起来。

2. 全面发展基础上的专门教育

赫尔巴特认为教育要培养学生对多方面工作的热爱，在此基础上学生才能选择专一的精通一种工作。教育工作者不是教学生精通一种工作，而是培养学生接受多方面兴趣的可能。但这种多方面的兴趣不是样样都会，浅尝辄止，而是各个学生在自己的意愿上表现有程度不同，也就是一切能力的和谐发展。赫尔巴特说：“大家都必须热爱一切工作，每个人都必须精通一种工作。但是，这种专一的精通是各人意向中的事情，而多方面的可接受性，只能产生于个人从一开始就作出的多方面的努力之中，这就是教育的任务。因此，我们把教育目的的第一部分叫作兴趣的多方面性。我们必须把兴趣的多面性同过分强调多方面性，即许多事情都浅尝辄止区别开来。因为意愿的对象、意愿的各个方向都不比其他东西更使我们产生兴趣，所以为避免弱点与优点的并列，我们还得补充一个限制词：平衡的多方面兴趣。由此我们可以得到通常的一种表达：一切能力的和谐发展。”②

赫尔巴特强调专业教育要建立在广博知识基础上，这一观点继承了昆体良的教育思想，对当前高等教育办学模式起到启发作用。

3. 教育最终的目的是道德教育

赫尔巴特说：“所以，使绝对明确、绝对纯洁的正义与善的观念成为意志的真正对

---

① 张焕庭. 西方资产阶级教育论著选[M]. 北京：人民教育出版社，1979：259 - 260.

② 赫尔巴特. 普通教育学[M]. 李其龙，译. 北京：人民教育出版社，2015. 31.

象,以便使性格内在的、真正的成分——个性的核心——按照这些观念来决定性格本身,放弃其他所有的意向,这就是德育的目标,而不是其他。"①

教育最终的目的是道德教育,是赫尔巴特继承康德的哲学思想的反映。康德强调人类的价值追求是真、善、美,而人类追求的理想彼岸是绝对的善。自赫尔巴特以后,"教育性原则"成为教育学的重要术语,而我国学者提出的"科学性与思想性统一原则"以及当前教育实践中开展的"课程思政"活动,内含着对道德教育的关注。

二、教学

赫尔巴特在《普通教育学》详细地阐述了如何根据兴趣进行教学,体现了赫尔巴特的教学理论是建立在心理学基础之上的。

(一) 教学阶段理论

1. 兴趣的心理活动过程

赫尔巴特认为兴趣是一个由"专心"和"审思"共同组成而又相互矛盾的心理活动,它能避免人的认识陷入纷繁杂乱的涉猎中。赫尔巴特说:"正因为人的专心能力太弱,不能在许多地方仓促逗留而有所成就,所以我们必须防止草率的逗留,想时而在这里,时而在那里有所作为。"②

(1) 兴趣的一般过程:专心与审思

"专心"是指集中于某一主题或对象而排斥其他的思想活动。谈到专心时,赫尔巴特说:"如同鉴赏家要求观察者对每件艺术作品都具备认真的态度样,一切值得注意、值得思考、值得感受的事物都要求认真仔细,以便正确地、透彻地把握它,领会它。"③

"审思"是指追忆和调和意识内容的心智活动,即深入理解与思考,把"专心"中认识的个别事物集中起来,使之联合成统一的东西。这两个环节既有相互联系,又有相互区别。

(2) 兴趣的具体过程:专心与审思

赫尔巴特认为,专心和审思的矛盾运动构成了兴趣的四个阶段,即注意、期望、要求、行动,前面阐述的教学过程的四阶段就是基于赫尔巴特兴趣的四个阶段分析出来的。

第一,注意。一种观念突出于其他观念,并对它们发生作用,不由自主地压制与遮盖了其他观念。这种静态的专心被赫尔巴特称为"注意"。

第二,期望。被注意到的事物引起其他类似的观念,被激发起来的新观念常常不能立即出现。赫尔巴特把这种动态的专心称为"期望"。由于新知识与原有知识间的联系开始时尚不清晰,处于一种模糊状态,心理表现为期待,希望知道新旧观念联系起来所得的结果。

---

① 赫尔巴特.普通教育学[M].李其龙,译.北京:人民教育出版社,2015.32-33.

② 赫尔巴特.普通教育学[M].李其龙,译.北京:人民教育出版社,2015:47.

③ 同上。

第三，要求。学生的新旧观念、新旧知识已经产生了联系，但还不深入、系统，需要一种静止的审思活动。学生在教师指导下，在新旧观念联系的基础上进行深入的思考和理解，并寻求结论、规律。这种静态的审思被赫尔巴特称为“要求”。

第四，行动。学生心理状态是学生对观念体系的进一步深思，表现为一种动态的审思活动。学生会产生把系统知识应用于实际的要求，这种动态的审思被赫尔巴特称为“行动”。

2. 教学过程基本阶段

专心和审思都有其静止和运动的状态，依据两者的转化，赫尔巴特把教学过程划分为清楚(明了)、联合、系统、方法四个阶段。

第一，明了。这是静止状态的“专心”活动，在这个阶段中主要的任务是看清楚各个事物。赫尔巴特说：“静止的，只要是纯正而明确的话，是能够看清楚各个事物的。因为只有将一切在提示中会造成混乱的事物撇开，或者由教师考虑消除混乱，将这一切逐一地作为许多不同的专心活动的对象，这样，专心活动才会是明确的。”①在心理活动方面，要求学生把“注意”集中到新观念上。在教学法方面，由教师讲述新教材，而且应运用直观原则；教师的讲解和学生的复述都应简洁易懂。

第二，联合。这是运动状态的“专心”活动。在这个阶段中，“由于一种专心活动进展到另一种专心活动中去，这就把各种观念联合起来了。”②教学的主要任务是要建立新旧观念的联系，并在新旧观念的联系中继续深入学习新教材。赫尔巴特认为，在这一阶段，学生在心理上表现“期待”。在教学法方面，联合的最好方法是师生进行交谈。

第三，系统。这是静止状态的“审思”活动。这一阶段是在“明了”和“联合”的基础上进行的。赫尔巴特认为：“不清楚各个事物也就没有系统、没有秩序、没有关系。因为关系不存在于混合体中，它只存在于既分开而又重新联合的各部分之中。”③系统阶段教学的任务，是引导学生在新旧观念结合的基础上，获得结论、规则、定义和规律性的知识。这时学生的心理活动是“探究”。教师的教学法则应是综合性的。

第四，方法。这是运动状态的“审思”活动。赫尔巴特认为，教学过程达到系统阶段，并不等于观念体系全部形成了，而是还需要不断充实和完善。在“方法”阶段，要求通过实际的练习，使已获得的系统知识，付诸运用。变得更为熟练和牢固。学生在这个阶段的心理活动表现为“行动”。在教学法方面，是让学生通过习题、独立作业和按照教师的指示改正作业的错误等练习，运用所学的知识。教学法则应是综合性的。

由此，赫尔巴特将兴趣的心理过程与教学阶段之间建立了紧密联系。

---

① 赫尔巴特. 普通教育学[M]. 李其龙，译. 北京：人民教育出版社，2015：45.
② 同上。
③ 同上。

表 5-1　兴趣的心理过程与教学间的对应关系

兴趣心理基本过程	兴趣的心理具体阶段	教学过程的基本阶段
专心	注意(静态专心)	明了(清楚)
	期望(动态专心)	联合(联系)
审思	要求(静态审思)	系统
	行动(动态审思)	方法

(二) 教学的内容

教育的可能目的是培养学生多方面的兴趣,那么就应该分析清楚多方面兴趣的对象。

1. 兴趣的种类

赫尔巴特把兴趣的心理状态分为了认识和同情两种。赫尔巴特认为,认识是在观念中摹写在它面前的东西,同情是把自身置身于别人的情感之中。认识的对象的范围包括自然和人类,而只有人类的某些表现才属于同情。

2. 教学的内容

探讨认识与同情的成分,也就是探讨多方面兴趣"多"在什么地方。赫尔巴特把兴趣分为两大类:经验(认识)的兴趣和同情的兴趣。其中经验的兴趣包括经验的、思辨的和审美的三种兴趣;同情的兴趣包括同情的、社会的和宗教的三种兴趣。

认识(经验)	同情
关于多方面的现象(经验)	对于人类的(同情)
关于它的规律性(思辨)	对于社会的(社会)
关于它的美的关系(审美)	以及两者对上帝的关系(宗教)

赫尔巴特还根据他对兴趣的分类,拟订了相应的中学教学科目:

表 5-2　兴趣与中学教学科目分类

兴趣的心理状态	兴趣的类别	中学科目
认识(经验)的兴趣	经验的兴趣	自然(博物)、物理、化学、地理等学科
	思辨的兴趣	数学、逻辑、文法、自然哲学等学科
	审美的兴趣	文学、音乐、绘画、雕刻等学科
同情的兴趣	同情的兴趣	典语、现代外语、本国语等学科
	社会的兴趣	历史、政治、法律等学科
	宗教的兴趣	神学

（三）教学的作用

教学是知识和文明传播的最重要手段。赫尔巴特认为，不能让自然教育人，应该重视知识和文明在人类教育中的重要性。赫尔巴特说："把人交给自然，或者甚至把人引向自然并让自然来训练，那是愚蠢的。……我们知道我们的目的。大自然有一些可以帮助我们的地方，人类在业已经历过的旅程中已经积累了许多知识。我们的使命是把它们一个个连接起来。"

教学是经验与交际的有效补充。赫尔巴特认为人能通过生活中的经验和交际获得认识和同情，但经验和交际的广泛性、片段性和人的生命的短暂性、人的知识的完整性之间产生矛盾，需要教学来补充经验和交际。只有教学才能满足平衡地培养多方面兴趣的要求。赫尔巴特说："人通过经验从自然中获得认识，通过交际获得同情。经验虽然是我们一生的老师，但它仅仅赋了我们庞大整体中的极小的片段。无限的时间与空间阻碍了我们获得无限多的经验的可能。也许交际相应地没有这样贫乏。因为我们对熟人的感受一般地说与对所有人的感受是一样的。但是，同情基于极细微的差别，所以片面的同情比片面的知识糟得多，所以交际在小小的感情范围中留下的缺陷与经验在巨大的知识范围中留下的缺陷，对于我们来说几乎是同样重大的；无论是这方面还是那方面都必须同样地欢迎通过教学来加以补充。"①

（四）教学的过程

赫尔巴特阐述了三种教学类型：单纯提示的教学、分析教学和综合教学。

1. 单纯提示的教学方法

单纯提示教学是一切教学的基础，是一种直观教学。它是建立在学生经验基础上的，是对经验的模仿和复制，同时又进一步扩大了经验。赫尔巴特说："教学的某些部分可以有力地通过经验与交际来加以说明。我们可以从能够目及的视野中获得材料，通过对邻近世界的描述来扩大眼界。我们可以由周围年长者的生活线索把儿童引导到其出生以前的时代。凡是与儿童以往观察到的相当类似并有联系的一切，我们一般都能通过单纯的提示使儿童感知到。……教学可以借助各种插图，这些插图事先越少被儿童无目的地浏览或越少被他们滥用来无意义地消磨时间，对教学的帮助就越大。"

但单纯提示的教学也具有局限性，不容易接近事物本身。赫尔巴特说："单纯的提示离开儿童的视野越远，便必然就会丧失其清晰性与深度；而另一方面，当视野扩展得越广时，提示的媒介就越多。正因为如此，我们难以确定从这种提示中可以指望得到什么和得到多少；同样也难以对它作明确规定。因为就提示的性质而言，这种教学方式只有一条规律：描述应使学生相信所描述的即其所见的。"②

---

① 赫尔巴特.普通教育学[M].李其龙，译.北京：人民教育出版社，2015：51.

② 赫尔巴特.普通教育学[M].李其龙，译.北京：人民教育出版社，2015：71.

2. 分析教学方法

单纯提示教学虽然具有直接的生动性,但不同的观念要联合,就必须找出彼此之间的相似、相同和不同之处,这就需要进行分析教学。赫尔巴特说:"我们可以把同时出现的环境分成个别事物,把事物分解为组成部分,把组成部分分解为特征。特征、组成部分、事物以及整个环境都可以抽象化而形成各种形式概念。"

分析教学使学生的认识从特殊走向抽象。赫尔巴特说:"这样,分析教学通过分解其所遇到的特殊现象,上升到一般的领域。因为特殊是从一般中抽出来组成的。"

分析教学也是有局限性的,它受其分析材料的限制。赫尔巴特说:"但是,由于经验、交际和与此相关的描述所能够提供的东西是有限制的,因此分析教学的所有优点也是受制约的。分析必须接受它所能找到的材料。"①

3. 综合教学方法

综合教学以前两种教学方法为前提。通过综合教学,由单纯提示所提供的清晰表象和分析教学产生的对表象的区分,就形成了观念的联合,即获得了新的知识和概念。赫尔巴特说:"综合教学是建立在它自身的基础上的,只有它能够承担教育所要求的建立整个思想体系的任务。"②

单纯提示教学、分析教学和综合教学这三种方法是递进的,前者为后者提供基础,后者是在前者基础上发展的;三者必须统一运用,不能截然分开。

(五)教学计划

基于对教学过程的思考,可以提前拟定教学计划。

教学计划要结合课程内容、教育者自身的经验、学生的需要来制定。赫尔巴特说:"从上述的摘要中我们一看就明白,那不是教学计划。因为其中有许多部分根本不能包括在一种固定的课程之中,而只能指望某一种教学可以把它们结合进去的机会。教学计划就是这种机会的准备。在拟定教学计划之前。教育者首先得对这里指出的思想范围深思熟虑,把他的全部知识置于其中,并对学生的需要做充分的研究。"③

赫尔巴特反对制定统一的教学计划。他说:"一切教学计划中最空洞的莫过于为全省与全国拟定的办学计划了,尤其是校务委员会拟定的那些空泛的计划。这种计划在制订之前,学监未曾听取各个学生的愿望,未曾考察一下每个学生的优点与弱点,未曾了解他们相互的私人关系,并借以为计划准备应有的参考资料。"④

赫尔巴特的教学计划充分的考虑了对教材的研究、学生的研究,强调每个教师要基于自身经验制订计划,为后期教师备课指明基本方向。

---

① 赫尔巴特. 普通教育学[M]. 李其龙,译. 北京:人民教育出版社,2015:71.
② 赫尔巴特. 普通教育学[M]. 李其龙,译. 北京:人民教育出版社,2015:73.
③ 赫尔巴特. 普通教育学[M]. 李其龙,译. 北京:人民教育出版社,2015:95.
④ 赫尔巴特. 普通教育学[M]. 李其龙,译. 北京:人民教育出版社,2015:98.

三、德育

赫尔巴特认为德育(训育)同管理不同,目的不是压制和干涉儿童,而是用好的道德品质激励儿童,由儿童自己管束和教育自己。这是儿童道德发展过程中由"他律"到"自律"的必然阶段。

(一)品德的构成与影响因素

1. 品德的概念

道德有积极和消极两个方面。道德性格积极方面表现为坚强的意志,赫尔巴特说:"不论在道德中存在着何等程度的谦逊,德行表现在它的实施上总被每一个人称为'坚强的',而没有人称它为'懦弱的'。"①道德消极方面表现为服从外来的要求,道德的形成需借助与对外在要求的服从来实现,但是这种服从不能是迁就,积极的、坚强的性格要对其进行审查、判断、选择,将外部要求转化为积极的自我道德要求,进而升华自我的性格。

2. 品德的构成

赫尔巴特认为,道德是由道德判断、道德热情、道德决定与道德自制四个方面构成。

第一,道德判断。人的道德判断既不是一种纯粹的感觉,也不是一种理论的真理,它产生于"道德感觉"与"实际的理智"之间,是在道德感觉的基础上,用理智来说明"道德的最初的基本论断"。

第二,道德热情。道德判断所作出的对美与善的追求。赫尔巴特说:"只有从道德观的美学威力出发,才可能出现那种对美的纯粹的、摆脱了欲望的、同勇气与智慧相协调的热情,借以把真正的道德化为性格。"②

第三,道德决定。当实际的判断与性格不相一致时,就需要做出道德决定。

第四,道德自制。在道德的决定中必须加上自我观察,要对个人自身有正确的了解,发现自身性格的不足,并从个性的深处去寻找自己在自我控制方面的弱点。这就是道德自制,这就是道德本身的结论。

3. 品德形成的影响因素

首先,行为对品德的影响。赫尔巴特认为:"行动是性格的原则,性格的表现是行动,而人的行动是由意志产生的。行动主要表现为人的行动(外部行动)及意志的行动(内部的行动),而由意向转化为意志则需要通过行动来实现。意志是性格形成的基点,意志决定的方式决定了这样那样的性格。"③

其次,思想对品德的影响。如果缺少智力兴趣,缺少思想积累,道德性格将得不到很大发展,因此,"思想范围的形成是教育的最本质部分"。赫尔巴特说:"无知即无欲!

---

① 赫尔巴特.普通教育学[M].李其龙,译.北京:人民教育出版社,2015:113.

② 赫尔巴特.普通教育学[M].李其龙,译.北京:人民教育出版社,2015:115.

③ 赫尔巴特.普通教育学[M].李其龙,译.北京:人民教育出版社,2015:118.

思想范围包含由兴趣逐步上升为欲望,然后又依靠行动上升为意志的积累过程。进一步说,它还包含着一切智慧工作(包括知识与思考)的积累,没有这些,人就没有一手段追求他的目的。”①

再次,素质对品德的影响。赫尔巴特认为人素质是各不相同的,“其最重要的差别,与其说完全在于人表明有什么倾向与敏捷性,不如说在于因人而异的形式的特性,即差别存在于各人的心灵状况是否较容易或较难改变方面。”②人的不同素质既对其品德的形成有这样那样的影响,故教育者必须针对各人的特点加以引导。同时,赫尔巴特指出各种素质的基础是身体的健康,因此关心健康是培养品德的一个重要部分。

最后,生活方式也是影响品德的重要因素。他主张父母应为儿童仔细安排家事,建立日常生活的严格规律。赫尔巴特说:“散漫的生活方式对于性格的影响是多么有害,……不要把儿童当作大人的娱乐品。……父母们通过其对家事的全部安排来建立日常生活的严格规范,可以给他们的孩子带来明显的好处。”但是,有规律的生活不能过于单调、死板,应该让青年人的精力自由发挥。因为“仅仅被动地作为驯服的儿童而成长起来的人,当脱离监督时,他们就没有品德了,便会向他们潜伏的欲念与环境让步”。③

(二)德育的三种形式

赫尔巴特教育的目的是道德教育,这种教育目的的手段分为三种,即管理、教育性教学和专门德育(训育)。管理的目的在于对儿童进行外部的领导,维持教学与教育的秩序,为实施教学与教育创造条件。教学通过多方面兴趣的培养以形成道德品质,产生坚强的行为意志。专门德育(训育)是一种持续的诱导工作,陶冶儿童的道德,培养一种有利于教学的心理状态。

赫尔巴特在将专门德育(训育)与管理和教学比较的过程中来界定训育。专门德育(训育)与管理相同的地方是直接对儿童进行德育,不同点在于专门德育(训育)是陶冶式的道德教育,而管理主要是命令和权威式的道德教育。专门德育(训育)与教学相同的地方都是培养,最终形成道德,不同的是教学是通过多方面的兴趣(赫尔巴特有时候说第三者的东西)来培养道德,而专门德育(训育)是直接培养道德。赫尔巴特说:“现在便容易对专门德育(训育)的概念下定义了。它与儿童的管理有共同的特征,它是直接对儿童的心灵发生影响的,它与教学共同的地方在于它们的目的都是培养。只是我们应当防止在专门德育(训育)与管理应采用同一种措施的时候把两者混淆起来。在应用的方式上还有更细微的差别,对此我将依次作界说。”④

专门德育(训育)实质是一种陶冶。赫尔巴特认为,专门德育(训育)与儿童管理不同。儿童管理主要求助的是压制的措施;专门德育(训育)是持续不断的陶冶,要让儿童

---

① 赫尔巴特.普通教育学[M].李其龙,译.北京:人民教育出版社,2015:120.
② 赫尔巴特.普通教育学[M].李其龙,译.北京:人民教育出版社,2015:123.
③ 赫尔巴特.普通教育学[M].李其龙,译.北京:人民教育出版社,2015:125.
④ 赫尔巴特.普通教育学[M].李其龙,译.北京:人民教育出版社,2015:125.

心悦诚服地、乐意地接受影响，不能使儿童产生对立感。赫尔巴特说："训育的调子完个不同，不是短促而尖锐的，而是延续地、不断地、慢慢地深入人心和渐渐停止。因为训育要使人感觉到是一种陶冶。……假如预见不到某一种有益的、使人提高的原则寓于训育中，那么还会有谁不对那种常常使快乐受压抑，并不断使人产生从属感的待遇作出反抗，至少在内心中作出反抗呢?"

赫尔巴特认为，要实现持续不断陶冶的目的，专门德育（训育）可以采用赞许、责备、建立有益于健康的生活制度和教师的人格感染等措施。

赫尔巴特认为赞许和责备是愉快和不愉快的艺术，赞许是责备的前提。对于赞许和责备是快乐和不快乐的艺术，赫尔巴特说："通过应得的赞许给儿童以快乐，这是训育的出色的艺术。……同样也有一种不愉快的艺术，即给儿童的心灵造成一定的创伤。我们不可藐视这种艺术。当儿童不听简单的训话时，它常常是不可缺少的。但是，教育者必须自始至终用温和的情感来控制它，同时使人原谅它，使它得到宽容；而且只是为了克服学生的傲慢顽固时才应用它。"对于赞许是责备的前提，赫尔巴特说："训育在找到一种通过感人至深的赞许（并不是表扬）来突出学习者自身较好的一方面的机会以前，不可能真正的进展。只有当责备停止作为消极力量单独存在以后，它才能为儿童所接受，因此它必须使儿童感到业已获得的赞许部分要被取消的危险。"①

建立有益健康的生活制度是专门德育（训育）重要策略，也是教育的基础和首要准备。赫尔巴特说："学生需要有一种完全的健康，以便忍受完善的训育产生的充分的影响。假如我们要照顾学生不够健康的情况，那么就不能进行许多教育了，因此有益于健康的生活制度是教育的基础、教育的首要准备。"②

教师的形象对学生具有权威性，通过教师的人格感化学生，是专门德育（训育）的一种重要手段。

第四节　延伸阅读

赫尔巴特及其教育思想，在历史上有种重要的地位和影响力，也有其不足。

一、《普通教育学》的出版标志着教育学成为独立学科

在介绍《普通教育学》内容时，绕不过一个问题，那就是《普通教育学》在教育学发展历史上的地位。当前不同教育学教材在教育学成为独立学科的标志问题上看法莫衷一是：③有的对此问题蜻蜓点水、避而不谈；有的将《大教学论》和《普通教育学》同时作为

① 赫尔巴特. 普通教育学[M]. 李其龙，译. 北京：人民教育出版社，2015：140.

② 赫尔巴特. 普通教育学[M]. 李其龙，译. 北京：人民教育出版社，2015：141 - 142.

③ 郭翠菊. 对教育学独立学科标志问题的再思考[J]. 青海民族大学学报（教育科学版），2010，(1)：65.

教育学独立形态产生的标志,即二者皆是;有的认定是夸美纽斯的《大教学论》;有的又认定是赫尔巴特的《普通教育学》。

在人们探讨究竟是谁的作品标志着教育学成为独立学科的标志时,可能忽视了一个重要的前提,那就是什么是教育学学科独立的标准?人们一般是从研究对象、研究所用的概念与术语、研究方法、研究机构等方面来思考学科是否独立。基于一般学科成为独立学科的要求,大致可以确定教育学成为独立学科的基本标准。

(一)在对象方面,教育问题成为专门的研究领域

1623年英国哲学家首次在科学分类中列出了教育学,意味着教育问题已经成为一个专门的研究领域。此后,捷克教育家夸美纽斯的《大教学论》、洛克的《教育漫画》、卢梭的《爱弥儿》、裴斯泰洛奇的《林哈德与葛笃德》、赫尔巴特的《普通教育学》等都是以教育作为专门研究对象的著作。

(二)概念和术语方面,形成了教育学的学科概念体系

夸美纽斯在教育学概念和术语方面所做的贡献尤为巨大。在教育目的上,夸美纽斯提出了培养学生学问、德行和虔信的教育目的。在教育作用方面,夸美纽斯分别阐述了教育的社会和个体功能。在教育原则方面,夸美纽斯提出了贯穿其整个教育思想体系的"教育遵循自然"的原则。在教学问题上,夸美纽斯论述了教学原则、教学组织形式、教学管理等思想。在德育上,夸美纽斯提出了新的德育内容和德育方法。在教育管理思想上,夸美纽斯主张国家来管理教育。在上述分析中,不难看出,夸美纽斯的《大教学论》全面地论述了教育的基本问题,其教育思想的宏观结构已经接近于今天教育学探讨问题的基本方面。

此后,洛克的绅士教育思想、卢梭的自然主义教育思想、裴斯泰洛奇的教育心理学化理论都为教育学学科概念的丰富和学科体系的形成作出了重要贡献。

赫尔巴特为教育学概念的丰富和体系的完善做出了进一步的贡献。赫尔巴特基于哲学和心理学的基本理论,形成了系统的教育学学科体系。在教育目的上,赫尔巴特运用哲学理论,提出了教育的可能目的和必要目的。为了达成培养学生道德这一最终的教育目的,赫尔巴特在《普通教育学》中建构了其理论大厦的三个支柱:管理、教学、训育。从夸美纽斯到赫尔巴特,教育研究经历了从宏观的教育问题到微观的课堂管理、教学环节等细节性问题,从而使制度化的教育走到了一个新高度。

从上述分析中,不难发现,从夸美纽斯到赫尔巴特,教育学学科体系在不断完善和深化。

(三)研究方法方面,从经验性转向一定的理论品性

从夸美纽斯到赫尔巴特,近代教育家们在研究教育时,就研究方法体现的理性程度看,赫尔巴特思想最富有理论品性。

夸美纽斯研究教育所使用的方法是自然类比法,甚至用经院哲学和神学分析教育问题,在理性上有所欠缺。夸美纽斯用自然秩序(法则)来类比教育,如"鸟儿自然的学

会飞行，所以教师不能强硬灌输”“大自然有四季，所以教育分四个阶段”，这种类比的思维方式，借某一物说明教育问题，毕竟那一物不是教育，不能真正揭示教育真谛。在有些问题上类比也说不通的时候，夸美纽斯甚至请“上帝”出场。

洛克在研究教育时，主要用的是经验论，最后形成了白板说的思想。白板说是典型的外铄论，忽视了人的内因在教育过程中的作用，最后形成的“教育万能论”也是值得商榷的。

卢梭在研究教育时，主要运用的是性善论和感觉论，最后形成了浪漫的自然主义教育思想。卢梭认为，“出自造物主之手的东西，都是好的，而一到人的手里，就全变坏了”，教育要远离城市，到乡村进行教育。诸如上述的论述，在《爱弥儿》中大量存在，这种极端化地、理想化地看待大自然、儿童，与现实的教育大相径庭，不能说在研究方法上是理性的。

在《普通教育学》中，赫尔巴特基于哲学和心理学分析教育问题，几乎全部的教育问题都建立在思辨的基础上，理性品质比较高。首先赫尔巴特基于哲学思想分析出教育的最高目的是道德，进而推导出道德教育包括管理、多方面兴趣培养以及训育的三种途径。而在三个具体教育途径分析上，赫尔巴特采用了心理学的方法，尤其是在多方面兴趣培养方面，其心理学的理论运用得尤为充分。在多方面兴趣培养的问题上，赫尔巴特首先分析了兴趣的基本过程是专心和审思，又从静态、动态两个维度分析出兴趣包括注意、期望、要求、行动四个阶段。在此基础上，将兴趣四个过程与课堂教学对应，产生了课堂教学包括明了、联系、系统、方法四个基本环节。因此，赫尔巴特《普通教育学》具有鲜明的思辨和理性特征。

（四）在组织方面，产生了专门的教育研究机构

在教育学专门研究机构的发展方面，赫尔巴特创办了世界上第一所教育研究机构。1810 年，他创办了教育研究班及其附属实验学校，这是教育史上第一个教育研究机构。正如他自己所说：“在我的多种责任中。我最关心的是关于教育学的讲演。但是，教育学不能仅仅予以讲授，它必须得到证明和加以实践。而且，我希望扩大我十年来的教育经验。”①

对上述教育学成为独立学科标准的分析，我们把教育学成为独立学科看成是一个过程，而不是一个点，这些标准的达成，前后经历了 200 多年的历史。也就是说，教育学成为独立学科的倾向（开始成为独立学科）和教育学正式成为独立学科的事实，不是一回事。鉴于夸美纽斯所处的时间点和做出的贡献，人们把他的《大教学论》作为教育学开始成为独立学科的标志。而赫尔巴特的《普通教育学》基本符合作为独立学科的全部标准，因此人们多数把《普通教育学》看成是教育学（正式）成为独立学科的标志。

---

① 吴式颖. 外国教育史教程[M]. 北京：人民教育出版社出版，1999：314.

二、赫尔巴特思想在世界主要国家的传播

赫尔巴特的教育思想产生后,在其弟子和再传弟子的努力下,传播到了世界主要国家,影响着许多国家的教育理论和教育实践。

(一)赫尔巴特思想在欧美等国的传播

赫尔巴特的《普通教育学》出版后,起初并没有引起世人的关注,直到其弟子齐勒尔1865年发表了《教育性教学的理论基础》之后,学者才开始重视对赫尔巴特思想的研究。齐勒尔的学生莱因,继续宣传赫尔巴特思想,由于莱因的弟子来自不同国家,在莱因和他的弟子们的推动下,赫尔巴特的思想逐渐成为风靡国际的教育思想。欧洲各地和美国都开始成立赫尔巴特教育科学研究会。

(二)赫尔巴特思想在日本的传播

19世纪末,日本开始引进赫尔巴特的教育思想。1887年开始,德国人爱弥尔·郝斯耐克特在东京帝国大学文科大学担任教育学讲座,培养了一批赫尔巴特思想的忠实拥护者,这些学生进入基础教育、师范学校任教或成为教育行政官员,推动着赫尔巴特思想在日本的传播和发展。20世纪初,日本教育界翻译了大量的赫尔巴特学派的作品,基于赫尔巴特思想编著了大批教育学著作。如大濑甚太郎的《教育学》,谷本富的《教育学讲义》等。

(三)赫尔巴特思想在中国的传播

赫尔巴特思想在中国的传播主要有三个重要时期。

1. 第一个时期:1901年—1918年

19世纪末,我国学者开始学习日本的教育理论与教育实践,引进了赫尔巴特思想。1901年罗振玉编的《教育丛书》,第一册介绍了赫尔巴特,第三册专门介绍了赫尔巴特教学法。同年,王国维翻译了日本立花铣三郎的《教育学》,日本立花铣三郎的《教育学》是在赫尔巴特思想基础上编著的教育学作品。此后,王国维等陆续翻译了一系列赫尔巴特思想的著作,如《赫尔巴特之教育》《德国教育学大家赫尔巴特传》《德国赫尔巴特派教育学会纪事》等。此外,大量留日学生回国后也开始翻译和介绍赫尔巴特思想。

1918年杜威开始在中国进行了历时两年多的讲学,杜威的实用主义思想替代了赫尔巴特的教育思想。但值得一提的是,在1936年,尚仲衣翻译了赫尔巴特的《普通教育学》,这是赫尔巴特的《普通教育学》首次以全文的形式在中国出现。

2. 第二个时期:1949年—1977年

新中国成立后我国政策偏向苏联,凯洛夫教育思想成为我国教育界追随的对象。凯洛夫的《教育学》以马克思主义为指导,借鉴了赫尔巴特的教育思想,尤其是赫尔巴特的教学思想。因此,赫尔巴特教育思想再次深刻影响了中国的教育。

3. 第三个时期:1978 年至今

十一届三中全会以后,赫尔巴特及其作品受到了中国教育学界的重视。1989 年李其龙翻译了《普通教育学》和《教育学讲授纲要》,2002 年浙江教育出版社出版了《赫尔巴特文集》,此后一系列赫尔巴特学派思想得到了翻译和传播。人们开始全面、系统地研究赫尔巴特及其教育思想。

三、赫尔巴特思想的不足之处

1. 研究方法的问题

赫尔巴特教育思想的理论基础是伦理学和观念心理学,具有浓厚的思辨性,同时,受时代的限制,其理论性和科学性有待提高。赫尔巴特之后,随着不同学科理论的日益完善,人们开始从更多视角和学科背景研究教育学,产生了对赫尔巴特思想的深化、扬弃甚至批判。如杜威从哲学和社会学角度出发分析教育,提出了与赫尔巴特风格迥异的实用主义教育思想,为教育思想的发展注入了新的活力。梅伊曼和拉伊用试验的方法研究教育,找到了哲学思辨研究教育外的一种可能途径。此外永恒主义、要素主义、结构主义等不同教育思想都在不同程度上扬弃或批判赫尔巴特的教育思想。

2. 教育性教学原则的问题

教育性教学原则将教学完全从属于德育,这是值得商榷的。赫尔巴特认为教育的必要目的(最高目的)是进行道德教育,教学是实现道德教育的手段。赫尔巴特认为,不存在无教育的教学,反之也不存在无教学的教育,一切教学工作最终的目的是进行道德教育。教育性教学原则使得教学活动丧失了本体性的价值,完全成了德育工作的手段。

教学具有获得知识和提高智力的本体性价值。当前社会,知识和智力的价值日益彰显,"知识就是力量""科技是第一生产力"的观点成为共识。在此背景下,如果将知识的获得和智力的发展完全从属于品德的形成,不能说是明智的选择。

教学不仅具有德育功能,还具有智育、体育、美育等多种功能,是实现全面发展的重要途径。在教学工作中,不同知识和技能的学习,其功能和价值追求是不同的。有些知识学习有利于提升智力水平,有些知识学习有利于陶冶道德情操,有些知识学习有利于提高审美情趣。教学过程中不能机械地进行道德教育,而应根据知识内在的精神气质选择"化知为智""化知为德""化知为美",有效地促进学生全面发展。

3. 教学四阶段的问题

赫尔巴特的教育思想在传播中,其教学的四阶段理论是传播的重点,而教学四阶段有着内在的封闭性和机械性。赫尔巴特的教学四阶段论是基于观念心理学的理论分析而得来的,观念心理学把心理过程看成是观念相互作用的结果,观念问题实质是人的认知问题。也就是说赫尔巴特主要是从认识的角度研究教学过程,进而提出了教学过程由明了、联系、系统和方法四个环节构成。此后,苏联教育家凯洛夫继承了赫尔巴特的教学过程思想,基于马克思的认识论,提出了感知、理解、巩固和运用的教学过程观,其四个环节与赫尔巴特的教学过程四阶段是内在一致的。当下心理学揭示,感知、理解、巩固和运用是陈述性知识的习得过程,动作技能、态度、问题解决以及心智技能的学习也有各自的过程。学习任务存在多种不同的类型,而赫尔巴特却用单一的知识学习过程去应对不同学习任务,其机械性不言而喻。

赫尔巴特《普通教育学》体现的教育思想在其所处的时代有着先进性和科学性,但随着时代的发展也需要不断地修正和完善。

学习评价

1. 请思考赫尔巴特的教育思想形成的实践背景和理论渊源。
2. 请思考赫尔巴特的管理、教学(多方面兴趣培养)以及训育之间的关系。
3. 请阐述赫尔巴特对兴趣过程的认识。
4. 请联系课堂教学谈谈你对赫尔巴特教学阶段的认识。
5. 请分析夸美纽斯和赫尔巴特在教育目的、教育内容方面的异同。

阅读参考

1. 肖朗:《中外教育名著选读》,高等教育出版社,2009。
2. 李明德、金擀:《教育名著评介》,福建教育出版社,2008。
3. 中国教育史研究会:《杜威、赫尔巴特教育思想研究》,山东教育出版社,1985。
4. 王凌皓、林丹:《赫尔巴特教育名著导读》,吉林文史出版社,2015。
5. 黄华:《赫尔巴特》,北京师范大学出版社,2012。

第六章

学校生活的百科全书：《给教师的建议》

内容提要

只有真正阅读《给教师的建议》，才会品出“学校生活的百科全书”的真味，才会悟出“活的教育学”的真谛。《给教师的建议》共100条，从第一条“请记住，没有也不可能有抽象的学生”，到第100条“提高教学质量的几个问题”，几乎每一条都是基于问题导向并提出了破解问题的策略和方法。书中内容覆盖了学校生活的方方面面，其中穿插生动鲜活的典型案例，给教育者以具体指导和深刻启示。阅读该书旨在引导学生学会深度阅读，学习苏霍姆林斯基的教师观、学生观、知识观、劳动观等，认真思考和体悟书中的典型案例及解决办法，尤其要学习苏霍姆林斯基的敬业、爱生精神并将之终生贯彻指导于自己的教育教学工作中。

学习目标

1. 学习和领会《给教师的建议》作者的敬业、爱生精神和《给教师的建议》的总体思想内涵。

2. 理解和掌握《给教师的建议》中所体现的作者的教师观、学生观、知识观、劳动观等。

3. 摘录和分析《给教师的建议》中的典型案例，思考和讨论作者的破解之策。

第一节　简介及影响

一、苏霍姆林斯基及其一生

《给教师的建议》的作者是20世纪苏联著名的教育理论家和教育实践家苏霍姆林斯基(1918—1970)。

说他是著名的教育理论家,是因为苏霍姆林斯基在他短暂而勤奋的一生中,笔耕不辍,著作等身,对一系列教育理论问题进行了孜孜不倦的研究,提出了许多具有时代性、创新性的教育观点,深刻地揭示了教育的真谛,解答了人们对教育的困惑。他的著作被称为"活的教育学""学校生活的百科全书",他本人被誉为"教育思想的泰斗""苏联教育思想的集大成者"。

苏霍姆林斯基

说他是著名的教育实践家,是因为苏霍姆林斯基"品德高尚、心地纯美,放着高官不做,只求默默无闻,脚踏实地地在一所农村中学工作。"①他在帕夫雷什中学工作 22 年,直至因病去世,积累了丰富的教育实践经验。其间,他既当教师,承担教学任务;又当校长,从事学校的管理工作,把学校办成了闻名于世的教育圣地。

苏霍姆林斯基始终与学生们朝夕相处,他热爱孩子、相信孩子,教育的理想就是让所有儿童成为幸福的人,把整个心灵都献给了孩子。他积极倡导并实施"个性全面和谐发展"的教育。他一生都执着于、奉献于教育事业,为苏联,乃至世界教育事业的发展做出了杰出的贡献,"极大推进了整个苏联教育理论体系的提高与发展,而且对整个世界教育思想的演进产生了极其重要的影响"②。

(一)爱国奉献的一生

苏霍姆林斯基 1918 年 9 月出生于乌克兰一个名叫瓦西里耶夫卡村的贫苦农家。酷爱读书的祖父、擅长讲述民间故事的外婆、无限忠于苏维埃政权的父亲和慈爱的母亲,给他营造了一个温馨和睦而又生气勃勃的家庭环境。他从小就养成了读书的兴趣和立志爱国报国的情怀。1935 年,仅 17 岁的苏霍姆林斯基便踏上了漫长而光荣的教育之路。1939 年,21 岁的他加入了苏联共产党。1941 年苏联卫国战争爆发,他积极参军抗击侵略,不怕牺牲,敢于作战,多次负伤。他说:"人的生命是极为宝贵的,但有比我的生命和你的生命更宝贵的东西,那就是祖国永恒的生命。"③祖国高于一切,一个人如果不把自己的生命与祖国的命运相维系,就不会有强大的动力支撑。

伤愈后的苏霍姆林斯基重返教育岗位。他认为,教育是培养爱国者的活动,培养爱

① 蔡汀,王义高等.苏霍姆林斯基选集(五卷本)第 1 卷[M].北京:教育科学出版社,2001:1-2.

② 单中惠,杨汉麟.西方教育学名著提要[M].南昌:江西人民出版社,2000:593.

③ 蔡汀,王义高等.苏霍姆林斯基选集(五卷本)第 1 卷[M].北京:教育科学出版社,2001:3.

国者最重要、最有效的环节是学校。他提出:“学校最主要的任务是培养对社会主义祖国、对共产主义思想、对劳动人民的理想无限忠诚的爱国主义者”,因此“我们尽力使每个少年形成个人对祖国的态度:有一种愿望,精神上有一种强烈的冲动,要去维护祖国的尊严、伟大、光荣、荣誉与强盛。一个人认识到什么叫祖国、体验到祖国的热爱和感激的情感,为祖国而兴奋、担忧,关心祖国的现在和将来,与祖国的敌人势不两立,随时准备为了祖国牺牲自己的生命。”①

苏霍姆林斯基始终怀着强烈而崇高的爱国主义情感,奉献于儿童的培养,用爱国主义来充实儿童的心灵和精神生活。他曾荣获苏联“功勋教师”和“社会主义劳动英雄”称号。

(二)勤奋敬业的一生

苏霍姆林斯基在卫国战争中身受重伤,有两块弹片没有从他身体中取出,一直带给他肉体上的痛苦和精神上的折磨。但他在短暂的一生中认真工作、勤奋写作,付出了常人难以承受的心血和汗水。

一位访问过帕夫雷什中学的人,在他的访问日记中生动、具体地描绘了他亲眼所见的苏霍姆林斯基。苏霍姆林斯基每天清晨就来到校长办公室,从5点一直工作到8点。他回忆、思索、写作,有时3个小时能写8—10页,天天如此,从不间断。一到8点,他就打开校门迎接来上学的儿童。8点以后,他便去暖房、体育馆、校办工场、养蜂场。他每学期都要听每个教师15节课,并认真做笔记。他始终没有离开过教学工作,而且还对四五个最难教育的学生进行重点观察和教育②。全身心投入工作,鞠躬尽瘁,彰显出苏霍姆林斯基对教育事业的热爱。他的著作《把整个心灵献给孩子》是他的日常工作的生动写照和执着追求。

苏霍姆林斯基一生尽管很短暂,但他却是一位多产的教育家,一生撰写了41部教育专著、600多篇论文、1 200多篇童话故事和短篇小说,编写了多本校本教材。③ 勤奋敬业成就了苏霍姆林斯基硕果累累的一生。

(三)伟大不朽的一生

当代诗人臧克家为纪念鲁迅逝世十三周年而作的一首抒情诗——《有的人》中这样写道:“有的人活着,他已经死了;有的人死了,他还活着。”苏霍姆林斯基就是这样一位永远活在人们心中的人。

苏霍姆林斯基的不朽在于人格的伟大,能永远激励后人学习奋进。他对儿童的热爱、对教育事业的忠诚,闪耀着教师最高贵的品质光辉,一直鼓舞着后人努力学习,不断改进教育教学工作,培养优秀人才。苏霍姆林斯基的不朽在于理论的创新,能始终启迪后人的智慧和心灵,为后人追随其教育足迹,更好地继承和创新教育的理论与实践提供

---

① 苏霍姆林斯基.育人三部曲[M].萧甦,诸惠芳,译.北京:人民教育出版社,1998:521.

② 张春莉.王迪.两位教育家思想的对比研究及启示[J].中国教育学刊,2010(09):12.

③ 孙孔懿.苏霍姆林斯基人生之路的实地考察.江苏教育研究[J].2011:5.

了鲜活的经验和宝贵的启示。

苏霍姆林斯基对一线教师影响巨大,在中国一项对中小学教师和校长的问卷调查中,当谈及“在中外教育家中,你感觉最亲切最敬佩同时对你影响最大的是谁?”苏霍姆林斯基排在第一位;当问及“在中外教育家的著作中,谁的著作你最喜爱、对你帮助最大?”回答也是苏霍姆林斯基;当论及“作为一名中小学教师和校长,你最希望自己成为什么样的人?”答案仍是苏霍姆林斯基①。

在世界上,许多国家的教师学习和追随苏霍姆林斯基,并用自身的实际行动时刻践行着他的教育思想,使得其教育思想生生不息、代代相传,成为穿越时空的“活的教育学”。1998 年,联合国教科文组织专门将当年设定为“苏霍姆林斯基年”,以纪念他为人类教育发展做出的杰出贡献。

二、《给教师的建议》的思想及其影响

苏霍姆林斯基一生短暂,却给人们留下了极其丰富的教育遗产,主要著作有:《学生的精神世界》《全面发展的人的培养问题》《帕夫雷什中学》《把整个心灵献给孩子》《给儿子的信》《给教师的一百条建议》* 等。其中,1965—1967 年他专为中小学教师写的《给教师的一百条建议》是他 30 多年从事教育实践和教育理论研究的智慧结晶。该书出版后,先后被翻译成英、法、日、德、中文等几十种文字,传播甚广,影响巨大。1981 年 11 月,周蕖等译的《给教师的 100 条建议》由天津人民出版社出版,杜殿坤编译的《给教师的建议》(上下册)由教育科学出版社出版。全书共一百条,上册五十条,主要谈教师怎样对学生进行智力教育,包括给中小学教师提出的若干建议及如何了解学生两方面内容;下册五十条,侧重于教学论思想和若干重要的创造性教学方法的论述,着重谈教师如何使用六种教育力量(教师、家庭、学生集体、学生本人、书籍、街头结交)协调一致以保证学生全面而和谐的发展。

鉴于苏霍姆林斯基的部分教育思想与我国的教育实际存在一定的差异,杜殿坤编译的版本并没有将整本书通篇翻译,而是结合我国教育现状、学生学习现状、教师的教学特点等,精心选择了书中关于教学业务和科学教育的部分条目,并另外选取苏霍姆林斯基其他著作中相关条目进行整理与融合,从而丰富了整本译书的内容。此书在我国发售时改称《给教师的建议》,但内容仍有一百条。1984 年经修订改为全一册,中文书名不变,由教育科学出版社再版。因其内容的代表性和典型性,发行以来受到颇多赞誉,也是师范生和在职教师爱不释手的案头必备之书。

(一) 聚焦能力提升的针对性

每一个从事教师职业的人,从内心深处都想当一名教书育人的好老师,希望自己有过硬的教育教学本领,成为一名达到专业标准和要求的教师。《给教师的建议》涵盖了

---

① 王义高.追随苏霍姆林斯基[N].教育时报,2014-12-10.

* 说明:因国内目前较为广泛流传的版本译为《给教师的建议》,所以全章介绍采用《给教师的建议》书名。

基础教育的各个领域,100 条建议,每一条都由教师在实际工作中存在的问题和困惑引发,讲清问题存在的背景、原因,更为重要的是,它还提供非常具体的解决问题的策略与方法。如教师怎样备课、怎样转变“差生”、怎样去阅读等。书中还配有大量生动、鲜活的案例,有教师教学的案例,有学生学习的案例,还有阅读角建设的案例等,每一案例都是一个精彩小故事。针对频繁出现且不易解决的问题,苏霍姆林斯基会将问题细化,然后逐一作答。《给教师的建议》就像一位充满智慧的长者,循循善诱,娓娓道来,漫谈自己教育教学的得失经验,分享自己成长的过程,提出充满善意的建议。同时,《给教师的建议》具有较强的教学实用性,教师可以根据其中有现实教育意义的教学经验改进自身教学;在实际教学情境中,教师可以根据当前需要有选择地进行阅读,并在阅读过程中总结教学规律、解决实际情景中的教学问题,做到即学即用,活学活用。

《给教师的建议》提出的研究课题和许多重大难题在我国教育教学实践中同样存在,因而这本书对我国广大教育工作者也具有很高的借鉴价值。比如在教学方式上,他强调要使课堂教学取得实效,必须让学生亲力亲为、亲身感受。在教学过程中教师切记一点,死记硬背一贯是有害的,而在少年期和青年期则尤其不可容忍。在教学方法上,强调兴趣对学习的重要性,但滥用所谓的兴趣就会导致学生过度兴奋。因此,要根据教学实际选择恰当的教学方法,不能机械地照搬照抄。

(二)揭示教育本质的真理性

在《给教师的建议》中苏霍姆林斯基通过研究苏联学校教育的现状,依据自己多年的教学实践及教学反思,并借鉴乌申斯基、马卡连柯等人的教育思想,联系当时学生、教师的实际情况,遵循学生学习、智力发展的规律,对教育进行了创造性地诠释。他旗帜鲜明地亮出了自己的基本观点“人——是最高价值”,因此“教育学——首先是人学”,教育应从根本上关注人、关注人的心灵和灵魂,学校的培养目标是“真正的人”“大写的人”,并把此观点作为贯穿于自己全部教育实践与著述的主线,作为自己教育思想的立论依据,深刻揭示了“培养什么样的人、怎样培养人、为谁培养人”的教育根本问题,从而给人耳目一新的深刻启示,产生持续不断的思想共鸣。

教育是培养人的事业,应从根本上关注人、关注人的灵魂。而在功利高扬的当代社会里,教育往往过于侧重人对社会的适应、强调人的面向社会的发展,而忽视了人的生存本身,忽视了“照料人的心魂”这一教育的永恒的使命。现代技术的飞速进步,给教育带来了深刻的挑战,但却有可能异化人的发展。因此,苏霍姆林斯基反复提醒,任何社会的变化和技术的进步,都必须凸显人的进步,“在确定教学、教育内容时过高估计技术成就以及整个自然科学的作用,我认为是危险的”“世界正进入一个‘人的世纪’。我们现在应当比以往任何时候都更多地考虑:要用什么来充实人的心灵"①。《给教师的建议》明确地提出教师要教给孩子基础的知识和基本的技能,"要把基础知识保持在学生的记忆里,并达到牢记终生的程度";建议学生应当掌握会观察周围世界的现象、会思考、会表达、会阅读、会书写、能找出事物的逻辑关系、能找到需要的书籍和材料、会写作文等 11 种最重要的技能技巧,打牢学习的基础。但这不是教育孩子的全部,还必须"要思考,不要死记!"要求学生"逐步养成从事紧张的创造性脑力劳动的习惯""让学生生活在思考的世界里",训练学生大脑,发展学生思考的习惯,授人以鱼还要授人以渔。最终使学生学会自我教育,才是真正的教育。

但是,苏霍姆林斯基的思想并没有停留在这一层面,而是更加敏锐地体悟到教育的原点是人,作为现实生活的人,他既有现实生存的需要,更有生活意义的憧憬,他必须回答"我是谁?""我要走向哪里?""我怎么生活?""我为什么活着?"等人生问题,因此在教育教学的过程中必须让学生不仅仅知道未来要从事的职业,还应该思考会成为什么样的人。解决好这些问题,教师必须教给孩子正确的价值观——丰富学生的精神生活,培养学生强烈的家国情怀,承担社会的重任。苏霍姆林斯基由此得出结论:在共产主义社会中,我们的儿童应当不是做一个优秀歌剧的听众,不是做一个幸福的家庭晚会上的客人,而是要做这个社会的建设者和主人,感觉到自己的责任——既对给予他们的一切负责,也对他们的后人负责②。

显然,真正的教育必须是正确价值观的教育,好的教学要教给学生基础的知识、基本的技能、思考的习惯,还必须要有正确的价值观,让学生有学会做事的本领,也有学会做人的水平。这与 20 世纪 90 年代联合国教科文组织在《教育——财富蕴藏其中》所倡导的教育的"四大支柱":学会求知、学会做事、学会共处、学会做人有异曲同工之处,反映出苏霍姆林斯基教育思想和教育实践的超越性和先进性。

(三) 贴近教师生活的通俗性

《给教师的建议》详细生动地展示了什么是教育、学校、教学、教师、学生、知识等教育基本概念的内涵,但他不是用一些佶屈聱牙,充满"高大上"的阳春白雪式的学术表达,而是注重通俗易懂,采用"接地气"的下里巴人式的生活语言加以描述。纵览全书目录,可以清晰地了解每一章的主要内容。整本书深入浅出、采用"建议"的形式,夹叙夹议,恳切地与教师促膝谈心,感觉就是一个亲切的、充满善意的长者在讲故事、传经验,让人可信可学;就是一个经验丰富的先行者,在分享他的得失和教育的感悟,令人倍感亲切、轻松,给人读书的娱乐和享受。

更为重要的是,该书不仅讲事实,还在于厘清价值,给出方法,将事物的本体论、价值论、方法论相统一。他帮助教师分析什么是好的教育、好的教学、好的学校、好的教师、好的学生,直指教育的价值,彰显教育的力量,给出价值论的引导。同时还给出忠告,什么是不好的教育、教学、教师行为等,建议教师如何防止陷入认识的误区,导致错

---

① 史道祥.苏霍姆林斯基:用什么来充实人的心灵[J].人民教育,2018(24):70.
② 史道祥.苏霍姆林斯基:用什么来充实人的心灵[J].人民教育,2018(24):68.

误的行动，做出正确的策略，给出方法论的指导。比如他指出，热爱孩子是教师最宝贵的品质，把整个心灵献给孩子应是教师的座右铭。因此在《给教师的建议》的篇首第一条就提醒教师："请记住：没有也不可能有抽象的学生"。他首先讲清事实"对一个学生来说，'五分'是成就的标志，而对另一个学生来说，'三分'就是了不起的成就"[①]，学生发展不平衡，存在着个体差异性；其次分析价值"五分"的学生未必是好学生，"三分"的学生更不一定是"差生"，必须打破一种习惯的、牢不可破的观点，即以考试分数，且是知识的评分来判定学生是好人还是毫无出息的做法；再次给出办法"教学和教育的技巧和艺术就在于，要使每一个儿童的力量和可能性发挥出来，使他享受到脑力劳动中的成功的乐趣"[②]；最后举出案例用伊·格·特卡琴柯等三位教师的针对性备课、分组教学的有效做法来印证。每个问题设计环环相扣，层层递进，理论联系实际，在实际问题的解决中透视理论的力量，字里行间散发出智慧的光芒，于朴素通俗中闪现真知灼见，非常贴近教师的日常生活和教学，与严肃晦涩模式的教育理论著作相比，中小学教师更容易接受，满足了教师个性化学习的需要，尤其适合教师业余自学。

第二节 经典语段

《给教师的建议》针对中小学教育教学的现象和问题有许多深刻的论述和独到的分析，尤其是在学生观、教师观、知识观、劳动观上的创造性阐释，至今仍深刻地影响着世界教育教学的实践，成为教师和教育工作者依照遵循的经典。

一、学生观

学生观是对教育场景中的学生的认识，是对"人"的研究在教育场景中的具体化。学生观不仅是教育理论研究者关注的内容，而且通过教师具体的话语呈现出来，渗透在教师的行为方式之中。在《给教师的建议》中，基于苏霍姆林斯基"教育学首先就是人学"的核心理念，彰显出其别具一格的、人道主义的学生观。

（一）学生是人

苏霍姆林斯基认为，教育首先是活生生的、寻根究底的、探索性的思考。学生是独立的个体，是鲜活的生命体，是具有鲜明个性和独立意识的载体。学校不是加工厂，学生不是产品，不是通过学校的加工而生产的批量产品。教育的任务就是引导学生发现自己的潜能，激发自己的意识，使学生成为他自己。教师的任务就是尊重并发展学生的

---

① 苏霍姆林斯基. 给教师的建议（全一册）[M]. 杜殿坤，编译. 2 版. 北京：教育科学出版社，1984：1.

② 苏霍姆林斯基. 给教师的建议（全一册）[M]. 杜殿坤，编译. 2 版. 北京：教育科学出版社，1984：2.

个性,发现学生的兴趣和能力,引导学生使学生成为一个健全的人。因此,学生不是被动的客体,不是物化的工具和机器,学生是与教师相对独立的生命个体,是有意识的生命,是一个需要被尊重,被关心的"人"。每个学生的个性是具体的,每个学生都是多元、生成和未完成的统一体。《给教师的建议》首条就提醒:"请记住,没有也不可能有抽象的学生。"这个世界没有也不可能有抽象的学生,每一个学生都在进步,在不断地发展、不断地成长,只是每个学生的成长方式不一样,有的快、有的慢。抽象人是以牺牲学生各种自我的丰富多样为代价的,将学生视为"抽象人"是非教育的体现,人被抽象化为某类群体,学生完全被"物化"。教育要尊重学生发展的差异性、不确定性和未完成性,教师不能用统一的模型来为每个学生制定量化的人生目标,更不能以格式化的教学过程来促进每个学生的发展。苏霍姆林斯基在他的《帕夫雷什中学》中认为,学生的个性是多元的,每个孩子都是可认识的,每个孩子都应该被认识,被尊重。认识每一个学生的各个发展阶段和每个学生的不同的背景和潜能,不压抑学生的个性,不埋没学生的特色,因材施教,从而引导和教育孩子,为教育创造一个和谐有序的培养环境。

经典语段一

未来的教师,我亲爱的朋友!在我们的工作中,最重要的是要把我们的学生看成活生生的人。学习——这并不是把知识从教师的头脑里移到学生的头脑里,而首先是教师跟儿童之间的活生生的人的相互关系。①

一个思想折磨着我:我们做教师的人,怎么会没有发觉,在我们认为无可救药的懒汉和毫无希望的"两分生"身上,在他们的心灵和双手里,还蕴藏着天才呢……不,这不仅是蕴藏着一个巧匠的天才,而是蕴藏着一个我们没有看到的大写的"人"。是的,亲爱的同事们,我们没有在学生身上看到这个大写的"人",——我们的主要过失就在这里。②

(二)人是可教的

夸美纽斯曾说,人是一个"可教的动物",实际上,"只有受过恰当的教育之后,人才能成为一个人。"③在《给教师的建议》中,苏霍姆林斯基坚信:"我的眼中没有差生。"学生的知识能力、情绪情感和思维方式都是可教的,没有一成不变的孩子。只要教师用心付出、方法得当,每一个孩子都是诗人,每一个孩子都是天才,每一个孩子都是独一无二的无价珍宝。教育教学的技巧和艺术就在于要使每一个儿童的力量和可能性发挥出来,使他享受到脑力劳动中的成功的乐趣。

---

① 苏霍姆林斯基.给教师的建议(全一册)[M].杜殿坤,编译.2版.北京:教育科学出版社,1984:407.

② 苏霍姆林斯基.给教师的建议(全一册)[M].杜殿坤,编译.2版.北京:教育科学出版社,1984:467-468.

③ 夸美纽斯.大教学论[M].傅任敢,译.北京:人民教育出版社 1984:39.

经典语段二

俄语里有一个不大常用的词——“可教育性”，我认为，这个词应当成为教育学的基本概念之一。……应当使人成为“可教育的”，也就是说，使他能够接受教师的特别是集体的教育影响。①

我得到一条深刻的信念：人的天赋、可能性、能力和爱好确实是无可限量的，而每一个人在这些方面的表现又都是独一无二的。自然界里没有一个这样的人，我们有权利说他是“无论干什么都不行”的人。②

（三）人是乐学的

《给教师的建议》里，提到这样一种现象：“为什么常常看到，一个儿童跨进学校大门以后，只过了 2、3 年，他就不想学习了？”③书中也多次提到教师抱怨孩子不愿学习的事：“儿童在上课时调皮，做小动作……”④“我真不懂，孩子们上学以后，在他们身上发生着什么变化。孩子来的时候，既聪明伶俐，又勤思好问。可是你瞧，到了五年级，他已经是个平平常常的学生，而到了六年级，他就不想学习并且掉进不及格学生的行列里去了……怎样来解释这种现象呢？”⑤许多教师困惑：“按所谓教学论的道理来说应当是这样的：学生掌握的知识越多，他获取新的知识就应当越容易。可是事实上完全相反：学生掌握的知识越多，他往后的学习反而越艰难。为什么会发生这种情况呢？为什么许多少人在八年级毕业以后不想再学下去（他们说，学习太困难了）呢？”⑥

可以说，苏霍姆林斯基看到了教育教学中一个普遍存在而又不容易解决的孩子厌学的问题。造成的原因是什么？如何解决？《给教师的建议》给出了精彩的回答。“如果用思考、情感、创造、游戏的光芒来照亮儿童的学习，那么学习对儿童来说是可以成为一件有趣的、引人入胜的事情的。”⑦

---

① 苏霍姆林斯基. 给教师的建议（全一册）[M]. 杜殿坤，编译. 2 版. 北京：教育科学出版社，1984：469.

② 苏霍姆林斯基. 给教师的建议（全一册）[M]. 杜殿坤，编译. 2 版. 北京：教育科学出版社，1984：475.

③ 苏霍姆林斯基. 给教师的建议（全一册）[M]. 杜殿坤，编译. 2 版. 北京：教育科学出版社，1984：468.

④ 苏霍姆林斯基. 给教师的建议（全一册）[M]. 杜殿坤，编译. 2 版. 北京：教育科学出版社，1984：5.

⑤ 苏霍姆林斯基. 给教师的建议（全一册）[M]. 杜殿坤，编译. 2 版. 北京：教育科学出版社，1984：178－179.

⑥ 苏霍姆林斯基. 给教师的建议（全一册）[M]. 杜殿坤，编译. 2 版. 北京：教育科学出版社，1984：179.

⑦ 苏霍姆林斯基. 给教师的建议（全一册）[M]. 杜殿坤，编译. 2 版. 北京：教育科学出版社，1984：178.

经典语段三

我坚定地认为,现代学校的整个教学体系有着非常严重的缺点:没有足够的智力的训练,也就是说,没有进行足够的专门的工作来发展学生的能力。①

现在的学校的整个教学和智育的体系,需要从根本上加以科学的改善。让鲜明的思想、生动的词语和儿童的创造精神来统治学校的王国吧。学生的精神生活和智力发展的全部内容和全部性质,都应当建立在这三根支柱上。②

(四) 人是独特的

学生是生命的载体,是具有他们独特的个性和能力的个体。作为教育者,应该看到儿童的个体性、独特性,应该意识到每一个儿童都是一朵含苞待放的花朵,每一位儿童的潜力都是无穷的,都是有待发现的宝藏。每一位学生的生命价值体现在自我的生命历程之中,每一位学生就是"一个有个性,一个独特的人的世界"。教师应该用心去观察、细心去体会、耐心去教诲,找到适合个体差异的学生的教育教学方式。

经典语段四

让所有刚刚入学的 7 岁儿童都完成同一种体力劳动,例如去提水,一个孩子提了 5 桶就精疲力竭了,而另一个孩子却能提来 20 桶。如果你强迫一个身体虚弱的孩子一定要能提够 20 桶,那么这就会损害他的力气,他到明天就什么也干不成了,说不定还会躺倒医院里去。③

可以把教学和教育的所有规律性都机械地运用到他身上的那种抽象的学生是不存在的。也不存在什么对所有学生都一律适用的在学习上取得成就的先决条件。④

(五) 人是发展的

苏霍姆林斯基认为孩子的发展有先有后、有快有慢,还有不同类型的区别,决不能用静止的眼光去看待学生。儿童经常在变化,永远是新的,今天与昨天就不一样。我们所谓的"差生"只是在理论考试这个领域差而已,但是他们在他们感兴趣的领域却像是一位充满活力的精灵,他们富有创造力,他们有活力。教师一是要有责任去改变他,就

---

① 苏霍姆林斯基. 给教师的建议(全一册)[M]. 杜殿坤,编译. 2 版. 北京:教育科学出版社,1984:179.

② 苏霍姆林斯基. 给教师的建议(全一册)[M]. 杜殿坤,编译. 2 版. 北京:教育科学出版社,1984:183.

③ 苏霍姆林斯基. 给教师的建议(全一册)[M]. 杜殿坤,编译. 2 版. 北京:教育科学出版社,1984:1.

④ 苏霍姆林斯基. 给教师的建议(全一册)[M]. 杜殿坤,编译. 2 版. 北京:教育科学出版社,1984:1.

像医生一样始终不放弃职业的使命和人道主义精神；二是要有办法改变他，创造思维觉醒的时机和氛围。相信教师只要循序而进、持之以恒，同时具有耐心，学生豁然开朗的时刻就会到来。

经典语段五

教育学的人道主义精神就在于，要使一个在绝大多数儿童来说能够胜任而偏偏在他来说不能胜任的儿童，不要感到自己是一个不够格的人，要使他体验到一种人类最崇高的乐趣——认识的乐趣、智力劳动的乐趣、创造的乐趣。①

儿童学习困难，功课不及格，落后于别人，其原因在绝大多数情况下都在于儿童在童年早期所受的教育和他周围的条件不够好。②

经典语段赏析

苏霍姆林斯基《给教师的建议》尽管已经过去几十年了，但书中所彰显的学生观在当代依然具有不可撼动的地位。《给教师的建议》基于苏霍姆林斯基教育学是人学的核心理念，首先把学生看成是活生生的人而非教师随意处置的容器、雕刻的物品，他是生活中最复杂、最珍贵的无价之宝，不是班级记事簿上的一行字和一个号码，而是一个活生生的人，是具有独立人格的人，是“大写”的人。同时，这些“大写”的人又不是抽象的而是具体的、生动的，表现为人可教、人乐学、人独特、人可发展的不同特征，对指导和鼓励教师有着重大的意义，影响并指导了当今的教育改革家和教育者在教育教学中对学生的人性假设的界定，为教育的发展和教师教育理念的革新指明了新的方向。

二、教师观

苏霍姆林斯基高度重视教师的作用，认为教师是学校赖以生存和持续发展的基石，是学生健康、和谐发展的保障和动力。《给教师的建议》中苏霍姆林斯基结合自己成长的经历以及其他优秀教师的案例，认为一名优秀的、真正的教师必须是爱学生、有知识、善方法、喜阅读、乐研究的教师。

（一）爱学生

苏霍姆林斯基说：“一个好教师意味着什么？首先意味着他热爱孩子。”③教师对学生的爱是教育的起点和前提，没有爱就没有教育。苏霍姆林斯基说他生活中最重要的

---

① 苏霍姆林斯基．给教师的建议（全一册）[M]．杜殿坤，编译．2版．北京：教育科学出版社，1984：318－319．

② 苏霍姆林斯基．给教师的建议（全一册）[M]．杜殿坤，编译．2版．北京：教育科学出版社，1984：319．

③ 苏霍姆林斯基．帕夫雷什中学[M]．赵玮，等译．北京：教育科学出版社，1983：44．

就是“爱孩子”,教育技巧的全部奥秘就在于如何爱护学生。只有爱才能产生积极的情感,使学生处在愉快的心境中,朝气蓬勃,信心十足,奋发向上。教师对学生的爱是奉献的,是无私的,是崇高的,只有教师全心全意地爱学生,学生才会亲其师而信其道,这时候教育才有成功的可能。

经典语段一

只有你自己依恋孩子们,离开他们就感到无法生活,只有在跟他们的接触中你才能找到幸福和快乐的时候,孩子们才会依恋你。①

经典语段二

有人非常、非常需要我,他们无限地珍爱我,感到有了我他们活着才有意义。但是我也非常、非常地珍爱他们,没有他们我就不能生活,他们对于我也是无限宝贵的。②

经典语段三

我认为教育的理想就在于使所有的儿童都成为幸福的人,使他们的心灵由于劳动的幸福而充满快乐。③

(二)有知识

苏霍姆林斯基认为,一名教师的工作效果取决于他的知识和素养。《给教师的建议》中提出,教师首先对自己所教的学科要有深刻的知识,知道的东西应当比他要讲给学生的东西多十倍甚至更多。给学生一碗水,自己必须有一桶水。其次要懂得各种研究儿童方法的知识,比如教育学、心理学、解剖学、伦理学、缺陷学等相关学科的知识,这类知识是深入了解学生,沟通学生所思所想,走进学生心灵世界,进行创造性工作的基础。因此教师必须要有精深的专业知识,也必须有广博的其他类知识,尤其是教育学、心理学的知识。

经典语段一

如果我们看到某一位教师在课堂上忠实地复述教科书,那就可以断定,这位教师距

① 苏霍姆林斯基.给教师的建议(全一册)[M].杜殿坤,编译.2版.北京:教育科学出版社,1984:460.

② 苏霍姆林斯基.给教师的建议(全一册)[M].杜殿坤,编译.2版.北京:教育科学出版社,1984:357.

③ 苏霍姆林斯基.给教师的建议(全一册)[M].杜殿坤,编译.2版.北京:教育科学出版社,1984:474.

离教育工作的高度素养的境界还相差甚远。①

经典语段二

关于学校教学大纲的知识对于教师来说，应当只是他的知识视野中的起码常识。只有当教师的知识视野比学校教学大纲宽广得无以比拟的时候，教师才能成为教育过程的真正的能手、艺术家和诗人。②

经典语段三

年轻的朋友，我建议你每个月买三本书：(1) 关于你所教的那门学科方面的科学问题的书；(2) 关于可以作为青年们的学习榜样的那些人物的生活和斗争事迹的书；(3) 关于人(特别是儿童、少年、男女青年)的心灵的书(即心理学方面的书)。③

(三) 善方法

教师面对的孩子是独特的，其发展阶段、心理需求、个性特点不一样，教育是需要教师关心备至、深思熟虑、小心翼翼触及孩子心灵的一门艺术。因此教师必须掌握科学合理的方法和技巧。《给教师的建议》中提出了许多教师应当掌握的方法和技巧，比如怎样让孩子上课有趣？怎样让孩子喜欢阅读？怎样让孩子学会思考？怎样做转化“后进生”的工作？等，这里既有教学的技巧，也有育人的技巧，是每一个教师教育教学的基本功。

经典语段一

不应当让一个不幸的、被大自然或不良环境造成艰难境遇的孩子知道他是一个能力低、智力差的人。教育这样的儿童，应当比教育正常儿童百倍地细致、耐心和富于同情心。④

---

① 苏霍姆林斯基.给教师的建议(全一册)[M].杜殿坤，编译.2版.北京：教育科学出版社，1984:218.

② 苏霍姆林斯基.给教师的建议(全一册)[M].杜殿坤，编译.2版.北京：教育科学出版社，1984:412-413.

③ 苏霍姆林斯基.给教师的建议(全一册)[M].杜殿坤，编译.2版.北京：教育科学出版社，1984:96.

④ 苏霍姆林斯基.给教师的建议(全一册)[M].杜殿坤，编译.2版.北京：教育科学出版社，1984:505-506.

经典语段二

所谓课上得有趣,这就是说,学生带着一种高涨的、激动的情绪从事学习和思考,对面前展示的真理感到惊奇甚至震惊;学生在学习中意识和感觉到自己的智慧力量,体验到创造的欢乐,为人的智慧和意志的伟大而感到骄傲。①

经典语段三

所谓和谐的教育,就是如何把人的活动的两种职能配合起来,使两者得到平衡:一种职能就是认识和理解客观世界,另一种职能就是人的自我表现……如果一个人只是在分数上表现自己,那么就可以毫无夸张地说,他等于根本没有表现自己,而我们教育者,在人的这种片面性表现的情况下,就根本算不得是教育者——我们只看到一片花瓣,而没有看到整个花朵。……我们,尊敬的教育者们,时刻都不要忘记:有一样东西是任何教学大纲和教科书、任何教学方法和教学方式都没有做出规定的,这就是儿童的幸福和充实的精神生活。②

（四）喜阅读

书籍是人类进步的阶梯。读书是促进教师专业发展的有效途径。《给教师的建议》对教师为什么要读书、怎样读书、应该读什么样的书、学校如何提供读书的制度和环境保障进行了回答:教师读书的目的在于增强教育涵养、完善教育技能、提高幸福指数;教师读书的形式多种多样,主要有个人自主性阅读、同伴交流性阅读和校本研修性阅读;教师读书的内容包括基于任教学科的、关于成功人士生活和事迹的、关于教育学与心理学等人学方面的内容;而对教师读书的管理则要求学校创设校园读书的物质场景、提供教师在校的自由支配时间、营造爱好读书和主动读书的良好氛围。阅读——越读——悦读,读书是教师不断前行的过程。这些读书思想对当今学校教师的专业发展颇有借鉴意义。

经典语段一

读书、读书、再读书。……要把读书当作第一精神需要,当作饥饿者的食物。③ ……

① 苏霍姆林斯基.给教师的建议(全一册)[M].杜殿坤,编译.2版.北京:教育科学出版社,1984:56.

② 苏霍姆林斯基.给教师的建议(全一册)[M].杜殿坤,编译.2版.北京:教育科学出版社,1984:471－473.

③ 苏霍姆林斯基.给教师的建议(全一册)[M].杜殿坤,编译.2版.北京:教育科学出版社,1984:416.

每天不间断地读书，跟书籍结下终生的友谊。潺潺小溪，每日不断，注入思想的大河。①

经典语段二

读书不是为了应付明天的课，而是出自内心的需要和对知识的渴求。如果你想有更多的空闲时间，不至于把备课变成单调乏味的死抠教科书，那就要读学术著作。②

（五）乐研究

科学的研究是提高教学质量、提高管理水平、保持持久职业生命力的有效途径。《给教师的建议》提出，教师要从学会观察、研究和分析事实的方法着手，养成记教育日记的习惯，善于从教学的小片段、学生的细微变化着手，进行分析与不断反思，经过长时间的积淀形成自己的研究成果，并应用于实践工作中，有效地改进教学，努力使研究成为一种自觉的生活状态。苏霍姆林斯基通过自己研究和教育 107 个"难教育的学生"的转化案例来说明，研究不仅能增强对教育的预见性和针对性，及时解决问题，更为重要的是，它能改变教师自身，使教师不会把教育当作枯燥乏味的事情，从而充实自己的精神世界，成为一个生机勃勃的创造者。

经典语段一

只要你是认真地对待自己的工作的，你就要尊重这个记事簿和尊重自己，把它一年又一年地记录和保存下去。这实际上是一种教育日记，同时也是你对一个较长时期的教学和教育过程进行概括性分析的准备工作。凡是引起你注意的，甚至引起你一些模糊的猜想的每一个事实，你都把它记入记事簿里。——这是一种智力基础，有了这个基础，就必然会有那么一个时刻，你会顿然醒悟，那长久躲闪着你的真理的实质，会突然在你面前打开。③

经典语段二

只有善于分析自己的工作的教师，才能成为得力的、有经验的教师。在自己的工作中分析各种教育现象，正是向教育的智慧攀登的第一个阶梯。④

① 苏霍姆林斯基. 给教师的建议（全一册）[M]. 杜殿坤，编译. 2 版. 北京：教育科学出版社，1984:7.

② 苏霍姆林斯基. 给教师的建议（全一册）[M]. 杜殿坤，编译. 2 版. 北京：教育科学出版社，1984:7.

③ 苏霍姆林斯基. 给教师的建议（全一册）[M]. 杜殿坤，编译. 2 版. 北京：教育科学出版社，1984:444.

④ 苏霍姆林斯基. 给教师的建议（全一册）[M]. 杜殿坤，编译. 2 版. 北京：教育科学出版社，1984:493.

经典语段三

如果你想让教师的劳动能够给教师一些乐趣,使天天上课不致变成一种单调乏味的义务,那你就应当引导每一位教师走上从事一些研究的这条幸福的道路上来。①

经典语段赏析

习近平总书记指出,好老师要有理想信念、有道德情操、有扎实学识、有仁爱之心。教师的素质和水平决定着教育的质量和水平。《给教师的建议》所体现的教师观要求教师不断努力,永不懈怠,做热爱孩子的老师,始终给孩子以人性的尊重与温暖;做知识渊博的老师,让学生感受到智慧的力量,体验学习的快乐;做经验老到的老师,激发学生学习的热情,养成思考的习惯;做喜欢阅读的老师,让学生徜徉在广阔无垠的书籍的海洋里,感受读书的快乐;做善于研究的老师,寻找和记录孩子在成长的过程中的问题,提高教师工作的创造性和幸福感。

三、知识观

知识观是人类对客观事物的认识,是人类智慧的结晶,是教师教、学生学的重要内容。但什么是知识、什么知识最有价值,千百年来无数哲学家、教育家都在研究和探索。《给教师的建议》给出了苏霍姆林斯基独特精彩的回答。一是知识既是目的,也是手段。传统的知识观认为,知识是储备在人脑中的“货物”或学生死记硬背、应付考试的答案,他对此质疑,认为首先必须改变对“知识”这一概念的实质性看法,知识只有运用起来,成为精神生活的因素,占据人的思想,激发人的兴趣时,才能称之为知识。否则,知识就会变成僵死的负担。二是获取知识的有效途径是研究性学习。要尽量使学生看到、感觉到、触摸到他们不懂的东西,产生疑问和困惑,激发思考和探索,用思考、情感、创造、游戏来照亮学生知识的学习。如果长时间地接受而不去应用知识,那么学生就会渐渐丧失兴趣,对新的知识采取冷漠的态度。三是巩固知识的有效办法是设法使一些知识成为掌握另一些知识的工具。使周围世界的事物、事实、现象和事件在一定意义上成为学生自己的东西。在低年级,知识的最重要的因素就是词,教师要让学生学会借助词去认识周围世界的事物和现象,并且与此联系地认识词本身的极其细腻的感情色彩。

经典语段一

请你努力做到,使学生的知识不要成为最终目的,而要成为手段;不要让知识变成不动的、死的“行装”,而要使它们在学生的脑力劳动中、在集体的精神生活中、在学生的

---

① 苏霍姆林斯基.给教师的建议(全一册)[M].杜殿坤,编译.2版.北京:教育科学出版社,1984:494.

相互关系中、在精神财富交流的生动的、不断的过程中活起来，没有这种交流，就不可能设想有完满的智力的、道德的、情绪的、审美的发展。①

经典语段二

学生把读过的东西或者教师讲述的东西背得烂熟，回答得很流畅，——这也是一种积极性，然而这种积极性未必能促进智力才能的发展。教师应当努力达到学生思考的积极性，使知识在运用中得到发展。②

经典语段三

真正的掌握是在这种情况下发生的，即：学生感到了知识是他进行智慧努力的结果，他自己去获取知识，同时找到运用知识的领域，从抽象真理再过渡到接触新的具体事实。③

经典语段赏析

《给教师的建议》所反映的知识观是苏霍姆林斯基教学观的重要组成部分，彰显了对传统知识观的理论颠覆和实践创新。它告诉我们，知识贵在运用，贵在和学生的生活实际、现实世界的意义、人的精神活动、思想情感紧密相连。知识既是目的又是手段，知识不是为了储存，而是为了沟通，教师不是为了学生记住知识，而是要注意发展学生的精神世界。知识是对前人实践经验的总结，学生学习知识不是为了用别人的思想填充自己的大脑，而是利用已知的知识去创造更多的价值。不能把知识的评定作为某种孤立的东西从教育过程中分离出来，而是应当把它当作促进学生进行积极的脑力劳动的刺激物，在师生之间建立起互相信任和怀有好意时，知识的价值才能彰显。

四、劳动观

苏霍姆林斯基认为，劳动在人类的生活中占有非常重要的地位，每个人都要生活，而生活就要劳动，没有劳动的生活，人类就不会向前发展。在《给教师的建议》中，苏霍姆林斯基对劳动的价值和作用、劳动教育的目的、劳动教育的原则和方法、劳动教育的形式和实施都作了具体而生动的阐释。

---

① 苏霍姆林斯基. 给教师的建议（全一册）[M]. 杜殿坤，编译. 2 版. 北京：教育科学出版社，1984：22.

② 苏霍姆林斯基. 给教师的建议（全一册）[M]. 杜殿坤，编译. 2 版. 北京：教育科学出版社，1984：24.

③ 苏霍姆林斯基. 给教师的建议（全一册）[M]. 杜殿坤，编译. 2 版. 北京：教育科学出版社，1984：538.

(一) 劳动的价值

苏霍姆林斯基认为,劳动对促进人的全面发展具有重要作用,德智体美劳是一个完整的系统,劳动对德、智、体、美都具有促进作用。

1. 劳动可以促进道德的发展,形成美好的道德意识

苏霍姆林斯基指出,"劳动是道德之源"。他认为,学生只有进行劳动,特别是克服重重困难、付出努力后取得成功,包括创造物质财富和精神财富,这样不仅能使学生获得一定的劳动技能,还能使学生更加热爱劳动,尊重劳动者,珍惜劳动成果,体会到劳动的乐趣。他说,如果一个学生不能从内心真正体会我们幸福生活必须通过亲手劳动去创造的话,那就不可能培养出真正热爱劳动和尊重劳动人民的人。

2. 劳动可以开发智力,促进思维发展

苏霍姆林斯基认为,劳动的重要意义在于手脑结合,如果一个人热爱劳动,他的思路是宽广的,目光是敏锐的,思维是开阔的,同时也是富于创造性和钻研精神的人。他深信:"劳动——足以能够使每个人身上燃起求知的火花。"对于学习上有困难的孩子,很多都是由于他们智力问题影响的。苏霍姆林斯基特别注重把劳动当成一种手段,用以帮助和开发这些学习上有困难的学生的智力。他强调,让学生在劳动中产生自信心和自豪感,把这种情绪转移到学习上,即使学习成绩较差、学习兴趣淡薄、甚至智力发展落后,他也会尽快在学习中确立自信心,并将很快找到解决问题的办法。

3. 劳动可以强身健体,稳定情绪

苏霍姆林斯基认为,体质健康与劳动之间也存在着密切联系。体力劳动在良好的体魄中所起的作用与运动同样重要。"有许多劳动过程,人体在其中的协调优美动作可以同体操相媲美。"①苏霍姆林斯基发现,在整个学期过程中从事割草、栽植树苗、嫁接等劳动的学生都显示出体态良好、体形美观、体魄强壮的特点。在冬天不太寒冷的时候,适当的户外劳动对于促进新陈代谢具有重要意义,也在一定程度上减轻了学生生病的风险。

4. 劳动可以促进审美的发展

学校的美育工作除了周围环境的建设与常规的美育活动开展之外,劳动对美育的发展也起着不可磨灭的作用。苏霍姆林斯基认为,劳动对美育的促进作用主要体现在以下几个方面:一是劳动过程可以促进学生的形体美发展,劳动的强身健体作用尤为明显;二是劳动,尤其是集体劳动可以促进人的心灵美,让学生形成良好的责任意识和合作意识;三是劳动过程以及劳动成果可以极大地促进孩子的审美发展,比如学生在一些剪纸、刺绣等劳动过程中提高其审美品位。再比如,如何将一块原始的土地整合成一块美丽的花圃,这也是对学生审美的一种考验。

---

① 蔡汀,王义高等.苏霍姆林斯基选集(五卷本)第1卷[M].北京:教育科学出版社,2001:233.

(二) 劳动教育及其实施

1. 劳动教育的目的

劳动教育的目的是培养社会公民，培养“真正的人”。苏霍姆林斯基明确指出：“劳动以外的教育和没有劳动的教育是不存在也不可能存在的。”[①]从生活的角度看，人离开了劳动便无法生存。从教育的角度看，学校劳动教育是培养全面发展人才的重要渠道。首先要让儿童做好劳动的心理准备。从步入学校，需要教师从身体上、精神上以及思想上培养学生。其次培养学生劳动的态度和品质。要让学生乐于去劳动、去做创造性的劳动，磨炼顽强的意志，塑造吃苦耐劳的精神，将劳动看作是一种本能，体验和享受劳动的光荣感、自豪感，这种情操的培养相比劳动本身更重要。劳动教育要培养集体主义意识，使学生成为共产主义社会的劳动者。再次通过传授劳动知识和劳动技能，使学生在社会工作中创造一定的经济价值。

2. 劳动教育的原则

《给教师的建议》中，苏霍姆林斯基详细阐述了劳动教育应当遵循的 13 个原则：① 劳动素养和一般发展(即道德的、智力的、审美的、身体的发展)相结合。② 在劳动中展示、发现和发展个性。③ 劳动的高度的道德意义及其公益方向性。④ 在童年期和少年期早期参加生产劳动，体验劳动生活。⑤ 劳动的种类的多样化。⑥ 劳动的经常性、不断性。⑦ 儿童劳动中要有成年人生产劳动的性质。⑧ 儿童劳动的量力性。⑨ 劳动内容、技能和技巧的衔接性。⑩ 劳动的创造性，脑力和体力相结合。⑪ 生产劳动的普及性。⑫ 劳动与多方面的精神生活相结合。⑬ 使学生理解和体会到一个人获得的生活福利和文化财富是与他个人参加共同的劳动有依赖关系的。[②]

3. 劳动教育的方式

苏霍姆林斯基非常重视教育与生产劳动之间相互结合的关系。他认为，学校普通教育的最终目的，是使准备参加生产劳动、创造物质财富的青年一代得到全面发展，所以务须使每个受教育者都做好参加生产劳动的准备，而受教育者在学生时代参与创造物质财富，决定着他们道德面貌的最重要特征；如果没有生产劳动，就不可能形成这些特征。因此，在帕夫雷什中学，学校为各个年龄阶段的学生从事各种各样的生产劳动提供了物质条件。学生可以从事的生产劳动项目有机械设计和模型制作、树木和农作物栽培、研究内燃机制造、木材加工、养兔、养蜂、养牛、养猪，等等。正是在这些生产劳动中，培养了学生的劳动热情，锻炼了学生的劳动技能。

4. 劳动教育的实施

成熟科学的劳动教育绝不仅仅是一所学校随意开设一门特色化体验课程那么简单，而应有一个完整的课程体系。苏霍姆林斯基提到了两条途径：一是通过教学大纲规

---

① 王天一. 苏霍姆林斯基教育理论体系[M]. 北京：人民教育出版社，1992：7.

② 苏霍姆林斯基. 给教师的建议(全一册)[M]. 杜殿坤，编译. 2 版. 北京：教育科学出版社，1984：481－484.

定必修课程,比如低年级的手工劳动,五至七年级在教学实验园地和车间里劳动,八至十年级则进行与工农业生产基本知识结合的劳动;二是通过小组活动的形式让学生自愿选择适合自己天赋、兴趣和倾向的劳动。这样,从低年级到高年级,就能形成一个完备的劳动课程体系。当然,学校要杜绝以书面考试的形式评价劳动教育课程成效,否则就异化和窄化了真正的劳动教育。

经典语段一

人们通常把劳动称为"伟大的教育者"。但是只有在这样的条件下,即人在劳动中确立了自己的信心,认识到自己的力量、才能和天赋时,劳动才能成为强大的教育力量。只有当一个人热爱劳动时,劳动才能成为真正的教育者。①

经典语段二

这里有三个阶梯:做出自己的努力,靠劳动取得成果,享受到脑力劳动的欢乐。儿童沿着这三个阶梯走上去,就会掌握牢固的、理解透彻的知识。②

经典语段三

无所用心可耻,热爱劳动光荣——这是世界上划分人的第一条标准,我们力求在我们的学生的意识中确立这种认识。③

经典语段赏析

劳动是人的个性全面发展教育体系的重要组成部分,教育要与生产劳动相结合,劳动具有重要的育人价值。当前,我国劳动教育存在着许多薄弱环节和问题,出现了一些"弱化""软化""淡化""异化"劳动的现象,导致青少年劳动机会减少、劳动意识缺乏,不会劳动、不愿劳动、不珍惜劳动成果等问题,这些与培养德智体美劳全面发展的社会主义建设者和接班人的目的不相适应。2018 年 9 月 10 日,习近平总书记在全国教育大会上指出,"要努力构建德智体美劳全面培养的教育体系","培养德智体美劳全面发展的社会主义建设者和接班人",并强调:"要在学生中弘扬劳动精神,教育引导学生崇尚

① 苏霍姆林斯基.给教师的建议(全一册)[M].杜殿坤,编译.2 版.北京:教育科学出版社,1984:347.

② 苏霍姆林斯基.给教师的建议(全一册)[M].杜殿坤,编译.2 版.北京:教育科学出版社,1984:374.

③ 苏霍姆林斯基.给教师的建议(全一册)[M].杜殿坤,编译.2 版.北京:教育科学出版社,1984:487.

劳动、尊重劳动,懂得劳动最光荣、劳动最崇高、劳动最伟大、劳动最美丽的道理,长大后能够辛勤劳动、诚实劳动、创造性劳动。"劳动教育再一次和"德智体美"一起被提起,并被明确要求纳入现行的教育体系之中。苏霍姆林斯基的劳动观为我们构建新时代德智体美劳全面发展的教育体系提供了有力的理论支撑。

第三节 经典案例讨论分享

《给教师的建议》中有大量、丰富的教育教学案例,这些案例生动有趣,蕴含着深刻的教育思想,充满教育意义。学习分享这些案例,有助于我们更好地理解和掌握苏霍姆林斯基的教育理念,开阔视野,提升能力,努力成为一名优秀的教师。

案例一

我的眼中没有"差生"

我永远不会忘记一个叫巴甫里克的学生。刚入学,巴甫里克就感到,他和别的孩子不同,分辨不清字母,记不住短诗。任课的女教师抱怨:"为什么你不好好学习?我还要给你补多少课啊?"巴甫里克全身瑟缩着,愁眉苦脸。他被教师鉴定为"思维迟钝"的孩子。

然而,当我带孩子去田野和森林里玩的时候,我发现巴甫里克对观察植物和动物非常有兴趣,他专心致志的样子让我觉得他不可能是一个学习落后的学生。但女教师并不这样想,她认为巴甫里克的智力发展只有读好教科书这一条路可走,在课本面前坐得越久,他就会变得越聪明,限制他参加课外活动,为此巴甫里克吃尽了苦头。

到了五年级,学校有了植物课。植物教师善于安排课堂教学,不仅要求学生掌握教材,而且鼓励学生自己去获取知识。直到这时,巴甫里克才表现出"手指尖"上的才华,他会用心做各种各样的"生物材料":各种枝、叶、根、茎、花和种子,学会了苹果树的嫁接,并获得成功。以往他身上那种害怕、拘束、犹豫不见了,学会了从他所看到和观察过的东西里引出结论,并且敢于提出不一样的问题。教师们发现巴甫里克原来是一个非常聪明好学的孩子,认为这一变化是"思维的觉醒"。

几年过去了,巴甫里克在植物栽培方面的劳动成为一种真正的创造,中学毕业后,巴甫里克进入了农业学院,后来成为农艺师。

——摘自《一个"差生"的"思维的觉醒"》

讨论分享

在苏霍姆林斯基眼中,没有差生的概念,只有"学习困难的""难教的"学生。就像医生对待病人一样,不能说你的病是治不好的,你毫无希望了,不能让学生总感觉他是差生,不可救药,从而失去了成长的动力和希望。

苏霍姆林斯基一生中就教育过107名“难教育的学生”,这107名学生都有一个艰难的教育过程。每周他都要走访困难孩子的家庭,以便深入了解形成他们成长的最初环境,他跟家长们、家长的邻居们、教过这些孩子的老师们进行交谈。他认识到,不应当让一个不幸的、被大自然或不良环境造成艰难境遇的孩子知道他是一个能力低、智力差的人。教育这样的儿童,应当比教育正常儿童百倍地细致、耐心和富于同情心。要让孩子始终看到自己的进步,不断在变好。

教师必须打破“一个人得了好的评分,那他就是好人,得了坏的评分,那他就是毫无出息”的陈旧观念。学校教育不能简化为仅仅只是知识的学习,而是要更多地去关注孩子的道德、性格、思想、情感、思考力、创造力的养成。教育以育人为目的,是为了让孩子一生过美好的、有尊严和幸福的生活,而非艰难地、压抑地、丧失希望地苟活着。

深度探究

(1) 结合《给教师的建议》的相关章节,厘清“差生”的具体表现、分析形成的原因,交流转化“差生”的教学策略。

(2) 收集相关资料,扩大视野,分享其他教师转化“差生”的有效策略,对比与苏霍姆林斯基的异同,深化教育教学的理解。

案例二

我用一生备一节课

一位有30年教龄的历史教师上了一节公开课,课上得非常出色。听课的教师们听得入了迷,竟连做记录也忘记了。他们坐在那里,屏息静气地听,完全被讲课吸引住了,就跟自己也变成了学生一样。课后,邻校的一位教师对这位历史教师说:“我想请教您:您花了多少时间来备这节课?不止一个小时吧?”那位历史教师说:“对这节课,我准备了一辈子。而且,总的来说,对每一节课,我都是用终生的时间来备课的。不过,对这个课题的直接准备,或者说现场准备,只用了大约15分钟。”

——摘自《教师的时间从哪里来?一昼夜只有24小时》

讨论分享

这就是《给教师的建议》中的“一辈子与15分钟的故事”。这个故事让我们思考什么呢?教师的时间究竟从哪里来?教师究竟应该怎样备课?是不是只有写好文字教案才是备课?隐性备课算不算备课?

终生备课是上好一堂课的基础。它会让你的课更丰富、更生动、更深刻,让你站位更高、视野更广。如果一个教师在他刚参加教育工作的头几年里所具备的知识,与他要教给孩子的最低限度知识的比例为10∶1,那么到他15至20年教龄的时候,这个比例就要变成30∶1,50∶1。① 这样在你的眼里,教科书就变得像识字课本一样浅易。上课

① 苏霍姆林斯基.给教师的建议(全一册)[M].杜殿坤,编译.2版.北京:教育科学出版社,1984:8.

时，教师的注意力就不用集中在自己的讲授上，而是能看到学生是不是在思考，怎样思考了。

终生备课绝不只是为了上好课，而在于持续不断地充实和完善自我。作为教师，绝不能做教材的奴隶，如果只囿于年复一年、单调乏味地死抠教科书，那么我们的教学天地只会变得越来越狭窄。教师最大的困境就是脑壳太空，精神财富耗尽而无以补充。终生备课彰显的是教师积极学习，成为终身学习者的本色，彰显的是教师不断成就自己，对成为好教师的追求和向往，彰显的是教师超越教材束缚，放眼学生发展的全局视野。

终生备课就要持之以恒地学习读书。教师要成为学生的知识的源泉，就要永远处在丰富的、有意义的、多方面的精神生活中，而这种精神生活在很大程度上与阅读有关。教师执教的每一节课，都反映出教师平时的知识底蕴和精神风貌。

深度探究

(1) 结合《给教师的建议》，探讨教师的备课备什么？并谈谈显性备课与隐形备课的关系，加深对备课的理解。

(2) 访谈若干教师，结合每个教师备课的具体做法和体会，对照苏霍姆林斯基的建议，寻找差距和改进的措施。

案例三

我无限相信书籍的教育力量

有一位姓特卡琴柯的优秀数学教师，他教的中学生没有不及格的。这位教师的创造性劳动的一个最突出的特点，就是他善于合理地组织阅读，通过阅读来发展学生的智力才能。特卡琴柯从五年级教到十年级，他教的每一个年级都有一个绝妙的小图书馆，里面有不止100种书籍，这些书都是以鲜明的、引人入胜的形式来讲述他觉得是世界上最有趣的一门科学——数学的。如果没有这些图书，那么他的某些学生是永远也不会达到及格的。

——摘自《阅读是对“学习困难的”学生进行智育的重要手段》

讨论分享

《给教师的建议》中，有34篇论及阅读，其中8篇专门论述阅读问题。苏霍姆林斯基对中小学生阅读的重要性、规律性和操作性给予了大量精辟的论述。

阅读是思考和觉醒的力量。让学生徜徉在广阔无垠的阅读海洋里，借助阅读发展学生的智力。尤其是对转化“差生”具有特殊的作用。“学生学习越感到困难，他在脑力劳动中遇到的困难越多，他就越需要多阅读：正像敏感度差的照相底片需要较长时间的曝光一样，学习成绩差的学生的头脑也需要科学知识之光给以更鲜明、更长久的照耀。

不要靠补课,也不要靠没完没了的'拉一把',而要靠阅读、阅读、再阅读。"①"学习困难的学生"读书越多,他的思考就越清晰,他的智慧力量就越活跃。

阅读有利于激发学生浓厚的兴趣,培育学生熟练的阅读技巧,提升学生自主读写的能力。"为什么有些学生在童年时期聪明伶俐、理解力强、勤奋好问,而到了少年时期,却变得智力下降,对知识的态度冷淡、头脑不灵活了呢?就是因为他们不会阅读!"②

阅读必须和思考相结合。在阅读的同时能够思考,在思考的同时能够阅读,使阅读达到一种自动化的程度。要让学生养成思考的习惯。学而不思则罔,思而不学则殆。

阅读要课内课外相结合。对一个善于思考的学生来说,他在脑力劳动上所花费的时间,大约有 1/3 是用在阅读教科书上,而 2/3 是用在阅读非必修的书籍上。因为,说实在的,思考习惯的养成,在决定性的程度上是取决于非必修的阅读的。如果只读教科书,那么就会变成不堪忍受的负担,并由此产生许许多多的灾难。③

要从小培养阅读兴趣。要严格挑选书籍,找到适合学生"自己的"书,做到开卷有益。要保证阅读的时间,享受闲暇阅读的时光。要创设阅读的条件,学校、班级都要有图书馆、图书角,每个人要有自己积累的藏书,让书籍以快乐的激情去充实孩子的心灵,占据孩子的青年时代,丰富孩子的精神生活。

阅读要与学生的身心发展相适应。苏霍姆林斯基将帕夫雷什中学的十个年级分为三个年级段:低年级、中年级和高年级。低年级主要以童话故事和诗歌寓言为主,中年级以自然科学为主,更多地关注学生对大自然的好奇与探索,高年级则更重视书籍的文化性,注重学生对本民族以及国外民族文化的阅读和学习。

读书使人进步。他的学生费佳在阅读中不再自以为是,季娜在阅读中明白了人要死后留下深深的痕迹,而沃洛佳则在阅读中克服了精神空虚……书籍成了照亮前方道路的火把,让学生感受阅读的新奇,享受阅读的瑰宝,积累阅读的智慧。

深度探究

(1) 结合《给教师的建议》,探讨阅读与思考的关系,揭示阅读对孩子成长的意义。

(2) 摘取一些名人谈论读书的案例或观点,如培根论读书、朱熹谈读书,感受阅读的力量和智慧。

案例四

让学生生活在思考的世界里

这是 16 年以前的事了。我在三年级听了几节语法课。在其中的一节课上,女教师维尔霍汶尼娜讲了一条规则。孩子们好像理解了这条规则,也举出了一些例子,把

① 苏霍姆林斯基. 给教师的建议(全一册)[M]. 杜殿坤,编译. 2 版. 北京:教育科学出版社,1984:50-51.

② 苏霍姆林斯基. 给教师的建议(全一册)[M]. 杜殿坤,编译. 2 版. 北京:教育科学出版社,1984:203.

③ 苏霍姆林斯基. 给教师的建议(全一册)[M]. 杜殿坤,编译. 2 版. 北京:教育科学出版社,1984:210.

规则背会了。在第二节课上,女教师提问这条规则,可是只有少数几个“最好”的学生还记得,其余的学生都忘记了。为什么忘记得这么快呢?不是昨天还回答得那么流利,而且全都会背会了吗?这是怎么一回事呢?于是,又重新让他们背诵,重新举一些例子。到了第三节课上,仍旧是那幅情景:还是那几个“最好”的学生知道这条规则。

接着我又听了10节课,苦苦地思索着:为什么孩子们要记住学过的教材是这么困难呢?

经过考察和分析,我们揭示了一条很有意义的规律:学生识记和保持的抽象真理在更大的程度上取决于学生究竟独立地分析和思考过多少事实。学生只有在思考事实的过程中揭示和理解了抽象真理的实质,在他思考事实的时候在内心使用这条抽象真理去理解这些事实时,这条抽象真理才能被很好地识记和保持在记忆里。

——摘自《要思考,不要死记!》

讨论分享

思考是激发学生智力的动力,是防止学生死记硬背最有力的手段,因为懂得还不等于已知,理解还不等于知识。为了取得牢固的知识,还必须进行思考。知识不经过思考,就不能内化为学生学习和生活的意义。因此学生在脑力劳动中占居首位的,不应当是背诵,而是借助词来进行思考。学生思考得越多,他在周围世界中看到的不懂的东西越多,他对知识的感受就越敏锐,知识就“活了起来”。

那么怎样培养学生的思考呢?那就是通过发现真理、发现因果联系及其他各种联系,通过疑问和解疑,利用各种思想相互交叉、纠缠、碰头的“交集点”,即意义联系的地方来促进学生思维的觉醒,这样学生的学习就有了兴趣,学习就不再是苦差事,学生就不会觉得越学越难,甚至出现厌学的现象。因为儿童学习愿望的源泉,就在于进行紧张的智力活动和体验到取得胜利的欢乐。

让学生生活在思考的世界里,需要教师的智慧,教师首先应把自己培养成思考者。只有教师的思想才能点燃学生勤学好问、渴求知识的火焰,从而向儿童揭示出:思考,这是多么美好、诱人而富有趣味的事。

深度探究

(1) 结合《给教师的建议》,交流分享“学而不思则罔、思而不学则殆”的教育价值。

(2) 探讨教师应当如何首先成为思考的主动者和示范者。

案例五

要设法减轻学生的学业负担

为什么学生感到越学越难了呢?不是近来为了改善教学过程做了许多工作吗?例如:制定了新的教学大纲、教学计划,并且在编写新的教科书等。然而尽管如此,中年级和高年级学生,在勤奋学习的情况下,还是不得不每天在家庭作业面前坐上3至6个小时。在学校里学6个小时,再加上在家里学6个小时,这样的学习已经把学生弄得精疲力竭了。许多学生在八年级毕业后,不想再升入九年级,因为他们感到学习太吃力了。

现在,减轻学生的脑力劳动的问题,已经成为首先要解决的问题。能不能把学生的学习劳动减轻到这样的程度,就是让高年级学生在两小时内,至多3小时内完成家庭作业,而让八年级学生完成功课的时间不超过1到1.5小时呢?在学校工作的30多年的经验告诉我:这是可以做到的。

——摘自《为什么学生感到越学越难了呢?》

讨论分享

中小学生学业负担过重,是基础教育长期而普遍存在的问题。《给教师的建议》反映出苏霍姆林斯基对减轻学生学业负担的高度重视,看到了制约学生发展的一个突出问题。案例中苏霍姆林斯基提出了"要给学生自由支配时间"的改善药方。但总体来说,他主张优化教学过程本身、丰富学生的智力生活、给学生自由支配的时间。

优化教学过程本身。如果教学过程中学生死记硬背、学生学习热情衰减、课堂学习效率低下,这些是加重学生学业负担的主要原因。苏霍姆林斯基把知识分为记忆性知识和理解性知识,教师如果要求学生背诵理解性知识,就会增加记忆的负担。如果学生的时间全部被学习占据,学生学习的负面情绪就会逐渐积累,丧失学习的兴趣。如果课堂死气沉沉,不能及时整合、消化学习的知识,造成一知半解,学生学业落后的风险就越大。

丰富学生的智力生活。苏霍姆林斯基认为通过改革课程设置、介绍课程门类、降低教材难度、删改教学大纲来减轻学生学业负担是幼稚可笑的,因为这样会培养出一批素质低下的懒汉,导致教学质量的下降。减负的关键在于要激发学生学习的内在动力,引导学生通过大量阅读获取知识,教给学生科学的思维和学习方法,为学生的兴趣爱好提供平台。

给学生自由支配的时间。苏霍姆林斯基认为,自由时间是丰富智力生活的首要条件,要建立合理的作息时间,让学生去阅读最喜欢的课外书、组织社团活动或者去野外观察有趣的自然现象。要让学生早睡早起,让大脑得到充分休息。要培养学生自我教育的意识,充分发挥学生的主观能动性,激励学生自主、合理地安排好自己的学习生活。

深度探究

(1) 结合《给教师的建议》,研究探讨"学业负担"概念的内涵,深化拓展对"学业负担"的理解。

(2) 深入中小学校观察调研,开展行动研究,分析我国中小学生学业负担的状况及其解决的办法。

第四节 延伸阅读

《给教师的建议》被誉为"活的教育学""学校生活的百科全书",影响了无数教师,一直以来是中小学教师必读书目,人们谈论它、学习它、研究它、实践它。

苏霍姆林斯基教育思想的核心是人道主义，信任每一个孩子是他的教育信条。没有爱就没有教育，没有兴趣就没有学习。教师要全身心关爱学生，不断激发学生心中蕴藏着的学习兴趣，充分尊重学生的个性化发展。这就是苏霍姆林斯基教育思想的精华。

——（中国）顾明远教授

人道主义教育学原则，即把整个心灵献给孩子，是苏霍姆林斯基教育思想中的核心理念，也就是要让每一个孩子在个性化发展的过程中快乐成长。

——（乌克兰）阿拉・米哈伊洛夫娜・勃古什教授

简单地说，苏霍姆林斯基的教育思想主要有两点：一是承认并尊重每个孩子的不同和差异；二是爱孩子，特别是爱那些有问题的孩子。苏霍姆林斯基是一个人道主义者，所以他的教育思想处处体现着人道主义教育和人性的光芒。

——（乌克兰）苏霍姆林斯基的女儿苏霍姆林斯卡娅

《给教师的建议》处处彰显着苏霍姆林斯基人道主义思想的真谛，闪烁着苏霍姆林斯基教育思想的光芒，对世界，特别是中国的教师影响巨大，激励着广大教师"办好每一所学校，教好每一个学生，使每一个学生得到成功"。①

一、苏霍姆林斯基教育思想对中国的影响

自20世纪七八十年代以来，苏霍姆林斯基教育思想在中国中小学、教育研究机构和高等院校逐步传播开来，中国已经成为名副其实的学习、研究和践行苏霍姆林斯基教育思想的国家。

苏霍姆林斯基教育思想之所以风行中国，有几个主要的原因：一是苏霍姆林斯基是社会主义教育家，其教育思想形成于苏联时期，中苏是拥有共同社会意识形态的国家，适于教育行政部门对其教育思想进行全面推广；二是苏霍姆林斯基教育思想形成于实践之中，其思想是真实的教育生活的总结，是真实教育问题的思考与破解，让中小学教师感到亲切；三是其著作颇具特点，在故事与案例中娓娓道来，生动地讲述其教育观点，与严肃晦涩模式的教育理论著作相比，中小学教师更容易接受，更有利于学习。②

（一）翻译其著作

苏霍姆林斯基教育思想在中国的广泛传播得益于我国一批学者对著作的翻译和多家出版社对其著作的出版。杜殿坤、王义高、赵玮、唐其慈、毕淑芝、马家驹、肖勇、吴式颖、吴福生、王天一等一批专家学者为苏霍姆林斯基教育思想的翻译、评介付出了巨大心血。也正是在老一辈教育学者的大力推动下，越来越多的青年学者意识到苏霍姆林斯基教育思想的重大意义，进入编译、研究与实践的队伍中来，默默耕耘。目前已经出版的苏霍姆林斯基著作既有单行本，也有五卷本选集。教育科学出版社2001年8月出版的由蔡汀、王义高、祖晶主编的《苏霍姆林斯基选集》（五卷本）涵盖了苏霍姆林斯基的

① 顾明远．再谈苏霍姆林斯基教育思想在中国的传播及其现实意义[J]．比较教育研究，2010(3)：1－4．

② 李申申等．苏霍姆林斯基画传[M]．济南：山东教育出版社，2018：244．

11 部著作和 68 篇精选教育学论文,堪称苏霍姆林斯基教育思想的百科全书,是中国读者学习和研究苏霍姆林斯基教育思想的主要文献。

其他单行本的著作被翻译出版的目前也有 30 多部。1981 年,教育科学出版社出版了杜殿坤教授编译的《给教师的建议》、张田衡等编译的《给儿子的信》、吴春荫、林程编译的《学生的精神世界》,天津人民出版社出版了唐其慈、毕淑芝、赵玮等编译的《把整个心灵献给孩子》。1983 年,上海教育出版社出版了赵玮、杜殿坤校译的《和青年校长的谈话》,湖南教育出版社出版了肖勇编译的《教育的艺术》,安徽教育出版社出版了朱先奇编译的《培养集体的方法》。1984 年,湖南教育出版社出版了马家驹等编译的《关于全面发展教育的问题》,杨楠编译的《学生集体主义情操的培养》,陈炳文编译的《年轻一代的道德理想教育》,教育科学出版社出版了黄之瑞编译的《让少年一代健康成长》。1984 年,湖南人民出版社出版了《苏霍姆林斯基论美育》,将苏霍姆林斯基的美育思想研究做了归纳总结。1985 年,北京师范大学出版社出版了穆欣的《瓦·阿·苏霍姆林斯基论智育》,对苏霍姆林斯基的智育思想进行了梳理概括。至 20 世纪 80 年代中后期,在引介苏霍姆林斯基教育思想过程中,《爱情的教育》《帕夫雷什中学》《胸怀祖国》《少年的教育和自我教育》《苏霍姆林斯基论智育》《怎样培养真正的人——给教育工作者的建议》等著作相继编译出版。

另外,还有中苏学者根据苏霍姆林斯基本人生平事迹或其著作、论文等编写的专题书籍,已在中国出版的有 10 多部,如《教育艺术》(肖勇译,湖南教育出版社 1983)、《苏霍姆林斯基的一生》(鲍里斯·塔尔塔科夫斯基著,唐其慈等译,教育科学出版社 1986)、《苏霍姆林斯基画传》(李申申等著,山东教育出版社 2018)等。

(二)研究其思想

为加强中国和乌克兰教育学术交流,促进苏霍姆林斯基教育思想在中国的发展。1998 年,中国苏霍姆林斯基教育思想研究会在北京成立。成立后,研究会多次召开苏霍姆林斯基教育思想国际研讨会,极大地促进了对苏霍姆林斯基教育思想的研究。

进入 21 世纪,参与研究的人员越来越多,学科构成更趋多元化,哲学、教育学、体育、艺术等研究人员纷纷加入该队伍,研究视角更加开阔,成果更加丰硕。多层次、多维度地对苏霍姆林斯基教育思想进行相关解读与分析。整体来讲,21 世纪以来,中国对苏霍姆林斯基教育思想的研究在广度上得到不断延展,深度上更加系统、科学,研究呈现出欣欣向荣的景象。

(三)践行其理论

20 世纪 90 年代以后,人们对苏霍姆林斯基的热忱开始投注于实践领域,涌现出一批苏霍姆林斯基式的中小学校长和教师。比较知名的有魏书生、李镇西、李吉林、吴辰、高峰、闫学等。他们在自己的教育活动中自觉地、创造性地运用和践行苏霍姆林斯基的教育思想,从而使苏霍姆林斯基的教育思想在现实中生动起来,鲜活起来,培养出一批批自觉性和自主性强、具有一定创新能力、有理想、有抱负、多方面和谐发展的人才。魏书生指出,“多年来,为把学校办成一个学习的团体,我倡导学习苏霍姆林斯基,实践苏霍姆林斯基，从读教育名著开始，制定一生的读书计划，实现我们的教育理想”①。这位苏霍姆林斯基的追随者一生都在践行苏霍姆林斯基的教育思想，他从一位小学教师成长为中学校长，再到教育局局长，最后又归于一名教师和校长，其曲折经历与苏霍姆林斯基有着惊人的相似，他用自己一生的切实行动传播着苏霍姆林斯基教育思想。

全国十大杰出中小学中青年教师、成都市武侯实验中学李镇西校长强调：“苏霍姆林斯基的思想，是在我教育生涯的早晨投下的第一缕金色的霞光。……第一次听说苏霍姆林斯基，是我刚参加工作那一年。”②这位身处教育一线的“中学语文特级教师”丝毫不避讳苏霍姆林斯基对其教育观产生的深刻影响，他认为自己的成功很大程度上得益于苏霍姆林斯基的影响，并用自身的实际行动时刻践行着苏霍姆林斯基的教育思想。

中学校长吴辰更是把传播苏霍姆林斯基教育思想作为自己的历史责任和使命，在亲赴乌克兰实地考察帕夫雷什中学后，她致力于让每一位教师都成为苏霍姆林斯基式的教师，并在自己所在的中学成立了“苏霍姆林斯基研究中心”。吴辰曾在接受中国教育报采访时谈道：“我国正在进行新一轮的课程改革，通过阅读苏霍姆林斯基的著作，我们发现，在这次课改中呈现出来的一些新理念和新做法，苏霍姆林斯基很久以前就已经开始思考并付诸实践了。”

20 世纪 90 年代以后，越来越多的中小学校开始用苏霍姆林斯基的教育理念和方法探索自身学校发展的新路径。湖北黄冈中学对愉快教育模式的探索，青岛 65 中学对和谐教育模式的探索，上海闸北八中对成功教育模式的探索，重庆白沙镇三口中学对和谐教育模式的探索等，都是在苏霍姆林斯基教育思想直接影响下进行的。可以说，中国基础教育领域一大批中小学校开始践行苏霍姆林斯基教育理念，广大一线教师开始有意识地用苏霍姆林斯基教育思想指导自己的教育教学行为，中国基础教育实践领域许多方面渗透着苏霍姆林斯基的影响。③

案例六

苏霍姆林斯基是我成长的精神导师

很多年前，那个懵懵懂懂的女孩刚走出校门又踏进了校门，她由一个爱做梦、爱看电影、爱打扮、爱写诗的女孩变成了教师。教师工作的繁杂和与此俱来的茫然，使她对自己产生了深深的怀疑。可是，很幸运地，她读到了一本书，遇见了一个人。那是《给

① 朱小蔓，张男星，一丛能在异国开花的玫瑰——苏霍姆林斯基教育思想在当代中国的传播与生长[J]. 北京大学教育评论，2006(02)：110 - 125.

② 李镇西. 追随苏霍姆林斯基——纪念苏霍姆林斯基八十诞辰[J]. 比较教育研究，1999(02)：47 - 48.

③ 徐辉. 苏霍姆林斯基教育思想在中国的研究、实践与影响[J]. 教育评论，2019(03)：146 - 150.

教师的建议》,作者是一个叫苏霍姆林斯基的教师。

这是她教师生涯中最重要的一次遇见。她第一次看到世界上竟有这样的教育,这样的教师,她第一次发现教育是如何作为一种信仰融入一个人的生命,她第一次意识到做教师原来是一件美好的事情。她又开始做梦,她想做一个像苏霍姆林斯基那样的教师!……那个女孩就是我。

闫学老师从遇见苏霍姆林斯基与追随苏霍姆林斯基的20年里,她做过一线教师,做过教研员,如今又做了校长,但她还是坚定地说:"为了爱孩子,我来做教师。"这是闫学老师从未改变的初心。①

二、苏霍姆林斯基教育思想的比较研究

苏霍姆林斯基的教育思想不是凭空产生的,既有历史的继承性,又有现实的创造性。他吸收继承以往诸多教育家的思想精华,又给后来的研究者以深刻的思想启迪,因此对苏霍姆林斯基的教育思想进行一些比较研究,探索其中的异同,分析其历史背景和思想根源,可以更好地认识苏霍姆林斯基及其教育思想。

(一) 叶圣陶与苏霍姆林斯基主体性教学思想比较

叶圣陶与苏霍姆林斯基分别是我国和苏联著名的教育理论家和教育实践活动家,他们在同一时期分别创立了各自的主体性教学思想。学习和研究两位教育大师的主体性教学思想,比较其异同,对于把握他们主体性教学思想的实质,丰富和完善我国具有中国特色的现代教学理论体系,推进我国中小学正在进行的课程与教学改革具有重要的现实意义。②

(二) 苏霍姆林斯基与卡尔·罗杰斯人本教育思想比较研究

人本主义教育认为,学校教育应当为每一个学习者提供有助于个人自由发展的,有内在奖励的经验。教育的目的是同个人生长,整合和自主等观念联系在一起的能动的个性完善过程。但是不同人本主义学者强调的是学生个性中的自然属性还是社会属性,反映在教育过程中还是有重要区别的。苏霍姆林斯基主张培养合格公民和劳动者的人本主义教育观,而卡尔·罗杰斯强调的是以学生为中心的人本主义教育观,因此,他们的教育目标、教育手段等就会不同,比较不同人本主义学者的观点,有助于整体全面的认识和把握人本主义的教育理想。③

---

① 闫学.跟苏霍姆林斯基学当老师[M].2版.上海:华东师范大学出版社,2016:自序.

② 续润华.叶圣陶与苏霍姆林斯基主体性教学思想异同比较[J].玉林师范学院学报,2019(6):137-142.

③ 周兴平.人本主义教育观的两种认识取向:苏霍姆林斯基与卡尔·罗杰斯人本教育思想比较研究[J].现代教育论丛,2010(6):7-9.

（三）苏霍姆林斯基与约翰·杜威教育思想比较研究

杜威和苏霍姆林斯基是两位著名的教育家，比较来自东西方的两种教育思想有助于我们更好地理解教育的真谛，建立正确的教育功能观、学生观和教学观：教育是为了促进人的全面、和谐和个性化的可持续发展，为此必须尊重学生，关注学生的兴趣、经验、尊严、人格、权利、感情和需求，并在教学中关注学生的主体地位。两位教育家也为未来的教育家们追随其教育足迹，更好地继承和创新教育的理论与实践提供了宝贵的启示。他们激励我们，要敢于在前人理论的基础上发展和创新，要把教育的思想扎根于深厚的哲学之中，并要深入学校第一线去开展实践。①

学习评价

1. 为什么说《给教师的建议》是“学校生活的百科全书”？

2. 为什么说《给教师的建议》是“活的教育学”？

3. 请结合教育实际，谈谈你阅读后的真切感受。

4. 请摘抄《给教师的建议》的典型案例每人至少 3—4 个，并分析。

5. 请摘抄你认为《给教师的建议》中最难忘且最打动你的语句至少 20 则，并说明其原因。

阅读参考

1. 苏霍姆林斯基著，张田衡等译：《给儿子的信》，教育科学出版社，1981。

2. 苏霍姆林斯基著，毕淑芝、肖甦、叶玉华等译：《育人三部曲》，人民教育出版社，1998。

3. 蔡汀、王义高、祖晶：《苏霍姆林斯基选集（五卷本）》，教育科学出版社，2001。

4. 李镇西：《追随苏霍姆林斯基》，华东师范大学出版社，2009。

5. 闫学：《跟苏霍姆林斯基学当老师》（2 版），华东师范大学出版社，2016。

6. 李申申等：《苏霍姆林斯基画传》，山东教育出版社，2018。

---

① 张春莉，王迪. 两位教育家思想的对比研究启示[J]. 中国教育学刊，2010(9)：9－12.

第七章

八又二分之一种智能:《多元智能》

内容提要

智能是一种人性整合的生活操作模式，是解决问题或创造的能力，而非只侧重IQ。一个人聪明与否，不单是集中在学业，还有八又二分之一种智能评定一个人的成就。每个人的智能是多元的，并有自己独特的智能组合，而且智能并不是与生俱来，每个人都有能力改进且扩展自己的智能。通过该书的阅读学习，旨在引导学生学会深度阅读，学习加德纳的智能结构理论及教育思想，对其教育观、教学观、智力观、评价观等，以及对书中的典型案例及解决办法要认真思考和体悟，用之指导自己的教育教学工作。

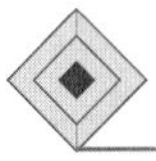

学习目标

1. 学习和领会《多元智能》中作者对于智能结构的研究。

2. 领会和把握《多元智能》中所体现的作者的教育观、教学观、智力观、评价观等。阅读本书，对这些观点进行抽绎分析和思考研究。

3. 摘录和思考《多元智能》中的典型案例，并对作者的破解之策给予认真体会和讨论交流。

第一节　简介及影响

一、多元智能理论的产生

《多元智能》(Multiple Intelligences: The Theory in Practice)的作者是霍华德·加德纳(Howard Gardner)，当代世界最著名心理学家和教育学家之一，美国哈佛大学教授、《零点项目》学术委员会主席。因创建多元智能理论，被誉为“美国教育改革的首席科学家”。他出版的18本专著被翻译成20多种文字。他本人被普林斯顿大学等世界一流大学先后授予过18个名誉博士学位。他曾四次来华，在中国有广泛的影响力。

多元智能理论产生于20世纪60年代开始的席卷美国教育界的反思和改革浪潮。它产生的环境和土壤，是重视基础学科研究和学科交叉研究的哈佛大学及其教育研究生院的“零点项目”(Project Zero)研究所。

1957年，苏联成功发射了世界上第一颗人造卫星，此后又在航天领域数度领先，使二次大战中占尽天时地利而不可一世的美国十分懊恼，从而促成了美国教育界在60年代的大反思。人们在更加重视数学和科学教育，对中学物理学课程进行了较大改革的同时，也更加关注艺术教育。“零点项目”就在这样的背景下启动的。“零点项目”是哈佛大学教育研究生院下属一个有关教育的研究机构，1967年由哲学家纳尔逊·古德曼(Nelson Goodman，1906—1998)创建，目的是改进艺术教育，并以艺术为手段改革教育的理念和方法。古德曼相信，艺术活动不仅依靠灵感和热情，艺术和科学一样，也有自己的认知规律。他认为，当时人们对于艺术认知的规律一无所知，立志从“零”开始，所以为这个研究机构起了个令人费解却非常形象生动的名称。

“零点项目”的建立及其创始人的价值取向和初始学术定位是培育多元智能理论的土壤。该项目成立的时候，加德纳刚开始研究生二年级的学习。虽然他在哈佛大学文理研究生院的导师和多数心理学家都认为艺术不属于心理学的研究范畴，但他还是与古德曼教授一拍即合，毅然决然地成为其中的一员：“少年时代我曾经是一个认真执着的钢琴家，同时还热情地投身于其他形式的艺术。当我开始学习发展心理学和认知心理学的时候，发现它们基本上不涉及艺术，这使我感到非常困惑。因此我早期的学术目标，就是想在心理学的研究领域中，为艺术寻找一席之地。时至今日，我仍然在尽力这样做！1967年，由于对艺术长期的兴趣，我成了‘零点项目’创建伊始最早的一名成员。”①

1972年，古德曼退休，年仅29岁的加德纳就成为“零点项目”的两名负责人之一。加德纳的多元智能理论的思想根源是从他1967年参加“零点项目”开始的。“如果没有对艺术长期的兴趣和研究工作，我是绝对不可能提出多元智能理论的。我曾经注意到，在美国心理学的学术界特别在大学范围内，受到重视的思维种类，就仅仅是逻辑分析的思维。但是当我开始研究正常的和天资优异的儿童，研究大脑受到损伤的成年人时，我发现了人类拥有一定数量完全不同的能力，我决定将它们命名为‘人类智能’(human intelligence)。这些智能是音乐、绘画、舞蹈、雕塑、诗歌以及其他艺术形式的思维基础。”②

对儿童艺术发展和认知的研究，是产生多元智能理论的第一个根源。正常儿童或特殊儿童艺术发展和认知的过程，使加德纳意识到人类的能力不是单一的，而且不同的能力之间是相对独立的。“我早期的研究生涯，很自然地依照这样的轨迹进行。皮亚杰和他的同事通过追踪儿童是怎样发展出像科学家那样的思维方式，来说明儿童的认知

① 霍华德·加德纳. 智能的结构(20周年纪念版)[M]. 沈致隆，译. 北京：中国人民大学出版社，2008：1.

② 霍华德·加德纳. 智能的结构(20周年纪念版)[M]. 沈致隆，译. 北京：中国人民大学出版社，2008：7.

发展过程和规律。我和我的同事照此办法,研究儿童如何发展出类似艺术家那样的思维和表现方式,来说明儿童认知和发展的过程和规律。就这样,我们开始着手设计实验以及观察研究,以真正了解艺术能力发展的时期和阶段。"①

加德纳2003年在美国教育研究协会发表演讲"多元智能理论二十年"时,回答头脑中是怎样产生多元智能理论的问题时,曾经总结了两个原因,一个是上文提到的他自幼开始并延续至今对艺术,特别是对音乐的爱好给予他的启迪和灵感,另一个就是他的博士研究生学业即将结束的时候,进入大脑神经学研究领域的机会。"1969年,我在哈佛'零点项目'听了当时的著名神经学家诺曼·格什温德的一次讲座。这件事几乎可以说是完全出于偶然,但对于我却具有划时代的意义。在20世纪60年代末期,在我研究人类心理发展的同事中,很少有人重视神经系统的研究。……听过格什温德的演讲之后,我几乎想马上转为神经心理学的研究生。在那之前,我一直在探索艺术家如何发展出他们所展现的能力,以及他们是怎样在较高水平上进行艺术创作、艺术表演和艺术批评的。"②

加德纳提出多元智能理论最重要的前期工作及其依据,除了在"零点项目"对正常儿童和特殊儿童的艺术心理和创造力的研究,就是他博士毕业后跟随格什温德在波士顿退伍军人医疗管理中心的医院做博士后的时候,对大脑受伤病人的研究成果。在那里,他的工作持续了20年之久,研究正常的或具有特殊天赋的人,一旦大脑受到不幸的撞击,出现肿瘤或其他脑损伤之后,会发生什么现象,试图理解人类的能力反映在大脑中是怎样组合的。但同时他在"零点项目"早期研究的动力也越来越强,他同样渴望着知道,当人尤其是艺术家受到意外的撞击致使大脑神经系统受伤后,其认知特点和创造能力会发生什么变化。

从脑伤病人的表现中加德纳发现:病人丧失许多能力后,某种能力可能仍然完好;或者病人丧失这种能力而其他能力却无损。不论病人显示这两种模式的哪一种,都说明大脑皮层中有许多不同的生理区域,这些区域各司其职,掌管不同的能力或智能。这些能力彼此之间相对独立,说明了智能的多元化。例如,分辨语言的能力和其他能力是分开的。一个惯用右手的人如果左脑中枢部位受伤,几乎可以肯定会发生失语现象,可是这个人其他方面的功能,几乎大部分都不会受到影响。但是如果同一个人脑部受伤的位置在右脑的同样部位,他几乎不会发生任何上述的语言问题,但可能会在维持空间定向、歌唱或是与他人相处时发生困难。这同样证明了人类的智能是多元化的、相对独立的。

正是多年在"零点项目"和上述医院对于脑伤病人的研究,为他创建多元智能理论提供了理论和实验的依据。

多元智能理论诞生的直接诱因,是荷兰海牙伯纳德·凡·李尔基金会1979年的委托和定向资助。"零点项目"当时接受了基金会的委托,承担了一项持续4—5年的重大课题,从跨文化的角度出发,研究人类潜能的本质及其开发③。当时"零点项目"两名负责人之一的加德纳,接受了令人胆怯而又极富魅力的任务:写一部在人文科学领域中建

① 霍华德·加德纳.重构多元智能[M].沈致襄,译.北京:中国人民大学出版社,2008:22.

② 霍华德·加德纳.重构多元智能[M].沈致襄,译.北京:中国人民大学出版社,2008:23.

③ 霍华德·加德纳.多元智能理论二十年[J].沈致隆,译.人民教育,2003(17):8.

立人类认知本质的理论专著。

有了这笔资助，加德纳及其同事前往中国、印度、埃及、日本等非西方国家，与更多国家和地区的学者开通了联系和交流的渠道，开始了“人类潜能”项目的研究，重点是调查东方文化及其认知文献，以了解在不同的文化中，心理认知的能力是怎样被确认、被珍惜、被培养的。

以上研究工作的成果是加德纳 1983 年出版的专著《智能的结构》(Frames of Mind)。在这一著作中，作者将自己过去关于儿童艺术认知和脑损伤病人的研究成果及其他调查报告加以综合归纳，提出了这一至今仍风靡全球的发展心理学理论。

二、《多元智能》的主要内容及其影响

1983 年出版的心理学著作《智能的结构》，在美国和世界各地的教育家和教育工作者中受到了广泛而热烈的欢迎。公众对这一理论的信任鼓舞了加德纳和他的同事，从此便开始了在课程体系、教育评估和教学方法改革等方面的实验。与此同时，加德纳开始考虑多元智能理论在学龄前儿童、小学生和中学生教育中的应用。此外，还探索了多元化思维在其他机构和行业，如博物馆和商业上的应用。1993 年，加德纳将在多元智能理论应用方面所做的工作加以总结，汇集成册，出版了《多元智能》。原书还有一个副标题“实践中的理论”。

加德纳提出的多元智能理论和传统的智能理论的根本区别，首先是概念的不同。传统的智能理论，也就是智商(IQ)测试以及传统学校评估系统体现的智能概念，即解答智力测验试题或者课程考试的能力。按照 IQ 理论，运用统计方法，与不同年龄接受测试者的解答加以比较，可以从测验分数推断出他们的智能。不同年龄接受测试者在不同测验中所得的结果有明显的相关性，证明智能随年龄、学历、经历的变化不大，是每个人与生俱来的属性或能力。这种理论认为智能是单一化的，IQ 测试是客观公正的，IQ 分数的高低与人的智力水平成正比。

多元智能理论认为“智能是一种生物生理潜能”①，强调它与文化环境和社会需求之间的密切联系，认为只要某种能力在一个文化背景中被视为是有价值的，这种能力就应被确定为智能；否则，这能力就不应被认为是智能。加德纳的研究只看重那些对社会的发展和进步有价值的人物，而不是抽象的人的能力。因此多元智能理论的智能概念，“是在特定的文化背景下或社会中，解决问题或制造产品的能力”②。这种能力能够针对某一特定的目标，找到通向这一目标的正确路线。从构思一部小说的结尾到下棋时把对方将死，甚至修补一床棉被，都是生活中需要解决的问题。科学理论、音乐作品、甚至成功的政治竞选，都是上文所说的产品。因此多元智能理论对于人类智能的判断，依赖的不是考试成绩，而是不同文化背景下解决实际问题的能力，是创新能力。

它还认为智能不是单一的，怀疑通用智能(general intelligence)的科学性，认为每个人无论属于哪一种族，拥有何种肤色，家庭财产多寡，与生俱来都拥有八种以上既各

① 霍华德·加德纳. 多元智能新视野[M]. 沈致隆，译. 北京：中国人民大学出版社，2008：44.

② 霍华德·加德纳. 多元智能[M]. 沈致隆，译. 北京：新华出版社，1999：16.

自独立存在又相互联系的智能,每种智能的运作都与大脑的某些部位的组织相关,受不同部位神经系统的影响。理论还认为每个人与生俱来的智能强项和弱项各不相同,不同的人在解决问题和创造产品的时候,组合并运用这些智能的方式和特点不同,因此一个人的智能轮廓和特点固然与遗传因素有关,但后天的人生经历、文化背景和社会环境,对智能的发展也有重要作用。此理论还认为,传统的智能概念、IQ 测试和各类考试有明显的种族偏见和西方文化的影子,其概念和测验考试的成绩,与接受测验考试者的文化背景、社会地位或经济地位有关,但并不一定公正和全面。

加德纳及其在"零点项目"的同事们,根据多方面的信息和研究成果,如脑损伤条件下人的认知能力受损的情况,对特殊群体如超常儿童、白痴天才(idiot-avants)、患孤独症儿童认知特点的研究成果,对过去几千年人类认知进化的研究资料,不同文化交叉背景下认知的研究,心理测量学的研究(包括不同测试方法和手段结果相关性的研究),心理训练的研究(特别是不同学习能力的转化和普遍化的研究),确定了判断人类的某种能力能否成为智能的八个判据。1983 年,以这些判据为衡量标准,经过反复筛选,加德纳从众多候选者中初步确定了人类的七种智能。一是语言智能(linguistic intelligence),指的是掌握并运用语言、文字的能力;二是逻辑-数学智能(logical-mathematical intelligence),指的是逻辑推理、数学运算以及科学分析方面的能力;三是音乐智能(musical intelligence),指感觉、欣赏、演奏、歌唱、创作音乐的能力;四是身体-动觉智能(bodily-kinesthetic intelligence),指运用全身或身体的某一部分,包括嘴和手,解决问题或创造产品的能力;五是空间智能(spatial intelligence),指针对所观察的事物,在脑海中形成一个模型或图像从而加以运用的能力;六是人际智能(interpersonal intelligence),指了解他人,与人合作的能力;七是自我认知智能(intrapersonal intelligence),指深入并理解自己内心世界并用以指导自己行为的能力。90 年代末期发展为"八又二分之一"种智能。

第二节　经典语段

第一篇　多元智能理论

经典语段一

这种判断(传统智力测验)人的智能的片面看法,产生了与之相对应的学校观,我称之为"统一观点"。建立在这种观点上的统一规划的学校里,每个学生都要学习相同的课程即核心课程,选择的可能性极少。只有智商高的学生,才被允许选修需要有批判性的阅读、计算和思考技能的课程。①

① 霍华德·加德纳. 多元智能[M]. 沈致隆,译. 北京:新华出版社,1999:6.

经典语段二

按照我的观点,学校教育的宗旨应该是开发多种智能并帮助学生发现适合其智能特点的职业和业余爱好。①

经典语段三

我们为自己和自己所监护的人作出的选择,可能是错误的。以个人为中心的学校,应该在评估学生个体的能力和倾向方面富有经验。这种学校不但寻求和每个学生相匹配的课程安排,也寻求与这些课程相适应的教学方法。当学生进入高年级后,学校还力求为每个学生选择适合他们文化背景的生活方式和工作岗位。②

经典语段四

具有任何程度的文化背景的人,都需要运用多种智能的组合来解决问题……每一个人都是具有多种能力组合的个体,而不是只拥有单一的、用纸和笔可以测出的解答问题能力的个体。③

第二篇 智能的培育

经典语段一

其(评估专家)任务是对儿童在学校所表现出来的特别才能、倾向和弱点,定期提供最新的评估。我相信任何新的评估方法,都必须符合以下三个标准。第一,必须是"智能展示"(intelligence-fair)的评估方法,即能够直接观察到一种智能的潜力,而不必通过数学和逻辑的"反光镜"。第二,它必须具有发展的眼光,也即评估儿童在某一特定领域的知识,必须使用适合他或她在一定发展阶段的方法。第三,它必须和推荐相关联,也即对一个具有特定智能测绘图的儿童,评估所得的分数和评语,必须和这名儿童推荐的活动相关联。④

经典语段二

学生在接受教育生涯中最重要的事,莫过于找到适合个人智能组合的学科或技艺,

① 霍华德·加德纳. 多元智能[M]. 沈致隆,译. 北京:新华出版社,1999:10.
② 霍华德·加德纳. 多元智能[M]. 沈致隆,译. 北京:新华出版社,1999:11.
③ 霍华德·加德纳. 多元智能[M]. 沈致隆,译. 北京:新华出版社,1999:29.
④ 霍华德·加德纳. 多元智能[M]. 沈致隆,译. 北京:新华出版社,1999:78-79.

这是值得长时间甚至终生去探索和追求的。有成就的人常会将成功的原因归结为"觉醒体验",也即第一次发现并面对适合于自己学习的强项和方法时的感觉。这种感觉,往往要靠个人的机遇。①

经典语段三

以个人为中心的教育的障碍不是来自经济的或知识的原因,而是主观上是否愿意的问题。如果我们认为以个人为中心的教育的方法无效或有效但不可行,那么它似乎就是个乌托邦。然而,如果我们决定接受这种以个人为中心的教育方法和目标,我坚信我们将在这个方向上取得重大的进展。②

经典语段四

每一名学生每天都要参加一个类似师徒制的小组。在这个小组里,不同年龄的学生和一名有经验的老师一起学习掌握一门他们感兴趣的手艺或学科。因为小组内学生的年龄不同,他们可以在活动中按照自己知识的程度,从容地进行。又因为有一位知识面更广的老师一起活动,他们有难得的机会看到专家是怎样工作的。③

经典语段五

理解并融会贯通课程可被认为是一种"准课程"(metacurriculum),是标准课程(如数学、地理、词汇等)和通用于各门学科的非情景化思维或学习技巧课程之前的桥梁。这种课程包括若干理解并融会贯通单元,以帮助学生更好地理解学校设置各种课程的原因以及怎样学好它们。这些单元力图使学生思考自己正在学习的学科的性质与问题,培养他们自我检查与监督的能力。④

第三篇　评估与超越评估:多元智能教育的组成要素

经典语段一

我们的社会一向过分地支持正规考试的模式。但我坚信学徒模式的学习和评估方式,即我称之为"情景化学习"的方式,应该适当地再次引进我们的教育体制中。⑤

---

① 霍华德·加德纳. 多元智能[M]. 沈致隆,译. 北京:新华出版社,1999:80.

② 霍华德·加德纳. 多元智能[M]. 沈致隆,译. 北京:新华出版社,1999:86.

③ 霍华德·加德纳. 多元智能[M]. 沈致隆,译. 北京:新华出版社,1999:118.

④ 霍华德·加德纳. 多元智能[M]. 沈致隆,译. 北京:新华出版社,1999:133.

⑤ 霍华德·加德纳. 多元智能[M]. 沈致隆,译. 北京:新华出版社,1999:168.

经典语段二

似乎很多考试都被设计来创造需要,而不是满足需要。

定期地、恰当地思考他们所要达到的目标,思考实现这一目标所需要的不同方法,思考在实现目标过程中所经历的成功和失败,思考评估的意义。

评估应该称为自然的学习环境中的一部分,而不是在一年学习时间的剩余部分中强制"外加"的内容。

当评估渐渐地成为学校景观的一部分,就不需要再将它从其他的教室活动中分离出来。

正规考试还有一个人遗憾的缺点就是成绩的用途……心理学家们花费了太多的时间给人排名次,几乎没有时间来帮助他们。①

经典语段三

学生在教室里表现得似乎理解了,因为能把记住的事实和法则返回给教师。可是一旦需要他们自己独立挑选在学校学过的什么概念、事实或技巧,用于眼前的新情况,就表现得不能"真正理解并学以致用"了,而且经常表现得和 5 岁的儿童一样。②

经典语段四

根据我对为"真正理解并学以致用"能力而教育的看法,应该开始就清楚地要求学生理解的这种概念以及希望学生完成学业后的表现,这是很重要的。这些"最终状态"和"最后表现"就成为课程设计和评估程序的基础。③

经典语段五

教育必须超越共同的知识。让学生知道本国的文学和历史、知道统治自然世界的重要生物和物理原理,当然是重要的。但让学生学会找到自己的强项,追寻他们自己喜欢、有可能成功的领域,其重要性至少不亚于前者。

人不能决定自己命运的情况是很少的。人们的生活轨迹,极可能是由他们自身发展的能力和技巧所决定的……人类历史上很多最有创造力的天才,都曾经存在明显的学习上的问题,爱迪生、邱吉尔、毕加索,甚至爱因斯坦,都是这样。可他们不但没有被这些困难吓倒,反而发挥自己的强项,在各自所从事的领域里,取得了巨大的成就,作出

① 霍华德·加德纳. 多元智能[M]. 沈致隆,译. 北京:新华出版社,1999:180-185.

② 霍华德·加德纳. 多元智能[M]. 沈致隆,译. 北京:新华出版社,1999:196-197.

③ 霍华德·加德纳. 多元智能[M]. 沈致隆,译. 北京:新华出版社,1999:199.

了非凡的贡献。因此,那些承担教育重任的人,应该特别注意自己学生的强项和创造性。①

经典语段六

通过强调以下四个要素,我想在一定程度上提出重点:

1. 教育的目标是真正理解并学以致用的能力。
2. 教育的重点是培养理解能力的表现,这些表现在情景中评估。
3. 承认不同受教育个体的强项存在差异。
4. 承担在每个儿童的教育中激发他们强项的责任。②

第四篇 多元智能研究的未来

经典语段一

说我国任何两个总统会表现出完全相同的大脑类型,恐怕很难让人相信,但本世纪(20 世纪)的美国总统,却几乎都被誉为"高智能",可见"智能"一词的不确定性。该怎样比较沉默寡言的柯立芝总统和喋喋不休的罗斯福总统呢?该怎样比较机智灵活的肯尼迪总统和沉默稳重的威尔逊总统呢?该怎样比较喜欢拐弯抹角的约翰逊总统和心直口快的杜鲁门总统呢?可能最具有讽刺意味的是比较胡佛和卡特这两个不大成功的总统。他们都是工程师,更接近一般人眼里的高"智能"。但是只有当离开总统的职位以后,他们的活动才获得了正面的评价。③

经典语段二

不能将智能看成像胃那样的生理器官,也不能看成像情绪、爱好那样的心理属性。至多只能说,智能是取决于个体所存在的文化背景中已被认识或尚未被认识的潜能或倾向。博比·费希尔也许的确拥有成为伟大棋手的潜能,但如果他恰巧出生在没有象棋的文化中,这种潜能可能永远得不到表现的机会,更不要说成为象棋大师。他也许有可能运用自己的空间智能或逻辑智能成为一个科学家或航海家,但却不一定能成为如此杰出的人物。单一智能或多种智能,一直都是一定文化背景中学习机会和生理特征相互作用的产物。④

---

① 霍华德·加德纳. 多元智能[M]. 沈致隆,译. 北京:新华出版社,1999:214.
② 霍华德·加德纳. 多元智能[M]. 沈致隆,译. 北京:新华出版社,1999:216.
③ 霍华德·加德纳. 多元智能[M]. 沈致隆,译. 北京:新华出版社,1999:223.
④ 霍华德·加德纳. 多元智能[M]. 沈致隆,译. 北京:新华出版社,1999:230.

经典语段三

虽然教育应该考虑到智能多元化的状况，但是在教室里和实习场所的实践中，智能的差别几乎都被忽略或遗忘了。如果说没有遗忘的话，教育也是按照相反的假设进行的，即只有一种教学方式，只有一种学习方法，每个人都要根据他们的特点限制在制定的形式之中。①

经典语段四

从日本的雇佣制度上，也可以明显地看出社会联系对于成就的激励作用。在工作单位，员工强烈地认同自己的企业，部分原因是他们往往希望事业终生与之相联。此外，员工之间感觉不到剧烈竞争的存在，一个人具备所有需要的能力得不到特别的奖励。实际上，日本的公司似乎承认人类智能的不同层面，并且接受以下观念：即具有不同能力的个体对企业的成功将作出特殊的贡献。②

经典语段五

因此，智能的研究需要不同心理学方法的结合。建立在个体认知上的研究，包括信息处理方法、目的、手段的模式、因素分析等，都将继续有用。虽然这些研究能够对人们在解决特定问题时采用何种策略提供启迪，但这些非情景化的问题却不是人类智能要解决的关键问题。人们在实际生活中遇到的问题，虽然往往不以规则的形式出现，但要综合周围环境中的事件和信息使问题成型。我们还需要更加深入地了解下列问题：社会环境如何激发个体投身于这类问题的研究？激励或阻止人们全身心地将才能投入其中的机制和方法是什么？父母和班级集体的作用怎样？怎样加强他们的作用？学校的组织和课程对不同的学生和教师有什么影响？简而言之，因为我们相信大多数人能够技巧熟练地运用他们的智能，我们需要知道怎样通过社会这个框架鼓励这一运用。一旦我们确认智能是通过个体的能力、社会价值观和社会组织的推动而演变的，我们就更有可能设计和支持使人类的智能更加有效地发挥作用的政策和方法。③

---

① 霍华德·加德纳.多元智能[M].沈致隆，译.北京：新华出版社，1999：237.
② 霍华德·加德纳.多元智能[M].沈致隆，译.北京：新华出版社，1999：247－248.
③ 霍华德·加德纳.多元智能[M].沈致隆，译.北京：新华出版社，1999：257.

第三节　讨论与分享

多元智能理论(也有学者翻译为多元智力理论),作为一种在批判传统智力观基础上建立起来的新型智能观,对我国各层次素质教育改革有什么重要启示?这是国内学者在接触到该理论后关注的首要问题。大家讨论的内容,主要是如何建立平等积极的学生观、多元化的发展观和评价观、个性化和情景化的教学观等。

一、教育的目的

加德纳对智能的研究,主要有两条思路,分别是数量维度和质量维度。大多数学者,包括加德纳前期的研究,更多的都是从数量维度展开,如认为人类具有 3 项智能或者 7 项智能。20 世纪 90 年代开始,加德纳开始关注智能的质量,而且和现实的教育紧密相连。1999 年,他提出教育的最大目的就是要让学生对所学知识得到最大程度的理解并学以致用。同年,加德纳出版的专著《训练有素的头脑:学生应该理解什么?》,就是从质量维度对智能展开研究。

很多重点学校,培养了众多高分学子,表面上非常风光,但在加德纳看来,这些学校在履行自己的职责时其实是失败的,因为他们的学生缺乏对有用材料与概念的真正理解。物理可以考得很好,但不理解月亮的周期、季节的轮回;学了生物学,却不理解进化论;课堂上详细讨论过第一次世界大战的复杂原因,转而去解释同样复杂的另一事件时,却只用“好人——坏人”这样最简单的评价标准;学了现代诗的错综复杂,讨论过关于艾略特与庞德的评价问题,但如果把作者的身份隐藏,就无法区分大师的作品与业余写作。

加德纳曾经描述过一段他和女儿的对话。有一天,女儿很沮丧地从大学打电话回家:“爸爸,我发觉我不理解我的物理课”。为了做一个充满同情心、富于耐心的父亲,加德纳以最乐观的语气说:“我很佩服你选修物理的勇气,我以前从没勇气这样做,我并不在乎你得什么样的分数,这并不重要,重要的是你要理解材料,你可以去找找老师,看他是否能够帮助你”,女儿决绝地说:“爸爸,没用的,我从来就没有理解过。”女儿的感受使加德纳思考的问题具体化了。全世界的学校,包括“好”学校,人们都以能够完成一定的作业作为知识与理解的标志,如果你按一定的方式回答了多项选择题或按特定的方式解决了问题,你就被认为理解了,没有人会进一步追问:“你真的理解了吗?”在通过考试与真正地理解之间,有着很大的距离!

那么,怎样才算是真正地理解?加德纳的“理解”实际上强调的是学生举一反三的能力,要求学生通过学习,经过个人的认知加工获得个人意义,可以在任何情景中解决实际问题。知识的理解过程实际上就是知识的动态加工与转化过程,也就是从陈述性知识转化为程序性知识的过程。刚刚习得的知识通过新旧知识同化,以陈述性知识形态进入相应的命题网络,开始了知识的动态加工过程。在知识的重建与巩固阶段,知识一分为二,一部分通过重建与改组成为更巩固的陈述性知识,另一部分通过变式练习转化为程序性知识。陈述性知识以命题网络的形式表征,程序性知识以产生式方式表征。

所谓产生式表征的知识，即以“如果——那么”的方式存在的知识。原来的陈述性知识转化成为“如果……那么……”“在……条件下，会……”这样的推理、思路、解题步骤与方法。实际上程序性知识已经不再是传统意义上的知识，而相当于技能技巧与智慧能力。在知识的运用阶段，知识一分为三。如果解决的是很简单的“是什么”的问题，仅仅依靠线索提取记忆的陈述性知识足够，如果解决的是复杂的“怎么办”“为什么”等问题，就需要两种知识，一种为对外办事的程序性知识，即根据外界提供的条件，做出合乎规则的反应；另一种是对对外办事的整个过程进行内部监控与反省，这种知识称为策略性知识，实际上前一种程序性知识即智慧技能，后一种程序性知识即元认知能力。加德纳强调在变化的情景中应用原有知识解决问题，实际上就是强调智慧技能与元认知能力，这是抓住了智能发展的“质”的灵魂。

二、智能观

加德纳认为智能应该强调两种能力，一是解决实际问题的能力，二是生产或创作出社会需要的有效产品的能力。加德纳说：“解决问题每一种技能都与生物有关，多元智能理论就是由生物本能构建而成的，但生物本能还必须与这一领域的文化教育结合。”这种智能选择源于生物学，同时考虑到了要根据一个或多个文化背景去评价，这是对传统智力理论的超越，也使多元智能的界定更加完善。农业社会中，有体力就是有能力；工业社会中，拥有较好的逻辑数理智能和优良的学业成绩就是有能力；现在是信息社会，能够解决问题、生产及创造出社会所需要的有效产品才算有能力。“智能情景性”与“智能分布”这两个概念，是从发展过程阐释社会文化对智能发展的重要性，认为智能不单纯是生物学产物，而是以文化教育为依托，结合生物能力所表现出来的或是具有潜在意义的潜能或取向，且这种潜能或取向多在自身发展中逐渐内化为或是自动化为个人经验或技能。多元智能理论并非否认人的先天遗传，它认为先天遗传素质是个体发展的重要基础，离开这个基础也无从谈发展。因此，多元智能理论的智能观就是一定文化背景中有意义学习与生理特征相互作用的产物。①

根据多元智能理论，大多数人具有完整的智能，但每个人的认知特征又显示出其独特性，在八种智能方面每个人所拥有的量是不同的，八种智能的组合与操作方式各有特色。长期以来，我国的学校教育偏重于培养和发展学生的语言和数理逻辑能力，而忽视对学生其他方面能力的开发和培养。因此，学生的多种智能未能受到尊重，他们的特长可能难以被发现，这对于学校和社会都可能是巨大的人力资源浪费。通过观察不难发现，传统的智力测验也许能够很好地评估和预测学生的在校学业成绩，但在评价和预测学生学习以外的表现和发展时，其作用微乎其微。

因此，真正有效的教育必须认识到智能的多样性和广泛性，并使培养和发展学生各方面的能力占有同等重要的地位。音乐、体育、美术、历史、地理等学科，对促进学生智能的多方面发展具有重要价值。作为教师，不但要关注学生的学业成绩，更要关注学生的全面发展，尤其重视培养学生的实践能力和创新能力。

---

① 李子华.多元智能理论对当前学校教育教学改革的启示[J].教师教育研究，2004(3)：69.

三、教学观

每个人都不同程度地拥有相对独立的八种智能,而且每种智能有其独特的认知发展过程和符号系统。因此,教学方法和手段就应该根据教学对象和教学内容而灵活多样,因材施教。学生智能表现形式具有多样性和复杂性的特点,因而无论什么时候,不论多么优秀的教师,都不可能找到一种适合于所有学生的教学方法。所以教师要根据不同的教育内容以及不同学生的智能结构、学习兴趣和学习方式,选择和创设多种多样的能够促进每个学生全面发展的教育方法和手段。同时教师要善于针对不同智能特点的学生,尤其是要根据学生智能结构中的优势智能,采用多元化的教学模式和教学方式,使不同的学生都能得到最好的发展。①

同时,教师还应该营造丰富的学习环境,发现、培养和发展学生的优势智能,并帮助学生将优势智能的特点迁移到弱势智能领域。通过丰富的环境,教师可以对学生的智能进行全面而多元的观察,对学生有一个更客观、更真实的了解。教师通过各项智能活动的关键能力去观察学生,记录观察结果,依此识别学生的智能强项或弱项。这种对关键能力的观察有助于教师更准确地了解学生在不同活动中的智能表现,为识别和发展学生的强项智能提供信息。这样做法能够增强学生在其强项领域的智能发展,提升他的自尊和自我认同感,使其强项智能在其他领域的学习中产生积极作用。在课堂教学中,教师要培养学生的独创性,启发学生独立思考;教师要尊重学生的不同观点和意见,有意识地表扬那些有创见的学生,营造有利于发展学生求异思维、多向思维的氛围。教学目标要因人而异,学生根据切合自己的目标来学习;教师设计的学习材料也要考虑到学生的差异,使学生可以选择适合自己水平的学习材料;教师要指导学生的学习和思维方法;教师要善于发现与发展学生的特长和天赋,了解学生的个性特征,因材施教,使学生自由发展兴趣特长,为学生找到适合他们自己的发展方向提供帮助,与此同时,教师还要消除后进生的陈旧观念,努力培养学生的自信心。

根据多元智能理论,每个学生的智能分布和发展是各不相同的。这就要求教师要考虑授课的综合性,摒弃传统的教学观,以学习者为中心,创造个性化的环境,提供个性化的教学方式,以满足学生的不同需要。对学生实行个性化教育的可以是教师,可以是家长,也可以是同年级或高年级的学习伙伴。在个性化教学方面,小班教学当然比大班教学更有优势,计算机以及计算机模拟将会使这方面的工作更加容易。但这并不是说缺乏这两方面的条件,就无法实施个性化教学。实施个性化教学有两种方法:一种是找一个与自己智能结构相似或者互补的大哥哥、大姐姐一起学习,这是一种"大哥哥、大姐姐"形式的、利用榜样作用实现的方法;另一种是让孩子们合作完成一个学习项目,每个人都能有不同的贡献,在角色的对换过程中,以及教师对不同学生问题的反馈中实现个性化的教育。但是,如果孩子们只是在单一学科(如数学学习)中合作的话,也谈不上是个性化教学。如果能让家庭了解自己孩子的智能优势和不足,家庭也因此能实施个性化教育,同时他们还可以为教师提供孩子的各方面信息。因此,这需要各方面的交流分

① 李绍芳.多元智力理论对当前教学改革的启示[J].教书育人,2006(35):3-4.

享孩子的信息，而不是依靠某一个教师去进行个性化教育①。

四、评价观

多元智能理论对传统的标准化智力测验和学生成绩考查提出了严厉的批评，认为其过分强调语言和数理逻辑方面的能力。多元智能理论认为，测验的目的不应该是对学生分类，排名次，或者贴标签，而应该是帮助教师和家长认识和了解学生的学习特点和需要，并采取适当的措施，帮助每一个学生充分发展其潜能。

根据多元智能理论，我们知道每个人的智能结构和认知过程都不相同，用测量传统智力的量表来测量多样化的智能并据此来对学生做出评价显然是不全面的，甚至是不正确的。我们不能简单地去说一个人是否聪明，而只能根据目前已得到论证的智能的成分或由于这些成分的不同结合而形成的不同类型去判断，说明他们在哪个方面聪明，在哪个方面成功，以及怎样聪明、怎样成功。我们应该从实际生活和学习情况出发，从多方面观察记录和了解每个学生的智能强项和弱项，重视每个学生的个别化智能发展。通过开展多元化评价、将形成性评价与结果性评价相结合、发展性评价与诊断性评价相结合；在教中评，在学中评，充分调动学生自评、互评的积极性，结合学校评价、教师评价、家长评价，尽可能做到全面、客观、公正，使评价富有教育性、指导性和发展性。在教育教学中，不应该有“差生”的存在，只应该有各具智能特点、智能表现形式和发展方向的学生。要尊重每一个学生，对每一个学生都要给予关心和帮助②。

因此，树立科学的评价观，我们可以从以下六个方面进行努力：

1. 评价手段要有激励作用

通过评价让学生学会更多的学习策略，为学生提供表现自己所知所能的各种机会，使学生逐步获得自我认识、自我教育、自我进步的能力。教师要以激励代替指责求全，以表扬肯定代替批评否定，学校教育要使每个学生都体验到乐趣、体验到成功，感受到自己存在的价值和闪光点，从而激发每个人潜在智能的开发。

2. 评价内容要全面

评价内容应该包括知识技能的掌握，以及情感、态度、价值观的培养，另外还包括学习过程和方法，基本的科学精神和科学态度，收集信息、分析信息、发现问题、解决问题的能力，探究精神与创新能力，与他人的交流与合作，团队意识和责任感，健康的身体和良好的心理素质。

3. 评价方法要多样

把各种评价方法结合起来，即把定性方法与定量方法，自评与他评，结果评价与过程评价，诊断性评价、形成性评价与终结性评价结合起来。这样，既可以充分发挥各种评价方法的优势和特长，又可以互相弥补其不足，从而使评价结果更加客观、公正。

---

① 张金秀. 多元智能理论与全球教育转型[J]. 比较教育研究，2011(3)：89 - 90.

② 慕彦瑾. 多元智力理论对教育和促进学生发展的启示[J]. 太原大学教育学院学报，2007(1)：3.

4. 评价主体要多元

评价主体应该包括教师、学生、家长及社会人士等等。在评价过程中,学生教师都处于一种主动积极的参与状态,充分体现他们在教学评价活动中的主体地位,这有利于教师、学生不断地对自己的教育教学活动和学习活动进行反思,对自己的活动进行自我调控、自我完善、自我修正,从而不断提高教育教学的质量和效率①。

5. 注重学生发展过程的纵向评价

学生的各种个性特征在不同发展阶段是不完全相同的,展现的程度也不一样。有时智能领域在不同的成长阶段会有不同的表现,不同的生命个体也会存在不同的发展。所以要关注学生在不同阶段成长的特点,注重学生发展的纵向评价,能增强学生的成功感和自信心,进而形成自我发展的动力。

6. 重视情景性评价

对不同文化背景的学生采用非正式评价,比如在教学过程中评价,在学生不经意间评价,从而给学生创造一个轻松自在的学习环境。

第四节　延伸阅读

一、《智能的结构》

此书出版于1983年,理论性很强,资料极其丰富,论证十分详尽,体现了大脑异常聪慧、学识极为渊博的加德纳前半生的学术功底和知识积累,横跨了数十个学科概括了作者20年来积累的无数文献资料、反复思考、多方交流和精心研究的成果。

此书最为珍贵之处,是在提出确认智能的八个判据之后,详细论证了七种智能的存在和特征。此后的相关著作,都是对理论的补充说明、拓展延伸以及对实践效果的介绍和检验。在《智能的结构》一书中所表述的多元智能理论的主要观点和基本框架,却始终没有改变。此书在1993年和2004年分别出了10周年和20周年纪念版,作者在这两个新版中增添了"10周年纪念版导言"和"20周年纪念版导言"。

该书分三部分,第一部分是有关多元智能理论的背景知识,介绍了人类对于智能的认识以及包括皮亚杰等所做工作在内的有关智能的传统观念,阐述了与人类智能有关的自然科学如遗传学、生物学的基础知识,提出了作者自己的智能概念和八个判据。第二部分是关于多元智能理论本身的阐释。从第五章到第九章,每一章分别详细地逐一论证五种智能,即语言、音乐、逻辑-数学、空间、身体-动觉智能的存在和特征。第十章论证人际和自我认知两种智能,合并称为人的认知智能。此书的第三部分有两章,主要是为满足赞助者的要求,分别讲智能的培育和应用。

① 郭红霞.论多元智力理论对教学的启示[J].湖南第一师范学报,2004(1):29.

二、《重构多元智能》

此书出版于1999年，副标题是"21世纪的多元智能"，说明加德纳在面向新世纪时，对多元智能理论进行了更深层次的思考，力图使理论更加完善、严谨、实用。加德纳在用两章的篇幅回答读者提出的问题，澄清了对于理论存在的大量误解以外，讨论了另外三种智能即博物学家智能（naturalist intelligence）、存在智能（existential intelligence）和精神智能（spiritual intelligence）的本质和存在的可能性。90年代中期，由于当代最伟大的进化生物学家、哈佛大学教授恩斯特·迈尔（Ernst Mayr，1904—2005）的当面提醒，经过反复思考和论证，加德纳肯定了完全满足智能八个判据的博物学家智能的存在，即提出对自然界的动植物以及一切事物进行研究、归纳、分类的能力，也是一种智能。对于存在智能，即思考生命的价值、死亡的意义以及在自然界和人类社会中为人自己定位的能力，加德纳虽然认为存在的可能性很大，但因为它只能满足八个智能判据中的七个，没有找到它与大脑特定部位组织之间的联系，他没敢最终确定，所以至今只承认存在"八又二分之一"种智能。

在这本书中，他还讨论了艺术智能和道德智能存在与否的问题。此外，领导能力和创造能力的特征和培养，也与多元智能理论在教学中应用一起，被加德纳提到讨论的议事日程上。更重要的是，这本书除回答读者提出的问题外，专门罗列了10多年来出现的对多元智能理论误解的方方面面，并逐一给予澄清，分析了产生这些误解的原因，推动了理论进一步发展和深化的步伐。

三、《多元智能新视野》

此书出版于2006年，在这部书中，加德纳除改写补充《多元智能》一书的有关内容以外，还加写了重要的四章，分别是"25年后的回顾""学科理解的多元切入点""多元智能理论和企业管理"和"多元智能理论的未来"，总结了25年来多元智能理论的历史、在教学中和商业上的新应用以及预估了未来的发展。

《多元智能新视野》(Multiple Intelligences New Horizons)一书经沈致隆先生翻译后，在国内先后四次出版发行。其中中国人民大学出版社分别于2008年和2012年出版，浙江人民出版社于2017年出版纪念版，浙江教育出版社与2021年再次出版。本书主要分为三个部分，分别为多元智能理论、教育实践和未来的展望。

孩子的教育对父母、对社会、对国家来说都是头等重要的大事。《多元智能新视野》充分显示了对个性的尊重和理解，充满了对个体无限潜力的认可。通过本书，我们更加懂得，孩子是多元化的，绝不能用一把尺子去衡量所有孩子，不能让孩子成为互相攀比的牺牲品。加德纳的理论带给家长、教师和其他教育工作者全新的观念，以帮助更多的孩子成为有自信、有个性、有无限可能的人。

四、《多元智能在全球》

此书的雏形是2006年底以加德纳名义发出的一封征稿信。多元智能理论推动了世界范围内的教育改革浪潮，产生了跨世纪的影响，但一直没有人能在世界范围内加以系统的总结。2006年美国教育研究联合会在旧金山举行了一次主题为"全球观点中的多元智能"研讨会,会后便决定邀请一些人(大多数是教育者)以多元智能的观念在他们学校、社区、地区或国家如何被理解与应用为主题进行写作。加德纳及其美国学生陈杰琦和西娜·莫兰(Seana Moran)三人,与美国乔西一巴斯出版社(Jossey-Bass)签订了合同,借助《多元智能在全球》(Multiple Intelligences around the World)一书的出版,以介绍多元智能理论在跨文化语境中的应用。加德纳等人在信中邀请世界各地曾经研究和实践多元智能理论的数十名学者或教师,每人参加编写书中的一章,回答下列问题:

什么因素使你卷入了多元智能理论?在应用理论方面你都做了什么?多年来你所做的工作有无变化?多元智能理论与你所处文化背景的价值观和教育取向之间,有着怎样的联系?这个理论是怎样与你们的文化实践相融合的?你们曾经从事过哪些正式的或非正式的评估?从评估过程中你学到了什么?你们的哪些应用可以推广到世界其他地方?

多元智能是一个拟子(meme,又译文化继承单元),它是在一定的空间、时间里产生的一个意义单元,并在20世纪的最后25年里被广泛传播。最初,它在美国教育界传播,不久,它便传播到国外,而且开始成为一个不仅在学校,而且在家庭、博物馆、主题公园、教堂、工作场所与娱乐场所进行着广泛讨论和应用的项目。

课堂中的多元智能远远不止八大智能这么简单,正因如此,参考书是不能帮助我们深刻理解和熟练运用多元智能理论的。就像生活中的许多事情一样,它蕴含在多元智能的故事当中:在特定的情境、目标、用途和文化下,那些应用多元智能的教育者的经验中和头脑中的故事。每一个故事,无论与我们的具体情境是否相似,对那些追求更好地理解和应用此理论的人们都是相当宝贵的财富。《多元智能在全球》正是这样一本书,目标在于考察"多元智能拟子"在世界的许多国家是如何被理解与应用的。本书共分六个部分,第一部分是概述,第二至第五部分介绍了亚洲和太平洋地区、欧洲、南美洲以及美国的发展情况,第六部分为综合、思考及预期。在对多元智能不同的实践应用当中,这些见解和做法更多地融入了可以广泛借鉴并应用到大家各自特定的情境中的普遍经验。

学习评价

1. 请结合教育实际,谈谈你阅读后的真切感受。
2. 请摘抄《多元智能》的典型案例至少3—4个,并分析。
3. 请摘抄你认为《多元智能》中最难忘且最打动你的语句至少20则,并分析其原因。

阅读参考

1. 霍华德·加德纳著,沈致隆译:《智能的结构》,浙江人民出版社,2013。
2. 霍华德·加德纳著,沈致隆译:《重构多元智能》,中国人民大学出版社,2008。
3. 霍华德·加德纳著,沈致隆译:《多元智能新视野》,中国人民大学出版社,2008。
4. 陈杰琦、西娜·莫兰、霍华德·加德纳著,多元智能学会译:《多元智能在全球》,中国人民大学出版社,2010。

第八章

革命性的教育著作:《学会生存——教育世界的今天和明天》

学习目标

《学会生存——教育世界的今天和明天》是联合国教科文组织国际教育发展委员会于1972年提交的一份报告。这是一部至今出版50年却赢得了诸如“一部当代教育思想发展历程中里程碑式的著作”“一部迈向学习型社会的重要宣言”等诸多赞誉的“革命性教育著作”。是它预测了也正在实现着或正朝向当下以及未来现代新型学校的发展方面和目标,是它冲击着或带来了许多国家或地区教育教学的变革。其中的学会生存、终身教育、学习化社会等被公认是《学会生存》的核心概念。该书中所呈现给大家的这些核心概念,不仅是为我们每个人解决飞速发展的现代科学技术与个人知识经验之间的严重矛盾、碰撞提供了可以信赖的对策,也为当代教育改革和学校发展指出了目标和方向。

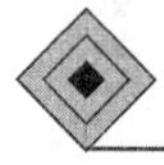

学习目标

1. 认真阅读《学会生存——教育世界的今天和明天》,深入领会联合国教科文组织和作者写作出版此书的意图与背景。

2. 领会作者创作《学会生存——教育世界的今天和明天》的总体思想内涵。

3. 领会和掌握《学会生存——教育世界的今天和明天》中所体现的作者的主要观点和思想,如终身教育、学习型社会、教育先行、学会生存等概念。认真阅读本书,对这些观点进行摘抄、分析和讨论。

4. 查阅《教育——财富蕴藏其中》《反思教育:向“全球共同利益”的理念转变?》两本著作。

第一节　简介及影响

《学会生存——教育世界的今天和明天》(Learning to be: The World of Education Today and Tomorrow)(以下简称《学会生存》)究竟是一部怎样的著作？有人说它是"21世纪教育的新理念"①,还有人说它是"迈向学习型社会的重要宣言"②。如果你翻读过此书,你定会感受到《学会生存》那种让人振聋发聩的教育改革的声音、让人难以忘怀的改革紧迫感,以及为教育带来的根本性变革。如"学习化社会""终身教育"以及从此流传的教育变革迫切的经典名段——"教育的目的在于使人成为他自己,'变成他自己'"。③ "考试的目的第一在于测量过去的成绩,第二在于评价一个人未来的才能。"④就当代的特征,《学会生存》论述了"三种新的现象"——"教育先行""教育预见""学校拒绝使用学校的毕业生",接连用了三个"第一次":"现在,教育在全世界的发展正倾向先于经济的发展,这在人类历史上大概还是第一次。""现在,教育在历史上第一次为一个尚未存在的社会培养着新人。""有些社会正在开始拒绝制度化教育所产生的成果,这在历史上也还是第一次。"⑤《学会生存》的这些观点,非常直观地刷新了人们对考试或评价的认识,因被多次引用而使人们耳熟能详,其影响力可见一斑。关于"教育预见",书中这样说:"现在,教育在历史上第一次为一个尚未存在的社会培养着新人。"⑥"教育在全世界的发展正倾向于先于经济的发展,这在人类历史上大概还是第一次。"⑦这些只是冰山之尖,深入阅读《学会生存》,更会感到其博大精深。

---

① 娄立志. 21世纪教育的新理念——从《学会生存》到《教育——财富蕴藏其中》[J]. 上海师范大学学报(教育版),2000(5):61-65.

② 徐辉等. 迈向学习型社会的重要宣言——写在《学会生存》发表40周年之际[J]. 教育研究,2012(4):4-9.

③ 联合国教科文组织国际教育发展委员会. 学会生存——教育世界的今天和明天[M]. 北京:教育科学出版社,1996:14.

④ 联合国教科文组织国际教育发展委员会. 学会生存——教育世界的今天和明天[M]. 北京:教育科学出版社,1996:107.

⑤ 联合国教科文组织国际教育发展委员会. 学会生存——教育世界的今天和明天[M]. 北京:教育科学出版社,1996:35-37.

⑥ 联合国教科文组织国际教育发展委员会. 学会生存——教育世界的今天和明天[M]. 北京:教育科学出版社,1996:36.

⑦ 联合国教科文组织国际教育发展委员会. 学会生存——教育世界的今天和明天[M]. 北京:教育科学出版社,1996:35.

一、背景介绍

(一) 作者简介

埃德加·富尔(Edgar Faure),法国政治家,曾任法国教育部部长,联合国国际教育发展委员会主席,曾两度担任法国总理。1968 年他主持制定了《法国高等教育指导法》,又称《富尔法》或《富尔法案》。这一法案提出高等教育应该按照"自主自治、民主参与和多科性结构"三项原则进行改革。这一法案成为战后法国高等教育改革的总的法令基础,并延续至今。

富尔又是怎样与《学会生存》结缘的呢?1970 年是联合国定名的"国际教育年",当年联合国教科文组织的第 16 届会议通过一项决议,授权当时的总干事勒内·马厄成立国际教育发展委员会,其任务是提交一份供联合国教科文组织及各会员国在制定教育策略时参考的报告。勒内·马厄于 1971 年初任命富尔担任该委员会主席,富尔带领委员会其他 6 人,自 1971 年 3 月至 1972 年 4 月,通过对 23 个国家和 13 个国际组织、区域组织的访问,前后经过 6 次会议商讨,于 1972 年 5 月向总干事提呈了此报告。《学会生存》是份报告,但并不是富尔一人所为。正像富尔所说的那样,这份报告"与其说是一个完备渊博的研究,还不如说是由一些出身不同、背景各异的人们作出了一种批评性的思考;他们在完全独立的和客观的情况下,对处于这个变化世界中的教育发展的主要问题寻求总的答复。"由此可见,富尔与这份报告之缘以及他的贡献,也正因为此原因,这份报告亦称《富尔报告》。同时也可见,《学会生存》的核心议题是面向世界的"有关教育前景的观点",是为联合国教科文组织、许多政府和这个国际共同体提供的行动指南。正如联合国教科文组织总干事勒内·马厄在给富尔的复信中所肯定的那样,"这样一份调查报告肯定了目前指导着联合国教科文组织工作的思想,即教育应扩展到一个人的整个一生,教育不仅是大家都可以得到的,而且是每个人生活的一部分,教育应把社会的发展和人的潜力的实现作为它的目的,……我高兴地看到,正如我所希望的,你们的工作已经提出了许多实际的建议,这些建议为联合国教科文组织、许多政府和这个国际共同体提供了行动的指导方针"①。

(二) 成书背景

《学会生存》成书的直接背景源于联合国国际教育发展委员会的任务完成。正如上文所言,1970 年联合国定名为"国际教育年"。同年举行了联合国教科文组织第十六届会议,该会议通过了一项决议,授权当时的联合国教科文组织总干事勒内·马厄成立国际教育发展委员会,该委员会的任务是提交一份报告,供联合国教科文组织及各会员国在制定教育策略时参考。总干事于 1971 年初任命富尔为该委员会的主席。本书就是这个委员会所写的报告。

---

① 联合国教科文组织国际教育发展委员会.学会生存——教育世界的今天和明天[M].北京:教育科学出版社,1996:复函 5.

国际教育发展委员会从1971年3月开始工作,在一年多的时间内先后举行了6次会议,对23个国家进行了实地考察,访问了13个国际和区域组织,并充分运用了联合国教科文组织在25年间的思考与活动过程中所积累的经验,还研究了70多篇关于世界教育形势和改革的论文,最后于1972年5月18日向总干事提交了报告,即《学会生存——教育世界的今天和明天》。这一过程,在富尔呈送给总干事勒内·马厄的函《呈送报告》中有较为详细的说明:"这份报告是具有实践性质的,这意味着,它是要付诸实行的。这要大大归功于我们在23个国家进行访问的代表团,也要感谢您和有关政府提供给我们的方便条件。我们希望这份报告所持的那种现实主义的态度,是我们直接与教育实际以及与教育实际天天打交道的人们相接触的结果。而且我们曾经充分引用了联合国教科文组织在25年的思考与活动过程中所积累的经验。没有这些经验,这样一份报告是写不出来的。从这个意义上说,这份报告也是及时的。我们也要多多归功于为我们搜集准备的大量文件,特别在我们的工作开始时,这些文件使我们能够从许多著名思想家和教育学家的见解和从他们的原著中得到裨益。"①

《学会生存》成书的间接背景主要是危机的挑战。正如拉塞克所说:"人类自出现以来便遇到各种问题。在不同时期,这些问题的严重性也不尽相同。但是可以说,人类从来没有像今天这样遇到如此严重的一系列问题。"②这种"繁荣中的危机",使得有识之士不得不思考破解之策。联合国教科文组织显然意识到了人类所面临的生存问题以及这个问题的复杂性、整体性,希望教育在解决这个问题方面发挥应有的作用。

第二次世界大战以后,和平民主的力量不断壮大,新科学技术革命造成的对于人类进步的巨大推动力,给各国人民赢得了长达几十年的没有世界性战争的和平时期以及经济持续增长的时期。"对于从新科技革命中得益颇多的欧美各国以及日本来说,从20世纪50年代起进入了高速发展的经济繁荣时期。与此同时,教育事业的发展也出现了前所未有的繁荣,这种繁荣主要体现在'教育先行'上面。然而,就在经济发展与教育发展都呈现出'欣欣向荣'景象的时候,不少有识之士却警觉地意识到了繁荣下面潜藏着的危机,滋长了对于人类未来命运的忧患意识。60年代末、70年代初,越来越多的事实证明这种忧虑并非'杞人忧天',越来越多的人意识到教育必须改革,以克服这种危机。在这种形势下,联合国教科文组织国际教育发展委员会于1972年5月写成题为《学会生存》的报告。"③

(三)译介版行

《学会生存》翻译到我国,由华东师范大学比较教育研究所翻译,上海译文出版社出版。1972年5月,以富尔为首的国际教育发展委员会将《学会生存》报告提交给联合国教科文组织。1972年8月、10月,先后以法文和英文本出版,因其报告内容基于教育发

---

① 联合国教科文组织国际教育发展委员会.学会生存——教育世界的今天和明天[M].北京:教育科学出版社,1996:呈送报告3-4.

② 陆有铨.躁动的百年[M].济南:山东教育出版社,2001:475.

③ 陆有铨.躁动的百年[M].济南:山东教育出版社,2001:455.

展的历史，着重论述了20世纪世界教育发展的主要形势、存在的问题和未来的发展趋势，强调了教育与社会变革的关系和终身学习的观点，并指出了实现教育革新的策略、途径以及国际合作与交流问题，一经出版，便受到了世界各国教育界的广泛关注。联合国教科文组织在1972年10月举行的第17届会议上专门通过了一项决议强调该书的重要性。截止到1979年，该书相继被译成35种文字，在世界各地发行。我国译介《学会生存》的第一版中译本是1979年10月由华东师范大学国际与比较教育研究所(原外国教育研究室)翻译，上海译文出版社出版。第一版中译本出版后"受到我国广大教育工作者的欢迎。"[①]1982年在局部修正的基础上又进行了重印。1996年，在联合国教科文组织成立50周年之际，教育科学出版社将联合国教科文组织的重要文献与论著作为丛书出版，首批三本中就包含《学会生存》。本章所解读的正是这本联合国教科文组织国际教育发展委员会编著的、华东师范大学比较教育研究所翻译的、教育科学出版社于1996年6月出版(1999年9月重印)的《学会生存——教育世界的今天和明天》。

二、内容简介

(一) 破题释义

《学会生存——教育世界的今天和明天》是由英文"Learning to be: The World of Education Today and Tomorrow"翻译而来，关键是"Learning to be"。"Learning to be"究竟何意？学者们究竟持何种观点？或者说哪一种观点更吻合或忠实于联合国教科文组织以"Learning to be"命名发表或出版此报告的本意？对"Learning to be"的翻译，就现有资料来看可概括为三种译法，即"学会生存""学会做人""学会发展"。石中英认为："学会生存"旨在强调人类今天生存方式乃至生存本身所面临的危机，有点社会达尔文主义"物竞天择，适者生存"的味道；"学会做人"则主要是为着强调青少年发展的道德方面，具有道德理想主义色彩，常与"学会做事""学会健体"等并列使用；至于"学会发展"，更多地让人联想到个体潜能与理想的充分实现，具有比较明显的自然主义旨趣。[②]石中英引用黄全愈的《生存教育在美国》中的观点，说明"to be"的由来，即来自莎士比亚的名剧《哈姆雷特》中的一句台词"to be, or not to be, that is a question."(生存，还是死亡，这是个问题)。因此，这里的"to be"，应该作为"生存"来理解。尽管这种解释颇有异议，报告的作者也未佐证，但有介于这句台词的家喻户晓和两处"to be"的相同，也不失为一种创新性地联想。

究竟哪一种译法更能符合"Learning to be"的原意或联合国教科文组织国际教育发展委员会所希望表达的意旨，比较好的办法不是将Learning to be孤立起来翻译，而是从报告的文本中发现委员们是如何使用和解释它的。但是，阅读英文的报告全文，发现除了作为报告名称以外，报告的正文中再也没有出现过Learning to be这种用法，报

① 联合国教科文组织国际教育发展委员会. 学会生存——教育世界的今天和明天[M]. 北京：教育科学出版社，1996：译者说明1.

② 石中英. Learning to be：译法与意义[J]. 人民教育，2003(20)：8-10.

告后面的索引中也没有这样的主题词。不过,在富尔教授呈送给马厄的函中,却出现过一次。这次出现,用英文原文翻译过来为:“最后,第四个设想是,惟有全面的终身教育才能够培养完善的人,而这种需要正随着使个人分裂的日益严重的紧张状态而逐渐增加。我们再也不能刻苦地一劳永逸地获取知识了,而需要终身学习如何去建立一个不断演进的知识体系——‘学会生存’。”①

由此看来,在富尔那里“学会生存”,“不仅意味着目的——成为完善的人,而且意味着手段——‘终身教育’或‘终身学习’。”依照石中英的分析,较为理想的翻译是把“Learning to be”译为“学习成为完人”更为明确,也更符合联合国教科文组织国际教育发展委员会的本意。“学会生存”在改革开放时期的中国确实容易使人产生某种程度的达尔文主义的联想,但这种诉求与联合国教科文组织国际教育发展委员会的希冀相差很远。“学会发展”的译法似乎是告知人们某些获得发展的秘诀,而这份报告中“确实也将人类的发展作为一个重要问题加以论述。但是,它所关注的并不是人类发展意愿、能力或策略的匮乏问题,而是人类发展的根本价值方向问题,努力于对人类发展状况的‘批判性思考’。因此,‘学会发展’这个译法既没有能够把握问题的重心,也没有反映出联合国教科文组织国际教育发展委员会在该问题上的核心观点。”至于“学会做人”的译法,确实也反映出了道德危机严重的问题,但是又远不止这个层面,“它涉及人的发展更广泛的方面,如好奇心、求知欲、创造精神、美感、个性、人格乃至人类共同文化遗产的掌握和人类意识的培育等方面。所以,Learning to be 所传达地成为‘完人’的理想决非是一个纯粹的道德理想,而是对人类未来总体命运的新思考。”②一言之,“Learning to be”即使现在公认的被翻译为《学会生存——教育世界的今天和明天》,但其根本旨意也是“学习成为完人”。

(二)结构简介

本书从回顾教育发展的历史谈起,从广阔的国际政治、经济、文化背景着眼,从历史和现实的角度着重论述了当今世界教育面临的挑战与主要倾向,分析了教育与人类生存与发展的关系,指出了关于实现教育革新的一些策略和途径,以及最终走向学习化社会的道路,最后论述了加强教育国际合作的重要性和必要性,提倡所有人为了人类社会的发展与进步而终身不断地学习。

《学会生存——教育世界的今天和明天》一书分为四个部分,包括序言和主体内容的三个部分,共九章。

序言包括“教育与人类命运”“科学的与技术的革命:教育和民主”“质的变化:动机与就业”“学校与学习化社会”“变革的工具”“国际合作”六个方面,高度概括并阐述了人类面临的挑战以及教育的重要意义,指出了教育与人类命运密切相关,要求按照民主和科学的方式来发展教育,实施终身教育和构建学习化社会,加强和促进国际间教育领域

---

① 联合国教科文组织国际教育发展委员会.学会生存——教育世界的今天和明天[M].北京:教育科学出版社,1996:复函2.

② 石中英.Learning to be:译法与意义[J].人民教育,2003(20):8-10.

的交流与协作。该部分站位高远、问题导向、逻辑清晰、高度概括。如序言中说："我们时代的这种巨大变化正在危及人类的统一和它的前途，也正在危及人类特有的同一性。我们所害怕的，不仅是严重的不平等、贫困和苦难的痛苦前景，而且还有人类可能被两极分化，把人类分裂成为优等集团与劣等集团、主人与奴隶、超人与下等人这样的危险。在这种形势所产生的危险中，不仅有冲突与其他灾难(今天具有大量破坏性的工具很可能落到贫困和反叛集团的手中)的危险，而且还有非人化的根本危险，这种危险既影响着有特权地位的人们，也影响着受压迫的人们。因为对人类本性所造成的伤害，也会伤害所有的人。"①50 年来的实践充分证明，这既是睿智的预言，也是危机的警示。序言中还说："当经济的进步达到一定水平时，教育体系就自然而然地要把日益丰富的知识传递给人数日益增多的人民，因为精益求精的生产过程要求更加高级的熟练技术，同时劳动力本身又促使新技术的改进，并由此而出现了具有发明和革新头脑的人。此外，在很长一段时期内，教育推动着、伴随着、决定着社会与政治的发展和技术与经济的发展。受过较高程度教育的人往往坚持他们作为公民的要求，而且当他们的人数增多的时候，他们就势必要求民主。"②"科学技术的时代意味着，知识正在不断地变革，革新正在不断地日新月异，所以大家一致同意：教育应该较少地致力于传递和储存知识(尽管我们要留心，不要过于夸大这一点)，而应该更努力寻求获得知识的方法(学会如何学习)。既然知识是要在整个一生中加以修订和完善的，我们就不妨设想，修业年限可以缩短一些，而在高等教育方面(它的期限有时过于延长了)，介绍性的理论和专业性的实践这两者关系也可以加以调整。……在这个时候，如果还让学生待在远离真实生活，远离生产活动，不能自行作出决定和担责的候车室里消磨时间，一直待到 25 岁以后，这确是一个很反常的现象。"③

《学会生存——教育世界的今天和明天》的主体是三个部分。第一部分是"研究的结果"，内含三章：第一章教育问题，第二章进步与极限，第三章教育与社会。

第一章教育问题，从过去的遗产到当代的特征，主要阐述了教育与历史、教育与革新、教育与社会的关系。它以历史为线索，通过梳理过去的遗产，从作为生物学上必须的教育、作为社会必须的教育两个维度，从非洲的传统到亚洲的传统，从古代到现代，从学校的发展史到教师与学生等，多角度、全方位观察、梳理社会、教育以及社会与教育之间的关系，对其把脉问诊，从这些历史的片段中得出了一般的结论："第一，目前的教育结构是比较千篇一律的，这可能使人想到教育的过去是贫乏的。但是教育有着丰富得多的历史。……第二，过时的教条和习俗仍然深刻地影响着教育，而且在许多方面，年青的国家以输入模式的方式继承了教育体系不合时代的错误，而古老的国家在教育体

① 联合国教科文组织国际教育发展委员会. 学会生存——教育世界的今天和明天[M]. 北京：教育科学出版社，1996：3.

② 联合国教科文组织国际教育发展委员会. 学会生存——教育世界的今天和明天[M]. 北京：教育科学出版社，1996：4.

③ 联合国教科文组织国际教育发展委员会. 学会生存——教育世界的今天和明天[M]. 北京：教育科学出版社，1996：12.

系方面所受到的不合时代的错误的害处也不少于这些年轻的国家。虽然我们对过去历史的这种看法是片面的，教育的历史似乎为未来的教育提出了双重的任务：——教育既要复原，同时又要革新。”①其关于“当代的特征”的观点更是振聋发聩、妙语连珠、精彩纷呈。如“三种新的现象”中的“教育先行”“教育预见”“社会拒绝使用学校的毕业生”，无论哪一种，其观点即使在现在也不过时。“教育在全世界的发展正倾向先于经济的发展，这在人类历史上大概还是第一次。”“现在，教育在历史上第一次为一个尚未存在的社会培养着新人。”“有些社会正在开始拒绝制度化教育所产生的成果，这在历史上也还是第一次。”②这三个“第一次”中的任何一个“第一次”都是对教育的巨大冲击，都是对教育改革的激励鼓舞，都在促使我们重视教育发展和其他社会经济发展之间的相互联系。“人们对于教育的兴趣从来没有像现在这么高。”

第二章进步与极限。从需要与要求、扩充与限制、资源与手段、不平衡与不平等四个方面展开，从人口因素、经济发展的要求、政治上的考虑、社会学对教育的要求等，强调了教育的重要性。那种“认为学校教育乃是唯一有效的教育而学习的时间仅仅限于传统的入学年龄。”③的观点反映的是一种旧观念。

第三章教育与社会。从传统与约束、方法与内容、民主之路几个方面阐述了教育与社会的关系。“教育本身就是一个世界，同时也是整个世界的反映。当教育在为社会的目的作出贡献时，它是服从于社会的，特别是当它在保证发展社会所需要的人力资源时，它帮助社会调动它的生产力。”④“教育是附属于社会的一个体系，它必然反映着那个社会的主要特征。”⑤“第一，教育改革要有社会的和经济的发展目标，这一点在今天比过去任何时候都更加必要。……第二，我们很难想象，没有教育的更新，社会也会发展。这一点对所有的社会都是正确的，不管这种社会是属于哪一种类型的，不管这种社会有什么样的主要学说，也不管它们如何设想其未来——不管是改良主义的，还是革命的。”⑥

第二部分是“未来”，包括三章。第四章“挑战”，从跃进、差距、处于危害中的环境、威胁四个方面展开。第五章“发现”，从科学研究中的新发现、来自科学与技术的新发展、来自实际应用的新发明几个方面分析了终身教育的必要性，对未来教育发展进行了

① 联合国教科文组织国际教育发展委员会. 学会生存——教育世界的今天和明天[M]. 北京：教育科学出版社，1996：34.

② 联合国教科文组织国际教育发展委员会. 学会生存——教育世界的今天和明天[M]. 北京：教育科学出版社，1996：35－37.

③ 联合国教科文组织国际教育发展委员会. 学会生存——教育世界的今天和明天[M]. 北京：教育科学出版社，1996：70.

④ 联合国教科文组织国际教育发展委员会. 学会生存——教育世界的今天和明天[M]. 北京：教育科学出版社，1996：83.

⑤ 联合国教科文组织国际教育发展委员会. 学会生存——教育世界的今天和明天[M]. 北京：教育科学出版社，1996：88.

⑥ 联合国教科文组织国际教育发展委员会. 学会生存——教育世界的今天和明天[M]. 北京：教育科学出版社，1996：89.

展望，论述了教育面临的挑战以及教育革新的目的和可能性。如对教师作用变更的见解、对终身教育的重视等，颇有创新。“总的来讲，教师的作用目前正在发生变化。权威式的传递知识的办法正在通过花费更多时间判断学习者的需要，推动和鼓励学生学习，考核所获得的知识等办法加以补充。”①“终身教育就变成了由一切形式、一切表达方式和一切阶段的教学行动构成一个循环往复的关系时所使用的工具和表现方法。……人是一个未完成的动物，并且只有通过经常地学习，才能完善他自己。如果确实是如此，那么教育就要终身进行，要在所有现存的情况和环境中进行。这样，教育就会体现它的真正本性，即完整的和终身的教育，而超越千百年来硬加在它上面的各种机构上、程序上和方法上的限制。”②第六章“目的”，主要包括走向科学的人道主义、培养创造性、培养承担社会义务的态度、培养完人四个方面，阐述了教育的目的——培养完人。“把一个人在体力、智力、情绪、伦理各方面的因素综合起来，使他成为一个完善的人，这就是对教育基本目的的一个广义的界说。”③

第三部分是“向学习化社会前进”，包括第七章“教育策略的作用与功能”、第八章“当代策略的要素”和第九章“团结之路”，主要论述教育政策与策略、学习化社会以及加强教育的国际合作。第七章包括政策、策略、计划与教育策略的特征两个方面，第八章包括改进与改革、革新和寻求其他可能的途径、方式与方法三个方面。第九章包括原因与理由、合作与交流经验、援助的来源与方式三个方面。目的是建成真正的学习化社会，革新教育体系。“每一个人必须终身继续不断地学习。终身教育是学习化社会的基石。……终身这个概念包括教育的一切方面，包括其中的每一件事情。”④

除此之外，《学会生存——教育世界的今天和明天》还有八个附录，即对国际教育发展委员会成员与工作方法、总的参考意见、访问过的国家、访问过的国际组织和区域组织等所附的了相关材料，以进一步说明情况。

总而言之，《学会生存——教育世界的今天和明天》不是空想家书斋幻想的产物，而是综合了世界上许多教育实践者、教育研究人员以及杰出的教育家的智慧，并建立在联合国教科文组织 25 年的思考与活动过程中所累积经验的基础上的研究成果。它既有教育史的理念视野——对教育学以及与教育学相关的心理学、哲学等各方面成果的综合，又有开阔的全球视野，还有高瞻远瞩的未来视野。《学会生存——教育世界的今天和明天》以“培养完善的人”为目标，以“学会生存”为核心，以“教育公正”为出发点，以“教育民主化”为价值诉求，从宏观到微观，对涉及教育的几乎所有方面的问题进行了详细的考察并提出了精妙独到的教育理念和供许多国家和地区政府进行教育决策的实际

---

① 联合国教科文组织国际教育发展委员会. 学会生存——教育世界的今天和明天[M]. 北京：教育科学出版社，1996：172.

② 联合国教科文组织国际教育发展委员会. 学会生存——教育世界的今天和明天[M]. 北京：教育科学出版社，1996：180 - 181.

③ 联合国教科文组织国际教育发展委员会. 学会生存——教育世界的今天和明天[M]. 北京：教育科学出版社，1996：195.

④ 联合国教科文组织国际教育发展委员会. 学会生存——教育世界的今天和明天[M]. 北京：教育科学出版社，1996：223.

建议,很多观点令人茅塞顿开、拍案叫绝。《学会生存——教育世界的今天和明天》出版后,得到了学界的深入研究。

三、意义影响

(一)《学会生存——教育世界的今天和明天》堪称经典

《学会生存——教育世界的今天和明天》出版时间不长,至今也只有五十多年,但之所以能称得上是经典名著,其因有三。

1.《学会生存——教育世界的今天和明天》在国内教育学论文引用的国外社科名著中位居前10名

根据杨秦在《对我国教育学研究最有影响力的国外学术著作——基于CSSCI(2000—2007)的分析》①中对近年来我国学者关于国内外人文社科著作的引用的调查分析来看,《学会生存——教育世界的今天和明天》在我国学者国内外引用人文社科著作中位前10名之列(参见表8-1)

表8-1　教育学论文引用国外学术著作前10名一览表

序号	著作名称	著译
1	学会生存——教育世界的今天和明天	联合国教科文组织国际教育发展委员会编著,华东师范大学比较教育研究所译
2	教育——财富蕴藏其中:国际21世纪教育委员会报告	联合国教科文组织总部中文科译
3	高等教育系统:学术组织的跨国研究	伯顿·克拉克著,王承绪等译
4	什么是教育	雅斯贝尔斯(K. Jaspers)著,邹进译
5	民主主义与教育	约翰·杜威(J. Dewey)著,王承绪译
6	高等教育哲学	约翰·S.布鲁贝克著,郑继伟、王承旭等译
7	后现代课程观	威廉姆·E.多尔(William E. Doll)著,王红宇译
8	杜威教育论著选	约翰·杜威(J. Dewey)著,赵祥麟等编译
9	高等教育新论:多学科的研究	伯顿·克拉克主编,王承绪等译
10	正义论	约翰·罗尔斯(John Rawls)著,何怀宏等译

2.《学会生存——教育世界的今天和明天》被其他名著选读选介

名著之所以称之为名著,有其判断与衡量标准。在刘新科等主编的《中外教育名著选读》的"前言"中有这样一段引用:"判断某一著作是否称得上'名著',应有客观标准,

① 杨秦.对我国教育学研究最有影响力的国外学术著作——基于CSSCI(2000—2007)的分析[J].西南民族大学学报(人文社会科学版),2010(3):258-267.

而不能凭主观印象。大英百科全书董事会主席提出了衡量'名著'的六条标准：一是名著是经久不衰的畅销书，而非畅销于一时；二是面向大众，通俗易懂，而不是为少数专业人士写的书；三是名著不因时代变迁和政治、思想、原则的变更而失其价值；四是名著言近旨远，隽永深刻，一页书的内容多于成本的其他著作；五是名著有独到的见解，能言前人之所未言，言他人之所不敢言；六是名著探讨了人类长期困惑、悬而未决的问题，并在某一方面取得突破性进展。"①此六条标准中的第二条标准一般属于各行各业的人士或广大人民群众雅俗共赏的名著，其他五条标准属于各个专业领域中主要供专业人士阅读的名著。以此标准判断《学会生存——教育世界的今天和明天》，自出版发行的50多年来，无论是从名著的经久不衰、受众面广、价值弥新还是意义隽永、见解独到、原创突破方面评判，《学会生存——教育世界的今天和明天》都应在名著必导必读之列。这一方面表现在学界对《学会生存——教育世界的今天和明天》的关注从未停止，另一方面表现在《学会生存——教育世界的今天和明天》对国家和地区教育政策的制定和学校的影响从未减弱。

3.《学会生存——教育世界的今天和明天》为《中外教育名著选读》编选

名著选读选哪些名著来读，也有其判断与权衡。在陕西师范大学的刘新科、栗洪武主编的《中外教育名著选读》中"外国教育名著选读"部分列出的12部教育名著中，《学会生存——教育世界的今天和明天》与《理想国》《雄辩术原理》《大教学论》《教育漫话》《爱弥儿》《葛笃德如何教育她的子女》《普通教育学》《人是教育的对象》《民主主义与教育》《教育过程》《和教师的谈话》并列排在其中。在浙江大学教育学院肖朗主编的《中外教育名著选读》的"外国篇"部分所列出的24部教育名著中，亦将《学会生存——教育世界的今天和明天》与诸多教育名著并列推荐。②

综上所述，无论从哪个角度看，《学会生存——教育世界的今天和明天》都称得上是名著经典。它所提出的许多观点的原创性，更体现了作为名著导读的正当性。

（二）《学会生存——教育世界的今天和明天》影响深远

《学会生存——教育世界的今天和明天》自1972年出版以来，就产生了广泛而深远的影响。无论是对政府教育决策还是对学校教育教学改革，无论是教育界的评价赞誉还是所产生的危机警示，皆表征了《学会生存——教育世界的今天和明天》在教育名著中的分量和地位。其具体影响从评价赞誉、作用发挥、危机警示三个方面分析。

1. 关于《学会生存——教育世界的今天和明天》的评价赞誉

《学会生存——教育世界的今天和明天》是当代教育思想发展的里程碑。这是一部当代教育思想发展里程碑式的著作，它是20世纪70年代，世界教育面临科学技术革命与社会经济发展新形势向教育提出挑战时，国际教育发展委员会的专家们经过调查研究编写出的一份报告。这份报告是国际教育发展委员会在经过一年多的时间通过对世

① 刘新科、栗洪武. 中外教育名著选读[M]. 北京：中国人民大学出版社，2007：前言1.

② 肖朗. 中外教育名著选读[M]2版. 北京：高等教育出版社，2019：1-2.

界教育的形势、观点和改革现状调研后作出的判断。它从回顾教育发展的历史谈起，着重论述了当今世界教育面临的挑战与主要倾向，指出关于实现教育革新的一些策略和途径以及最终走向学习化社会的道路，最后论述了国际合作问题。将之赞誉为“当代教育思想发展的里程碑”，是十分中肯恰切的。“里程碑”，“本是设于道路旁边用以记载里数的标志。比喻在历史发展过程中可以作为标志的大事。”①《学会生存——教育世界的今天和明天》之所以被赞誉为“当代教育思想发展的里程碑”，其标志性的贡献就在于自其出版发行以来对世界范围内的教育形势、教育观点、教育改革所产生的指导、浸染和影响作用以及人们对它的重视程度。《学会生存——教育世界的今天和明天》自1972年8月、10月先后以法文、英文出版后，立即引起了世界各国教育界的广泛关注，对各国教育事业产生了很大的影响，被誉为当代教育思想发展中的一个里程碑式的著作。1972年10月举行的联合国教科文组织第十七届会议上，许多国家的代表称赞这本书的出版是教育界的一件大事。就在这届会议上还专门通过了一项决议，强调该书的重要性。到1974年底，该书已先后译成33种文字出版，共有39种不同版本。我国于1979年10月翻译出版中译本，由华东师范大学比较教育研究所翻译，后不同版本也纷纷出现。可见该书影响之深之远。

2.《学会生存——教育世界的今天和明天》的作用发挥

《学会生存——教育世界的今天和明天》开启了教育世界的今天与明天，影响了各国的教育变革和人们的教育行为与学习行为的转变。《学会生存——教育世界的今天和明天》的发表，对各国教育的发展均产生了深远的影响。“在70年代期间，整个世界教育界逐渐感到，许多现行的制度和实践的确很陈旧、低效，需要来一次根本变革。在这种改变了的气氛下，‘变革’这一术语一下子捧上了天，——以至于在许多国际会议上，代表们争先恐后地报告着本国最近的改革。”②正如编纂《学会生存——教育世界的今天和明天》的初衷，“其任务就是提交一份报告，供联合国教科文组织及各委员国在制定教育策略时参考。”③事实也正是如此。《学会生存——教育世界的今天和明天》的发表标志着20世纪教育的发展进入了一个新的时期。虽不能说它规定了各国教育的方针、政策，但它为各国评估本国教育发展现状和规划未来发展方向提供了一个宏观的背景。此外，《学会生存——教育世界的今天和明天》提出的许多实际的建议，对各国教育决策和学校改革也有极大的参考价值。

3.《学会生存——教育世界的今天和明天》的危机警示

《学会生存——教育世界的今天和明天》为人们提供了危机意识的警示性。《学会生存——教育世界的今天和明天》的出版改变了人们对教育世界的认识，深刻影响和改

① 中国社会科学院语言研究所词典编辑室.现代汉语词典(修订本)[M].北京:商务印书馆，1983:773.

② 菲力普·孔布斯.世界教育危机——八十年代的观点[M].赵宝恒，等译.北京:人民教育出版社，1990:22.

③ 联合国教科文组织国际教育发展委员会.学会生存——教育世界的今天和明天[M].北京:教育科学出版社，1996:译者说明1.

变着人们的教育观念和教育行为。《学会生存——教育世界的今天和明天》通篇未使用“教育危机”这一概念，但该书在对当时世界教育状况进行分析时，用了三分之一的篇幅分析了因教育与社会发展的种种不平衡所带来的危机。如书中说：“有些社会正在开始拒绝制度化教育所产生的成果，这在历史上也还是第一次。……它所教育出来的人并没有受到恰当的训练，因而不能适应社会的变化，当这种体系所授予的资格和技术不能满足社会的要求时，这些社会便拒绝接受这些毕业生。这是发展不平衡的后果。”①《学会生存——教育世界的今天和明天》提出了许多重要判断，其中之一是“学校拒绝使用学校的毕业生。”这一方面反映了学校教育的危机，学校培养的人不能适应社会发展的需要；另一方面也反映了教育与社会发展需要之间的不适应，日益过时的陈旧的课程内容与知识增长及学生现实需要之间的不平衡，教育与就业之间日益严重的不协调和不平衡，以及社会各阶层之间严重的就业不平等，教育费用的增加与各国将资金用于教育的能力和愿望之间日益扩大的差距等。这种集中体现在“不平衡或不平等”方面的危机感，是普遍存在的。这既表现在全球不同地区之间，又表现在同一国家不同地区之间。富尔指出：“我们所害怕的，不仅是严重的不平等、穷困和苦难的痛苦前景，而且还有人类可能被两极分化，把人类分裂成为优等集团和劣等集团、主人与奴隶、超人与下等人这样的危险。”②

《学会生存——教育世界的今天和明天》一书具有极强的问题意识，全书针对当时世界教育存在的问题，在许多地方进行了阐述与分析。如文字与形象对立起来的问题、功利主义的态度把科学技术的传播当作达到短期物质目标的一种手段的问题、传统的科学教学很少致力于把课堂知识和科学实践联系起来的问题、人们往往特别会忽视人文科学的问题，以及教育的内容与学生生活经验之间脱节的问题等，皆反映出一定的教育问题意识。这些与教育是一项巨大的事业、对人类命运具有强烈影响的命题不相适应，我们必须进行深刻的检查和广泛的重新考虑。③

（三）《学会生存——教育世界的今天和明天》亟待阅读

之所以解读《学会生存——教育世界的今天和明天》，除了它本身属于经典值得推荐之外，还有其他诸如阅读情况与其影响不匹配、亟待推介阅读等其他推荐理由。《学会生存——教育世界的今天和明天》本是联合国教科文组织国际教育发展委员会于1972年提交的一份报告，在时间上尽管已有50多年，但以之与我国的《论语》《学记》相比，甚至与西方的《大教学论》《普通教育学》《教育漫话》等教育经典专著相比，在其出版发行时间上并不占优势，但是它在全世界范围内对教育变革的影响却很大。在我国，

① 联合国教科文组织国际教育发展委员会. 学会生存——教育世界的今天和明天[M]. 北京：教育科学出版社，1996：37.

② 联合国教科文组织国际教育发展委员会. 学会生存——教育世界的今天和明天[M]. 北京：教育科学出版社，1996：3.

③ 联合国教科文组织国际教育发展委员会. 学会生存——教育世界的今天和明天[M]. 北京：教育科学出版社，1996：92 - 99.

《学会生存——教育世界的今天和明天》的阅读情况并不乐观,有调查发现,它在我国教育界的阅读情况表现为三种:一是在教育圈,本书虽已广为人知,但少有真正领会其价值;二是有些优秀的中小学教师仅仅听说但未阅读;三是并未听说或读过。而真正的经典值得反复阅读,逐字逐句地反复揣摩,并内化到知识思想结构之中,以从根本上改变我们的教育教学观念。从这个角度而言,《学会生存——教育世界的今天和明天》很值得郑重推荐。

第二节 经典语段赏析

一、教育的重要性

关于教育的重要性,在《学会生存——教育世界的今天和明天》一书中从富尔致时任联合国教科文组织总干事勒内·马厄的函即《呈送报告》中所强调的"唯有终身教育才能够培养完善的人",到附录1之前一页、即该书第三部分最后一章的最后一页所强调的"各国采取坚决的步骤革新它们的教育体系""使许多国家开始变成真正的'学习化的社会'",无处不强调教育的重要性。这充分表明了这份报告所强调的正是"教育与社会进步之间的关系"。正如作者所说:"要紧的是,这份强调教育与社会进步之间关系的重要报告,应该提供给那些以某种方式关心发展的机关备用。"①由此可见,《学会生存——教育世界的今天和明天》一书的剑指和目标。

经典语段一

一个人有实现他自己的潜力和享有创造他自己未来的权利。这样理解的民主主义的关键是教育——教育不仅是人人都可享受的,而且它的目的和方法都已经是重新考虑过的。……人类发展的目的在于使人日臻完善;使他的人格丰富多彩,表达方式复杂多样;使他作为一个人,作为一个家庭和社会的成员,作为一个公民和生产者、技术发明者和有创造性的理想家,来承担各种不同的责任。②

经典语段二

唯有全面的终身教育才能够培养完善的人,而这种需要正随着使个人分裂的日益

---

① 联合国教科文组织国际教育发展委员会.学会生存——教育世界的今天和明天[M].北京:教育科学出版社,1996:复函6.

② 联合国教科文组织国际教育发展委员会.学会生存——教育世界的今天和明天[M].北京:教育科学出版社,1996:复函2.

严重的紧张状态而逐渐增加。我们再也不能刻苦地一劳永逸地获取知识了,而需要终身学习如何去建立一个不断演进的知识体系——"学会生存"。①

经典语段三

很多国家认为,现代人的教育是一个特别困难的问题,而所有的国家都认为,它又是最重要的问题之一。有些人想使今天的世界变得更美好些,因而就要为未来做好准备。在这些人看来,教育乃是一个基本的、普遍的课题。②

经典语段四

我们能够而且必须探讨教育在当前世界中的深刻意义。并且重新估计教育对于那些要为明日世界作好准备的新生一代所应负的责任。我们必须探讨教育的力量和理想,它的前景和目的。……并且对下面这个最重要的问题作出答复——我们现在所设想的这个教育机器是否真正满足了我们时代个人的与社会的需要和愿望?③

经典语段五

照我们的看法,社会—经济的变化和教育活动的结构与形式之间存在着密切的相互关系。④

经典语段六

教育能使自己再现,也能使自己更新。然而人们时常责备它是固定不变的。当然,教育并不是遭到这种谴责的唯一机构。事实上,教育的基本功能之一就是重复,重复地把上一代从祖先那里继承下来的知识传给每一代。因此,和过去一样,教育体系负有传递传统价值的职责,这是正常的事情。这就说明了为什么教育体系倾向于构成一种时间上和空间上密封的体系,为什么它们主要关心它们自己的生存和成功。……因此,体系看起来是内向的和后退的,这种看法有助于巩固现有的结构并促使个人按照现有的

① 联合国教科文组织国际教育发展委员会.学会生存——教育世界的今天和明天[M].北京:教育科学出版社,1996:复函2.

② 联合国教科文组织国际教育发展委员会.学会生存——教育世界的今天和明天[M].北京:教育科学出版社,1996:序言1.

③ 联合国教科文组织国际教育发展委员会.学会生存——教育世界的今天和明天[M].北京:教育科学出版社,1996:47-48.

④ 联合国教科文组织国际教育发展委员会.学会生存——教育世界的今天和明天[M].北京:教育科学出版社,1996:84.

社会从事生活。所以教育本身是保守的,我们这样说并不含有蔑视的意思。①

经典语段七

教育是附属于社会的一个体系,它必然反映着那个社会的主要特征。在一个不公平的社会里,希望有合理的、人道的教育,这将是徒劳的。一个官僚主义的、惯常脱离生活的体系会感到难于接受这样的想法,即学校是为儿童而设立的,而不是儿童为学校而生存的。……教育对社会经济体系来说是从属的关系,但这并不是说,教育就不可能起反作用了,即使它不在整个复杂的结构上起作用,它至少也可以在这个或那个特殊方面起作用。对教育施加压力,是为了更新教育的结构和内容,使这个结构和内容对于社会的变化多少作出一些直接的贡献。如果我们对于社会有一种清晰的形象,并根据这种形象制订出教育目标,由教育直接推动社会变化就不是不可能的了。我们愿意看到,这种能动的态度将广泛地为人们所接受。②

经典语段八

许多教育实践失灵,使教育革新成为必须进行之事。社会经济的变化与科学技术的革新,使教育革新成为迫切需要着手进行之事。教育科学的研究、教育技术的进步以及世界人民的不断觉醒,使教育革新成为可能之事。③

经典语段赏析

教育是一种培养人的社会活动,培养人是其本体功能,教育通过培养人而服务或作用于社会发展。这样就形成了教育的两大基本规律:一是教育必须适应并促进社会发展的规律,二是教育必须适应并促进人的身心发展的规律。《学会生存——教育世界的今天和明天》整部书须臾未离开教育两大基本规律中的核心要素即教育与人、教育与社会的关系。从人的未完成性、教育培养完人这方面看教育的重要性,这是教育的本体功能,是教育对人的发展的促进作用;从教育与社会的关系,教育对社会变革的影响、社会对教育变革的需求这方面来看教育的重要性,充分表达了教育对社会发展的促进作用。正如该书所说:"事实证明,社会体系中的各种矛盾和教育体系的相对无能这两方面是相互关联的。社会的主要目标和指定给教育的目的之间也是紧密相连的。要想打破教

① 联合国教科文组织国际教育发展委员会.学会生存——教育世界的今天和明天[M].北京:教育科学出版社,1996:85.

② 联合国教科文组织国际教育发展委员会.学会生存——教育世界的今天和明天[M].北京:教育科学出版社,1996:88-89.

③ 联合国教科文组织国际教育发展委员会.学会生存——教育世界的今天和明天[M].北京:教育科学出版社,1996:139.

育发展中不发达和不平等的这种恶性循环,而不把这两个问题同时加以解决的话,那几乎是不可能的。……从上我们可以得出两个结论。第一,教育改革要有社会的和经济的发展目标,这一点在今天比过去任何时候都更加必要。第二,我们很难想象,没有教育的更新,社会也会发展。这一点对所有的社会都是正确的,不管这种社会是属于哪一种类型的,不管这种社会有什么样的主要学说,也不管它们如何设想其未来——不管是改良主义的,还是革命的。"①这些描述皆形象生动地诠释了教育与社会相互影响的密切关系。

作者富尔以《教育与人类的命运》为标题写序言,就充分证明了该书的主旨。是的,教育能给人和人生存的世界带来美好,教育对人、对社会、对所有国家具有重要性。阅读《学会生存——教育世界的今天和明天》,恰恰能与教育学课程中所学习的教育两大基本规律形成一个映照,也能促使我们充分理解和领会教育作为一种培养人的社会活动的本质特征以及它对人的身心发展、对社会发展所具有的作用与功能。

二、学会生存

《学会生存——教育世界的今天和明天》倡导"学会生存",在《学会生存——教育世界的今天和明天》一书中多处出现与"学会生存"相关的阐述与信息。

经典语段一

很久以来,教育的任务就是为一种刻板的职能、固定的情境、一时的生存、一种特殊行业或特定的职位作好准备。教育灌输着属于古旧范畴的传统知识。这种见解至今仍然十分流行。然而,那种想在早年时期一劳永逸地获得一套终身有用的知识或技术的想法已经过时了。传统教育的这个根本准则正在崩溃。现在不是已经到了寻求完全不同的教育体系的时候了吗?我们要学会生活,学会如何去学习,这样便可以终身吸收新的知识;要学会自由地和批判地思考;学会热爱世界并使这个世界更有人情味;学会在创造过程中并通过创造性工作促进发展。②

经典语段二

知识不能是由自认为有知识的人"普及到"或"灌输给"自认为没有知识的人的;知识是通过人与宇宙的关系,通过充满变化的关系建立起来的,在这种关系中批判地解决

① 联合国教科文组织国际教育发展委员会. 学会生存——教育世界的今天和明天[M]. 北京:教育科学出版社,1996:89.

② 联合国教科文组织国际教育发展委员会. 学会生存——教育世界的今天和明天[M]. 北京:教育科学出版社,1996:98.

问题,又继续促使知识发展。①

经典语段三

当教育一旦成为一个连续不断的过程时,人们对于成功与失败的看法也就不同了。如果一个人在他一生的教育的过程中在一定年龄和一定阶段上失败了,他还会有别的机会。他再也不会终身被驱逐到失败的深渊中去了。②

经典语段四

这个报告的目的是帮助各国政府制订教育发展的国家策略。它能为各国的一系列研究和决策提供一个出发点。③

经典语段五

唯有全面的终身教育才能够培养完善的人,而这种需要正随着使个人分裂的日益严重的紧张状态而逐渐增加。我们再也不能刻苦地一劳永逸地获取知识了,而需要终身学习如何去建立一个不断演进的知识体系——"学会生存"。④

经典语段赏析

学会生存,从根本的意义上看,就是学会成为完人。陆有铨在《躁动的百年》一书中这样说:"联合国教科文组织显然意识到人类面临的生存问题以及这个问题的复杂性、整体性,希望教育在解决这个问题方面发挥应有的作用。"⑤《学会生存——教育世界的今天和明天》发表和出版的初衷就是针对世界教育问题,帮助各国政府制定教育发展的国家策略,为各国的一系列教育研究和决策提供一个出发点。该报告将题目定为《学会生存——教育世界的今天和明天》,"其含义是,在全球的自然环境、社会环境都在发生着前所未有的急剧变化的时代,人类自身的生存受到了威胁。为了人类的生存和继续发展,我们必须对既往的所作所为进行批判性的评价,并找出应变的措施。就教育而

---

① 联合国教科文组织国际教育发展委员会.学会生存——教育世界的今天和明天[M].北京:教育科学出版社,1996:104.

② 联合国教科文组织国际教育发展委员会.学会生存——教育世界的今天和明天[M].北京:教育科学出版社,1996:107.

③ 联合国教科文组织国际教育发展委员会.学会生存——教育世界的今天和明天[M].北京:教育科学出版社,1996:312.

④ 联合国教科文组织国际教育发展委员会.学会生存——教育世界的今天和明天[M].北京:教育科学出版社,1996:呈送报告 2.

⑤ 陆有铨.躁动的百年[M].济南:山东教育出版社,1997:479.

言，应该规定新的目标，并制定实现这一目标的措施。”①事实也正是如此，其效果也恰是如此。

三、教育目的

教育目的是把受教育者培养成为什么样的人的质量总规格和总要求，是培养人的根本性质问题，是教育实践活动的出发点。《学会生存——教育世界的今天和明天》对教育目的的阐释不仅散见在整本书的字里行间中，还在第二部分“未来”篇的第六章专讲“目的”，强调“走向科学的人道主义”“培养创造性”“培养承担社会义务的态度”“培养完人”。《学会生存——教育世界的今天和明天》还提出：“为教育规定某种最终目的，并不是赋予教育这种或那种职能，而只是意味着必须把那些落在教育身上的职能同教育以外的其他目的联系起来发挥它的作用。”②

经典语段一

人类发展的目的在于使人日臻完善；使他的人格丰富多彩，表达方式复杂多样；使他作为一个人，作为一个家庭和社会的成员，作为一个公民和生产者、技术发明者和有创造性的理想家，来承担各种不同的责任。③

经典语段二

教育的目的在于使人成为他自己，“变成他自己”。而这个教育的目的，就它同就业和经济进展的关系而言，不应培养青年人和成人从事一种特定的、终身不变的职业，而应该培养他们有能力在各种专业中尽可能多地流动并永远刺激他们自我学习和培训自己的欲望。简而言之，我们要彻底重新评价教育的目标、方法和结构，但又不妨碍教育的扩展。④

经典语段三

如果我们设想技术手段——特别是再现思维活动的机器——起了相当于原先人脑通过某种生理突变所取得的功能，那么，我们就可以说，这个新人必然能够在他日益增长的理解能力、肌体能力方面和潜在的另一方面，即个性的情感与道德方面建立一种和

---

① 陆有铨. 躁动的百年[M]. 济南：山东教育出版社，1997：479.

② 联合国教科文组织国际教育发展委员会. 学会生存——教育世界的今天和明天[M]. 北京：教育科学出版社，1996：183.

③ 联合国教科文组织国际教育发展委员会. 学会生存——教育世界的今天和明天[M]. 北京：教育科学出版社，1996：呈送报告 2.

④ 联合国教科文组织国际教育发展委员会. 学会生存——教育世界的今天和明天[M]. 北京：教育科学出版社，1996：14.

谐状态,这种新人只具有人类智慧(Homo sapiens)和人类技巧(Homo faber)是不够的;他还必须感到他自己和别人之间融洽无间:具有一种人类和谐(Homo concors)。①

经典语段四

总起来说,扫盲运动并没有达到今天普遍认可的与文盲作斗争的真正目标。扫盲的目的并不是单纯使一个不识字的人能够识得几个字,而是要使他更好地同他的环境协调一致,更好地理解生活的真正意义,提高他个人的尊严,接近他认为有益的知识源泉,掌握他走向美好生活所需要的实际知识和技术。②

经典语段五

科学技术的时代意味着:知识正在不断地变革,革新正在不断地日新月异。所以大家一致同意:教育应该较少地致力于传递和储存知识(尽管我们要留心,不要过于夸大这一点),而应该更努力寻求获得知识的方法(学会如何学习)。③

经典语段六

事实上,如果我们要使我们的好奇心和首创精神不受挫折(这种好奇心和首创精神乃是人类原始的基本才能),那么在许多情况中,儿童和青年就需要具有超过一般水平的力量,需要有一种克服困难的特殊能力,乃至需要养成一种不可动摇的坚强性格。④

经典语段七

教育必须认识,它本身是为什么的。教育也许是历史和社会的产物,但它并不是历史和社会的消极产物。教育是形成未来的一个主要因素,在目前尤其如此,因为归根到底,教育必须培养人类去适应变化,这是我们时代的显著特征。……教育必须为变化作好准备,使人民知道如何接受这些变化并从中得到好处,从而培养一种能动的、非顺从

---

① 联合国教科文组织国际教育发展委员会.学会生存——教育世界的今天和明天[M].北京:教育科学出版社,1996:21.

② 联合国教科文组织国际教育发展委员会.学会生存——教育世界的今天和明天[M].北京:教育科学出版社,1996:65.

③ 联合国教科文组织国际教育发展委员会.学会生存——教育世界的今天和明天[M].北京:教育科学出版社,1996:12.

④ 联合国教科文组织国际教育发展委员会.学会生存——教育世界的今天和明天[M].北京:教育科学出版社,1996:86.

的、非保守的精神状态。同时，教育必须在纠正人与社会的缺点的过程中发挥作用。[①]

经典语段赏析

教育的目的是培养完善的人，培养新人，培养体力、智力、情绪、伦理综合起来的完人。学会生存，不只是生存的技能和能力问题，也不只是生命教育、生活教育问题，而是一种人类对存在意义的追寻，是从根本上讨论教育的目的和作用，而这不仅仅是生存的问题，其实是发展的问题，是培养完人的问题。学会生存，也是学会发展。有专家说："这不是一份关于'生存'主题的报告，而是一份关于'发展'主题的报告，是一份关于教育体系如何适应新科技革命时代、教育方式如何适应知识进步和教育民主的报告。因此，若将报告译为'学会发展'更贴近报告原意和主旨。"石中英认为，学会生存即"学习成为完人"，教育不再只是一劳永逸地传授知识，而是培养学生的好奇心、首创精神，使他成为他自己，使人日臻完善。

四、学习化社会

学习化社会，学习化的社会，亦称"社会化学习"。它是指学习成为整个社会成员一项经常的重要活动的一种时代标志。学习化社会是《学会生存——教育世界的今天和明天》一书中提出并尤其强调的概念。该报告中多次论及学习化社会的建议，而且多次专门论述学习化社会问题。一是在序言中以"学校与学习化社会"为题，阐述学习化社会。二是在全书的第三部分用大量篇幅分析"向学习化社会前进"。富尔在《学会生存——教育世界的今天和明天》中认为："教育已不再是某些杰出人才的特权或某一特定年龄的规定活动：教育正在日益向着包括整个社会和个人终身的方向发展。……教育正在越出历史悠久的传统教育所规定的界限。它正逐渐在时间上和空间扩展到它的真正领域——整个人的各个方面。"[②]他还说："一个社会既然赋予教育这样重要的地位和这样崇高的价值，那么这个社会就应该有一个它应有的名称——我们称之为'学习化的社会'。……教育不再是一种义务，而是一种责任了。"[③]

经典语段一

国际教育发展委员会特别强调两个基本观念：终身教育和学习化的社会。由于在校学习已不能再构成一个明确的"整体"，而且也不能在一个学生开始走向成人生活之

---

① 联合国教科文组织国际教育发展委员会．学会生存——教育世界的今天和明天[M]．北京：教育科学出版社，1996：137－138.

② 联合国教科文组织国际教育发展委员会．学会生存——教育世界的今天和明天[M]．北京：教育科学出版社，1996：200.

③ 联合国教科文组织国际教育发展委员会．学会生存——教育世界的今天和明天[M]．北京：教育科学出版社，1996：202－203.

前(不管这时候他的智力发展水平如何以及他的年龄多大),先让他接受这种学校教育,因此教育体系必须全部重新加以考虑,而且我们对于这种教育体系所抱有的见解本身也必须重新加以评议。如果我们要学习的所有东西都必须不断地重新发明和日益更新,那么教学就变成了教育,而且就越来越变成了学习。如果学习包括一个人的整个一生(既指它的时间长度,也指它的各个方面),而且也包括全部的社会(既包括它的教育资源,也包括它的社会和经济的资源),那么我们除了对"教育体系"进行必要的检修以外,还要继续前进,达到一个学习化社会的境界。因为这些都是教育将来所要面临的挑战。①

经典语段二

在原始社会里,教育是复杂的和连续的。这时教育的目的在于形成一个人的性格、才能、技巧和道德品质,一个人是通过共同生活的过程来教育自己的,而不是被别人所教育的。家庭生活或氏族生活、工作或游戏、仪式或典礼等都是每天遇到的学习机会;从家里母亲的照管到狩猎父亲的教导,从观察一年四季的变化到照管家畜或聆听长者讲故事和氏族巫士唱赞美诗,到处都是学习的机会。这种自然的、非制度化的学习方式在世界广大地区内一直流行到今天;这种学习方式至今仍是为千百万人提供教育的唯一形式。……这样获取的知识是比较重要的,因为这种知识乃是一个人能否接受学校教育的先决条件,而学校教育又反过来为学习者提供一个框架,使他能把经验中得来的知识系统化和概念化。……这些观念已经长期被一种说教的、学究式的教育学弄得模糊不清了。这些观念是我们的主题思想——自觉的学习化社会这个概念的基本要素。②

经典语段三

《学会生存——教育世界的今天和明天》的后记二"学习化的社会:现在和未来"。教育,如果像过去一样,局限于按照某些预定的组织规划、需要和见解去训练未来社会的领袖,或想一劳永逸地培养一定规格的青年,这是不可能的了。教育已不再是某些杰出人才的特权或某一特定年龄的规定活动;教育正在日益向着包括整个社会和个人终身的方向发展。……看来,在一个空前要求教育的时代,人们所需要的不是一个体系,而是"无体系"。③

---

① 联合国教科文组织国际教育发展委员会. 学会生存——教育世界的今天和明天[M]. 北京:教育科学出版社,1996:16.

② 联合国教科文组织国际教育发展委员会. 学会生存——教育世界的今天和明天[M]. 北京:教育科学出版社,1996:27.

③ 联合国教科文组织国际教育发展委员会. 学会生存——教育世界的今天和明天[M]. 北京:教育科学出版社,1996:199 - 200.

经典语段四

教育正在越出历史悠久的传统教育所规定的界限。它正逐渐在时间上和空间上扩展到它的真正领域——整个人的各个方面。由于这些方面过于广泛而复杂,以致无法包括在任何"体系"之内,如果"体系"是指一种静止的、无进展的东西的话。在这一领域内,教学活动便让位于学习活动。虽然一个人正在不断地受教育,但他越来越不成为对象,而越来越成为主体了。……未来的学校必须把教育的对象变成自己教育自己的主体。受教育的人必须成为教育他自己的人;别人的教育必须成为这个人自己的教育。这种个人同他自己的关系的根本转变,是今后几十年内科学与技术革命中教育所面临的最困难的一个问题。①

经典语段五

我们要学会生活,学会如何去学习,这样便可以终身吸收新的知识;要学会自由地和批判地思考;学会热爱世界并使这个世界更有人情味;学会在创造过程中并通过创造性工作促进发展。②

经典语段六

当教育一旦成为一个连续不断的过程时,人们对于成功与失败的看法也就不同了。如果一个人在他一生的教育的过程中在一定年龄和一定阶段上失败了,他还会有别的机会。他再也不会终身被驱逐到失败的深渊中去了。③

经典语段七

终身教育的思想在近10年来已经聚集了很大的力量,虽然还不能说它是我们时代的创见。教育过程是连续性的,这种思想并不是什么新东西。无论人类是自觉地,还是不自觉地这样做,他们总是终生不断地学习和训练他们自己。这种学习和训练主要是通过周围环境的影响,通过亲身经验改变他们的行为、他们的人生观和他们的知识内容。……简言之,只有采纳了终身教育的思想,才能变成有效的、公正的、人道的事

---

① 联合国教科文组织国际教育发展委员会.学会生存——教育世界的今天和明天[M].北京:教育科学出版社,1996:199-200.

② 联合国教科文组织国际教育发展委员会.学会生存——教育世界的今天和明天[M].北京:教育科学出版社,1996:98.

③ 联合国教科文组织国际教育发展委员会.学会生存——教育世界的今天和明天[M].北京:教育科学出版社,1996:107.

业。…… 现在这种思想已经传遍全世界,终身教育也已经成为一个具有历史意义的问题,一个有关文明本身的问题了。……因此,终身教育就变成了由一切形式、一切表达方式和一切阶段的教学行动构成一个循环往复的关系时所使用的工具和表现方法。①

经典语段八

现代科学指出,人在生理上尚未完成,这一点对我们认识人,是有独特贡献的。我们可以说,人永远不会变成一个成人,他的生存是一个无止境的完善过程和学习过程。人和其他生物的不同点主要就是由于他的未完成性。事实上,他必须从他的环境中不断地学习那些自然和本能所没有赋予他的生存技术。为了求生存和求发展,他不得不继续学习。②

经典语段九

人类生下来就是"早熟的"。他带着一堆潜能来到这个世界。这些潜能可能半途流产,也可能在一些有利的或不利的生存条件下成熟起来,而个人不得不在这些环境中发展。所以从本质上讲,他是能够受教育的。事实上,他总是不停地"进入生活",不停地变成一个人。这是赞成终身教育的一个主要论点。……弗洛姆说:"个人的整个一生只不过是使他自己诞生的过程;事实上,当我们死亡的时候,我们只是在充分地出生。"③

经典语段十

为人们投入工作和实际生活做准备的教育,其目的应该较多地注意到把青年人培养成能够适应多种多样的职务,不断地发展他的能力,使他能跟得上不断改进的生产方法和工作条件,而较少地注意到训练他专门从事某一项手艺或某一种专业实践。这种教育应该帮助青年人在谋求职业时有最适度的流动性,便于他从一个职业转换到另一职业或从一个职业的一部分转换到另一部分。④

---

① 联合国教科文组织国际教育发展委员会. 学会生存——教育世界的今天和明天[M]. 北京:教育科学出版社,1996:179－180.

② 联合国教科文组织国际教育发展委员会. 学会生存——教育世界的今天和明天[M]. 北京:教育科学出版社,1996:196.

③ 联合国教科文组织国际教育发展委员会. 学会生存——教育世界的今天和明天[M]. 北京:教育科学出版社,1996:197.

④ 联合国教科文组织国际教育发展委员会. 学会生存——教育世界的今天和明天[M]. 北京:教育科学出版社,1996:239.

经典语段赏析

终身教育思想古已有之，现代终身教育思想与法国教育家保罗·朗格朗于1965年提交的一个报告是相关联的。在此基础上，朗格朗于1970年写成并发表了其代表作《终身教育引论》。终身教育在内涵上强调的是：教育是一生的过程；教育是一体化的组织，是社会的全部；教育是多元化的、平等的、面向一切人的全体公民的教育；教育机构是纵向一体化和横向一体化的；教育的目标是造就全面发展的新人——知识、智能、人格、道德、社会适应性等方面和谐发展的人。终身教育和学习化社会是贯穿《学会生存——教育世界的今天和明天》的两个核心观念。在现代社会，教育不仅是社会每一个成员所必要的，而且是社会每一个成员整个一生所必要的。因此，教育既不是社会部分成员的专利或特权，也不是在人生某一阶段可以一劳永逸的事。在这种情况下，教育必然发生根本性的变化。因此，学习化社会的理想与终身教育理念是一致的。《学会生存——教育世界的今天和明天》强调“人在生理上尚未完成”，应该引起我们的思考。从这个意义上说，我们都是“未完成的人”，正因为如此，终身教育才显得尤为必要，学习化社会才是我们的希冀。把终身教育、终身学习与建立学习化社会结合起来看，“学习化社会”的一个重要标志就是学习成为整个社会成员一项经常的重要活动。创建学习化社会有赖于终身教育思想的普及，又有利于终身教育的实施与提高。其实，《学会生存——教育世界的今天和明天》确认终身教育的概念，并将之英译为“Life-long Education”，并用大量篇幅加以阐述，终身教育思想发展为一种具有普遍意义的教育观念和在世界范围内广为传播，无疑具有很大的积极意义。因此，富尔也被认为是终身教育的又一代表。

五、教育先行

在教育与社会发展的关系上，一般理论是生产力的发展水平制约着教育事业的发展规模和速度，但是不能等生产力发展了才投资教育。那种“先公交，后财贸，有了余钱办文教”的观点是错误的。《学会生存——教育世界的今天和明天》强调教育的重要性，尤其强调优先发展教育，即教育要先行。该书多处论及教育先行。

经典语段一

教育是人类在发展与前进过程中所做努力的一个重要组成部分，而且在制订国家政策和国际政策时占日益重要的地位。①

① 联合国教科文组织国际教育发展委员会.学会生存——教育世界的今天和明天[M].北京：教育科学出版社，1996：35.

经典语段二

三种新的现象从理论和实践这两方面来看,有三种普遍流行的现象值得特别注意。①

经典语段三

教育先行 第一点所要讲的是,多少世纪以来,特别在发动产业革命的欧洲国家,教育的发展一般是在经济增长之后发生的。现在,教育在全世界的发展正倾向先于经济的发展,这在人类历史上大概还是第一次。……这种倾向首先大胆地和成功地出现在诸如日本、苏联和美国这些国家。许多别的国家,特别是发展中国家,在过去几年中,不顾由此带来的沉重牺牲和一切困难,也选择了这条道路。②

经典语段四

教育预见 按照社会学的顺序,对于未来同样重要的另一事实是,现在,教育在历史上第一次为一个尚未存在的社会培养着新人。……当教育的使命是"替一个未知的世界培养未知的儿童"时,环境的压力便要求教育工作者们刻苦思考,并在这种思考中构成一幅未来的蓝图。③

经典语段五

社会拒绝使用学校的毕业生 第三件重要的事实是,在教育成果与社会需要之间产生了矛盾。在过去,社会的进展是缓慢的(除了一些简单的突变之外),因而也容易自动地吸收教育成果,至少也可以设法去适应教育的成果,但是今天的情况就不总是这样的了。……有些社会正在开始拒绝制度化教育所产生的成果,这在历史上也还是第一次。④

---

① 联合国教科文组织国际教育发展委员会.学会生存——教育世界的今天和明天[M].北京:教育科学出版社,1996:35.

② 联合国教科文组织国际教育发展委员会.学会生存——教育世界的今天和明天[M].北京:教育科学出版社,1996:35-36.

③ 联合国教科文组织国际教育发展委员会.学会生存——教育世界的今天和明天[M].北京:教育科学出版社,1996:36.

④ 联合国教科文组织国际教育发展委员会.学会生存——教育世界的今天和明天[M].北京:教育科学出版社,1996:37.

经典语段六

教育必须更好地适应社会经济的变化，必须更好地符合学习者的意愿和能力。同时，教育还必须提供更多的平等机会。①

经典语段赏析

教育先行，就是要求教育要面向未来，使教育在适应现存生产力和政治经济发展水平的基础上，适当超前于社会生产力和政治经济的发展。一是教育投资增长速度应当超过经济增长速度；二是在人才培养上要兼顾社会建设近期与远期的需要，目标、内容等方面适当超前。在教育先行理念指导下，许多国家认识到了教育是开发国家或人力资源的重要手段，而不再是福利事业，纷纷重视教育经费的投入，将教育的发展置于经济发展的优先地位，使其自20世纪50年代起经济进入了高速发展的繁荣时期，与此同时，教育事业的发展也出现了前所未有的繁荣，并形成一种模式，颇具借鉴意义。

六、未来学校变革

培养完人，构建学习化社会，是未来学校变革的根本走向。为此，学校怎么建设？教室怎么布置？教师角色如何转换？师生关系如何适应学习化社会？考试评价如何改革？如此问题，《学会生存——教育世界的今天和明天》一书中皆有阐述。

经典语段一

教育正在越出历史悠久的传统教育所规定的界限。它正逐渐在时间上和空间上扩展到它的真正领域——整个人的各个方面。由于这些方面过于广泛而复杂，以致无法包括在任何“体系”之内，如果“体系”是指一种静止的、无进展的东西的话。在这一领域内，教学活动便让位于学习活动。虽然一个人正在不断地受教育，但他越来越不成为对象，而越来越成为主体了……未来的学校必须把教育的对象变成自己教育自己的主体。受教育的人必须成为教育他自己的人；别人的教育必须成为这个人自己的教育。这种个人同他自己的关系的根本转变，是今后几十年内科学与技术革命中教育所面临的最困难的一个问题。②

---

① 联合国教科文组织国际教育发展委员会. 学会生存——教育世界的今天和明天[M]. 北京：教育科学出版社，1996：37-38.

② 联合国教科文组织国际教育发展委员会. 学会生存——教育世界的今天和明天[M]. 北京：教育科学出版社，1996：200.

经典语段二

从终身教育的立场和当前人类知识的现状来看,把教师称为“师长”(Masters)(不管我们给这个名词一个什么意义),这是越来越滥用名词。教师的职责现在已经越来越少地传递知识,而越来越多地激励思考;除了他的正式职能以外,他将越来越成为一位顾问,一位交换意见的参加者,一位帮助发现矛盾论点而不是拿出现成真理的人。他必须集中更多的时间和精力去从事那些有效果的和有创造性地活动:互相影响、讨论、激励、了解、鼓舞。……如果教师与学生之间的关系不按照这个样子发展,它就不是真正民主的教育。①

经典语段三

教育中最没有人怀疑的教条是有关学校的说法:即教育等于学校。当然,事实上,用绝对的字眼来说,即从它在数量上的扩大和质量上的改进来说,学校是在连续不断地发挥着它们在教育体系中的重大作用。但是学校和其他各代之间的教育手段和通信工具比较来说,它所具有的重要性不是正在增加而是正在减少。……事实上,学校与教育之间的这个等式将继续存在下去,一直到我们建成了这样一个社会为止,在这个社会里面,人们将长时间地或在一定间隔的时间内或多或少地连续地接受教育。我们必须清晰地把教育想象为一个为整个社会所设计的连续过程,这个连续过程不仅包括学校,而且还包括它的传递系统和通信系统、它的各种通信工具以及自由公民间那种有组织的和多样化的相互影响。②

经典语段四

在我们的时代里教育学已经发生了根本的变化,甚至教育学这个概念本身也发生了变化。一大批有关的学科加强了教育学的科学性。教育学过去一度是一种艺术——教学艺术,现在已经成了一门科学。这门科学是建立在牢固的基础上的,而且是和心理学、人类学、控制论、语言学以及许多其他科学联系在一起的。然而,教师对于教育学的应用,在很多情况之下,仍然把它当作一种艺术,而不把它当作一门科学。……过去,教育学,按照这个字的词源学的含义,似乎仅限于对年轻人进行教学。这个概念现在已经过时了。……现在教育学活动的前景已经大大地改变了。它必须预期到终身教育。……从教育作为起点训练这个观念过渡到继续教育这样一个观念,这个过渡就是

① 联合国教科文组织国际教育发展委员会.学会生存——教育世界的今天和明天[M].北京:教育科学出版社,1996:108.

② 联合国教科文组织国际教育发展委员会.学会生存——教育世界的今天和明天[M].北京:教育科学出版社,1996:112-113.

现代教育学的特征。①

经典语段五

总的讲来，教师的作用目前正在发生变化。权威式的传递知识的办法正在通过花费更多时间判断学习者的需要，推动和鼓励学生学习，考核所获得的知识等办法加以补充。②

经典语段六

教育虽然建立在从最近的科学数据中抽取出来的客观知识的基础上，但它已不再是从外部强加在学习者身上的东西，也不是强加在别的人身上的东西。教育必然是从学习者本人出发的。……我们今天把重点放在教育与学习过程的"自学"原则上，而不是放在传统教育学的教学原则上。③

经典语段七

学校的空间已没有必要再建筑那种容纳30、40人的课堂了。有许多学校的内部建筑新颖而具有创造性。带有活动隔板的可供多种目的之用的房间和分隔的小房间，可以随意供大组或小组或个人学习之用。大的地方可以用来作为开展辩论的场所。资料供应点已经有所增加。教育机构同时是俱乐部、车间、资料站、实验室和集会场所。学生座位的安排、上课时间表、教职员的工作分配、仪器设备的公布等都倾向于具有灵活性。同时，学校机构也要更灵活些，以适应社会的和技术的发展。④

经典语段八

在学校里，以努力、纪律、竞争为基础进行学习，往往比不上那些比较轻松活泼而非强制地教育青年与成人的方式。……因此，广义上来讲，把校内和校外的目的与方法互

---

① 联合国教科文组织国际教育发展委员会.学会生存——教育世界的今天和明天[M].北京：教育科学出版社，1996：150－151.

② 联合国教科文组织国际教育发展委员会.学会生存——教育世界的今天和明天[M].北京：教育科学出版社，1996：172.

③ 联合国教科文组织国际教育发展委员会.学会生存——教育世界的今天和明天[M].北京：教育科学出版社，1996：200－201.

④ 联合国教科文组织国际教育发展委员会.学会生存——教育世界的今天和明天[M].北京：教育科学出版社，1996：172－173.

相协调起来,就感到越来越迫切需要了。①

经典语段九

一般讲来,终身教育这个概念已经排斥了任何最后的、过早的选拔。终身教育应该彻底改变升级和发证书的程序,强调真正的本领、才能和动机,这方面的价值高于分数、分等、学分的价值。……由于教育体系变得更加多样化,入学、退学和再入学的可能性增加了……考试主要应该当作一种手段,用来比较出身不同的个人在各种不同的条件下所得到的技能。所以考试不是一个结论而是一个起点的标志,它帮助每一个人估计他自己的学习方法的效率。评定的手续应像衡量一个人是否符合外在标准一样衡量他的进步。②

经典语段赏析

在学习化的社会里,理想的学校建筑、理想的教师、理想的学生、理想的学校教育、理想的教学、理想的学习、理想的评价等究竟应该是什么模样?《学会生存——教育世界的今天和明天》第三部分"向学习化社会前进"中进行了较为详细地描述。它强调了建立终身教育体系的全面组织所根据的原则,必须增加教育的机构和手段,要建成一个全面的开放的教育体系,要重视学前儿童教育的发展,普通教育的观念必须显著地加以扩大,教育过程的正常顶点是成人教育,扫盲只是成人教育的一个"片断"和一个因素,等等。它强调了学校或其他教育机构应该进行多样化的、实用化的、能满足学习者需要的变革的必要性。除此之外,《学会生存——教育世界的今天和明天》还特别强调培养人的首创精神或创造精神。在"安全与冒险"部分,它认为"看来人类的天性一方面渴望安全,同时另一方面又喜欢冒险。因为渴望安全,人类便要寻求掩蔽之所。因为喜欢冒险,他便爱好处于危险之地。"③"教育既有培养创造精神的力量,也有压抑创造精神的力量。教育在这个范围内有它复杂的任务。这些任务有:保持一个人的首创精神和创造力量而不放弃把他放在真实生活中的需要;传递文化而不用现成的模式去压抑他;鼓励他发挥他的天才、能力和个人的表达方式,而不助长他的个人主义;密切注意每一个人的独特性,而不忽视创造也是一种集体活动。"④但在我们的教育现实工作中,既有优秀的教师在努力培养学生的创造精神,更有相当比例的教师在压抑学生的创造精神。

---

① 联合国教科文组织国际教育发展委员会.学会生存——教育世界的今天和明天[M].北京:教育科学出版社,1996:174.

② 联合国教科文组织国际教育发展委员会.学会生存——教育世界的今天和明天[M].北京:教育科学出版社,1996:246.

③ 联合国教科文组织国际教育发展委员会.学会生存——教育世界的今天和明天[M].北京:教育科学出版社,1996:186-187.

④ 联合国教科文组织国际教育发展委员会.学会生存——教育世界的今天和明天[M].北京:教育科学出版社,1996:188.

教育的根本问题还在于教师素质的提升和教师资格准入门槛的提高，只有这样，才能体现使个人成为他自己文化进步的主人和创造者的新的教育精神。

第三节 延伸阅读

《学会生存——教育世界的今天和明天》与《教育——财富蕴藏其中》《反思教育：向“全球共同利益”的理念转变？》是联合国教科文组织出版的三个有关教育的经典报告。

一、《教育——财富蕴藏其中》

《教育——财富蕴藏其中》(Learning: The Treasure Within)，又译为《学习：内在的财富》(《德洛尔报告》)。该书是1996年由雅克·德洛尔任主席的国际21世纪教育委员会向联合国教科文组织提交的一份报告。该委员会是根据1991年联合国教科文组织大会所作出的关于“请总干事选定一个国际委员会来思考21世纪的教育与学习”的决议于1993年初正式成立，由15位政治家、科学家、经济学家、社会活动家、行政人员或教育界人士组成。因时任欧洲联盟主席的雅克·德洛尔担任该委员会主席，因此该报告又称《德洛尔报告》。该报告“与《学会生存》有所不同。它在更广阔的国际经济、政治、文化背景上论述教育的作用及有关问题，而对教育内部的要素(教师、学生、课程)及其过程的管理等论述则相对较少。……该报告根据委员会对未来教育面临的挑战的研究和思考，提出可供高层决策者作为教育革新和行动依据的建议。该报告着眼于未来的大目标并从各国的实际出发，视野开阔、深刻，又注意可行性。其中许多内容是具有开创性的，对各国教育决策和教育实践具有指导意义。”①

(一) 书名由来

《教育——财富蕴藏其中》之所以命名于此，既与该报告要思考与表达的21世纪的教育问题有关，也与拉夫丹的寓言诗“农夫和他的孩子们”的故事有关。该报告高度重视教育的地位和作用，在序言《教育：必要的乌托邦》的开篇这样说：“面对未来的种种挑战，教育看来是使人类朝向和平、自由和社会正义迈进的一张必不可少的王牌。……教育在人和社会的持续发展中起着重要作用。教育并不是能打开实现所有上述理想之门的‘万能钥匙’，也不是‘芝麻，开门吧’之类的秘诀。但它的确是一种促进更和谐、更可靠的人类发展的一种主要手段，人类可借其减少贫困、排斥、不理解、压迫、战争等现象。…… 教育，对我们社会应该接待的儿童和青年是一种爱的呼唤；……委员会既把教育政策看作是丰富知识和技能的长期过程，而且，也许尤其将其看作是造就人以及在

① 联合国教科文组织总部中文科译. 教育——财富蕴藏其中[M]. 北京：教育科学出版社，1996：前言1.

个人、群体和民族之间建立关系的理想途径。"①面临 21 世纪的到来和对教育价值的强调,委员会在为《德洛尔报告》选择题目时,联想到了拉夫丹和他的一首寓言诗《农夫和他的孩子们》:从前,有个农夫得了重病,请了好几个医生都治不好。农夫没有钱留给孩子,很担心孩子们不勤劳没有饭吃。农夫很快想了一个好办法,他把孩子们叫到了自己的床前。对他们说,"我不久就要死了,可我要告诉你们一个秘密。在我家的葡萄园里,埋着一箱财宝,它埋在……话没说完,农夫就死了。孩子们办完父亲的丧事,拿着犁头去葡萄园里翻地。他们把整个葡萄园细细地、深深地翻了一遍又一遍,什么也没找到。但是他们把园子里的地翻得又松软又平整,他们种上的葡萄长得特别茂盛,比往年的收成多了好几倍,个个都发了财。最后,孩子们也懂得了父亲说的那番话的意思——千万不要把祖先留给我们的产业卖掉,财宝蕴藏其中,勤劳是人们的财宝。"本书希望给青年以应有的地位,使教育成为每一个人一生中的全部经历。"②

(二) 框架结构

《教育——财富蕴藏其中》这一报告形成的 1996 年,世界正处于世纪之交,"在一个以喧嚣、狂热及分布不均的经济和科学进步为标志的世纪即将结束,一个其前景是忧虑和希望参半的新世纪即将开始的时候,迫切需要所有感到自己负有某种责任的人既能注意教育的目的,也能注意教育的手段。……一种幻想破灭的感觉似乎占了主导地位,并与第二次世界大战刚结束时产生的种种希望形成了对比"③。人类更加意识到对其自然环境造成的种种威胁,"'一切为了经济增长'已不再被看作是可以使物质进步与公正、尊重人的地位、尊重我们应完好地传给后代的自然财富和谐一致的理想途径"④。为此,国际 21 世纪教育委员会向联合国教科文组织提交了这份报告,如同农夫所说的"千万不要把祖先留给我们的产业卖掉,因为财富蕴藏其中"一样,教育亦然,教育也是一种财富。

《教育——财富蕴藏其中》除前言外,共分为三个部分九章。第一部分前景。包括第 1—3 章:第 1 章从基层社区到世界性社会,第 2 章从社会团结到民主参与,第 3 章从经济增长到人的发展。第二部分原则。包括第 4—5 章:第 4 章教育的四个支柱,第 5 章终身教育。第三部分方针。包括第 6 章从基础教育到大学,第 7 章教师在探索新的前景,第 8 章教育的选择:政治当局的作用,第 9 章国际合作:地球村的教育问题。另有结束语和 8 个附件。可以说,这个报告涵盖了未来教育改革和发展的主要方面,并从理论与实际相结合上提出了迎接挑战的对策建议。其内容之丰富、新颖、深刻,堪称是里

---

① 联合国教科文组织总部中文科译.教育——财富蕴藏其中[M].北京:教育科学出版社,1996:1-2.

② 联合国教科文组织总部中文科译.教育——财富蕴藏其中[M].北京:教育科学出版社,1996:262.

③ 联合国教科文组织总部中文科译.教育——财富蕴藏其中[M].北京:教育科学出版社,1996:1-2.

④ 联合国教科文组织总部中文科译.教育——财富蕴藏其中[M].北京:教育科学出版社,1996:1-3.

程碑性的教育文献，实属每一个教育工作者和关心教育事业的人们所不可不读的经典之作。①

（三）“四大支柱”

“四个学会”是《教育——财富蕴藏其中》的标志性观点，集中在该报告的第二部分“原则”的第4章“教育的四个支柱”。这也是该报告为教育迎接未来社会的挑战而提出的21世纪教育的“四大支柱”。教育的“四大支柱”既是全书的重要精髓，也是教育培养受教育者基本能力的指导。《教育——财富蕴藏其中》为什么要提出“四个支柱”？正如书中所表述的那样：“下一个世纪将为信息的流通和储存以及为传播提供前所未有的手段，因此，它将对教育提出乍看起来近乎矛盾的双重要求。一方面，教育应大量和有效地传授起来，不断发展并与认识发展水平相适应的知识和技能，因为这是造就未来人才的基础。同时，教育还应找到并标出判断事物的标准，使人们不会让自己被充斥公共和私人场所、多少称得上是瞬息万变的大量信息搞得晕头转向，使人们不脱离个人和集体发展的方向。可以这么说，教育既应提供一个复杂的、不断变动的世界的地图，又应提供有助于在这个世界上航行的指南针。”②面对未来，面对展望，仅仅依靠加重课程负担，满足人们对教育的无止境的需求，既不可能也不合适。“每个人在人生之初积累知识，尔后就可无限期地加以利用，这实际上已经不够了。他必须有能力在自己的一生中抓住和利用各种机会，去更新、深化和进一步充实最初获得的知识，使自己适应不断变革的世界。……为了与其整个使命相适应，教育应围绕四种基本学习加以安排；可以说，这四种学习将是每个人一生中的知识支柱：**学会认知**，即获取理解的手段；**学会做事**，以便能够对自己所处的环境产生影响；**学会共同生活**，以便与他人一道参加人的所有活动并在这些活动中进行合作；最后是**学会生存**，这是前三种学习成果的主要表现形式。当然，这四种获取知识的途径是一个整体，因为它们之间有许多连接、交叉和交流点。”③这四种或称“教育的四个支柱”“四个支柱”，或称“四个学会”“四种学习”等，“在任何一种有组织的教育中，这四种‘知识支柱’中的每一种应得到同等重视，使教育成为受教育者个人和社会成员在认识和实践方面的一种全面的、终生持续不断的经历。……扩大了的教育新概念应该使每一个人都能发现、发挥和加强自己的创造潜力，也应有助于挖掘出隐藏在我们每个人身上的财富。”在“教育的四个支柱”中，仅仅或是主要是针对学会认知，而较少针对学会做事，或忽视学会共同生活、学会生存另外两种学习，都是不利于人的全面发展的。教育不再单纯是一种手段，而是达到某些目的诸如技能、获得各种

① 联合国教科文组织总部中文科译. 教育——财富蕴藏其中[M]. 北京：教育科学出版社，1996：前言3.

② 联合国教科文组织总部中文科译. 教育——财富蕴藏其中[M]. 北京：教育科学出版社，1996：75.

③ 联合国教科文组织总部中文科译. 教育——财富蕴藏其中[M]. 北京：教育科学出版社，1996：75 - 76.

能力、经济目的等的必由之路。①

二、《反思教育:向“全球共同利益”的理念转变?》

《反思教育:向“全球共同利益”的理念转变?》(Rethinking Education: Towards a global common good?)(以下统称《反思教育》)是联合国教科文组织2015年发布的一份报告。它秉承联合国教科文组织已出版的两部具有里程碑意义的报告——《学会生存:教育世界的今天和明天》(《富尔报告》,1972)和《教育——财富蕴藏其中》(《学习:内在的财富》《德洛尔报告》,1996)的精神。《反思教育》发布的背景与前两份报告一样,面临世界经济社会变革的现实,不同的是,2015年的世界范围内社会变革的背景和现状又有新的变化。“这是一个动荡的时代。世界日新月异,对于人权和尊严的渴求正在日益凸显。……世界在变,教育也必须做出改变。社会无处不在经历着深刻的变革,而这种变革呼唤着新的教育形式,培养今日和明日社会、经济所需要的能力。这意味着超越识字和算术,聚焦学习环境和新的学习方法,以促进公平正义、社会平等和全球团结。教育必须教导人们学会如何在承受压力的地球上共处。它必须重视文化素养,立足于尊重和尊严平等,有助于将可持续发展的社会、经济和环境方面结为一体。……这就是人文主义教育观,它把教育视为最根本的共同利益。”②

再细思一下,发布《反思教育》这份报告的2015年正是21世纪的第二个十年,标志着一个新的历史节点,全球智力格局和物质基础都发生了翻天覆地的变化,给人类的学习和发展带来了新的挑战和新的机遇,面临着新的各种复杂性、不确定性和张力达到了前所未有的程度的时代,我们需要怎样的教育?教育的宗旨应该是什么?学习应该怎样来组织?一系列问题有待解决。时任联合国教科文组织总干事的伊琳娜·博科娃女士在其首个任期内对这些教育问题给予关注。她大力支持重温《德洛尔报告》,以确定全球教育的未来发展走向。她强调“联合国教科文组织不仅要对全民教育运动发挥技术牵头作用,而且要在国际教育领域发挥重要的智力领导作用。”③总干事设立了高级专家组,分别在2013年2月、2014年2月和2014年12月会聚巴黎,酝酿、讨论、起草了这份报告,并于2015年发布了此报告。

(一)报告由来

《反思教育:向“全球共同利益”的理念转变?》作为联合国教科文组织发布的一份重要的教育报告,是“受到了人文主义教育观和发展观的启发,以尊重生命和人类尊严、权利平等和社会正义、尊重文化多样性、国际团结和分担责任为基础,而所有这些都是人

---

① 联合国教科文组织.教育——财富蕴藏其中[M].联合国教科文组织总部中文科,译.北京:教育科学出版社,1996:76.

② 联合国教科文组织.反思教育:向“全球共同利益”的理念转变?[M].联合国教科文组织总部中文科,译.北京:教育科学出版社,2017:序言1-2.

③ 联合国教科文组织.反思教育:向“全球共同利益”的理念转变?[M].联合国教科文组织总部中文科,译.北京:教育科学出版社,2017:致谢3.

性的基本共同点。”①本书彰显或秉承了联合国教科文组织具有里程碑意义的两部出版物——《富尔报告》和《德洛尔报告》的精神或提出的愿景。该报告序言中开宗明义地强调坚持人文主义教育观，把人文主义教育视为全球最根本的共同利益。该报告认为：“仅凭教育不能解决所有发展问题，但着眼于全局的人文主义教育方法可以并且应该有助于实现新的发展模式。在这种模式下，经济增长必须遵从环境管理的指导，必须服从人们对于和平、包容和社会正义的关注。……在教育和学习方面，这就意味着超越狭隘的功利主义和经济主义，将人类生存的多方面融合起来。……这将需要采用开放和灵活的全方位的终身学习方法：为所有人提供发挥自身潜能的机会，以实现可持续的未来，过上有尊严的生活。”②

（二）框架结构

《反思教育：向“全球共同利益”的理念转变？》共分四章。第一章“可持续发展：核心关切”。其主旨是对于人的可持续发展和社会的可持续发展的关切，概述了当今全球社会变革进程中的某些趋势、张力和矛盾，以及这一过程呈现出的新的知识前景。强调需要探索实现人类福祉的其他办法，包括承认和支持多样化的世界观和知识体系的多样性。第二章“重申人文主义方法”。强调必须在最新的伦理和道德基础上制定综合性教育方法，呼吁包容的、不会简单地复制不平等的教育过程。在不断变化的全球格局中，教师和其他教育工作者的作用对于培养批判性思维和独立判断能力、摆脱盲从至关重要。第三章“复杂世界中的教育决策”。一是认识和应对正规教育与就业之间的差距。二是在跨越边界、职业和学习空间的流动性日益增强的世界里承认和认证流动世界中的学习。三是在日益全球化的世界中重新思考公民素质教育，平衡对于共同价值多元化的尊重和对于共同人性的关切。四是联系可能出现的全球治理形式，分析国家教育决策的复杂性。第四章“教育是一项共同利益吗？”强调根据当前形势重新思考教育治理的基本原则，特别是受教育的权利和以教育为公共利益的原则。建议教育政策更多地关注知识，以及创造、获取、习得、认证和运用知识的方式，还建议应根据当前形势，重新思考组织教育的基本规范原则，这或许会为协调学习的目的和组织方式提供一种实用的方法，作为不断变化世界中的社会集体努力。该章作为最后一章，既提出了教育和知识是全球共同利益，同时又对于前途或有待深入讨论的问题给予了思考。③

（三）主要内容

《反思教育：向“全球共同利益”的理念转变？》最引人瞩目的莫过于“共同利益”“全

① 联合国教科文组织. 反思教育：向“全球共同利益”的理念转变？[M]. 联合国教科文组织总部中文科，译. 北京：教育科学出版社，2017：6.

② 联合国教科文组织. 反思教育：向“全球共同利益”的理念转变？[M]. 联合国教科文组织总部中文科，译. 北京：教育科学出版社，2017：2.

③ 联合国教科文组织. 反思教育：向“全球共同利益”的理念转变？[M]. 联合国教科文组织总部中文科，译. 北京：教育科学出版社，2017：9 - 10.

球共同利益”这一概念。为什么《反思教育:向“全球共同利益”的理念转变?》提出了“向全球共同利益”的理念转变？这里的“全球共同利益”究竟指的是什么？如何理解和领会“全球共同利益”？为什么在“转变”后边用了“?”号？这份报告有什么教育启示？

所谓利益,在《现代汉语词典》中解释为“好处”,在人们的日常生活中所理解的“利益”,其实也是好处;所谓共同,在《现代汉语词典》中有两种解释:一是属于大家的,二是大家一起(做)。“共同利益”,即大家共同的好处。“全球共同利益”即全球共同的好处。什么可以作为全球共同的好处?《反思教育:向“全球共同利益”的理念转变?》第四章“教育是一项共同利益吗?”,明确提出“教育和知识是全球共同利益”①。“共同利益”与“公共利益”不同,公共,强调的是公有、公用,它是属于社会的,与私家、私人、私有相对。《反思教育:向“全球共同利益”的理念转变?》中的“全球共同利益”不是指公共利益,而是指“无论其来自公共部门还是私营部门,都具备约束力的目标,并且是实现所有人的基本权利的必要因素。……从这个角度来看,‘共同利益’概念或许可以成为具有建设性的替代品。可以将共同利益定义为‘人类在本质上共享并且互相交流的各种善意,例如价值观、公民美德和正义感’。……这是一种社会群体的善意,‘在相互关系中实现善行,人类也正是通过这种关系实现自身的幸福’。由此可见,共同利益是通过集体努力紧密团结的社会成员关系中的固有因素。因此,共同利益的‘产生’及其裨益具有内在的共同性。”②可见,共同利益不是公共利益,共同利益不是个人受益,共同利益也不是狭隘的善意。教育和知识作为共同利益重申或强调了教育作为一项社会共同努力的集体层面所应分担的责任和所需要的精诚团结。“共同利益概念超越了公共利益的辅助性概念,后者将人类幸福局限于个人主义的社会经济理论。”③承认教育和知识作为全球共同利益,是符合教育本质的。“教育是获取知识和培养在相关情境中运用这些知识的能力的有意识的过程。发展和利用知识是教育的终极目的,理想社会的各项原则是教育的指导方针。假如将教育视为有意识和有组织的学习过程,关于教育的任何讨论都不能再仅仅侧重于获得(和认证)知识的过程。我们不但要考虑如何获得和认证知识,更要考虑知识的获取受到何种控制,以及如何普遍提供获取知识的机会。”④纵观《反思教育:向“全球共同利益”的理念转变?》整个报告,充分表达了应将教育和知识视为全球共同利益的强烈诉求,以及为此所意味着的“知识的创造、控制、习得、认证和运用向所有人开放,是一项社会集体努力。再也不能将教育治理与知识治理分开了。”⑤

---

① 联合国教科文组织.反思教育:向“全球共同利益”的理念转变?[M].联合国教科文组织总部中文科,译.北京:教育科学出版社,2017:69.

② 联合国教科文组织.反思教育:向“全球共同利益”的理念转变?[M].联合国教科文组织总部中文科,译.北京:教育科学出版社,2017:69-70.

③ 联合国教科文组织.反思教育:向“全球共同利益”的理念转变?[M].联合国教科文组织总部中文科,译.北京:教育科学出版社,2017:70.

④ 联合国教科文组织.反思教育:向“全球共同利益”的理念转变?[M].联合国教科文组织总部中文科,译.北京:教育科学出版社,2017:71.

⑤ 联合国教科文组织.反思教育:向“全球共同利益”的理念转变?[M].联合国教科文组织总部中文科,译.北京:教育科学出版社,2017:72.

三、三份报告的演进超越

三份报告相互接续、演进与发展。正如资深教育专家顾明远所评价的那样:《反思教育:向"全球共同利益"的理念转变?》"是联合国教科文组织成立 70 年以来,继 1972 年发布的《学会生存:教育世界的今天和明天》和 1996 年发布的《教育,内在的财富》以后第三份重要的报告。这份报告必定像前两份报告那样对世界教育的发展产生重大的影响。"[①]因此说,这三份报告既承继了作为全球思想实验室的联合国教科文组织的一贯教育理念与价值主张,反映出了诸如学会生存、培养完人、终身教育、终身学习、学习化社会等的概念演进,同时三份报告面对所处时代的新特征及其发展需求也表达出了各有侧重与追求的新建议。如"四个学会""全球共同利益"等。三份报告从 1972 年、1996 年到 2015 年,前后跨越 40 多年,中间间隔 20 年左右,科技的进步、时代的变迁、社会的发展、教育的使命感等皆反映在三份报告中,使得三份报告《富尔报告》《德洛尔报告》《反思教育:向"全球共同利益"的理念转变?》在核心理念上表现出了演进走向。正如有学者所说,如果说《富尔报告》是科学主义和经济主义,《德洛尔报告》是理想主义和乐观主义,那《反思教育:向"全球共同利益"的理念转变?》就是人文主义,提出把人文主义教育观作为当前教育改革的重要目标。[②] 三份报告皆密切关注了教育与社会、教育与人的发展关系,但在认识的深刻度上呈逐渐深入趋势。

从《学会生存——教育世界的今天和明天》所提出的"学习化社会""学会生存",到《教育——财富蕴藏其中》所强调的"终身学习""四个学会",再到《反思教育:向"全球共同利益"的理念转变?》所倡导的"教育和知识是全球共同利益",充分展示了作为"思想实验室"的联合国教科文组织在教育领域的使命以及作为智力机构和思想库的作用。阅读《学会生存——教育世界的今天和明天》(《富尔报告》),需要阅读《教育——财富蕴藏其中》(《德洛尔报告》)和《反思教育:向"全球共同利益"的理念转变?》,反之,欲真正读懂《反思教育:向"全球共同利益"的理念转变?》,必须溯读《富尔报告》和《德洛尔报告》。三份报告共同担负着教育的使命,指导着教育决策,影响着教育教学的理念和实践。

学习评价

1. 请谈谈你对《学会生存——教育世界的今天和明天》一书中关于"学会生存"的理解和认识。

2. 请谈谈你对"教育先行""学习化社会"的理解和认识。

3. 请谈谈你对《教育——财富蕴藏其中》一书的书名的理解和认识。

4. 请谈谈你对"四个学会"或"四个支柱"的理解和认识。

---

① 顾明远.对教育本质的新认识[J].基础教育论坛,2016(9):59-60.

② 陶西平.在交流与借鉴中创新——《每一个学生成功法》与《反思教育:向"全球共同利益"的理念转变?》[J].未来教育家,2016(8):8-13.

5. 请谈谈你对《反思教育:向"全球共同利益"的理念转变?》书名的理解和认识。

6. 请谈谈你对"全球共同利益"的理解和认识。

阅读参考

1. 联合国教科文组织编,联合国教科文组织总部中文科译:《学会生存——教育世界的今天与明天》,教育科学出版社,1996。

2. 联合国教科文组织编,联合国教科文组织总部中文科译:《教育——财富蕴藏其中》,教育科学出版社,1996。

3. 联合国教科文组织编,联合国教科文组织总部中文科译:《反思教育:向"全球共同利益"的理念转变?》,教育科学出版社,2017。

4. 保罗·朗格朗:《终身教育引论》,中国对外翻译出版公司,1985。

5. 保罗·肯尼迪著,何力译:《未雨绸缪:为21世纪做准备》,新华出版社,1994。

第九章

在逆境中成长:《自卑与超越》

内容提要

奥地利心理学家阿德勒博士的《自卑与超越》是一本通俗中包含着极深哲理和巨大学术价值的心理学名著。此书对人生意义、人生问题、自卑心理等的诠释独到而深刻。个体心理学认为自卑感产生于个体的生活经验,并可以从人的外部行为进行观察,理解一个人就要从他的过去入手,而一个人的生活风格则是与他对于过去经验的认识和理解相一致的。自卑并不可怕,关键在于怎样认识自卑,克服困难,超越自我。从个体心理学出发,探讨自卑感理论的构建及其对教育的启示,具有现实意义。

学习目标

1. 学习和领会《自卑与超越》作者对于自卑情结的研究。

2. 领会和把握《自卑与超越》中所体现的作者的教育观,阅读本书,对这些观点进行抽绎分析和思考研究。

3. 摘录和思考《自卑与超越》中的典型案例,并对作者的破解之策给予认真体会和讨论交流。

第一节　简介及影响

《自卑与超越》(What Life Should Mean to You)是精神分析学派心理学家阿尔弗雷德·阿德勒的经典之作,亦有译者将其译作《超越自卑》,原著发表于1932年。本书由中国台湾学者黄国光先生翻译,1986年由作家出版社在大陆出版发行,约16万字,属于一部从个体心理学观点出发,阐明人生道路和人生意义的通俗性读物。

一、个体心理学相关理论的产生

A·阿德勒(Alfred Adler)(1870—1937)是奥地利著名心理学家和精神病医生,是个体心理学的创始人。阿德勒的“个体心理学”并非指完全个人的或个别差异的心理学。阿德勒认为,个体是一个与社会、与他人不可分割的有机整体,是一个有自己独特目的、寻求人生意义、追求未来理想的和谐自然人。他的个体心理学的思想体系包括心理动力学理论、生活风格理论、个体发展理论、社会兴趣理论四个部分。其中最有影响的是心理动力理论,即自卑与超越的思想。

(一) 历史背景

1. 经济基础

19 世纪的后半期至 20 世纪 40 年代,即第二次工业革命的初期,资本主义经济在获得巨大增长的同时又面临严重的危机。欧洲生产社会化程度大大提高,生产社会化和生产资料私人所有制之间的矛盾也进一步加剧;生产量的增长远远快于有支付能力的需求的增长,西方资本主义国家在走向垄断的同时,也掀起了争夺殖民地的新高潮。1873—1895 年出现了价格、利润和收益的一并下降,进入大萧条时期,战争不断在欧洲各列强之间发生。

2. 政治前提

社会充满着剥削和压迫、战乱与冲突,社会秩序混乱,当时在家庭中也普遍存在着冷漠的关系。整个犹太民族在欧洲更是受到了非人的对待,处在社会的最底层,遭受欧洲其他民族的歧视。犹太民族处在一种受压抑的状态,他们无法在上层政治社会立足,经济权益得不到维护,思想受到压抑。在这样的背景下,人性的真善美被扭曲,当时与阿德勒同为犹太人的弗洛伊德因此提出“人性恶”的人性观。

3. 文化条件

当时,由于深受维多利亚时代的影响,社会某些方面盛行着陈腐伪善、道貌岸然的道德标准和行为规范,唯美主义和浪漫主义成为当时欧洲各国的主要社会风尚。欧洲社会充斥着赤裸裸的金钱关系,人与人的关系非常冷漠。阿德勒饱受战争之苦,亲历第一次世界大战,并目睹美西战争、日俄战争的灾难。19 世纪自然科学的三大发现对阿德勒的思想产生了深远的影响,科学的严谨性及其开放性使他不迷信于弗洛伊德泛性论,而形成了自己的观点。

(二) 作者生平

思想是从生活之中孕育出来的。1870 年,阿德勒出生于维也纳郊外一个米谷商人的家庭中,排行第二。他的家庭富裕,全家都热爱音乐,但是他却认为他的童年生活并不快乐。不快乐的原因来自他的哥哥,他觉得自己不管怎么努力都无法赶上哥哥的成就。哥哥是母亲的宠儿,而他则比较受父亲的宠爱。他自小患有驼背,行动不便,因此,哥哥的活蹦乱跳使他自惭形秽,觉得自己又小又丑,事事都比不上哥哥。尽管如此,他仍是一个友善而又随和的孩子。五岁那年,他患了一场几乎使他致命的病,痊愈之后,他便决心要当医师。以后他说他自己的生活目标就是要克服儿童时期对死亡的恐惧,他的许多心理学上的观点都可以从他童年时代的记忆中寻出其蛛丝马迹。

1895年，他在维也纳大学获得医药学位。两年后，他和来自俄国的留学生蒂诺菲佳娃娜（Raissa Tinofejewna）结了婚，妻子是位飞扬跋扈、能言善道的女性，最关心自己国家的社会改革。她的特立独行和阿德勒所处阶级的保守风气并不十分协和，阿德勒在他的回忆录里说，男女平等这件事，说比做容易得多。由此可见，他们的婚姻最初可能有些小摩擦，不过后来两人倒也能相敬如宾，白首偕老。

在维也纳居住期间，他也像维也纳人一样，经常到咖啡馆和朋友及学生们一起饮酒作乐，谈天说笑。他友善谦和，不拘小节，因此和多种类型的人都交上了朋友。

阿德勒曾经熟读弗洛伊德所著《梦的解析》一书，他认为它对于了解人性有莫大的贡献。他还曾在维也纳一本著名的刊物上写文章商榷弗洛伊德的观点，结果弗氏写信邀他加入自己所主持的讨论会——有人因此而认为阿德勒是弗氏的学生，其实大谬不然。虽然他的观点和弗氏迥然不同，但是，他仍然在1902年加入了弗氏的集团，并在此后成为此集团的领导人之一。因为饱受弗氏的赞誉，在弗氏之后，他成为维也纳心理分析学会的主席及心理分析学刊的编辑。

1907年，阿德勒发表的有关由身体缺陷引起的自卑感及其补偿的论文使其声名大噪。他认为，由身体缺陷或其他原因所引起的自卑，不仅能摧毁一个人，使人自甘堕落或发生精神病，换个角度看，它也能使人发奋图强，力求振作，以补偿自己的弱点。例如古代希腊的戴蒙斯赛因斯（Demosthenes）原先患有口吃，经过数年苦练竟成为一名演说家。美国的罗斯福总统，患有小儿麻痹症，其奋斗事迹，更是家喻户晓之事。有时候，一方面的缺陷也会使人在另一方面求取补偿，如尼采的身体羸弱，于是他开始了笔耕不辍的一生，写下了不朽的《权力的哲学》。诸如此类的例子，在历史上不胜枚举。

早先，弗洛伊德主张补偿作用是由于要弥补性的发展失调所引起的缺憾。受了弗氏的影响，阿德勒遂提出男性钦羡的概念，认为不论男性或女性都有一种要求强壮有力的愿望，以补偿自己不够男性化之感。

之后，阿德勒更体会到，不管有无器官上的缺陷，儿童的自卑感总是一种普遍存在的事实，因为他们身体弱小，必须依赖成人生活，而且一举一动都受成人控制。当儿童利用这种自卑感逃避他们力所能及的事情时，他们便会发展出神经病的倾向。如果这种自卑感在以后的生活中继续存在下去，它便会构成“自卑情结”。因此，自卑感并不是变态的象征，而是个人在追求优越地位时，一种正常的发展过程。

弗洛伊德认为阿德勒的观点是对自我心理学的一大贡献，但它未谈及本我和超我等部分，而且所谓的补偿作用也只是自我的一种功能而已。这时候，阿德勒的观点尚未自成一个独立的系统，然而，当阿德勒主张补偿作用是其中心思想时，两人便势同水火了。

最初，两人还彼此容忍，可是当弗氏要求阿德勒登在其学刊上的文章要先受杨格的检查时，他们便正式闹翻了。弗氏写信给心理分析学刊发行人：要把他学刊封底中阿德勒的名字除掉，否则就把自己的名字去掉。维也纳心理分析学会为了阿德勒的观点曾经开了许多次会，由于弗洛伊德和其他许多人都坚持阿德勒的观点无法兼容于心理分析学派，阿德勒便率领他的一群跟随者退出心理分析学会，而另组“自由心理分析研究学会”（Society for Free Psychoanalytic Research），并自称其研究为“个体心理学”。

在和弗洛伊德决裂之后,阿德勒便摒弃了弗氏泛性论的观点,他讥之为对性的迷信,并以社会的概念来解释男性钦羡。他并不否认潜意识动机的实在性,但是他却比弗氏更重视自我的功能。他也不否认梦的解释有其重要性,不过他却认为梦是解决个人问题的一种方法,而不像弗氏那样,事事都以性来解释。例如俄狄浦斯情结的发生,他也认为只是被宠坏了的孩子对其母亲的依赖而已。当然,性欲是存在的,不过它和饥饿或口渴一样,这种生物学上的因素只有在追求优越地位时,才能进入心理学的领域。

1911 年德国哲学家怀亨格(Hans Vaihinger)出版了《虚假的心理学》一书,它对阿德勒的思想产生了重大的影响。怀亨格主张,人类都是凭借一些在现实上不存在的虚假目标而生活着的。我们认为宇宙是一个井井有条的实体,并以此种虚假的观念为基础,做出种种行为,其实宇宙是紊乱不堪的。我们造出了虚假的上帝,并且装模作样,仿佛他是真有其人一般,其实哪里有什么客观存在的神?尽管这些东西在经验上都是虚假的,我们却不怀疑其真实性,我们的思想和行为也都深受其影响。阿德勒把这种概念引用到心理学上,尤其是因果关系的问题。弗氏把因果关系当作是心理学的一项基本定律,他强调儿童时期的经验对人格有决定性的影响,但是阿德勒却在怀亨格的概念中看到不一样的东西。他认为:促使人类做出种种行为的,是人类对未来的期望,而不只是其过去的经验。这种目标虽然是虚假的,它们却能使人类按照其期待做出各种行为。个人不仅常常无法了解其目标的用意为何,有时他甚至不知其目标何在,因此,这种目标经常是属于潜意识的。阿德勒把这种虚假的目标之一称为"自我的理想",个人能借之获得优越感,并能维护其自我的尊严。

在第一次世界大战期间,阿德勒曾在奥国军队中服役,充当军医。以后,他又曾在维也纳的教育机构中从事儿童辅导的工作。此时,他发现他的观点不仅适用于父母和子女间的关系,同样也涵盖师生关系。阿德勒对教师们的影响既深且远,有许多个体心理学家都是将其观点活用于教育上的教师。

在 1920 年左右,阿德勒便已声名远播。在维也纳,有许多学生和追随者围着他。1926 年,他赴美国讲学,受到热烈欢迎。1927 年,他受聘为哥伦比亚大学讲座。1932 年,他又受聘为长岛医学院教授。同年,他出版了名为《生活对你应有的意义》(What Life Should Mean to You)的书。

1934 年,阿德勒决定在美国定居。次年,他创办了国际个体心理学学刊(International Journal of Individual Psychology)。1937 年,阿德勒开始赴欧洲讲学。由于多处争聘,有时一天之内要奔赴两个城市演讲,最终因过度劳累导致心脏病突发,死于苏格兰亚伯丁市的街道上。

二、《自卑与超越》的主要内容及其影响

全书由"生活的意义"统领,认为"奉献是生活真正的意义",每个人都应该且必须发展对他人、对社会的兴趣,而不可仅仅关注自己。全部生活的三个主要问题可概括为:社会、职业和爱情。对自卑感和优越感,个体心理学的重大发现之一"自卑情结"似乎已经驰名于世了。我们每个人都有不同程度的自卑感,因为我们都发现自己所处

的地位是我们希望加以改进的。对自卑的矫治，不是告诉病人他正蒙受着自卑之害，而是要找出他们在生活样式中表现出的特殊气馁，必须在他们最缺少勇气之处鼓励他。说到家庭对人的影响，母亲的作用无论被怎样强调都不过分。学校是家庭的延伸，关注儿童的困难、纠正父母的态度，是学校教师的工作。学校应授予孩子们合作之道。教育者应能深刻地了解孩子并尽以温和之态、慈爱之心，发现孩子的兴趣并给以信心。

阿德勒思想中的未来定向和发展社会定向是重要的。在儿童培养和个体发展中，要有所求，要从对自我的关注中解放出来，发展社会兴趣。不管什么人，现在处于什么样的状态，他都有可能在以后做出伟大的贡献。越是在这种障碍中经受磨炼的人，越可能从其超越自卑的体悟中收益，越能投入自我提高、自我实现的工作，越能发展出健全的自我。在教育中引导个体合理的未来定向和发展社会定向的同时，我们要引导个体合理面对问题情境，甚至设置与个体发展相适应的问题情境，使个体在逆境中得到成长。

阿德勒的研究思想来源于他本人的直接生活和工作经历，他一生致力于心理学的原理为社会服务，而不是把自己局限于理论的研究。与弗洛伊德相比，他的研究大部分来源于正常被试最起码他所研究的被试没有适应性的障碍。他反对弗洛伊德的泛性论，关注人的社会性，为新精神分析学派指明了方向。正如舒尔茨所说："阿德勒的思想相比于一般人所承受的要大一些，因为其他的理论家都曾受到他的著作的影响。"例如，他认为人格的形成与人的主观因素和社会因素有关。这种思想深深地影响了霍妮、沙利文、弗洛姆等社会文化学派的成员。阿德勒注重个体的主观选择性和创造性，注重人对理想目标的追求，并对人生持乐观态度，这一点对当代人本主义心理学家奥尔波特、罗杰斯、马斯洛等有重要影响。阿德勒虽然承认潜意识的作用，但他更看重意识自我对个性的影响，从而推进了个体心理学的发展。阿德勒被认为是上述三种思想的先驱。

人类心理的复杂性不仅表现为它的主观性和个体性，更表现为它的客观性和社会性。阿德勒的思想恢复了"意识"在心理学中的作用，并为心理学能沿着社会科学传统方向发展作出了贡献。

第二节　经典语段

《自卑与超越》一书共十二个部分，系统介绍了"自卑情结"在个体成长发展中的对其一生的影响。对于教育工作者来说，系统了解学生心理发展状况及自卑情结，对于维护学生心身健康，培养德智体美劳全面发展的社会主义建设者和接班人，具有非常重要的启示意义。

一、生活的意义

经典语段一

个体心理学发现:生活中的每一个问题几乎都可以归纳于职业、社会和性这三个主要问题之下。每个人对这三个问题做反应时,都明白地表现出他对生活意义的最深层的感受。①

经典语段二

每个人都努力地想使自己变得重要,但是如果他不能体认:人类的重要性是依他们对别人生活做的贡献而定的,那么他必定会踏上错误之途。②

经典语段三

经验并不是成功或失败之因。我们不会被经历过的打击(即所谓"震惊")所困扰,我们只是从其中取得决定吾人目标之物。我们被我们赋予经验的意义决定了自己:当我们以某种特殊经验,作为自己未来生活的基础时,很可能就犯了某种错误。意义不是被环境所决定的,我们以我们赋予环境的意义决定了我们自己。③

经典语段四

一旦我们发现并了解了生活的意义,我们即已握有了解整个人格之钥。曾经有人说:人类的特征是无法改变的,事实上,只有对那些未曾把握住解开此种困境之钥的人,这种说法才为正确。然而,我们说过:假使无法找出最初的错误,那么讨论或治疗也都没有效果,而改进的唯一方法,在于训练他们更合作及更有勇气地面对生活。合作也是我们拥有的防止神经病倾向发展的唯一保障。因此,儿童应该被鼓励及被训练以合作之道。④

经典语段五

假使每个独立自主的人,都能以这种合作的方式来应付其生活,那么我们将可看

① A·阿德勒.自卑与超越[M].黄光国,译.北京:作家出版社,1986:10.
② A·阿德勒.自卑与超越[M].黄光国,译.北京:作家出版社,1986:12.
③ A·阿德勒.自卑与超越[M].黄光国,译.北京:作家出版社,1986:16.
④ A·阿德勒.自卑与超越[M].黄光国,译.北京:作家出版社,1986:22-23.

出:人类社会的进步必然是无止境的。①

二、心灵与肉体

经典语段一

心灵只能在肉体所拥有的及它可能被训练发展出来的能力之内指使肉体。②

经典语段二

他的犯罪感是使他显得比其他人更诚实的方法,而他也朝此方向挣扎着要获取优越感。③

经典语段三

身体阻碍是一种能使人向前迈进的刺激。例如,视力不良的儿童可能因为他的缺陷而感到异常的压力。他要花费较多的精神,才能看清东西。他对视觉的世界必须给予较多的注意力。他也必须更努力地区分色彩和形状。结果,他对视觉的世界即比不须努力注意微小差异的儿童有更多的经验。由此可见,只要心灵找出了克服困难的正确技术,有缺陷的器官即能成为重大利益的来源。④

经典语段四

只有决心要对团队有所贡献而兴趣又不集中于自己身上的儿童,才能成功地学会补偿其缺憾之道。只想避开困难的儿童,必将继续落于他人之后。⑤

经典语段五

今日,我们很难否认:心灵也能够影响大脑。病理学的许多个案显示:由于大脑右半球受损而丧失试阅读或书写能力的人,能够训练大脑的其他部分,来恢复这些能力。常常有许多中风的患者,其大脑受损的部分已经完全没有复原的可能性,可是大脑的其

---

① A·阿德勒.自卑与超越[M].黄光国,译.北京:作家出版社,1986:24.
② A·阿德勒.自卑与超越[M].黄光国,译.北京:作家出版社,1986:26.
③ A·阿德勒.自卑与超越[M].黄光国,译.北京:作家出版社,1986:32.
④ A·阿德勒.自卑与超越[M].黄光国,译.北京:作家出版社,1986:33-34.
⑤ A·阿德勒.自卑与超越[M].黄光国,译.北京:作家出版社,1986:34.

他部分却能补偿并承受起整个器官的功能,而使大脑的官能再度恢复完全。[①]

经典语段六

从其合作的程度,我们能判断并了解一个人。在所有的失败者之间,最常见的共同之点是其合作能力非常之低。现在,我们可以给心理学一个更进一步的定义:它是对合作之缺陷的了解。[②]

经典语段七

在个体心理学中,我们考虑的是灵魂本身,是统一的心灵。我们研究的是个人赋予世界和他们自身的意义,他们的目标,他们努力的方向,以及他们对生活问题的处理方式。迄今,我们所拥有的、了解心理差异的最好方法,就是检视其合作能力的高低。[③]

三、自卑感和优越感

经典语段一

告诉病人他正蒙受着自卑情结之害,是没有什么用的,这样做只会加深他的自卑感,而不是让他知道如何克服它们。我们必须找出他在生活样式中表现出的特殊气馁,我们必须在他缺少勇气之处鼓励他。[④]

经典语段二

当个人面对一个他无法适当应付的问题时,他表示他绝对无法解决这个问题,此时出现的便是自卑情结。由这个定义,我们可以看出:愤怒和眼泪或道歉一样,都可能是自卑情结的表现。由于自卑感总是造成紧张,所以争取优越感的补偿动作必然会同时出现,但是其目的却不在于解决问题。争取优越感的动作总是朝向生活中无用的一面,真正的问题却被遮掩起来或摒开不谈。个人限制了他的活动范围,苦心孤诣地要避免失败,而不是追求成功。[⑤]

---

① A·阿德勒.自卑与超越[M].黄光国,译.北京:作家出版社,1986:40.

② A·阿德勒.自卑与超越[M].黄光国,译.北京:作家出版社,1986:43.

③ A·阿德勒.自卑与超越[M].黄光国,译.北京:作家出版社,1986:44.

④ A·阿德勒.自卑与超越[M].黄光国,译.北京:作家出版社,1986:45.

⑤ A·阿德勒.自卑与超越[M].黄光国,译.北京:作家出版社,1986:47-48.

经典语段三

我们已经说过：自卑感本身并不是变态的。它们是人类地位之所以增进的原因……事实上，依我看来，我们人类的全部文化都是以自卑感为基础的。①

经典语段四

个人的习惯和病症，对达到其具体目标而言，都是完全正确的，它们都无疵可议。每一个问题儿童，每一个神经病患者，每一个酗酒者、罪犯或性变态者，都采取了适当的行动，以达到他们认为是优越的地位。他们不可能抨击自己的病症，因为他们有这样的目标，就应该有这样的病症。②

四、早期的记忆

经典语段一

记忆绝不会和生活的样式背道而驰。③

早期的回忆是特别重要的。首先，他们显示出生活样式的根源，及其最简单的表现方式。从其中，我们可以判断：一个孩子是被宠惯的还是被忽视的，他学习和别人合作到何种程度，他愿意和什么人合作，他曾经面临过什么问题，以及他如何对付它们。

各种记忆中最富有启发性的，是他开始述说其故事的方式，他能够记起的最早事件。第一件记忆能表现出个人的基本人生观；他的态度的雏形。它给我们一个机会，让我们一见之下，便能看出：他是以什么东西作为其发展的起始点。我在探讨人格时，是绝不会不问其最初记忆的。④

经典语段二

我们可以要求一班学生写下他们的最早回忆，如果我们知道如何解释它们，我们对每个儿童便有了一份非常有价值的资料。⑤

---

① A·阿德勒.自卑与超越[M].黄光国，译.北京：作家出版社，1986：50.

② A·阿德勒.自卑与超越[M].黄光国，译.北京：作家出版社，1986：55.

③ A·阿德勒.自卑与超越[M].黄光国，译.北京：作家出版社，1986：66.

④ A·阿德勒.自卑与超越[M].黄光国，译.北京：作家出版社，1986：67.

⑤ A·阿德勒.自卑与超越[M].黄光国，译.北京：作家出版社，1986：68.

经典语段三

我曾经说过,次子或年纪较小的孩子,经常有一个竞争的对手,而他们又一直想要击败他们的对手。①

五、梦

经典语段一

梦的目的必然是在于它们引起的感觉之中。梦只是引起这些感觉的一种方法,一种工具。梦的目标是它所留下来的感觉。②

经典语段二

我们可以说:只有在还没想出我们所面临问题的解决方法时,只有即使在睡眠中现实也不断压迫着我们,并向我们提出种种难题时,我们才会做梦。梦的工作就是应付我们面临的难题,并提供解决之道。梦的目的就是支持生活样式抵制常识的要求。如果个人面临了一个他不希望用常识来解决的问题,他便能够用梦所引起的感觉,来坚定他的态度……梦是常识的敌人。③

经典语段三

常识是合作的一面,合作素养欠佳的人都不会喜欢常识……梦是想在个人的生活样式和他当前的问题之间建立起联系,而又不愿意对生活样式作新要求的一种企图。④

经典语段四

要应付现实的困难,必须借重于常识,但是生活样式却坚持不让步。⑤

在人类的心灵中,已经预存有执行生活样式,并使之固定和加强的各种方法,最重要的方法之一就是激发起心境的能力。⑥

---

① A·阿德勒.自卑与超越[M].黄光国,译.北京:作家出版社,1986:72.

② A·阿德勒.自卑与超越[M].黄光国,译.北京:作家出版社,1986:87.

③ A·阿德勒.自卑与超越[M].黄光国,译.北京:作家出版社,1986:88-89.

④ A·阿德勒.自卑与超越[M].黄光国,译.北京:作家出版社,1986:90.

⑤ A·阿德勒.自卑与超越[M].黄光国,译.北京:作家出版社,1986:91.

⑥ A·阿德勒.自卑与超越[M].黄光国,译.北京:作家出版社,1986:93.

六、家庭的影响

经典语段一

每一种可能是得自遗传的倾向，都已经被她的母亲修正、训练、教育，而改头换面过了。她的技巧是否优良，影响了孩子的所有潜能。所谓母亲的技巧，我们指的是她和孩子合作的能力，以及她使孩子和她合作的能力。①

经典语段二

当一个母亲没有设法扩展她孩子和别人的联系，并教导他和环境中的其他人平等地合作时，她是犯了多么严重的错误！②

奥迪帕斯情结是由于教育错误所造成的人工产品。③

非常不幸的，在家庭中惩罚儿童的责任经常落在父亲头上。我们说它不幸，有几个原因。第一，它使母亲有一种信念，以为妇女不能真正地教育她们的子女。第二，它破坏了父子之间的关系，让孩子们怕父亲，而不觉得他是可亲的朋友。④

经典语段三

最好是先了解孩子希望知道什么，并只回答他们正在思考的问题，而不要以我们自己的标准，强迫他们接受我们认为每个人都应该知道的事情。我们必须取得他的信任，让他觉得我们会和他合作，并帮他找出这个问题的解决方法。⑤

经典语段四

如果在家庭中没有权威的存在，那么其中必定会有真正的合作。父亲和母亲必须合力协商有关他们孩子教育的每件事情。他们任何一人都不应表示他对孩子们之中的那一个有特殊偏爱。⑥

---

① A·阿德勒. 自卑与超越[M]. 黄光国，译. 北京：作家出版社，1986：105.

② A·阿德勒. 自卑与超越[M]. 黄光国，译. 北京：作家出版社，1986：109.

③ A·阿德勒. 自卑与超越[M]. 黄光国，译. 北京：作家出版社，1986：111.

④ A·阿德勒. 自卑与超越[M]. 黄光国，译. 北京：作家出版社，1986：118.

⑤ A·阿德勒. 自卑与超越[M]. 黄光国，译. 北京：作家出版社，1986：121.

⑥ A·阿德勒. 自卑与超越[M]. 黄光国，译. 北京：作家出版社，1986：122.

经典语段五

父亲和母亲都不应在家中占有太杰出的地位。如果父亲非常成功或才能出众，孩子们会觉得自己的成就不可能和他等量齐观。他们泄气了，他们对生活的兴趣也受到了妨碍。因此之故，名门子女常常会使父母或社会大失所望。①

经典语段六

人类都是在追求着想要成为征服者，想要超越并压垮别人的目标。这种目标是早年训练的结果，也是觉得自己在家庭中未曾受到平等待遇的儿童努力奋斗，拼命竞争的结果。我们要避免这一类的害处，惟一的方法就是给予儿童更多的合作训练。②

七、学校的影响

经典语段一

如果老师想要吸引儿童的注意，他必须先了解这个儿童以前的兴趣是什么，并设法使他相信：他在这种兴趣以及他种兴趣上都能获得成功。③

经典语段二

老师应该很密切地熟知所有的学生，否则他就无法培养出兴趣和合作。假使在几年之间，学生们都能跟随同一个老师，我想一定会有很大的帮助。

让孩子跳班升级经常是弊多于利的……班上只要有一个光芒四射的学生，整个班级的进步就会加速进行。④

经典语段三

假使班上有一个懒惰的孩子，教师就应该为孩子们筹设一次关于懒惰的讨论会。⑤

---

① A·阿德勒. 自卑与超越[M]. 黄光国，译. 北京：作家出版社，1986：123－124.

② A·阿德勒. 自卑与超越[M]. 黄光国，译. 北京：作家出版社，1986：133.

③ A·阿德勒. 自卑与超越[M]. 黄光国，译. 北京：作家出版社，1986：138.

④ A·阿德勒. 自卑与超越[M]. 黄光国，译. 北京：作家出版社，1986：146.

⑤ A·阿德勒. 自卑与超越[M]. 黄光国，译. 北京：作家出版社，1986：153－154.

八、青春期

经典语段一

大部分的孩子到了青春期都会享有较多的自由和独立。父母亲不再觉得他们有监护他的权利。假使父母亲想再继续监督他，他必定会更努力设法脱开他们的控制。双亲愈是想证明他还是个小孩子，他愈是反其道而行。从这些争斗中，会发出一种反抗的态度，结果便构成“青年反抗主义”的典型图案。①

经典语段二

每一种神经病的病症，都是不必降低个人的优越感，便能拒绝解决生活问题的借口。神经病症出现在个人面临社会性的问题，而又不准备以符合社会要求的方式来解决它的时候……他的整个态度似乎在说：“我也急着要解决我的问题，但是我的病却叫我无能为力。”②

经典语段三

我曾经强调：孩子们不应给予身体上的刺激。父母们经常非常疼爱他们的孩子，他们的孩子也很喜欢他们。为了增加孩子们的情爱，他们总是搂抱他们，或亲吻他们，他们应该知道这不是正当的方法……还有，父母亲在孩子面前，最好也应该避免有过分亲密的表现。如果可能的话，孩子应该不要和父母亲睡在同一个房间里，或同一张床上。更理想的，是他也不要和哥哥或姊姊同一个房间。③

九、犯罪及其预防

经典语段一

假使有一个孩子在家庭中特别杰出或天赋特别高，对其他的孩子总是件难堪之事。这种孩子获得了最多的注意，其他人则觉得气馁而愤愤不平，他们拒绝合作，因为他们想奋力竞争，却又没有足够的信心。贫穷也很容易使人对生活产生错误的解释。④

---

① A·阿德勒. 自卑与超越[M]. 黄光国，译. 北京：作家出版社，1986：156.
② A·阿德勒. 自卑与超越[M]. 黄光国，译. 北京：作家出版社，1986：158－159.
③ A·阿德勒. 自卑与超越[M]. 黄光国，译. 北京：作家出版社，1986：164－165.
④ A·阿德勒. 自卑与超越[M]. 黄光国，译. 北京：作家出版社，1986：175.

经典语段二

假使我们能使罪犯对人类的幸福产生兴趣,假使我们能使他们对其他人感兴趣,假使我们能教会他们用合作的方法来解决生活的问题,那么什么问题都没有了……如果我们要改变他,我们必须找出他行为模式的根基……我们必须寻出他的态度最初的发展。

这就是严刑厉罚总不生效的原因之一。罪犯会把它看作是社会充满敌意及不可能与之合作的证据。这一类事情可能是在学校遭遇到的,他会因此而拒绝合作,结果不是成绩每况愈下,就是在班上捣蛋不停。因此,他会再受到责备和惩罚。可是这样就能鼓励他和别人合作吗?不会的,他会对这个情境更感到失望,觉得大家都在和他作对。

所有罪犯尚可挽救的余地是他们还有某种程度的合作,不过却不足以供应社会生活的要求。对这一点应负最大责任的是母亲。她必须知道如何扩大这种兴趣,如何把对她的兴趣扩散,直到它变成对别人的兴趣。①

经典语段三

当父母在子女面前抱怨生活艰难、世道险恶时,他们也会妨碍其社会兴趣的发展。假使他们老是指责他们的亲戚或邻居,老是批评别人并显露出对别人的恶意和偏见,也会发生同样的事情……一旦社会兴趣受到阻碍,剩下来的就只有自私的态度了。②

经典语段四

容易产生特别困难的三类儿童,第一是身体有缺陷的儿童,第二是被宠坏的儿童,第三是受到忽视的儿童。③

经典语段五

在形形色色的罪犯之间,在各种不同的失败者之间,他们最主要的共同点就是缺乏合作精神,缺乏对别人以及对人类幸福的兴趣。假使我们想要有点作为,我们就必须培养我们的合作能力。④

---

① A·阿德勒.自卑与超越[M].黄光国,译.北京:作家出版社,1986:184-187.
② A·阿德勒.自卑与超越[M].黄光国,译.北京:作家出版社,1986:188.
③ A·阿德勒.自卑与超越[M].黄光国,译.北京:作家出版社,1986:190.
④ A·阿德勒.自卑与超越[M].黄光国,译.北京:作家出版社,1986:195.

经典语段六

我们可以利用教师作为推进社会进步的动力：我们可以训练教师来纠正儿童们在家庭中养成的错误，并发展他们的社会兴趣，使之扩展到别人身上。这是学校自然的发展方向。由于家庭不能教导孩子应付日后生活的所有问题，人类才设立了学校，作为家庭的延伸。①

十、职业

经典语段一

假使我们想解决职业问题，我们就必须在人类分工合作的架构中占一席之地，并且为别人的利益奉献出我们的力量。②

母亲是第一个影响她子女职业兴趣发展的人。在生命最初四、五年间所受的训练和努力，对孩子在成年后生活中的活动范围有决定性的影响。③

经典语段二

早期的努力是晚年成功的最佳基础。假设我们让一个三四岁的小女孩单独游玩。她开始为她的洋娃娃缝制一顶帽子。当我们看到她在工作时，赞扬她几句，并告诉她怎样才可以把它缝得更好。她受到激励后，会更加努力改进其技艺。

如果在家庭生活中过分强调了金钱的价值，孩子们会只凭收入的多寡来看职业的问题。这是一种很大的错误，因为这种孩子所遵循的不是他能贡献于人类的某种兴趣。

对于问题儿童，我们应该做的第一步就是找出他们的主要兴趣。④

十一、人及其同伴

经典语段一

忧郁症患者还有以自杀作为报复手段的倾向，因此医师第一件应注意的事，就是避免给他们自杀的借口……如果忧郁症患者能够随心所欲地做任何事情，他还会控诉谁？

---

① A·阿德勒.自卑与超越[M].黄光国，译.北京：作家出版社，1986：200.

② A·阿德勒.自卑与超越[M].黄光国，译.北京：作家出版社，1986：203.

③ A·阿德勒.自卑与超越[M].黄光国，译.北京：作家出版社，1986：204.

④ A·阿德勒.自卑与超越[M].黄光国，译.北京：作家出版社，1986：210－211.

他还会做出什么事情来报复别人?①

经典语段二

另外一种明显地缺乏社会兴趣的例子,是所谓的"犯罪性的疏忽"……他并未受过要替别人着想的训练,他不知道要采取预防措施来保障别人的安全。②

十二、爱情与婚姻

经典语段一

有许多人对于人类的幸福是不太关心的。他们的人生观中,从来不问:"我对我的同胞能有什么贡献?""我要怎样做才能成为团体中良好的一分子?"而只问:"生活有什么用? 它能给我什么好处? 我要为它付出多少代价? 其他的人有没有为我着想? 别人是不是欣赏我?"③

经典语段二

如果每一个人配偶对于其伴侣的兴趣都高过于对自己的兴趣,那么他们之间便会有真正的平等。如果我们都很诚意地奉献出自己,他们便不会觉得自己低声下气或受人压抑。④

经典语段三

私人的独断独行不仅对婚姻的成功和人类的幸福无益,而且会损害到男女双方。⑤

经典语段四

只有一夫一妻制才能使个人在爱情和婚姻中获得最高和最完美的发展。⑥

① A·阿德勒.自卑与超越[M].黄光国,译.北京:作家出版社,1986:218.
② A·阿德勒.自卑与超越[M].黄光国,译.北京:作家出版社,1986:220.
③ A·阿德勒.自卑与超越[M].黄光国,译.北京:作家出版社,1986:225.
④ A·阿德勒.自卑与超越[M].黄光国,译.北京:作家出版社,1986:226.
⑤ A·阿德勒.自卑与超越[M].黄光国,译.北京:作家出版社,1986:232.
⑥ A·阿德勒.自卑与超越[M].黄光国,译.北京:作家出版社,1986:242.

第三节 讨论与分享

一、教育的目标

阿德勒认为教育的基本目标是学会合作。个体心理学认为人类要克服自身的局限和缺陷就要学会与他人合作，只有与他人合作才能采取有效的措施完成人生的三大任务。阿德勒认为世界上存在着三种"约束"，并构成了人类生活的全部事实。首先，人类生存在地球这个特殊的环境中，为了生存的需要，必须付出劳动，进行工作，以谋生活。其次，人类总是群体性的存在，个体的脆弱性和局限，必然与他人发生关联。再次，人类生而由两性构成，个体与群体都必须考虑到这一事实。上述三种约束就构成了人生的三大基本任务或三大问题：第一，就是在地球家园环境下，解决职业或工作问题。第二，就是在人类群体中谋求自己的定位，以相互合作并分享合作的利益，即人际关系问题。第三，就是人类分为两性，延续依赖两性关系，即处理恋爱与婚姻问题[①]。阿德勒认为，人类的一切问题都可以归入以上三大任务当中。一个成功的或健康的人能够有效地与他人合作，有效的解决和面对人生三大任务，这样的人工作、家庭和社会关系都比较和谐。阿德勒还从反面论证了合作精神的重要性，他认为，一切生活的失败者，都是缺乏合作精神，缺乏对他人和人类社会的兴趣。

阿德勒认为，人具有与人合作的先天潜能，但必须通过后天的训练和教育才能得到充分发展。在个体心理学看来，对合作精神和能力的培养有着各种不同的表现形式。第一，学会合作意味着发展良好的社群情怀。合作精神与社群情怀密切相关。合作精神是社群情怀的基础，社群情怀充分发展的人，则具有高度的合作意识和合作能力。学会合作也是培养社群情怀的基础。第二，学会合作也意味着发展出健康的生活风格。健康的生活风格以社群情怀和社会利益为导向，而不是追求自私自利的个体优越感。具有健康的生活风格的人能够与他人和睦相处，友好合作。第三，学会合作还意味着具有良好的社会适应能力。阿德勒指出，"教育的主要目标是造成社会顺应能力"[②]。社会适应能力是指能够与他人友好合作应对各种生活问题的能力。

二、教育的方式

阿德勒认为教育不仅掌握着学生的命运，而且还决定着其未来的发展。个体心理学认为每个人都会追求卓越，教育的责任就在于把这种追求卓越引向富有成就和有益的方向。教育必须确保孩子对卓越的追求能给他们带来精神的健康和幸福，而不是精

① 阿尔弗雷德·阿德勒. 生命对你意味着什么[M]. 周朗，译. 北京：国际文化出版公司，2000：4.

② 阿尔弗雷德·阿德勒. 生活的科学[M]. 苏克，周晓琪，译. 北京：生活·读书·新知三联书店，1987：128.

神疾病和错乱。阿德勒重视家庭和学校、家长和教师在儿童教育方面的互补、互动和合作。父母能够弥补学校教育的不足,教师则能够矫正家庭教育的缺陷。

首先,阿德勒非常重视学校在教育中的重要地位。阿德勒指出:“学校教育对个体的未来起着决定性的作用。学校处于家庭和社会之间,它有可能矫正孩子在家庭教育中受到的不良的影响,也有责任使他们为适应社会生活做好准备,并确保他们在社会的这个大乐队中和谐地‘演奏’好自己的角色。”①从历史的视角来考察学校的作用,不难发现,学校总是试图按照各个时代的社会理想来教育和塑造个体。在西方历史上,学校曾先后为贵族、教士阶层、资产阶级(中产阶级)和平民服务,也总是按照特定时代和统治阶层的要求来教育儿童。为了适应社会理想的变化,学校也必须做出相应的改变。学校教育是为了社会,而不是为了学校自身教育学生。在这个意义上说,学校不应该忽视任何一个放弃成为理想学生、模范学生的儿童。在学校教育中,应该鼓励每一个儿童获得成功。阿德勒认为在学校环境中出现的问题儿童,它们的根源并不都在学校。从积极的意义上说,学校对这些问题儿童负有教育和矫正的责任;而从消极的意义上说,学校只是孩子早期家庭教育弊端暴露的场所而已②。教育者最重要的任务,或者说是神圣的职责,就是确保每个学生不会丧失勇气,并使那些已经丧失了勇气的学生通过教育重获信心,这就是教师的天职。因为只有儿童对未来充满希望、充满勇气,教育才可能成功。阿德勒认为,理想的教师富有一种神圣的、激动人心的使命:他铸造学生的心灵,人类的未来也掌握在他的手中③。

其次,阿德勒认为家庭是教育的基础。家庭是儿童成长的最原始的环境,儿童出现各种问题的根源往往可以追溯到儿童成长的家庭环境。家庭中父母的关系、母子关系、父子关系、同胞关系构成了儿童人际关系形成的原型。而家庭也是最容易出问题的环境。从个体心理学的观点来看,父母错误的教养方式导致了问题儿童的出现,这也就是所谓的“儿童替父母生病”。宽容、民主、平等的家庭关系是家庭教育的天然良方。如果父亲或母亲出现“一亲独大”,过于强势和专断就会导致儿童形成错误的生活风格。家长特别是问题家长在儿童教育的过程中,应与教师进行有效的合作。在儿童接受教育的过程中,家长自身的成长和再教育同样具有重要的价值。

三、重视儿童的人格教育

人格教育常常被认为是由人的心理、气质、生活习惯等展现出的一种个性心理特质。它与人的先天性关联不大,主要是靠后天的教育培养才形成的,它与后天的生活环境、习惯养成和接受的教育紧密相关。因此,孩子的人格形成是家长的一项重要任务。

---

① 阿尔弗雷德·阿德勒. 儿童的人格教育[M]. 彭正梅,彭莉莉,译. 北京:上海人民出版社,2011:30.

② 阿尔弗雷德·阿德勒. 儿童的人格教育[M]. 彭正梅,彭莉莉,译. 北京:上海人民出版社,2011:32.

③ 阿尔弗雷德·阿德勒. 儿童的人格教育[M]. 彭正梅,彭莉莉,译. 北京:上海人民出版社,2011:109.

因为人格的形成,是孩子的心理发展走向成熟的一个重要标志。

阿德勒曾在书上谈到这样一件事情:一次幼儿园组织班上小朋友去纪念馆参观。在进去参观前,教师让小朋友们站成一列,并且规定每个孩子都必须看着前一个孩子的后脑勺。孩子们参观完回到家,家长问他们今天都参观了什么,孩子回答道:"前面小朋友的后脑勺"。

长期以来,人们对这种简单又模式化的东西已经习以为常了,忽视了它的危害性,从而扼杀了众多孩子的想象力与创造力。这些年,大家慢慢接受了一些国外先进的教育理念与教育模式,不难发现,与国外的孩子相比,虽然中国孩子的成绩明显优异很多,但在运动及动手能力方面却远远落后于外国的孩子。之所以产生这种情况,与中国家长重成绩、轻个性、轻实践的培养方式脱不开干系。人格教育的薄弱或缺失不可避免地会使得孩子的独立性和主体意识匮乏。日常生活中,家长们常常用宠溺的方式来疼爱自己的孩子,当孩子犯错误时又采取粗暴的方式来对待他们,对孩子的自尊造成深深的伤害。父母和老师总是习惯责备孩子的缺点,让孩子觉得自己一无是处;父母把孩子看作是自己的私有财产,老师把孩子看成是必须服从的小绵羊,这些做法必然导致孩子从小就失去独立的人格和尊严。

在阿德勒看来,在孩子人格形成的过程中,有两点是可以重点开发的,分别是智力开发与行为塑造。然而,我们在教育孩子的过程中,往往只强调智力的开发,却忽视了行为的塑造;或者只是塑造了行为,却忽视了智力的开发。孩子人格的形成,往往是在孩子不自知的情况下,各种行为习惯趋于固定,此时孩子的意识已经可以主导其心理活动,并且拥有了独立的思想,也就拥有了独立的人格。关于如何塑造孩子的独立人格,阿德勒提出了几点家长尤其需要注意的地方。家长一定要尊重孩子的习惯,一种是无意识条件下养成的习惯,另一种是通过学习知识与技能而形成的有意识的习惯。无意识习惯往往在孩子七、八岁时已经基本定型,而有意识习惯的培养往往从少年时期才正式开始。孩子的无意识习惯起始于孩童时期,且往往在他们没有察觉时已悄然形成。但不管孩子的习惯好坏与否,父母都不应该责备孩子。相反,父母应该反思自己的教育方式。

对于孩子在无意识状态下形成的习惯,家长要持宽容态度;对于孩子在成长过程里养成的新习惯,家长也要保持尊重的态度。孩子在有意识地条件下努力学习技能与知识,这样养成的习惯是建立意识心理模式形成的新习惯。这种习惯不仅可以延续无意识的习惯,还可以把现阶段的新习惯进行集成整合。只要父母在孩子形成无意识习惯的这个年龄阶段里,着重注意开发儿童智力,引导儿童进行观察与思考,这将不仅能够锻炼儿童的思维能力,又能培养儿童勤于思考的好习惯。通过让孩子学习知识与技能的方式来培养孩子良好的思维能力,从而在孩子智力开发上起到很好的促进作用。

四、重视家庭教育

阿德勒认为,父母不仅要保证孩子衣食无忧,还要照顾好孩子的心理,尤其重视孩子成长过程中表现出的社会情感的发展程度。从孩子出生的那刻起,很多家长往往都会在心中规划一下孩子的将来:我的孩子将来要从事什么样的职业,成为什么样的人,我要把孩子培养得如何优秀。这种想法是无意识中产生的,却又一直存在。一些孩子在家里会受到很多的关注与重视,可一旦进入学校后,因为这种关注和重视会减弱,孩子因为不习惯会形成自卑心理,希望超越现实,让自己在学校也能受到在家庭里一样多的关爱。于是,孩子的行为慢慢会发生一些改变。这种变化的形成更多的是因为孩子期望通过自己的努力来提高在学校的认可度,包括优异的成绩、调皮捣蛋、恶作剧等。这时的家长不能一味地指责孩子,而应该给予正确的引导,留心孩子细微的变化,观察孩子在家的表现,以此来判断孩子的行为动机,不能只纠结于问题表面,不然,就不能对症下药地解决孩子的教育问题了。

家庭教育的成效由教育者的思想和水平来决定。家长必须了解孩子心理形成、发展和变化的特征和规律,才能真正有效地开展家庭教育。因此,家长自身首先要去学习心理学,把心理学知识消化和吸收为自己的东西。如果一个家长期望他的孩子有健康的情感、高尚的灵魂、顽强的意志、优异的人格、科学的学习方法、正确的自我意识,那么他首先也要具备这些品质。否则,没有言传身教的引导,他的教育只会流于教条。

阿德勒指出,如果家庭教育不到位,学校教育也不会起很大的作用,因为学校教育和家庭教育是缺一不可、彼此互补。

五、培养儿童的社会情感

阿德勒认为,孩子之所以要具备社会情感是因为社会情感和生活风格是紧密相连的。孩子的生活风格主要体现在三种关系的处理上:处理与他人的关系、处理自身职业中的问题、处理和异性之间的关系。在处理这些关系的过程中,我们能够感受到一个人具备的生活风格,是善解人意还是专横武断,是积极向上还是消极应付,是无私分享还是贪婪自私,是专注专一还是变化无常。这些风格有些仅仅是不同的应对策略,这些都是处理人与人之间关系的方式,是培养孩子社会情感的过程。很多家长会发现,孩子在家里很霸道,但是在学校却很胆小,其中的主要原因是平时在家庭中对孩子的过分溺爱使孩子缺失社会情感的培养。

语言是孩子寻找社会情感的一种办法。人们往往相信,一些孩子比另一些孩子语言能力发展更好,完全取决于他们拥有更高的语言天赋。其实不然,有语言障碍或交流障碍的孩子,往往缺乏强烈的社会情感。被宠溺长大的孩子更容易患有语言障碍,这类孩子常常缺乏表达的意愿。孩子没有了说话的必要,从此也失去了和外界沟通的机会,失去了社会适应能力。

如何确定一个孩子的社会情感的发展程度呢?阿德勒认为需要通过他特定的行为表现来判断。比如,如果一个孩子在追求优越的过程中总是忽略他人,只想着如何表现自己,那么我们基本可以判断,与那些没有表现出类似行为的孩子相比,他更缺乏社会情感。如果碰到一个思维混乱,甚至有一定犯罪倾向的孩子,那么可以肯定,长篇大论般的道德说教对他不会有任何效果,相反,需要对这个孩子进行深入研究,从而将其有害的心理连根拔除。也就是说,父母不必从道德上评判他们,而是要与他们成为朋友。在阿德勒的观点中,如果孩子具备良好的社会情感,他就能够与他人和谐地交流和相处，并懂得如何关心、体谅、爱护、尊重和同情他人。他还能适应未来社会的竞争与压力，在挫折与逆境中充满信心、积极进取。作为一个情商高的孩子，他应该做到，不管周围环境怎样改变，他都要保持开朗平和的心态以及强烈的责任感。作为家长，应该时刻给予孩子信任与关爱；教授孩子面对困难时的处理方法，并鼓励孩子靠自己的力量去解决问题。

六、培养儿童的合作性

在阿德勒的理论里，有一个非常重要、贯穿整个理论体系的概念，那就是社会兴趣理论。阿德勒认为，奉献是生活的真正内涵所在，只有通过真诚地与他人合作，个体才能使自身得到发展。失败者有相当一部分原因是因为缺乏社会兴趣，不相信通过合作可以解决问题。随着社会经济的不断发展，父母对孩子的宠溺娇惯很容易使孩子形成自我中心，只知道一味索取，却不懂奉献。这种孩子认为，他们提出的要求必须得到满足，他理应是所有人的关注中心。如果孩子一旦进入一个不是以他为中心的环境里，他会变得怅然若失或觉得受到亏待。在这种情况下，被宠坏的孩子可能会对社会充满敌意，他会开始报复社会和周围的人，认为只有这样才能保证自己的优越性，这种孩子随着成长会慢慢背离合作的道路。

阿德勒认为，母亲在儿童合作能力的培养过程中，其作用是非常关键的。母亲的教育方法是否成功，直接影响孩子所有潜能的发展。母亲的技能指的是她与孩子的合作能力，以及她使孩子与她合作的能力。母亲首先要对孩子有合作兴趣，然后再引导孩子对自己产生兴趣，在她与孩子成功联系上之后，她的第二个任务是让孩子对自己的父亲也产生兴趣。随着孩子的成长，她还需要引导孩子把兴趣转向社会和周围的人群。阿德勒认为，母亲的合作技巧不包含任何神秘的力量，所有的技能都是通过长期训练获得的。如果母亲只想把孩子的兴趣禁锢在自己身上，而不想让孩子对其他人感兴趣，将来这个孩子会厌恶任何想使他对别人发生兴趣的行为。他只向母亲寻求支持，而对其他人则心怀敌意。这样的孩子当然无法发展合作能力。合作是对社会友好亲善的一种行为，现在的理论研究强调在同伴间培养合作能力，却忽略了家庭对儿童合作能力发展的作用。

家庭是儿童社会化的第一个场所，儿童四、五岁时形成的早期经验，对未来的生活有很大的影响。父母是儿童的模样，父母与彼此和社会的合作兴趣对儿童起着潜移默化的影响。儿童只有学会了与父母合作，才能与同伴也进行合作。阿德勒同样没有忽视学校教育的影响，他认为，学校是家庭教育的延展，在家庭里没有形成良好合作能力的儿童，如果在学校里得到老师的细心辅导，其合作能力也可以得到弥补。

第四节　延伸阅读

阿德勒是一位伟大的思想家,其研究和实践涉及哲学、心理学、教育学、医学、社会学等诸多领域。然而,他最为关心儿童的教育问题,毕生致力于把个体心理学理论应用于儿童教育实践。阿德勒对教育的关注主要集中在儿童的人格教育方面。为了指导父母和教师更好地对儿童进行人格教育,他专门撰写了《儿童的教育》一书,并特别强调其所称的教育并不是学科教学,而是指学校课程之外的教育,即“最为重要的人格发展”方面的教育。此外,在阿德勒《理解人性》《生活的科学》《生命对你意味着什么》等著作中也蕴含着丰富的人格教育思想。

一、阿德勒人格教育思想的理论基础

(一)人性论基础:自卑与追求优越

揭示人性和宣扬人性科学是阿德勒著书立说的最主要目的,他把人性的研究看作一种科学,认为这种科学存在的真正目的不是培养应时应景的专家,而是帮助人们更加透彻的理解人性。阿德勒将人性研究的重心集中于教育领域,把人性科学与教育实践结合起来,以期“使每个人都能掌握一定的人性知识”,“每个人的心理都能得到更健康、更成熟的发展”①。经过对人生经历和先哲思想的深入思考,阿德勒加深了对人性的理解,提出了“自卑与追求优越”人性论。

1. “自卑与追求优越”人性论的形成

人生经历和先哲们的启迪使阿德勒对人性的解读深刻而耐人寻味。阿德勒的每一段人生经历都是一曲激浑壮阔的乐章,给人以震撼和不断奋进的力量,他的一生对“自卑与追求优越”人性论做了最好诠释。弗洛伊德的“精神分析”学说、尼采的“权力意志”学说和费英格的“虚构主义”哲学观都不同程度地影响了阿德勒,他的“自卑与追求优越”人性论正是在扬弃上述先贤思想的过程中逐渐地发展、丰富和完善起来的。

一方面,阿德勒批判吸收了弗洛伊德的本能决定论。弗洛伊德认为人的本性是被压抑在内心深层的无意识本能欲望,尤其是性本能欲望。这些本能欲望决定着人格的形成和发展,是个体行为的驱动力。然而,阿德勒认为决定人格形成和发展的因素应该是社会性而非性本能,“自卑”而不是性本能是个体行为的动力。阿德勒认为自卑具有普适性,是人类的一种本质属性。

另一方面,阿德勒的人性论也汲取了尼采和费英格思想中的精华。尼采非常重视意志、意向对个体和社会生活的指导与推动作用,认为人生是由目的和意识牵引、指导

① 阿尔弗雷德·阿德勒.理解人性[M].汪洪澜,译.北京:中国城市出版社,2012:5.

的。费英格指出，个体被虚构的、不可证实的，甚至是非理性的目的引导和指引。虚构的现实对我们现实生活的影响要比客观的现实更大。阿德勒将尼采和费英格的观点建构到了自己的人性论中，提出了“虚构目的论”。阿德勒认为，“关于人的发展的一个根本事实就是，人的心理总是充满着有活力的、有目的的追求。……这种有目的的追求主宰了我们一生的具体行为，甚至决定了我们的思想，……”①。阿德勒称这种有目的的追求为“追求优越”，并把它看作是人类本质属性的重要组成部分。

2. “自卑与追求优越”人性论的基本内涵

阿德勒的“自卑与追求优越”人性论内涵丰富且耐人咀嚼。它具有普遍性，是同一心理现象的两个方面，是人格教育的起点与归宿。

(1) “自卑与追求优越”是所有人类的通性

阿德勒认为“自卑与追求优越”具有普适性，是人最为本质的属性。他指出，“自卑感和追求优越这两种倾向在社会人群中是普遍存在的”，“是支配人类行为的一般条件”②。“自卑感”是人类对生活中不完满状态的感受，包括对身体、心理和社会的困境的主观感受。“追求优越”指“人人都具有的追求完善、卓越、成功与向上的生命倾向，并为相对应的成功目标诉诸行动的行动过程”③。阿德勒认为追求优越是人生的基本事实，为了克服自卑，一个人会通过追求优越来实现人生完美的发展目标。

(2) “自卑与追求优越”是同一心理现象的两个方面

阿德勒认为自卑感和追求优越密切相关，具有直接联系。他指出：“我们之所以追求优越，是因为我们感到自卑，因而力图通过富有成效的追求来克服这种自卑感。”④每个人在克服自卑、追求优越的过程中，难免会发生错误，形成“自卑情结”。由于错误的发生，人们也可能会导向无益的优越感追求而形成“优越情结”。优越情结与自卑情结其实是一体两面，都是病态的，优越情结往往是自卑情结的病理性补偿。儿童由于尚未成年，缺乏知识和经验，更容易在成长的过程中发生错误而形成优越情结和自卑情结。

(3) “自卑与追求优越”是人格教育的起点与归宿

阿德勒认为“自卑与追求优越”“一方面可能毁掉一个人，使人自暴自弃或产生精神疾病；但另一方面，它也能激发人的雄心，催人奋发图强，以补偿生理上的缺陷，成就不平凡的人生。”⑤避“自卑与追求优越”之短，扬“自卑与追求优越”之长是人格教育的起点与归宿。因此，阿德勒强调父母和教师必须指导和关注儿童的成长，“确保孩子对优

① 阿尔弗雷德·阿德勒. 儿童的人格教育[M]. 第2版. 彭正梅，彭莉莉，译. 上海：上海人民出版社，2010：2.

② 阿尔弗雷德·阿德勒. 生活的科学[M]. 屠晓燕，编译. 北京：北京理工大学出版社，2013：28.

③ 刘将. 个体心理学的思想谱系与理论建构[D]. 吉林：吉林大学，2012：92.

④ 阿尔弗雷德·阿德勒. 儿童的人格教育[M]. 第2版. 彭正梅，彭莉莉，译. 上海：上海人民出版社，2010：45.

⑤ 阿尔弗雷德·阿德勒. 儿童的人格教育[M]. 第2版. 彭正梅，彭莉莉，译. 上海：上海人民出版社，2010：21.

越感的追求能给他们带来精神健康和幸福,而不是精神疾病和错乱”①。

二、人格教育的目的:培养具有“社会兴趣”的人

(一) 社会兴趣完善了“自卑与追求优越”的人性论

经过对一战遭遇的深入思考,阿德勒提出了“社会兴趣”概念,丰富和完善了“自卑与追求优越”人性论。“社会兴趣”又称“社会情感”,是指:“在儿童和成人身上也会发现的一种把自己和他人联系起来、与他人合作完成任务并使自己成为社会有用人的愿望。”②社会兴趣是个体具有的一种先天潜能,它既包含个体对当下他人与社会的兴趣,也包含对未来理想社会构建的兴趣。

此后,阿德勒注重从社会利益的角度思考人性和人格教育。他认为社会兴趣和追求优越在根本上拥有相同的内核,两者都是渴望获得肯定和认可的表现。然而,不同的是追求优越对人性的假定是个体不必依赖于群体,社会兴趣对人性的假定是个体在一定程度上依赖于群体和社会。通过对人类发展史、儿童的生活处境和现实社会的考察,阿德勒得出这样的结论:社会兴趣对人性的假设更为合理和符合逻辑,是个体克服自卑、追求优越的最为合理和规范的一种形式。“自卑与追求优越”具有两面性,既可能成为一种内在动力,促进个体的进步和完善,又可能发展成为自卑情结和优越情结,造成个体的社会适应不良。

阿德勒指出,并不是每个人都会有自卑情结和优越情结,因为存在着一种心理机制,它能把个体的自卑感和优越感牵引向生活的有益面。具有“社会兴趣”的人拥有这种心理机制,他们有勇气,遵循着正确的生活逻辑和社会常识。

(二) 社会兴趣是人格完善的必然要求

“社会兴趣”对个体的生存发展和人格的健全完善具有重要的意义,因此,人格教育应该培养具有社会兴趣的人。

首先,社会兴趣是人类生存发展的必需品。阿德勒赞同亚里士多德关于“人是社会性动物”的观点,强调人类具有社会性,社会生活是人类的必需品。阿德勒指出:“在人类发展史上,没有哪一种生活状态不是以社会生活为基础的,也没有哪个人曾彻底脱离人类社会而独立生存过。”③在社会生活中,个体通过合作和劳动分工创造了丰富的精神财富和物质财富,为人类自身的生存和发展创造了极为有利的条件。同时,社会生活的顺利进行还需要个体遵循社会生活规范和常识,拥有清晰流畅的语言和逻辑思维能力。合作和劳动分工的进行、社会规范和常识的遵循以及语言和逻辑思维能力的发展

① 阿尔弗雷德·阿德勒.儿童的人格教育[M].第2版.彭正梅,彭莉莉,译.上海:上海人民出版社,2010:36.

② 阿尔弗雷德·阿德勒.儿童的人格教育[M].第2版.彭正梅,彭莉莉,译.上海:上海人民出版社,2010:68.

③ 阿尔弗雷德·阿德勒.理解人性[M].汪洪澜,译.北京:中国城市出版社,2012:25-26.

都离不开个体的社会兴趣。由此可见，人类的生存发展，人类社会生活的顺利进行都需要个体拥有丰富的社会兴趣。

其次，社会兴趣是儿童人格健全和完善的保障。阿德勒指出，相对于其他动物来说，人类的儿童时期最为漫长。在这一脆弱期内，他们非常娇弱和无助，渴望温情，需要父母和社会的保护和养育。对温情的追求，指引着儿童靠近成年人，这种现象是社会兴趣的萌芽。然而，由于儿童的不成熟，他们难以解决经济、社会、种族或家庭中的不正当关系等外部环境和自身问题带来的障碍，因此，不可避免地会发生错误。儿童在心灵成长的过程中所遇到的这些困难和错误往往会阻碍或扭曲其社会兴趣的发展，不利于儿童的健康成长。社会兴趣"在儿童心理的正常发展中起着决定性和指导性的作用"，"是儿童正常发展的晴雨表"。① 因此，教育者应该在儿童身体的脆弱时期，把教育和社会情感联系起来，注重教育目的的社会性，使所有教育规则和方法务必关注群体生活和社会适应思想。通过教育把儿童的社会情感扩大和拓展，扩展到所有家庭成员、整个大家族、国家、整个人类，甚至全宇宙。

最后，社会兴趣是个体完满解决生活三大问题的基石。阿德勒认为每个人都被三条重要的系带束缚着，这构成了他的现实。② 三种系带的束缚要求个体必须面对和解决社会问题、职业问题和爱情婚姻问题。社会问题的解决需要个体结交朋友、与人相处，正确认识友谊、同志关系、信任和忠诚等抽象概念。职业问题的解决需要个体必须在人类分工合作的架构中占据一席之地，并且为别人的利益贡献出自己的力量。爱情婚姻问题的解决需要个体与异性平等相待，相互合作，设身处地地为对方着想。社会兴趣是一种把自己和他人联系起来、与他人合作完成任务并使自己成为社会有用人的愿望。"缺乏社会兴趣会导致社会和职业适应不良，同样地，也会导致与异性交往中的一些能力问题"③。可见，三大生活问题必须在社会兴趣的基础上才可以恰当的完成。因此，人格教育的目的就是要培养具有"社会兴趣"的人，使个体可以学会合作，理解生活的真正意义，完满地解决社会问题、职业问题以及爱情婚姻问题，促进自我价值的实现。

三、影响人格形成和完善的因素

人格的形成和完善是个体与社会环境相互作用的结果。阿德勒指出"器官自卑"因素，"婚姻关系""养育风格""出生顺序"因素，"教育工作者"因素以及"危险暗礁"因素在个体人格形成和完善的过程中发挥着极为重要的作用。此外，个体自身还存在着一种"创造性自我"潜能，是人格形成和发展的决定性因素，它使个体可以一定程度上选择环境和遗传作用的影响，主动参与自我人格的建构和完善。

---

① 阿尔弗雷德·阿德勒. 儿童的人格教育[M]. 第 2 版. 彭正梅，彭莉莉，译. 上海：上海人民出版社，2010：5.

② 阿尔弗雷德·阿德勒. 超越自卑[M]. 黄光国，译. 南昌：江西人民出版社，2011：4.

③ 阿尔弗雷德·阿德勒. 生活的科学[M]. 屠晓燕，编译. 北京：北京理工大学出版社，2013：144 - 145.

(一) 器官自卑

作为一种特殊的诱因性因素,“器官自卑”在个体人格构建和完善的过程中发挥着重要的作用。阿德勒这一观点的提出与童年时期的患病经历和其在维也纳诊所的实践息息相关。他把自身的患病经历和诊所的实践经验写进了著作《器官自卑及其心理补偿的研究》。在这本书中,阿德勒主要阐述了三个基本观点:第一,所有神经症都来自先天性不足即器官自卑;第二,性早熟的主要原因在于患先天性疾病儿童的身体缺陷;第三,人们必然要努力战胜这些身体缺陷,努力适应社会。① 后来,阿德勒抛弃了带有弗洛伊德色彩的前两个观点,把理论的重心转向了自卑感和心理补偿,着重研究生理缺陷对儿童人格形成和发展的影响。阿德勒发现遗传缺陷或器官疾病的罹患会使儿童的某些器官难以发展而形成“器官自卑”,如有些人听力不好,有些人心脏有毛病。身体缺陷和器官障碍会给儿童的生活带来问题,影响他们人格的健康发展。阿德勒指出一个完整而健康,发育充分的身体是儿童面对艰辛生活和恶劣环境的基本前提。身体器官有缺陷的儿童将面临重重困难,在处理人生问题的时候处于劣势地位,他们承受着身体和精神的双重痛苦。

儿童的身体缺陷与错误的生活意义和不良的生活风格之间并没有必然的因果联系。“导致坏结果的不是个体身体上的缺陷而是个体本身的态度。”②阿德勒不赞成洛克“健康的灵魂寓于健康的身体之中”的观点,认为只要儿童能够克服身体的缺陷,勇敢的面对生活,那么身体有缺陷的儿童会拥有健康的灵魂。另一方面,如果儿童遭遇了一系列不幸事件,并由此对自己的能力产生错误理解,那么健康的身体也可能拥有不健康的灵魂。阿德勒指出身体有缺陷的个体会产生补偿作用,甚至是过度补偿作用。有某种机能缺陷的儿童会把他们所有的精力都和有缺陷器官的功能联系起来。若是能够找出克服困难的正确方法,再加上兴趣、训练和练习,这些儿童便可能变劣势为优势。阿德勒举了视力不良儿童的例子。视力不良的儿童会因为视觉缺陷带来的异常压力而对视觉世界予以更多关注,倍加努力地区分色彩和形状。他们由此获得补偿,对视觉世界的经验将会优于不需要努力就能区分微小差异的正常儿童。有些视觉不良的儿童还有可能发展成为伟大的画家或诗人。

(二) 婚姻关系、养育风格和出生顺序

“人类的行为是目标定向和嵌入社会的”③,任何个体都不能独立于社会而存在。作为一种普遍存在的社会群体,家庭在照顾和教育儿童方面存在着无与伦比的先天优势,是儿童健康成长和人格完善的重要场所。“婚姻关系”“教养风格”和“出生顺序”等家庭中的重要因素影响着儿童人格的形成和发展。

---

① 郭本禹,吴杰. 阿德勒:个体心理学的创立者[M]. 广州:广东教育出版社,2012:56.

② 阿尔弗雷德·阿德勒. 生活的科学[M]. 屠晓燕,编译. 北京:北京理工大学出版社,2013:33.

③ 乔恩·卡尔森等. 阿德勒的治疗:理论与实践[M]. 郭本禹,等译. 重庆:重庆大学出版社,2012:6.

1. 婚姻关系具有榜样效应

在影响儿童人格形成和发展的因素中，父母的“婚姻关系”不容忽视。现实生活中，婚姻不都是美满的。父母婚姻不和谐，不美满的情境将会给孩子的成长带来危险，使他们遭遇到重大的障碍。首先，不美满的婚姻有损于儿童合作之道的培养。假若父母婚姻不美满，那么他们便可能会为了个人私利而把孩子当作争执的焦点，想方设法展现谁最善于管理孩子或谁最宠爱孩子。这种情况下，父母之间便形成一种竞争，双方之间的合作也由此出现了问题。在竞争氛围下，孩子难以感受到其他人之间的合作，也难以受到父母关于合作之道的正确教育。这样，孩子合作态度和合作能力就得不到充分而完善的发展。

其次，不美满的婚姻将给儿童未来婚恋观的形成造成消极影响。儿童对婚姻和异性伴侣的最初概念都是从他们父母的婚姻中得来的。父母婚姻不美满，儿童对婚姻和异性形成的最初印象会是悲观错误的。长大成人后，这些儿童会觉得婚姻注定是不幸的，因此，设法逃避异性，丧失追求异性的信心。

最后，不完满的婚姻阻碍儿童完善人格的形成。阿德勒强调美满的婚姻是“伴侣式的结合”①。因此，任何在家庭生活中使用权威或驾驭对方的做法都会破坏美满的婚姻，给儿童人格的形成和发展带来不良影响。父亲权威型的家庭或母亲权威型的家庭都会对男孩和女孩的人格造成不同程度的影响。在父亲权威型的家庭中，父亲表现为脾气暴躁，总是想驾驭家庭中的其他分子。在这种家庭氛围下，男孩子很难形成对男性作风的正确观点；女孩则会把婚姻看成奴役关系或臣属关系。另一情况，母亲整天对家中其他人唠叨，在家庭中处于权威地位。这种家庭氛围下，女孩可能变得刻薄而好挑剔；男孩则可能形成恭顺拘谨的性格。

2. 教养风格具有塑型作用

“教养风格”是阿德勒反复强调的一个问题。在阐述心理补偿、生活意义、社会兴趣和生活风格等重要概念时，阿德勒总会涉及对父母教养风格的讨论。按照阿德勒的观点，父母的教养风格大致可以分为：溺爱顺从型、严厉忽视型及民主鼓励型②。

阿德勒坚决反对严厉忽视型和溺爱顺从型的教养风格，他写道：“对孩子过于挑剔和严厉的父母，会给孩子造成危害，使他们完全丧失勇气。而过于温和或溺爱的教育又会使孩子形成依赖心理和依附某人的倾向。”③阿德勒所倡导的理想教养风格是民主鼓励型的教养风格。阿德勒指出拥有民主鼓励型教养风格的父母总能用平等协作的方式来教育孩子，注重培养和发展孩子的社会兴趣。这种教养风格培育下的儿童将会是具有社会兴趣的人，他们拥有安全感和被认可感，以安全和友善的眼光看待世界，用一种合作和奉献的方式解决社会、职业和爱情婚姻问题。

---

① 阿尔弗雷德·阿德勒. 超越自卑[M]. 黄光国，译. 南昌：江西人民出版社，2011：115.

② 阿尔弗雷德·阿德勒. 儿童的人格教育[M]. 第2版. 彭正梅，彭莉莉，译. 上海：上海人民出版社，2010：13－15.

③ 阿尔弗雷德·阿德勒. 儿童的人格教育[M]. 第2版. 彭正梅，彭莉莉，译. 上海：上海人民出版社，2010：66.

3. 出生顺序具有典型化作用

“对一个人做出判断以前,必须要了解他的成长环境,而成长环境中有一个因素非常重要,那就是儿童在家庭中的地位。”①阿德勒指出,“孩子的发展和他对自己在环境中所处位置的无意识理解是一致的”②,因而个体实际的出生顺序并不重要,重要的是他对自己在家庭中地位的解释。为了更好了解儿童,使教育具有针对性,阿德勒强调必须确定孩子的出生顺序尤其是心理出生顺序。阿德勒大致确立了长子、次子、幺子和独生子等四种主要的心理出生顺序,并解析了每种心理出生顺序的典型生活方式和人格特征。

首先,长子作为家中最先出生的孩子,享有地位优势,如继承家业,还会享有一段唯我独尊的时光。第二个孩子的出生使情况发生了转变,他会认为第二个孩子分走了关怀和宠爱,因而会想方设法地争宠。在这种情境下成长的长子将会是极端保守的人,他们眷恋过去,强调规则和纪律的重要性,不能坦诚地与人合作。

其次,次子出生时前面已有哥哥或姐姐,需和另一个孩子分享关爱,因而比长子易于与人合作。然而,他的童年期间,总有一个竞争者存在,因而他总是鼓足干劲,想要获取优势地位。

再次,幺子没有弟妹,却有许多竞争者,可能为最受宠爱者。他们在这种特殊的情境中,一方面可能利用有利环境,如父母兄姐的帮助,发展自己能力,满足想要战胜任何人的欲望,成为家中成就最大的人;另一方面,他们可能遭遇竞争挫折,丧失信心和必要的行动能力,逃避责任,变得怯弱畏缩。

最后,独生子女作为家中唯一的孩子,将会集各种教育手段和宠爱于一身。这样的成长环境很有可能会使他们缺乏独立性,遇到困难便心生恐惧、手足无措。此外,还有两种特殊的独生子女——众多姐妹环境中的独生男孩或众多兄弟环境中的独生女孩。在上述两种情境中,男孩子可能会有女性化倾向或非常重视男性气息,而女孩子很容易发展出非常女性化或非常男性化的气质。

(三)教育工作者

学校作为一种微型的社会机构,介于家庭和社会之间,一方面能减轻父母教育的负担,弥补家庭教育的不足,另一方面可以完善儿童的人格,增强儿童适应社会和未来生活的能力。然而,学校的发展现状却不容乐观:一是教师不理解人性的本质问题,难以认清和弥补儿童的人性缺陷;二是班级人数太多,影响教育效果;三是学校成了学校掌管者满足个人虚荣心和野心的工具。当今学校很难胜任矫正儿童成长错误,改善儿童成长环境的任务。尤其令人担忧的是,许多教育工作者在教育观念、教育方式、教育管理工作和教育内容方面依然存在着错误,这严重地影响了儿童人格的发展和完善。

首先,天赋能力遗传论和片面的成长评估观等教育观念限制了儿童人格的发展。

---

① 阿尔弗雷德·阿德勒. 理解人性[M]. 汪洪澜,译. 北京:中国城市出版社,2012:124.

② 阿尔弗雷德·阿德勒. 儿童的人格教育[M]. 第 2 版. 彭正梅,彭莉莉,译. 上海:上海人民出版社,2010:80.

一些教师和学生总有这样的迷信观念即把智力正常的儿童所取得的成绩归因于特殊的遗传，相信能力是遗传的。阿德勒极力反对这种天赋能力遗传论，认为："在教育中所犯的各种错误里，相信遗传会限制孩子的发展是最糟糕的一种"①。天赋能力遗传论是儿童教育中的最大谬误，它容易造成儿童的自我限制，是父母、教师和孩子推卸责任的借口。其实，在阿德勒看来对儿童发展起重要作用的因素并不是遗传和天赋，而是教师和父母的态度及教育措施。

除了天赋能力决定论外，学校还存在着片面的学生成长评估观。智力测验和学校考试是最为常用的两种测验方式。阿德勒认为一个孩子未来的发展限度是无法预测的，智力测验结果和学校成绩报告只能反映儿童目前的智力、兴趣和专注能力等心理状况，帮助我们认清儿童的困难，寻找解决困难的方法。因此，我们绝不能将测验反映的儿童的思维和判断能力从其整体活动中分离出来，而是将其和别的心灵活动联系起来进行考虑。然而，许多教师、父母和儿童不了解这一点，往往根据学习成绩或智商测验结果来判断和评价儿童的好坏。这种片面的成长评估观会使儿童遭受多重惩罚，使他们为自己定下各种限制。

其次，惩罚、恶毒断语、权威式教育等教育方式阻碍了儿童人格的完善。阿德勒指出："在儿童教育中，一个最为严重的错误就是，家长和教师对于一个偏离正道孩子儿童所作的恶毒断语。"②例如，一些父母对成绩差的儿童或问题儿童的话语：你将一事无成；你会在监狱里度过一生。这些恶毒断语无助于情形的改变，反而会使儿童一蹶不振，加重他们的懦弱。而有些儿童可能会通过铤而走险的方式对父母和教师进行反叛，走向违法犯罪的道路。阿德勒认为惩罚治标不治本，对儿童来说弊大于利。惩罚并没有在全面了解儿童人格统一性的基础上去探讨儿童犯错误的原因。它也许能暂时抑制和改变儿童的错误行为和症状，但是却没有消除儿童犯错误的根源。儿童过一段时间会继续错误行为或者以另一种症状代替原有症状。另外，惩罚还会使儿童认为这是教师和父母对他的挑战，是学校和家庭充满敌意和不可能与之合作的证据。儿童将会因此丧失信心，拒绝合作，不再对学校学习、教师和同学发生兴趣，最终发展成为问题儿童。

还有一种不恰当的教育方式——权威式教育，也是阿德勒极力反对的。这种教育把追求权力这一思想强行灌输给儿童，向儿童展示拥有权力的种种乐趣，在很大程度上助长了儿童的权利欲和虚荣心。因此，在现行教育体制下，儿童对竞争的准备远远比对合作的准备充分。于是，儿童会养成野心勃勃而又极度虚荣的性格。此外，教师和父母滥施权威，用强制手段教育孩子的方式也是权威式教育的一种。这种教育方式可能使儿童变得沉默寡言、自我封闭、虚假顺从。

再次，学生跳级留级、班级分配、男女合校等教育管理问题的不恰当处理影响了儿童人格的发展。在团结合作的班级中，发展优秀的儿童会带动整个班级的进步。除了

① 阿尔弗雷德·阿德勒.超越自卑[M].黄光国，译.南昌：江西人民出版社，2011：142.

② 阿尔弗雷德·阿德勒.儿童的人格教育[M].第2版.彭正梅，彭莉莉，译.上海：上海人民出版社，2010：47.

那些年龄相对较大或留级又赶上来且成绩优异的儿童可以考虑跳班外,其他优秀儿童跳班升级将会是弊多于利。假如儿童留级重读,班上同学不会对留级生有好印象,留级生自己也会对自己的能力存在悲观看法。他们会依然故我,处于落后地位,还会不时制造麻烦。把学生按程度优劣编入不同班级的做法也是不妥当的,这将会使他们遭受良好班级学生的鄙视,因而丧失追求优越地位的勇气。男女合校是增加男孩和女孩相互了解及异性互助合作的不二法门。然而,这个问题处理不当将会影响儿童人格的发展。16岁之前,女孩比男孩发育成长得更快。男孩会因此自惭形秽,和女孩进行一场毫无意义的竞争。另外,假使对孩子们教育不良或监督不周,男女合校也可能会出现性的问题。

最后,学科教学的无趣和人性知识的匮乏妨碍了儿童人格的完善。阿德勒强调:“学校不仅仅是一个传授书本知识的地方。它还应该是传授生活知识和生活艺术的场所。”[①]因此,学校应该兼顾教育儿童学习知识和发展儿童的人格,培养和引导儿童个性的形成。学习科目的教学要富有趣味性,与生活相联系,体现学科知识的实用价值,以此引起儿童的兴趣。在此基础上,教育者才可能把儿童的兴趣扩展到学校、家庭和社会,发展其社会兴趣,使之形成完善的人格。然而,学校的现状却是教育工作者缺乏人性知识,只会照本宣科,缺少对于生活知识和生活艺术的传授。在乏味的教学中,部分儿童失去了对学校学习的兴趣,选择逃离学校。

(四)危险暗礁

个体心理学既注重个体独特心理的研究,也关注外在环境因素对个体心理的影响。阿德勒认为除了教育工作者和父母外,其他外界因素如经济、疾病、周围人、外界偏见和书刊等也会涌入儿童的心理,直接或间接地塑造着儿童的人格。[②] 这些外界因素难以避免,如一个个“危险暗礁”,时刻妨碍着儿童人格的发展和完善。

首先要考虑的“危险暗礁”是经济窘迫、家庭经济境况巨变等经济因素。阿德勒认为假若家庭世代经济窘迫,总是满怀痛苦的挣扎生活,那么整个家庭会笼罩在痛苦和悲伤的气氛中。儿童会饱受心灵的压抑,很难发展出一种健康和合作的人生态度。家庭经济状况的巨变如家庭由富裕之家堕入困顿或家庭暴富也会对儿童产生不利影响。

其次,应设法避免疾病这个人格发展过程中的“危险暗礁”。由于父母对生理卫生的无知,儿童的身体状况不良便有可能发展成为危险的疾病,给儿童的心理留下严重的创伤。一部分拥有勇气和社会兴趣的儿童会发挥自己对疾病感兴趣的正确之道,成为医生或护士。而其余缺乏勇气和社会兴趣的儿童一直担惊受怕,在疾病的阴影下生活,失去从事有益工作的能力。因此,父母要通过发展儿童的勇气和社会兴趣来降低疾病的危险性。

---

① 阿尔弗雷德·阿德勒.儿童的人格教育[M].第2版.彭正梅,彭莉莉,译.上海:上海人民出版社,2010:6.

② 阿尔弗雷德·阿德勒.儿童的人格教育[M].第2版.彭正梅,彭莉莉,译.上海:上海人民出版社,2010:111.

再次，儿童生活中需要避免的另一个“危险暗礁”是陌生人、家庭的熟人及亲戚。家庭的熟人或朋友为了奉承父母，可能会极力赞扬和宠溺孩子，造成孩子自负，干扰父母的教育方法。陌生人会弄错孩子的性别，造成儿童性别认同出现偏差。祖父母由于退休，会有寂寞和被社会抛弃的感觉，因而会通过极力宠爱纵容孙子孙女来获得补偿。在其他对孩子成长影响的亲戚中，“聪明的表兄弟姐妹”也会阻碍儿童的成长。儿童会因表兄弟姐妹的漂亮和聪敏而苦恼和反感，会悲叹命运的不公和自己的低微。此外，儿童心灵的成长过程中不容忽视的“危险暗礁”还有家庭及种族和民族的偏见。家庭成员的不良行为会引起外界对家庭的偏见，给孩子带来消极的心理气氛。另外，民族和种族的偏见不仅伤害被侮辱的儿童，也会对侮辱的实施者产生消极影响。被侮辱的儿童可能会感到低人一等，丧失前进的勇气和信心。侮辱的实施者会变得自大和自负，追求一种无益的优越感。

最后，儿童人格发展和完善过程中的“危险暗礁”还有书籍和报刊。儿童对事物的理解与成人完全不同，他们会根据自己独特的兴趣来理解事物。例如，一个胆小的儿童会在童话故事中寻找赞成胆小的故事，从而使他永远胆小和懦弱。童话故事有时代差异和文化差异，儿童难以理解其原意，很有可能主观臆测。当遇到成长困难时，他们可能不去靠自我的勤奋和努力来解决，而总是想寻找不费任何力气的捷径。普通的杂志是为成年人而设，常常会给准备不足的儿童带来扭曲的生活画面。其中各种不幸的事件会使孩子沮丧和压抑，失去对生活的信心和乐观心态。

（五）创造性自我

通俗来讲，若把构建人格比作建设高楼大厦，那么遗传和环境便是砖和水泥等建筑材料。最重要的不是一个人拥有什么样的建筑材料，而是他怎样使用这些材料。左右个体使用遗传和环境等建筑材料构建人格的便是个体拥有的创造性自我。“创造性自我”是人格塑造过程中有意识的主动性和创造性的力量，使个体可以按照自己所憧憬或假想的目标，选择自认为合适的方式组合遗传和环境的影响，构建独特的生活风格①。相对于遗传和外部环境，阿德勒更加看重个体的创造性力量即创造性自我对人格发展的作用和影响。他指出：“不要忘记这样一个最为重要的事实，那就是，遗传和环境仅仅限制和影响了个体人格的形成和发展，并不是其决定性因素。决定性因素性是个体风格化的创造性力量对遗传和环境所做出的回应和解释。”②

个体出生后，会从自身独特的遗传构成和独有的成长环境中获得某种感觉和印象。创造性自我使个体对这些感觉和印象做出解释，形成对自身和成长环境的主观看法。于是，个体拥有了自己独特的“生活意义”。阿德勒指出“科学的‘生活意义’，它是真正意义的共同尺度，也是使我们应对与人类有关的现实的‘意义’”。拥有这种生活意义的个体乐于奉献，对他人和社会具有浓厚的兴趣，善于通过互助合作解决社会、职业和爱情婚姻等现实生活问题。与此不同，错误的生活意义是一种他人无法理解且对他人无

---

① 贺微. 世界著名心理学家：阿德勒[M]. 北京：北京师范大学出版社，2013：8.

② 阿尔弗雷德·阿德勒. 超越自卑[M]. 黄光国，译. 南昌：江西人民出版社，2011：3.

益的生活意义。具有这种生活意义的个体缺乏从属感和社会兴趣,往往沉溺于追求一种虚假的个人优越感,很难利用有效的方式解决现实生活问题。

创造性自我在形成生活意义、追求优越感目标和塑造生活风格的过程中发挥着无可替代的重要作用。另一方面,生活意义、优越感目标和生活风格形成后又会反过来影响和限制创造性自我功能的发挥。正确的生活意义、有益的优越感目标和健康的生活风格会促使创造性自我采取技能或策略,有效地利用个体自身条件及环境进行创造性的活动,实现优越感目标,获得有益于他人和社会的成就。这种情况下,个体形成的人格是完善的人格。

相反,错误生活意义、无益的优越感目标和不良生活风格限制创造性自我发挥应有的正向作用而使个体倾向于采取无用的方式解决问题和困难。创造性自我虽然仍具有巨大的能量,但是其全部或者大部分能量都被个体用来保持防卫状态或维持现状,而不是采取卓有成效的行动来取有益的成就。这后一种情况,个体把所有精力都投向了无益于他人和社会的一面,其所形成的人格是有缺陷的人格。可见,创造性自我发挥的作用具有无定向性和盲目性,需要正确的教育加以引导。

学习评价

1. 请结合教育实际,谈谈你阅读《自卑与超越》一书后的真切感受。

2. 请摘抄《自卑与超越》的典型案例至少 3—4 个,并分析。

3. 请摘抄你认为《自卑与超越》中最难忘且最打动你的语句至少 20 则,并说明理由。

阅读参考

1. 阿尔弗雷德·阿德勒著,陈太胜译:《理解人性》,国际文化出版公司,2007。

2. 阿尔弗雷德·阿德勒著,彭正梅译:《儿童的人格教育》,上海人民出版社,2006。

3. 阿尔弗雷德·阿德勒著,叶颂姿译:《心理与生活》,三联书店,2010。

4. 阿尔弗雷德·阿德勒著,刘杰译:《破解孩子的心理密码》,新时代出版社,2012。

5. 阿尔弗雷德·阿德勒著,刘烨编译:《阿德勒的人格哲学》,内蒙古文化出版社,2008。

第十章

实用主义教育理论的代表：《民主主义与教育》

学习目标

约翰·杜威，是美国著名的哲学家、心理学家和教育家。《民主主义与教育》是杜威最具代表性的教育学著作。这本著作系统介绍了实用主义教育理论，标志着教育的一个新时期的开端。本章主要论述了《民主主义与教育》产生的时代背景、内容及影响；精选《民主主义与教育》中的一些经典论述供读者赏析；从教育本质论、教育无目的论、课程与教学论、道德教育论等四个方面阐述杜威的实用主义教育思想，探讨了杜威的教育理论对我国当代教育实践的启示和价值；简要介绍了杜威《我们怎样思维》《经验与教育》《我的教育信条》三本著作的教育理念、主要观点以及重要影响。

学习目标

1. 通读《民主主义与教育》，了解其主要内容，领会杜威的实用主义教育思想。
2. 分析《民主主义与教育》中杜威的教育理念和主要观点。
3. 结合《民主主义与教育》中的相关内容，分析我国当前的教育实践，探讨其借鉴价值和启发意义。

约翰·杜威(John Dewey，1859—1952)，是世界著名的实用主义哲学家、教育思想家和心理学家，也是美国进步主义教育的代表人物。杜威的教育思想在世界范围内广泛传播，其经典代表作是《民主主义与教育》，该书的副标题为“教育哲学导论”。有学者认为，杜威是西方现代教育史上最有影响的代表人物，他对 20 世纪的教育发展所做出的贡献是不可估量的，其中最伟大的贡献就是把儿童教育从传统教育的阴霾中拯救出来，从他所谓的“静止的冷藏知识的典范”中解放出来。①

---

① 弗兰克·M·弗拉纳根.最伟大的教育家：从苏格拉底到杜威[M].卢立涛，安传达，译.上海：华东师范大学出版社，2009：141.

第一节　简介及影响

杜威长期致力于民本主义教育思想的实践,积极推动教育改革,开创了实用主义教育哲学体系。其所著的《民主主义与教育》较为详细地介绍了他的实用主义教育理论,是理解近百年来美国教育乃至西方国家教育演进和发展的一把钥匙,具有深远的影响。

一、杜威生平

1859年,杜威出生在美国佛蒙特州柏林顿小镇附近的一个村庄,祖辈是美国居住的欧洲移民。他父亲是柏林顿小镇上的一个商品零售店的杂货商,收入微薄,节俭度日。平民出身的杜威,在童年时期有丰富的劳动经历,他经常在课余时间通过送报纸、打杂工等方式赚取零用钱。劳动不仅让他很早就体验到生活的艰辛,而且还让他锻炼了吃苦耐劳的意志品质。

1875年,年仅16岁的杜威中学毕业后考入佛蒙特州立大学就读本科,尽管这所学校规模不大,教学水平和质量一般,知名度不是很高,但对于农村出来的孩子来说非常不容易。杜威在这里刻苦努力,博学善思,通过基础文化科目的学习,开阔了眼界,拓宽了知识,尤其是在大学高年级时对接触到的哲学知识发生了浓厚的兴趣,为他后来的学术研究打下了扎实的哲学基础。

1879年大学毕业后,杜威在一位堂姐的帮助下,谋得了宾夕法尼亚州石油城一所中学的教职,每月薪水是40美元,主要讲授拉丁语、代数和自然科学课程。两年后,他于1881年又转入了佛蒙特州柏林顿乡村学校当教师。此时,美国在结束了南北战争后,进入了重建期,在政治、经济等领域开展了一系列改革,在文化教育方面掀起了一股向德国学习的热潮。杜威在工作之余阅读了大量黑格尔等著名学者的哲学书籍,深受德国哲学家的影响和熏陶,与此同时他还跟着佛蒙特大学教授学习哲学史。

1882年,杜威有幸到刚成立不久的霍普金斯大学攻读研究生,主要研究教育和哲学,并在该校得到一个兼任讲授哲学史的工作。霍普金斯大学虽然是新建大学,但是这所学校以德国大学为蓝本,提倡学术研究,师资力量雄厚,如哲学教授莫里斯、发展心理学教授霍尔等都在这里任教,杜威耳濡目染,在这些学术大师的指导下,思想和心理发生深刻变化,学术水平得到很大提升,为以后的学术生涯培植了深厚的根基。

1884年,杜威以《康德心理学》为题作为毕业论文顺利获得博士学位。毕业后,他应邀在密歇根大学先后担任讲师、助理教授。1888年至1889年,他受聘为明尼苏达大学哲学教授职位。1889年,他受邀再次回到密歇根大学担任哲学系主任和教授,在此期间接受了一项调查全州中学教育质量的任务,目的是了解中学生考入大学的情况,正是这件事情促使他要把"民主与教育"作为教育领域研究的核心内容。1894年,杜威受邀担任芝加哥大学哲学系、心理系和教育系主任。这期间他对教育研究的兴趣越来越浓厚,并逐渐远离黑格尔主义,由此开始接受工具主义。

1896年,杜威创办了一所初等学校,作为芝加哥大学哲学系的实验室,把它命名为"实验学校",史称"杜威学校"。他在这所学校开展了8年的教育实验,重视儿童"从做中学",把工具主义哲学理念付诸办学实践检验。这种教育改革在国内外引起强烈的反响和关注。他的很多教育理论和教育思想都是在"实验学校"的办学实践中形成、发展,不少重要教育著作就是这个时候发表的。1904年,因在"实验学校"的教育改革理念、管理等方面与时任芝加哥大学校长存在着很大的分歧,杜威辞职到哥伦比亚大学哲学系和师范学院担任教授,于1930年退休后又改任学校名誉教授,9年后从名誉教授岗位上离任。

杜威还广泛参加了美国哲学学会、心理学会、科学发展协会、进步教育协会等社会团体、学术团体的活动,先后担任过美国哲学学会会长、美国进步教育协会名誉会长等职务。除了在国内参加一些学术活动外,他还先后受邀到日本、中国、苏联、土耳其、墨西哥等国家进行访问演讲,其教育思想在世界范围内广为传播。1919年,杜威受其中国学生蒋梦麟、蔡元培邀请来华讲学,由其学生胡适、陶行知担任翻译。在华两年期间先后到北京、南京、上海、武汉等地讲学,其民主与科学的教育理念、实用主义教育思想在中国引起了很大反响。

1952年杜威在纽约因病去世。杜威一生留下30多部学术论著和800多篇论文,其代表性教育著作有《我的教育信条》《学校与社会》《民主主义与教育》《经验与教育》等。在这些著作当中,《民主主义与教育》是杜威在世界上影响最大的教育名著,该书全面、系统、完整地再现了他的实用主义教育思想。

二、《民主主义与教育》的成书背景

社会存在决定社会意识,任何思想和理论的产生都会打上时代的烙印,《民主主义与教育》也不例外,它与美国特定的时代背景密切相关。四年的南北战争,在政治上、经济上为美国资本主义的快速发展扫清了障碍,工业生产和国际贸易跨越式前进,使美国迅速成为世界超级强国。而杜威生活的年代,是处在南北战争之前和二次世界大战后,这段时间的美国正经历着史无前例的工业化进程,外来移民增加,人口快速增长,物质财富骤增,资本急剧扩张,迫切需要拓展海外市场,经济发展也由自由资本主义过渡到帝国主义。杜威指出:"首先引人注意的那个笼罩一切、甚至支配一切的变化是工业上的变化……人们难于相信,在整个历史上有过这样迅速、这样广泛和这样彻底的革命。"①

然而,美国社会的变迁,工业化的完成,在引起社会结构调整、社会生活变化、物质财富增加的同时,并没有给公民带来和平、平等自由、幸福的生活,反而阶级矛盾、种族矛盾、民族矛盾等日益尖锐,贫富分化、精神贫乏等社会问题日趋严重。正如杜威所忧虑的,"与普遍的和平相反,发生了两次世界范围的战争,其规范和破坏性在历史上都是空前的。与民主自由和平等的普遍持续的增长相反,我们看到的是强大的极权国家的

---

① 约翰·杜威.学校与社会·明日之学校[M].赵祥麟,任钟印,吴志宏,译.北京:人民教育出版社,1994:28-29.

增长,其对信仰和表述自由的极力扼制超过了历史上最专制的国家。……与经济安全的提高和贫困消除相反,我们现在面临的是看见工业危机的严重扩大与加深以及失业工人的猛增。”①更为糟糕的是,“工业专业化的发展和城市中心的扩展破坏了人们的集体感,并使人与人之间相互疏远”②。

社会生活领域的变化必然带来教育的相应变革。在教育领域,美国的公共教育仍然是借鉴欧洲大陆的传统,无论是学校制度、课程设置,还是教学方法,都不能适应时代和社会发展的需要,不仅脱离了社会实际生活,而且违背了青少年身心发展的规律。同时,美国工业化进程的加快,迫切需要培养一大批既具有丰富的文化知识与技术、又具有较强的动手操作能力的现代产业工人。人才的培养主要依靠教育,如果不对传统的教育模式进行改革,就无法满足资本主义工业大生产的要求。另一方面,在资本主义工业文明社会,资本的特性就是追求财富无限增加,重视获取利益最大化,人们享受的欲望无限扩张,导致给现有社会价值体系带来冲击和破坏,在此背景下迫切需要对资本主义的文化体系进行重构。

面对社会生活的新情况、新变化,伴随着资本对自由、民主和科学的要求,美国一些哲学家、教育学家、心理学家纷纷倡导进行教育改革和教育实验,探寻问题解决办法。在借鉴欧洲著名哲学家、教育家、心理学家的教育思想、教育方法的基础上,杜威尝试要在民主政治的体系内解决问题,努力建构一种新型教育体系,以适应社会发展的需求。在他看来,科学技术的发展和进步对于促进民主观念转变、构建民主制度具有重要的意义。他指出:“科学和技术有种种交互作用,在这些作用中,人类和自然共同工作,而人的因素又直接受到改变和指导。”③在社会生活变迁的时代,科学、民主和教育必将进一步联系起来,乃至合而为一。在一个不仅是物质富裕和安全的时代,而且是一个文化的机会平等以及每人有充分发展其能力的平等机会的时代,民主观念自然也会有很大的转变。④

杜威的《民主主义与教育》正是在这样的历史背景下产生的,他主张“教育即生长”“教育即生活”“教育即经验的不断改造”等,通过确立教育的民主价值取向来为建构民主社会做铺垫。目的就是通过改革传统的学校教学模式,加强学校的社会功能,并把学校变成社会的中心,充分发挥教育在社会成员的生长、社会民主建构方面的作用。只有这样,教育才会对社会生活具有意义,才能体现时代的精神,才能创造出与物质繁荣相应的精神文化条件。

三、《民主主义与教育》的主要内容及影响

杜威一生著述颇丰,为人类留下了宝贵的思想理论财富。《民主主义与教育》全面、系统地阐述了实用主义教育理论,可以说是杜威多年来对教育的思考与实践的集大成

---

① 约翰·杜威.新旧个人主义——杜威文选[M].上海:上海社会科学院出版社,1997:175.

② 斯普林格.脑中之轮[M].北京:北京大学出版社,2005:32.

③ 约翰·杜威.人的问题[M].上海:上海人民出版社,1965:17-18.

④ 单中惠.现代教育的探索[M].北京:人民教育出版社,2002:64.

之作。全书由26章组成,涵盖教育的性质、教育目的论、课程与教学论、道德教育论等内容。由于内容较多,为便于掌握和理解该著作的主要精神,本书仅就其中重要论点进行论述。

(一)教育本质论

关于教育是什么?在教育史上有过不同的解释,不同学者的立场、观点也有很大的差异。杜威认为比较有代表性的两种观点:一是教育的本质是对儿童进行外部塑造,持这种观点主要以赫尔巴特为代表;二是教育的本质是遵循儿童的内在发展规律,使其天性和潜能得到自然展开,这种观点主要以福禄培尔为代表。与前面两种观点不同的是,杜威从实用主义哲学、教育学和心理学的角度主张:教育即生长,教育即生活,教育即经验的改造。

1. 教育即生活

杜威认为,美国传统教育中严重存在着脱离社会、脱离儿童、脱离实际的情况,导致学校教育与生活的脱节,使学校的生活不适合儿童的自然成长。他指出:虽然社会生活已经发生了很大的变化,"但是学校却同社会生活的通常情况和动机如此隔离,如此孤立起来,以至于儿童被送去受训练的地方正是世界上最难得到经验的场所,而经验正是一切有价值的训练的源泉。"①在他看来,理想的教育场所应当做到学校与社会生活相结合,学生只有在社会生活情境中学习,才是最有价值的教育。儿童的本能、自然生长都是在生活过程中进行的,生活就是其生长的社会性征表,让儿童"从生活中学习"就是最好的教育方式,学校应当重视将儿童现有的生活作为主要的学习内容。

杜威说:"生活就是发展,而不断发展,不断生长,就是生活。"②在他看来,儿童本能生长的过程、经验的改组改造过程表现为社会性活动就是生活,教育不应当为将来的生活做准备,而是儿童现在生活的过程,学校应当是社会生活的一种形式,是社会的小型缩影,具有社会生活的真实内容。为改变当时学校教育与生活相脱节的情况,杜威指出:"学校必须呈现现在的生活——即对儿童来说是真实而生气勃勃的生活。像他在家庭里,在邻里间,在运动场上所经历的生活那样。"③

在他看来,家庭生活、学校生活、社会生活等不同形式的生活都是教育,尤其是社会生活颇为关键,是儿童一切生长的基础,教育上失败的地方就在于没有重视把学校本身作为社会生活的一种形式。杜威强调的生活是学生现在的生活,呼吁重视学生现在生活的内在价值,课程设置应围绕儿童现在的生活经验展开,确保学校内的生活同学校外的生活没有差别,使学生在目前的生活中得到乐趣,在生活中培养观察力、想象力和创造力等各种能力。教育要与现实生活相联系,教育本身应该是一种美好的生活,也是促进美好生活的一种手段,正是在这种美好生活过程中,儿童就会自然而然地对知识产生

① 约翰·杜威.学校与社会·明日之学校[M].赵祥麟,任钟印,吴志宏,译.北京:人民教育出版社,2005:33-34.

② 吕达,刘立德,邹海燕.杜威教育文集(第二卷)[M].北京:人民教育出版社,2008:52.

③ 赵祥麟,王承绪.杜威教育论著选[M].上海:华东师范大学出版社,1981:4.

兴趣,随之而来的经验也就不断丰富,技能也就不断增长。因此,教育的过程就是生活的过程,具有高度一致性。

2. 教育即生长

杜威指出:“因为生长是生活的特征,所以教育就是生长。”“教育就是不问年龄大小,提供保证生长或充分生活的条件的事业。”①他比较认同卢梭的教育观点,即“教育不是把外面的东西强迫儿童或者青年去吸收,而是要使人类与生俱来的能力得以生长”。② 在他看来,生长是指有机体与环境相互作用的过程和结果,是持续不断社会化的过程,而教育也是人的一生持续不断的生长、发展过程。这就要求学校教育的过程要尊重儿童的天性和能力的发展规律,重视其生长的基本条件,不能拔苗助长,否则适得其反,欲速则不达。杜威要求尊重儿童的本能发展,但是并不意味着放纵儿童,任其为所欲为。

杜威强调,教育的本质和作用就是促进儿童本能生长的过程,儿童的发展和充分生长有助于社会目标的达成,正确的教育要顺应儿童的心理和天性,尊重其发展规律,不能进行单纯地灌输和强迫,使教育的过程自然而然成为受教育者自身的本能、兴趣、能力的生长过程,教学的中心也应当从教师转向儿童。他还认为,是否帮助儿童生长是衡量学校教育是否有价值的标准。

3. 教育即经验的改造

从哲学的角度,杜威提出了关于经验的两个原则,一个是交互作用原则,即经验表现为有机体与环境相互作用的过程;一个是连续性原则,即人类最初的经验源自有机体本能与环境的相互作用,但人类在适应大自然的过程中要不断经历和改变各种事物,在活动中不断获得新经验,然后利用新经验再对原有经验进行改组、改造,从而使生活能够延续下去。杜威指出,教育具有通过传递人类积累的经验使社会生命得以延续从而维持和发展社会生活的职能。事实上,不管何种形式的教育,包括正规教育和非正规教育都在进行经验的改造。由于改造或者改组经验必须与实际生活紧密联系,杜威认为,“教育就是经验的继续不断的改组或改造。这种改组或改造,既能增加经验的意义,又能提高指导后来经验的进程的能力”。③

在杜威看来,经验是世界的基础,教育就是要通过受教育者自身的社会活动去探索直接经验的过程。教育的任务不是给儿童灌输既有的文化知识,而是要让儿童在活动中自己获得各种直接经验,不断地在生活中利用新经验改组旧经验,通过经验的连续性,使儿童得到成长进步。例如,一个儿童伸手去碰火光,烫痛了,从此以后,他知道某一接触活动和某一视觉活动联系起来就意味着烫和痛;或者,他开始知道光就是热的来源。④ 在这个过程中,受教育者的本能、兴趣、能力能够得到充分的尊重,社会规范和要求润物无声地转化为受教育者的自觉、信念。“所有这种持续不断的经验或活动是具有

① 赵祥麟,王承绪. 杜威教育论著选[M]. 上海:华东师范大学出版社,1981:156.

② 赵祥麟,王承绪. 杜威教育论著选[M]. 上海:华东师范大学出版社,1981:131.

③ 王承绪,赵祥麟. 西方现代教育论著选[M]. 北京:人民教育出版社,2001:34.

④ 赵祥麟,王承绪. 杜威教育论著选[M]. 上海:华东师范大学出版社,1981:159.

教育作用的，一切教育存在于这种经验之中。”①

（二）教育无目的论

杜威指出：“由于生长是生活的特征，教育就是一个生长的过程；它没有超越自身的目的。学校教育价值的标准在于它为这种持续性的生长创造意愿的以及为这种意愿提供方法的程度。”②有学者据此得出结论，杜威否认教育的目的性。这显然是对杜威观点的一种误解。杜威认为，传统教育为受教育者强加了他们不理解和不需要的目的，这些目的违背了儿童的兴趣和需要，不利于儿童的自然成长，是盲目的、有害的。因此，他强调教育没有外在的目的，反对外在的、固定的、终极的教育目的，反对强迫式、灌输式的教育目的，并非根本放弃教育目的。

杜威强调：“教育的过程，在它自身以外没有目的；它就是它自己的目的。”③由此可以看出，杜威是将“生长”作为教育的目的，即只有“教育过程以内的目的”，而不强加“教育过程”以外的目的。基于儿童的本能、兴趣、需要所决定的具体教育过程就是教育的目的，教育的过程就是儿童在生活中不断生长的过程，使儿童和青少年努力成长为社会的合格成员。

虽然杜威反对给教育过程施加外在的目的，实际上，在他的心目中，教育还是存在一定目的的。杜威认为：“由于教育是一个社会过程，且社会有多样的形态，教育批评和建构的标准意味着一种特殊的社会理想。我们选择两点来评价一个社会生活的价值标准，一是一个群体内部成员利益的共享程度，一是该群体与他群体互动的丰富性与自由性。换言之，一个不良的社会，是一个内外都设置重重障碍来限制经验的自由交流的社会。如果一个社会能够为全体成员的社会参与提供平等的机会，以及通过不同的社会生活方式之间的互动进行灵活的调整，这样的社会就是民主的。这样的社会的教育必须使得个体在社会联系和社会控制方面有兴趣，必须使得个体的心智可以引发社会的变化但又不至于招致社会混乱。”④

根据杜威的论述，我们可以发现，教育是在民主社会中进行开展的，教育要适应民主社会的要求，引导受教育者生活、生长和经验改造，以此来培养民主社会所需求的合格公民，服务于民主社会的建设和发展。可见杜威的教育无目的论，是对传统教育模式下脱离儿童实际而由社会决定教育目的的纠偏，是尝试探索一个民主的社会所需要的教育原则，并不是要根本放弃教育的目的。

（三）课程与教学论

在课程理论方面，杜威认为，传统课程主要是传递人类长期积累下来的知识，往往忽视学生的经验，不顾受教育者的发展程度、兴趣和特点，学生通常成为一个被动接收

---

① 赵祥麟，王承绪. 杜威教育论著选[M]. 上海：华东师范大学出版社，1981：161.

② JOHN DEWEY. Democracy and Education[M]. New York: the Free Press, 1997:102.

③ 约翰·杜威. 民主主义与教育[M]. 王承绪，译. 北京：人民教育出版社，2001：58.

④ JOHN DEWEY. Democracy and Education. New York: the Free Press, 1997:preface.

的容器,其职责就是源源不断地接受学者们系统编撰出来的按一定体系排列的学科材料。在他看来,儿童的生活是一个有机整体,传统的分科教学模式与儿童的经验相背离,把儿童的世界人为割裂开来,应该加强不同学科间的联系,甚至打破学科间的界限;课程教材编制应当与儿童在校内外生活中获取的直接经验紧密结合起来,与儿童的兴趣、学习动机相吻合,要突出儿童在活动中、在经验中获得知识的过程。杜威根据他的课程理论,编制了一套以体现现实生活情境的、符合儿童的能力和兴趣特点的社会性作业为中心的课程教材。正如他指出的,"学校科目的互相联系的真正中心,不是科学,不是文学,……而是儿童本身的社会活动。学校要安排种种作业,如园艺、纺织、木工、金工、烹饪等,把基本的人类事务引进学校,作为学校的教材。"①

在教学方法上,杜威根据"从经验中学习"的原则,主张"从做中学"。他批评传统的灌输式的教学,"让学生静听",把师生关系比喻为"像抽水筒和蓄水池一样的关系""忽视学生的个性、个人经验以及他的自由的、直接的和主动的活动。"②为改变传统学校忽视儿童活动和经验的教学方式,杜威提出了"从做中学"的教学方法,主张教学要从儿童的现实生活出发,倡导通过各种"作业"、各种活动,即从做事情中和活动中来获得知识和技能。他指出,对儿童进行手工训练以及园艺、烹饪、木工、金工的作业等,就是实施在"做中学"的方法,这些活动性的、经验性的主动作业,不仅符合了儿童的心理特点,满足了社会性需要,而且确保了儿童认识事物的统一性和完整性。在他看来,教学上实施"从做中学",通过大量实践性活动、经验性活动,使学校与生活密切联系,可以培养儿童的观察力、想象力、创造力和实际操作能力,传统教学中存在的知行脱节、动脑不动手、被动静听等弊病问题得以解决,最后的结果是得到新生。

在教学过程中如何实现"从做中学"这种教学方法,杜威根据人的思维过程提出了五部探究教学法。他认为,传统的教学方法弊端太多,不利于儿童思维能力的培养,有效的教学应当能唤起儿童的思维,学校需要提供能够引起思维经验的情境。杜威把思维解决问题的过程分为五步:疑难的情境;确定疑难所在;提出解决问题的假定;推断何种假定可以解决问题;进行实验验证或者修正假定。与思维五步骤相对应,他提出了五步探究教学法:一是给儿童创设真实的疑难情境;二是促使儿童有准备地思考情境里的真实问题;三是让儿童思考解决问题的种种假设;四是儿童对解决问题的种种设想进行整理和排列;五是儿童在应用中验证建设,以此确定假设的有效性。③ 这个教学过程在教育史上被称为"五步教学"。他强调,这五个阶段前后顺序是不固定的,在有些情况下两个阶段可以合并为一,有些情况下需要特别强调某一阶段,"怎么处理,完全依靠个人的理智的机巧和敏感性"。④

(四)道德教育论

杜威批评传统的道德教育注重对受教育者道德格言和训诫的灌输,强迫儿童记诵

① 约翰・杜威.民主主义与教育[M].王承绪,译.北京:人民教育出版社,1990:29.

② 约翰・杜威.明日之学校[M].北京:商务印书馆,1993:79.

③ 赵祥麟.杜威教育论著选[M].上海:华东师范大学出版社,1981:191.

④ 约翰・杜威.我们怎样思维・经验与教育[M].姜文闵,译.北京:人民教育出版社,1991:95.

一些深奥的道德术语，脱离学生的生活实际，达不到应有的道德教育效果，反对用抽象的说教进行德育。从民有、民治、民享的民主社会建设的角度出发，杜威以实用主义道德论为基础论述了道德教育，主张在活动中进行德育，这与他的“从做中学”是一致的。他认为，民主社会特别需要的就是优良的公民道德品质，道德是民主社会最基本和最宝贵的柱石。希望通过学校教育培养个人品质来改良资本主义制度，促进民主社会建设，缓和社会矛盾。他强调，“学校里面的教授与训练的最大目的，是养成学生的品性”。①

德育的实施原则。首先，杜威认为，教育的道德性和社会性是相通的，德育应该在社会性的情境中进行，主张通过活动培养儿童的道德品质，在学校营造与社会上同样的生活环境，让学生身临其境，从中理解人与人的和谐相处之道，形成善良的习惯和态度，从生活经验中学习善恶的知识，从而做到知善而行善。其次，杜威认为，德育应该和智育结合起来，道德教育的目的是各科教学的共同的和首要的目的，在教学中要注重把体现道德价值的社会标准融入所用的教材里，以形成德育的合力。最后，杜威重视德育方法的教育作用，提出了学校的现实生活、教材和方法三者相互影响的“三位一体道德教育”模式。在德育方法上，要注重抓着学生的情感反应，因势利导，培养学生爱善、向善的精神力量，引导学生从小养成做善人、行善事的良好公民品质。

《民主主义与教育》发表于1916年，是杜威结合当时美国教育的实际情况和自己多年的教育实践经验的集大成之作。该书是一部论述教育理论的经典著作，标志着教育的一个新时期的开端，创立了实用主义教育哲学体系，对美国乃至对世界的实用主义教育发展产生了重要影响，为世界教育理论发展做出了突出贡献。该书把美国工业革命催生的社会变化和孕育的实验研究方法、杜威理想中的民主社会价值观、达尔文生物进化论的核心观点贯通整合，以“人性、民主、发展、经验、活动”为内隐关键词，逐步论证他所倡导的民主教育的本质、目的、内容、方法和支撑环境等一系列教育理论和实践问题，清晰而深刻地展示了杜威教育思想的“本体论、认识论与方法论”。②《民主主义与教育》全面阐述了杜威的实用主义教育理论，展望了民主教育的美好前景。西方学者将其与柏拉图(Plato)的《理想国》和卢梭(Jean-JacquesRousseau)的《爱弥儿》并置，被誉为三大不朽的教育瑰宝，在世界范围内先后出现了20余种语言的译本，是各国教育界交相称赞的杰作。③ 美国教育家克雷明(L. A. Cremin，1925—1990)在《学校的变革中》一书中对该著作进行了充分肯定，称它是“自卢梭《爱弥儿》问世以来对教育学所做的最显著的贡献”。

时至今日，杜威的《民主主义与教育》这本著作虽然已经过去一百多年，但书中所提倡的“教育即生活”“教育即沟通”“学校即社会”“从做中学”以及“科学理性精神”等系列教育思想并没有因时代久远而显得过时，反而因其自身特有的现代民主特质而历经沉

---

① 约翰·杜威. 民本主义与教育[M]. 邹恩润，译. 上海：商务印书馆，1927：407.

② 夏巍.《民主主义与教育》中杜威教育思想的关键词[J]. 宁波大学学报(教育科学版)，2019(04)：49.

③ 滕大春. 杜威和他的《民主主义和教育》(上)[J]. 河北大学学报(哲学社会科学版)，1988(04)：5.

浮却历久弥新。书中蕴含的理论、思想和观点穿越百年来到现在,对我国乃至世界其他国家进行教育改革、推进教育现代化仍然具有重要的启发意义和借鉴价值,并且依然具有蓬勃的青春活力,推动了世界教育、教学的理论与实践的发展,对现代教育产生了极为深远的影响。

第二节　经典语段

经典语段一

教育是生活的需要

努力使自己继续不断地生存,这是生活的本性。因为生活的延续只能通过经久的更新才能达到,所以生活便是一个自我更新的过程。教育和社会生活的关系,正如营养和生殖和生理的生活的关系一样。这种教育首先是通过沟通进行传递。在个人经验成为共同财富以前,沟通乃是一个共同参与经验的过程,通过沟通,参与经验的双方的倾向有所变化。人类联合的每一种方式,它的长远意义在于它对改进经验的素质所做出的贡献。这一事实,在对付未成熟者时最容易认识出来。换言之,虽然每一种社会安排在功效方面都具有教育性,但是教育效果首先成为与年轻人和年长者的联合有关的联合的目的的重要部分。随着社会结构和资源变得越来越复杂,正规的或有意识的教导和学习的需要也日益增加。随着正规教学和训练的范围的扩大,在比较直接的联合中所获得的经验和在学校所获得的经验之间,有产生不良的割裂现象的危险。鉴于几个世纪以来知识和专门技能的迅猛发展,这种危险从来没有像现在这样严重。①

经典语段二

教育是社会的职能

青少年在连续的和进步的社会生活中所必须具有的态度和倾向的发展,不能通过信念、情感和知识的直接传授发生,它要通过环境的中介发生。环境由一个生物实行其特殊活动时有关的全部条件所组成。社会环境由社会任何一个成员在活动过程中和他结合在一起的所有伙伴的全部活动所组成。个人参与某种共同活动到什么程度,社会环境就有多少真正的教育效果。个人因为参与联合的活动,就把激励活动的目的,作为自己的目的;熟悉进行这种活动的方法和材料,获得必需的技能,并且浸透着活动的情感精神。

当青少年逐渐参与他们所属的各种群体的活动时,他们的倾向不知不觉地得到更为深刻和更为密切的教育陶冶。但是,随着社会变得日益复杂,就有必要提供一个特殊的社会环境,特别关心培养未成年人的能力。这个特殊的社会环境有三个比较重要的

① 约翰·杜威.民主主义与教育[M].王承绪,译.北京:人民教育出版社,2001:14-15.

功能：一是简化和安排所要发展的倾向的许多因素；二是净化现有的社会习惯并使其观念化；三是创造一个更加广阔和更加平衡的环境，使青少年不受原来环境的限制。①

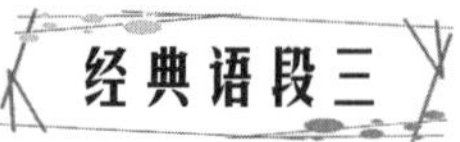

教育即指导

儿童天然的或天赋的冲动和他们出生加入的群体的生活习惯是不一致的。所以，必须对他们进行指导或疏导。这种控制和身体上的强迫不同；它把在任何一个时间起作用的冲动集中到某一特殊的目的上，并使一连串的动作有前后一贯的顺序。别人的行动常常受引起他们行动的刺激的影响。但是，有时人们发出的刺激，如命令、禁止、赞许和谴责，具有影响行动的直接目的。因为在这些情况下，我们最有意识地控制别人的行动，我们很可能过分夸大这种控制的重要性，而牺牲比较永久的和有效的方法。基本的控制存在于儿童参与的情境的性质。在社会情境中，儿童必须把他的行动方法，参照别人正在做的事情，使他所用的方法适合。这样就能指导他们的行动，达到共同的结果，并使参与者有共同的理解。大家从事不同的行动，却意味着同一个东西。这种对行动的手段和目的的共同的理解，乃是社会控制的本质所在。这种社会控制是间接的，或是属于情感的和理智的；不是直接的或个人的。而且这种控制是内在于一个人的倾向的，不是外在的，也不是强迫的。教育的任务就在于通过兴趣和理解的认同达到这种内在的控制。虽然书籍和对话作用很大，但是通常过分地依赖了这些方法。学校为了充分发挥它们的效率，要有更多联合活动的机会，使受教育者参与这些活动，使他们对于自己的力量和所使用的材料和工具，都具有社会的意义。②

经典语段四

教育即生长

生长的能力，依靠别人的帮助，也有赖于自己的可塑性。这两种情况，在儿童期和青年期达到顶点。可塑性或从经验学习的能力，就是形成习惯的意思。习惯使我们能控制环境，并且能为了人类的利益利用环境。习惯有两种形式，一是习以为常的形式，就是有机体的活动和环境取得全面的、持久的平衡；另一种形式是主动地调整自己的活动，借以应付新的情况的能力。前一种习惯提供生长的背景；后一种习惯构成继续不断的生长。主动的习惯包含思维、发明和使自己的能力应用于新的目的的首创精神。这种主动的习惯和以阻碍生长为标志的墨守成规相反。因为生长是生活的特征，所以教育就是不断生长；在它自身以外，没有别的目的。学校教育的价值，它的标准，就看它创造继续生长的愿望到什么程度，看它为实现这种愿望提供方法到什么程度。③

---

① 约翰·杜威. 民主主义与教育[M]. 王承绪，译. 北京：人民教育出版社，2001：28－29.
② 约翰·杜威. 民主主义与教育[M]. 王承绪，译. 北京：人民教育出版社，2001：47－48.
③ 约翰·杜威. 民主主义与教育[M]. 王承绪，译. 北京：人民教育出版社，2001：61－62.

经典语段五

预备、展开和形式训练

教育过程的结果是进一步教育的能力,这个概念和曾经深刻地影响教育实践的几种其他观念相反。第一个相反的概念,是把教育看作某种将来的职责或权利的预备。这个目的把教师和受教育者的注意力引开可以有成效地指向的唯一目的,即利用当前的种种需要和可能。我们论述了这一事实所造成的特殊恶果,因此,这个概念击败了它自称的目的。第二个相反的概念,是把教育看作是从内部的展开。这个概念似乎和前面提出的生长的概念比较相似。但是,像福禄培尔和黑格尔理论所提出的那样,这个概念忽视当前有机体的倾向和当前环境的相互作用,与预备的概念有同样的流弊。某种含蓄的整体被看作现成的,生长的重要性只是暂时的,生长本身并不是目的,只是使已经含蓄的东西显露出来的手段。因为不显露的东西不能明确使用,必须寻出一种可以代表它的事物。按照福禄培尔的意思,某些物体和动作(主要是数学方面的)的神秘的象征价值代表正在展开过程中的绝对整体。按照黑格尔的意思,现存的种种制度就是这种绝对整体的有效的实际代表。强调符号和制度,使人转移对经验直接生长丰富的意义的认识。还有一个有影响的但有缺点的理论,认为心灵生来具有某些心理官能或能力,如观察、记忆、愿意、判断、概括、注意等等,教育就是通过反复练习训练这些官能。这个理论把教材看作比较外部的东西,无关重要的东西,教材的价值只在于它可以引起一般能力的练习。我们对这种所谓的各种能力的相互割裂,及其与所作用的材料之间的割裂进行了批评。这个理论在实践中的结果,表明过分强调训练狭隘的和特殊的技能而牺牲主动性、创造性和适应性——这些特性,有赖于各种特殊活动的宽广的和连续的相互作用。①

经典语段六

保守的教育和进步的教育

教育可以从追溯既往和展望未来两方面解释。这就是说,我们可以把教育看作使未来适应过去的过程,也可以把教育看作利用过去,成为发展中的将来的一种力量。前一种教育,在已往的事物中寻找它的标准的模式。心智可以看作一种从提示某种事物得来的内容。在这种情况下,先前的表象构成后来的表象要加以同化的材料。强调未成熟的人的早期经验的价值是非常重要的,特别因为现在有一种轻视早期经验的倾向。但是这些经验并非由外面提示的材料构成,而是由于先天的活动的环境的相互作用,这种相互作用逐步地改变着先天的活动,也逐步改变着环境。赫尔巴特关于通过表象形成心智的理论的缺点,在于忽视这种经常的相互作用和变化。②

---

① 约翰·杜威.民主主义与教育[M].王承绪,译.北京:人民教育出版社,2001:77-78.

② 约翰·杜威.民主主义与教育[M].王承绪,译.北京:人民教育出版社,2001:89-90.

经典语段七

教育中的民主概念

因为教育是一种社会的过程，而世界上又有各色各样的社会，所以教育批判和教育建设的标准，包含一种特定的社会理想。我们选择了两点用来测量社会生活的价值，这两点就是：一个团体的利益被全体成员共同参与到什么程度。换言之，一个不良的社会对内对外都设置重重障碍，限制自由的往来和经验的交流。倘有一个社会，它的全体成员都能以同等条件，共同享受社会的利益，并通过各种形式的联合生活的相互影响，使社会各种制度得到灵活机动的重新调整，在这个范围内，这个社会就是民主主义的社会。这种社会必须有一种教育，使每个人都有对于社会关系和社会控制的个人兴趣，都有能促进社会的变化而不致引起社会混乱的心理习惯。①

经典语段八

教育的目的

一个目的所表明的是任何自然过程的结果，这个结果是被意识到的，并成为决定当前的观察和选择行动的方式的一个因素。目的还表明一个活动已经变成明智的活动。明确地说，所谓目的，就是我们在特定情境下有所行动，能够预见不同行动所产生的不同结果，并利用预料的事情指导观察和实验。所以，一个真正的目的和从外面强加给活动过程的目的，没有一点不是相反的。从外面强加给活动过程的目的是固定的，呆板的；这种目的不能在特定情境下激发智慧，不过是从外面发出的做这样那样事情的命令。这种目的并不直接和现在的活动发生联系，它是遥远的，和用以达到目的的手段没有关系。这种目的不能启发一个更自由、更平衡的活动，反而阻碍活动的进行。在教育上，由于这些从外面强加的目的的流行，才强调为遥远的将来做准备的教育观点，使教师和学生的工作都变成机械的、奴隶性的工作。②

经典语段九

自然发展和社会效率作为教育目的

一般的或概括的目的，只是研究特殊的教育问题的观点。因此，要检验任何大的目的叙述有何价值，就要看这个目的能否迅速地前后一致地转化为另一个目的所提出的进行程序。我们曾经应用这种检验方法研究三个一般的目的：① 按照自然发展；② 社会效率；③ 文化或个人精神财富。每一次检验我们都发现，如果这些目的的叙述不全面，就会互相冲突。自然发展的目的如果叙述不全面，会把所谓自发的发展中的原始的能力作为最终目标。根据这个观点，凡是使这种能力对别人有用的训练，乃是变态的强制行为；凡是通过审慎的教育深刻地改变这种能力的训练，乃是起败坏作用的训练。但是，如果我们认识到，所谓自然的活动就是天赋的活动，这些活动只有通过使用才能发

---

① 约翰·杜威. 民主主义与教育[M]. 王承绪，译. 北京：人民教育出版社，2001：109－110.

② 约翰·杜威. 民主主义与教育[M]. 王承绪，译. 北京：人民教育出版社，2001：122.

展,那么在使用中进行教育,冲突就消失了。同样,如果社会效率是指对别人外部的服务,这种目的必然和丰富经验意义的目的相反;如果文化是指心智的内部优雅,就和社会化的倾向相反。但是,社会效率作为教育目的,应该指培养自由地和充分地参与共同活动的能力。虽然这种参与能促进文化的修养,但是没有文化,这种参与是不可能的。因为,一个人没有学问——不先获得较为广阔的观点,来观察他们所不知的事物,他就不能和别人交往。文化就是不断扩大一个人对事物意义的理解的范围,增加理解的正确性的能力,也许没有比这更好的文化的定义了。①

经典语段十

兴趣和训练

兴趣和训练是有目的的活动的相关的两个方面。兴趣就是一个人和他的对象融为一体。这种对象规定他的活动,并对活动的实现提供手段和障碍。任何有目的的活动都含有先前的未完成阶段和后来的完成阶段之间的区别;也含有中间的许多步骤。要有兴趣,就是把事物放在这种继续不断发展的情境之中,而不是把它们看作孤立的东西。在特定的未完成的事态和达到所期望的结果之间,有一段时间,需要努力改造,要求我们继续不断的注意和忍耐。这种态度就是实际上所谓的意志。训练或继续不断的注意的能力的发展,就是这种态度的结果。②

经典语段十一

经验和思维

在决定思维在经验中的地位时,我们首先注意到,经验包含着行动或尝试和所经受的结果之间的联结。把经验的主动行动的一面和被动的经受结果的一面割裂开来,就会破坏经验的极其重要的意义。思维便是准确地、审慎地把所做的事和它的结果联结起来。它不仅表明这两者之间的联系,而且指出联结的详细情况。它使联结的各个环节以关系的形式显露出来。当我们要决定某一已完成的行动或即将完成的行动的意义时,就产生了对思维的刺激。然后我们就预期到种种结果。这就是说,现在的情境,不论是在事实上,还是在我们看来,都是不完全的,因而也就是不确定的。预测一些结果就是一种建议性的或试验性的解决方法。要使这种假设完善起来,必须对目前的情况进行仔细的考察,阐发假设的种种含义,这个工作叫作推理。这个假定的解决方法——观念或理论——还必须通过实践进行试验。如果它在世界上能带来某些结果,某些明确的变化,它就被认为是正确的。否则就要加以修改,再进行一次尝试。思维就包含所有以上这些步骤——感觉问题所在,观察各方面的情况,提出假定的结论并进行推理,积极地进行实验的检验。尽管一切思维的结果都归结为知识,但知识的价值最终还是服从它在思维中的应用。因为我们并不生活在一个固定不变的和完结了的世界,而是生活在一个向前发展中的世界,在这个世界上,我们的主要任务是展望未来,而回顾过

---

① 约翰·杜威.民主主义与教育[M].王承绪,译.北京:人民教育出版社,2001:135-136.

② 约翰·杜威.民主主义与教育[M].王承绪,译.北京:人民教育出版社,2001:151.

去——一切知识和思想不同,它是回顾过去的——它的价值在于使我们可靠地、安全地和有成效地去应付未来。①

经典语段十二

教育中的思维

教学的各个过程,它们在培养学生优良的思维习惯方面做到什么程度,就统一到什么程度。我们谈到思维的方法,这话固然不错,但是重要的是我们要知道,思维就是有教育意义的经验的方法。因此,教学法的要素和思维的要素是相同的。这些要素是:第一,学生要有一个真实的经验的情境——要有一个对活动本身感兴趣的连续的活动;第二,在这个情境内部产生一个真实的问题,作为思维的刺激物;第三,他要占有知识资料,从事必要的观察,对付这个问题;第四,他必须负责有条不紊地展开他所想出的解决问题的方法;第五,他要有机会和需要通过应用检验他的观念,使这些观念意义明确,并且让他自己发现它们是否有效②。

经典语段十三

方法的性质

方法就是经验材料最有效地和最有成果地发展的途径。因此,方法从观察经验的进程得来,在这种经验中,个人的态度和举止与所学习的教材之间,并无有意识的区别。认为方法是某种孤立的东西,这种设想和心智及自我与事物世界隔离的观念相联系。这就使教学和学习成为形式的、机械的和强制的。虽然方法是个别化的,但是由于从先前的经验所得来的智慧储备,由于有时所学习的材料具有普遍相似之处,所以对完成经验的正常进程可以辨别出若干特征。用本人的态度来表达,优良的方法有以下几个特征:直截了当的态度,灵活的理智兴趣或虚心的学习意志,目的的完整性和承担包括思维在内的个人活动后果的责任心。③

经典语段十四

教材的性质

教育上的教材首先由供给现在社会生活内容的种种意义所构成。所谓社会生活的连续性,就是说,在这些意义中有许多是过去的集体经验贡献给现在的活动。由于社会生活发展得更为复杂,这些因素在数量上和意义上也随之增加。对这些材料需要加以特别的选择、表述和组织,使它能适当地传授给新的一代。但是,正是这种过程往往提出一种教材,以为离开教材促使年轻人认识他们现在经验中所含意义的作用,教材自身就有价值。特别是教育者易受诱惑,以为他的任务就是使学生能掌握和复述指定的教材,不考虑把教材组织到作为发展中的社会成员的学生的活动中去。如果学生开始学

---

① 约翰·杜威.民主主义与教育[M].王承绪,译.北京:人民教育出版社,2001:165-166.

② 约翰·杜威.民主主义与教育[M].王承绪,译.北京:人民教育出版社,2001:178-179.

③ 约翰·杜威.民主主义与教育[M].王承绪,译.北京:人民教育出版社,2001:196.

习的东西是有社会根源和应用的主动的作业,通过把更有经验的人所传授的观念和事实吸收到他自己更为直接的经验中去,然后进到所包含的教材和法则中的科学的洞察力,这样,我们所主张的积极的原理就得到维护了。①

经典语段十五

课程中的游戏和工作

游戏和工作在心理学上的区别,不能和经济上的区别混为一谈,这一点很重要。从心理学上看,游戏的规定性特征不是消遣,也不是无目的的。在游戏中,目的在于进行更多同类的活动,而不是按所产生的结果规定活动的继续。当活动变得更为复杂时,由于较多地注意所取得的特殊结果,活动的意义就会增加。因此活动逐渐变成工作。人为的经济条件使游戏成为富者无益的兴奋,使工作成为贫者不合意的劳动,离开这些人为的经济条件,游戏和工作都是同样自由的,都能从本身引起动机。从心理学上看,工作不过是一种活动,有意识地把顾到后果作为活动的一部分;当后果在活动以外,作为一种目的,活动只是达到目的的手段时,工作就变成强迫劳动。工作始终渗透着游戏态度,这种工作就是一种艺术——虽然习惯上不是这样称法,在性质上确是艺术。②

经典语段十六

地理和历史的重要性

地理和历史是扩大个人直接经验的意义的两大学校资源。前一章所叙述的主动作业,在自然和人两方面,在空间和时间上向外伸展。除非为了外部的原因或仅仅作为技能的模式教这些主动作业,它们的主要教育价值将在于它们为进入历史和地理所讲的广大意义世界提供最直接和最有趣味的道路。虽然历史阐明人类的关系,地理阐明自然的联系,但是,这两门学科是同一活生生的整体的两个方面,因为人类的联合生活是在自然界进行的,自然界并不是一个偶然的背景,而是发展的材料和媒介。③

经典语段十七

课程中的科学

科学是经验中认知因素的果实。科学不主张仅仅叙述个人的或习惯的经验,它志在叙述能揭示信念的来源、根据和结果的事物。如果能达到这个目的,叙述就具有逻辑性。在教育方面,必须注意科学方法的逻辑特点,因为是属于经过理智上高度精制的教材,这种方法不同于学生的学习方法。学生的学习方法有时间的顺序,是从理智性质比较粗糙的经验,到理智性质比较精密的经验。如果忽视这个事实,就会把科学看作全是单调的知识,这种知识用不寻常的专门词汇表达,比通常的知识更加使人不感兴趣,更加远离生活实际。科学在课程中必须履行的功能,就是它已经为种族履行过的功能:从

---

① 约翰·杜威.民主主义与教育[M].王承绪,译.北京:人民教育出版社,2001:210.

② 约翰·杜威.民主主义与教育[M].王承绪,译.北京:人民教育出版社,2001:223.

③ 约翰·杜威.民主主义与教育[M].王承绪,译.北京:人民教育出版社,2001:235.

局部的和暂时的偶然经验中解放出来，开辟没有为偶然的个人习惯和偏爱遮蔽的理智的前景。抽象作用、概括作用和明确的表述的逻辑特征，都和这个功能有联系。在使观念从它所产生的特殊背景中解放出来，使它具有更为广泛的关联时，任何个人的经验的结果都可以供所有的人利用。因此，从终极结果说，从哲学上说，科学乃是一般社会进步的工具。①

经典语段十八

教育的价值

"价值"这个名词有两种十分不同的意义。一方面，它指珍视一个事物的态度，觉得事物本身有价值。价值就是丰富的或完全的经验的名称。在这个意义上，评价就是欣赏。但是，评价也指一种有特色的理智行为——一种比较和判断的行动，估量事物的价值。当我们缺乏直接的丰富的经验时，就要进行估量，同时出现一个问题，就是在一个情境的各种可能性中，选择哪一个可能性，以便达到完全的实现，或者获得重要的经验。

但是，我们决不能把课程的许多科目分成欣赏的科目，即有内在价值的科目和工具的科目，即在它们本身以外有价值或目的的科目。在任何科目中形成适当的标准，决定于实现这个科目对经验的直接意义所做出的贡献，决定于直接的欣赏。文学和美术具有特殊的价值，因为它们代表最好的欣赏，通过选择和集中，深刻地实现它们的意义。但是，每门科目在它发展的某个阶段，对和它有关的个人来说，应该具有审美的性质。

对所有各种不同的经验的内在价值做出贡献，是决定许多科目的工具的价值和派生的价值的唯一标准。给每门科目指定独立的价值，同时把整个课程看作由各种独立的价值聚集而成的混合体，这种趋势是社会团体和阶级隔离孤立的结果。所以，民主的社会团体的教育任务，在于和这种隔离孤立的现象作斗争，使各种利益能相互支援和相互影响。②

经典语段十九

劳动和闲暇

有关教育价值的许多割裂现象中，文化和实用之间的割裂也许是最基本的。虽然这种区分常常被认为是内在的和绝对的，但是事实上它是历史的和社会的。就有意识地形成这种区分而论，这种区分起源于希腊，并且根据这样的事实，即只有少数人能够过真正的人的生活，他们依靠别人的劳动成果维持生活。这个事实影响了智力和欲望、理论和实际的关系的心理学理论。这个事实体现在人类永远划分成两种人的政治理论之中，一种人能够过理性的生活，因而有他们自己的目的，另一种人只能过欲望和劳动的生活，需要他人给他们提供目的。这两种心理方面和政治方面的区分，用教育的术语来表达，就是造成自由教育和有用的、实际的训练之间的区分：一方面是自由教育，和致力于为认知而认知的自给自足的闲暇生活有关；另一方面是为机械的职业而进行的有

① 约翰·杜威. 民主主义与教育[M]. 王承绪，译. 北京：人民教育出版社，2001：247－248.

② 约翰·杜威. 民主主义与教育[M]. 王承绪，译. 北京：人民教育出版社，2001：267.

用的实际的训练,缺乏理智的和审美的内容。虽然目前的情况在理论上出现了根本的多样化,在事实上也有了很大的变化,但是旧时代历史情况的因素仍旧继续存在,足以维护教育上的区分,还有很多折中妥协之处,常常降低教育措施的功效。民主社会的教育问题在于消除教育上的二元论,制订一种课程,使思想成为每个人自由实践的指导,并使闲暇成为接受服务责任的报偿,而不是豁免服务的状态。①

经典语段二十

知识科目和实用科目

希腊人由于他们传统的习俗和信仰愈来愈不能调节生活便被劝诱去进行哲学的探讨。因而他们抨击习俗,寻求生活和信仰的权威的其他来源,既然他们希望生活和信仰有一个合理的标准,并且把不满人意的习俗等同于经验,他们便把理性和经验断然对立起来。理性愈被抬高,经验就愈被贬低。因为经验就是人们在特定的和变化中的生活环境中所做的事和受到的遭遇,行动也就在哲学上受到蔑视。在高等教育中,这种影响会同其他很多势力,推崇所有最少使用感官观察和身体活动的方法和课题。近代是以反对这种观点开始,诉诸经验,抨击所谓纯粹的理性概念,理由是理性概念或者需要用具体经验的结果作为基础,或者仅仅是偏见和制度化的阶级利益的表现,自称合理,作为掩护。但是,各种情况使人们把经验看作纯粹的认知,而不顾它固有的主动和情感的方面,并且把经验看作被动地受纳孤立的"感觉"。因此,新理论所招致的教育改革主要局限于排除过去方法上偏重书本知识的缺点,没有完成彻底的改造。

同时,心理学的进展,工业方法的进步以及科学中实验方法的发展,使另一个经验的概念成为明显可取和可能的概念。这个理论恢复古人的观念,即经验首先是实际的,不是认知的——是行动和承受行动的后果。但是,古代的理论经过了改造,认识到行动可加以指导,吸收思维所提出的一切变为自己的内容,形成牢固的经过检验的知识。于是"经验"不再是经验性的,而变成实验性的了。理性不再是遥远的和理想的官能,而是活动借以具有丰富的意义的一切资源。②

经典语段二十一

自然科目和人文科目

从一开始,近代科学的兴起就预示着恢复自然和人性的紧密联系,因为近代科学把自然知识看作取得人类进步和幸福的手段。但是,科学的比较直接的应用符合一个阶级的利益,而不符合人类共同的利益;同时,人们承认的科学原理的哲学表述有一种倾向,或者把科学划为仅仅是物质的,把人划为精神的和非物质的,或者把心理变成主观的幻想。因此,在教育上趋于把科学看作独立的科目,包括关于物质世界的专门知识,而保存旧时的文学科目,作为明显的人文主义科目。先前有关知识的演进和据以制定的课程计划的论述,旨在克服这两方面的分离,承认自然科学教材在人类事务中所占的

---

① 约翰·杜威.民主主义与教育[M].王承绪,译.北京:人民教育出版社,2001:278-279.

② 约翰·杜威.民主主义与教育[M].王承绪,译.北京:人民教育出版社,2001:293-294.

位置。①

经典语段二十二

个人和世界

真正的个人主义乃是放松作为信念标准的习俗和传统的权威支配的产物。除了偶见的例外,例如在希腊思想发展的顶峰时期,真正的个人主义是比较近代的表现。并不是因为不常存在个别差异,而是因为一个被保守的习俗支配的社会抑制个别差异,或者至少并不利用个别差异和促进个别差异。但是,由于各种原因,新的个人主义在哲学上不被认为是修正和改造过去所接受的信念的力量的发展,而视为一种主张,它认为每个人的心智是独立于其他一切事物的,是自身完全的。这种情况在哲学的理论方面产生了认识论上的问题,即个人对于世界的认识上的关系的可能性问题。在哲学的实践方面产生了纯粹的个人意识为共同的或社会的利益而行动的可能性问题,即社会指导的问题。虽然解决这些问题的各派哲学没有对教育产生直接的影响,但是它们所提出的基本假设在学习和管理之间以及在个性自由和他人控制之间常出现的分割现象中有所表现。关于自由,应该记住的重要问题是,自由指一种心理态度,而不是行动不受外部约束,但是,如果在探索、实验和应用中行动上没有相当的灵活性,这种心理素质是不可能发展的。一个建立在习俗基础上的社会,会利用个别差异,但只是在和习俗一致的限度以内;在每一个阶级内部,主要的理想是一致的。一个进步的社会把个别差异视为珍宝,因为它在个别差异中找到它自己生长的手段。因此,一个民主的社会,必须和这种理想一致,在它们各种教育措施中考虑到理智上的自由和各种才能和兴趣的作用。②

经典语段二十三

教育与职业

职业就是指任何形式的继续不断的活动,这种活动既能为别人服务,又能利用个人能力达到种种结果。职业与教育的关系问题把前面所讨论的各种问题集中到一点上,如关于思维和身体活动的联系;个人的有意识地发展和共同生活的联系;理论的修养和具有具体结果的实际行为的联系;谋生和闲暇的有价值的享用的联系等问题。一般地说,人们所以不肯承认教育的职业的方面(小学教育中实利性质的读、写、算三种除外),是由于保存过去贵族的理想。但是,现在有一种所谓职业训练的运动,是为了适应现有工业制度。这个运动会继续把传统的自由教育或文化修养,授予少数在经济上能够享用的人;而把别人控制的预备各种特殊职业的狭隘的工艺教育授予广大群众。当然,这种计划表明只是延续旧时的社会阶级区分,并且把理智和道德的二元论也保存下来。但是,在目前的社会条件下,这种计划已经没有继续存在下去的理由了。因为,现在的工业生活很依赖科学,并且密切的影响各种形式的社会交往,因此,我们有机会利用工业生活来培养青少年的心理和性格。此外,工业生活在教育上的正确运用将影响人的

---

① 约翰·杜威.民主主义与教育[M].王承绪,译.北京:人民教育出版社,2001:308.
② 约翰·杜威.民主主义与教育[M].王承绪,译.北京:人民教育出版社,2001:323-324.

智力和兴趣,再加上立法和行政方面的设施,就足以改变现在工商业制度有害于社会的弊端。工业生活在教育上的正确运用,将使日益深厚的社会同情心用于建设方面,而不让它成为盲目的慈善情感。工业生活在教育上的正确运用将使那些从事工业职业的人有参与社会管理的愿望与能力,有变为主宰工业命运的主人翁的能力,同时,还将使从事工业职业的人了解机器生产和分配制度所特有的技术的和机械的特点的意义。以上是就经济机会较差的人讲的。对于社会中享有特权的那部分人来说,把工业生活正确地运用在教育上,能增强他们对工人的同情心,使他们产生一种心理倾向,在有用的活动中发现文化修养的因素,并提高他们的社会责任感。换言之,现在职业教育问题所以占有极其重要的位置,是因为它要集中全力解决两个基本问题:是离开人类利用自然的活动最能练习人的智力呢,还是在人类利用自然的活动的范围以内最能练习人的智力呢? 个人的文化修养是在利己的条件下最能获得呢,还是在社会的条件下最能获得呢?①

经典语段二十四

教育哲学

哲学是思维的一种形式,它和一切思维一样,起源于经验材料中的不确定的事情,它的目的是要找出困惑的性质,制定消除困惑的假设,并在行动中加以检验。哲学的思维有它的特殊性,就是它所对付的种种不确定性出现在广泛的社会情况与目的之中,存在于那种有组织的兴趣和制度上的要求的冲突之中。因为,要使各种对立的趋势能和谐地重新调整,唯一的方法是通过改变情绪的和理智的倾向。所以,哲学同时就是明显地表述人生的各种兴趣,提出使多种兴趣实现更好的平衡的观点与方法。因为教育是一种过程,我们所需要的改造可以通过它完成,而不致永远是所想做的事情的假设,所以,我们有理由提出,哲学乃是作为审慎进行的实践的教育理论。②

经典语段二十五

认识论

既然民主主义在原则上主张自由交换,保持社会的连续性,它就必须阐明一种认识理论,在认识中发现一种方法,使一个经验能用来给予另一个经验以指导和意义。近年来,生理学、生物学以及实验科学的逻辑的进展给我们提供了制订和表述这种认识论所要求的特殊的理智的工具。从教育上来说,就是要使学校中知识的获得与在共同生活的环境中所进行的种种活动或作业联系起来。③

---

① 约翰·杜威.民主主义与教育[M].王承绪,译.北京:人民教育出版社,2001:338-339.

② 约翰·杜威.民主主义与教育[M].王承绪,译.北京:人民教育出版社,2001:350-351.

③ 约翰·杜威.民主主义与教育[M].王承绪,译.北京:人民教育出版社,2001:363.

经典语段二十六

道德论

学校中道德教育最重要的问题是关于知识和行为的关系。因为,除非从正式的课程所增长的学识足以影响性格,就是把道德的目的看作教育上统一的和最终的目的,也是无用的。如果知识的方法和题材与道德的发展没有密切的、有机的联系,就不得不求助于特定的修身课和特定的训练方式:知识没有和寻常的行为动机和人生观融为一体,而道德就变成道德说教——成为各自独立的德行的组合。①

第三节 讨论与分享

《民主主义与教育》出版后,在世界范围内引起了广泛传播和深远影响,被西方学者看成是教育哲学史上的里程碑著作。该书被称为杜威教育思想的总纲,自从20世纪初引入以来,中国教育界、思想界与该书的对话已经超过百余年,对我国教育理论发展和思想解放起到了很大的推动作用,对于当前我国的教育改革仍然具有非常重要的理论指导意义和现实应用意义,值得我们进一步深入研究和探讨。

一、经验活动论

"经验"概念是认识和把握杜威教育思想的一把钥匙,在其教育理论架构中居于非常重要的位置,他的整个教育思想体系都是围绕着"经验"一词来建构和展开的。"经验"是杜威教育理论中最重要、最基本的概念,其本人高度肯定"经验"的价值和作用,他指出:"一盎司经验所以胜过一吨理论,只是因为只有在经验中,任何理论才具有充满活力和可以证实的意义。……离开经验的理论,甚至不能肯定被理解为理论"。② 可以说,"经验"是杜威教育理论的核心概念,但同时也是杜威教育理论中歧义最多、最难以理解的概念,这不仅因为杜威"经验"概念的深奥、抽象与复杂,而且还在于传统哲学的经验观在人们心目中的根深蒂固。③

由于"经验"概念的抽象性、复杂性,导致很多学者对杜威的经验活动的课程理论,存在着认识上的偏差和一定程度的误读。长期以来,杜威的教学思想往往被概括为"从做中学"的教学论或经验教学论或"问题—解决"式教学论。这种教学论强调学生中心、经验中心和活动中心,夸大了"活动课程"的独特价值,轻视了知识的教育价值。然而这

---

① 约翰·杜威. 民主主义与教育[M]. 王承绪,译. 北京:人民教育出版社,2001:378.

② 约翰·杜威. 民主主义与教育[M]. 王承绪,译. 北京:人民教育出版社,2001:158.

③ 马开剑. 杜威"经验"概念的动态特征及其课程意义[J]. 贵州师范大学学报(社会科学版),2004(4):86.

是对杜威教学思想的误读。[①] 有学者认为,"'从做中学'所强调的'做'主要是个人亲自尝试的工作和活动,仅是获得和改组个人的经验,以使儿童自己的兴趣和需要得到满足;而且,这种'做'完全是建立在尝试错误之上的盲目的和个人摸索的活动"[②]。也有学者指出,"杜威'从做中学'的教育理论,片面强调感性认识,而抹杀了理性认识"[③]。

需要强调的是,杜威的"经验"概念与传统哲学对经验的认识有显著的区别,后者是建立在理性主义和经验主义二元对立的基础上,而杜威则注重经验与理性的内在统一,以关系性的存在方式诠释经验,扩大了经验的内涵。在杜威看来,经验不仅仅被当作局限于主体对客体的反应,也可以当作人和环境的相互作用。他给"经验"赋予了新含义,认为经验具有主动性、连续性与整体性的特征,以在活动中获得直接经验为起点,注重直接经验和间接经验的融合,最终完善认知结构的过程,并把整个生命活动的领域也纳入了经验的范畴。因此,杜威的经验活动,不同于传统经验中的"偶然的""零乱的"经验活动,是一种具有基于科学分析和判断基础上形成的假设指导下的实验性的经验活动。很显然,以往我们在对杜威教育思想中经验活动理论解读的过程中,强调了经验活动中注重活动与操作的"形式"的一面,忽视了经验活动中注重理性反思的"内核"的一面。

针对学界存在的对杜威经验概念的"去理智化"理解的倾向,莫利·科克伦表达了不满和强烈批评,他认为,如此理解杜威"经验"概念是"荒谬的","杜威非常强调思考、计划、反思、解释以及评价——这种理智的方法——或许一个更为公平的批评是这种方法对于教师的理智能力提出了更高的要求"。莫利·科克伦认为,之所以对于杜威的课程理论有一种反智的理解,可能的原因在于长期以来对于课程的组织方式有一个信念,即课程的内容必须以逻辑的关系组织起来。[④]

在经验活动适用学习阶段,有相当一部分学者认为,杜威过于强调个体的直接经验,而不注重对儿童间接经验的传递,学校课程要把传递间接经验放在主要位置,"从做中学"的"做"仅适用于浅显的初级阶段教学,而对于高级阶段的教学并不适用。滕大春指出,"从做中学的理论也只能适用于初级阶段和低浅层次的教学工作,并不适用于处理高级阶段和高深层次的教学工作","'从做中学'的适用范围是有一定限度的"。[⑤] 曹孚对杜威重视"活动教学"、强调儿童兴趣与实际生活的联系给予了高度肯定和认可,但他同时认为,杜威轻视了需要学生进行意志努力、进行科学理论学习的"学科教学"。[⑥]

事实上,杜威不仅重视个体活动和儿童兴趣,而且重视间接经验对儿童成长的重要性,尝试在学校教育中构建一套直接经验与间接经验相贯通、间接经验适当保持与生活

---

① 涂诗万,扈中平. 超越知识与活动的二元对立—杜威教学思想再认识[J]. 高等教育研究,2011(7):25.

② 单中惠. 现代教育的探索—杜威与实用主义教育思想[M]. 北京:人民教育出版社,2002:341-342.

③ 曹孚. 实用主义教育思想批判[M]. 上海:新知识出版社,1956:28.

④ MOLLY COCHRAN. The Cambridge Companion to John Dewey. Cambridge: Cambridge University Press, 2010:56.

⑤ 约翰·杜威. 民主主义与教育[M]. 王承绪,译. 北京:人民教育出版社,2001:38-39.

⑥ 曹孚. 杜威批判引论[M]. 北京:人民教育出版社,1951:51.

联系的体系。从对待知识的立场可以看出，一方面，杜威强调，应当注重把知识的建构与学生的生活经验有机结合起来。“凡是能称为一门学科的，不论是数学、历史、地理或一门自然科学，必须一开始就是从属于日常生活经验范围的那些材料中得来。”“然而，在经验的范围内发现适合于学习的材料只是第一步，第二步是将已经经验到的东西逐步发展成为更充实、更丰富、更有组织的形式，这是渐渐接近于提供给熟练的承认的那种教材的形式。”但他承认：“要发现各个儿童的经验背景是比较困难的，要发现怎样指导那个经验中已经包含的题材以至于引导到更大的、更好的组织起来的领域中去，也是比较困难的。”①另一方面，杜威也重视间接的知识学习。他对“从做中学”的局限性与不足一直有着警醒和深刻的察觉：“我们的大多数经验都是间接的，它依赖于介入我们自身与事物之间的符号，这些符号代表着那些事物。去战场身临其境地感受其危险是一回事，去道听途说地了解它又是一回事。”“正如我们所看到的，个体的直接经验是非常有限的，如果没有符号系统去表征那些不在场的事物，我们的经验还停留在原始人的水平上。”②杜威认为，在人类文明发展的历史长河中，间接经验或者符号系统发挥了重要作用和价值，我们应当给予充分的肯定，但是主张儿童不应过早地学习间接知识，间接知识的学习应当成为解决问题的手段，要杜绝间接经验陷入唯心主义或者狭隘的经验主义，避免学校教育和儿童实际生活与兴趣的脱离。

因此，我们认为，杜威主张“从做中学”的教学活动不是低层次的经验活动，而是一个思维的、探究的、主动的与环境相互作用的行动过程，做到直接经验与间接经验的融合贯通，从而实现通过“做”来保持经验系统的完整性。对于如何保持经验的完整性问题，他曾指出：“教育价值理论关键的问题是经验的完整性和统一性问题。如何在保持经验的丰富性和多样性的同时而不丢失其精神的完整性？如何使经验在保持统一性的同时而又不至狭隘与单调？从根本上讲，价值和价值标准的问题是关于生活兴趣组织的道德问题。从教育意义上讲，这个问题关系到学校、教材和方法的组织，使得经验富有广延性与丰富性。”③

二、学校即社会

在杜威的实用主义教育体系中，如何实现他提倡的教育即生活、生长和经验的改组等思想理论，他提出了“学校即社会”的方案，充分肯定了社会生活在学校教育中的作用。杜威在《我的教育信条》中提道：“儿童的社会生活是其一切训练或生长的集中或相互联系的基础。社会生活给予他一切努力和一切成就的无意识的统一性和背景。”④传统的旧学校注重知识灌输，儿童成为一个被动接受与其生活经验无关的符号材料的容器，与儿童生动的生活实际相脱节，使教育变得抽象、乏味，这是对儿童天性的摧残。杜

① 赵祥麟，王承绪. 杜威教育名篇[M]. 北京：教育科学出版社，2014：225.

② JOHN DEWEY. Democracy and Education. New York: The Free Press, 1997: 232.

③ JOHN DEWEY. Democracy and Education. New York: The Free Press, 1997: 53.

④ 约翰·杜威. 学校与社会·明日之学校[M]. 北京：人民教育出版社，1994：9.

威指出:“总有一种危险,正规教学的材料仅仅是学校中的教材,和生活经验的教材脱节。”①在他看来,儿童的训练和生长与社会生活密切相关,如果学校教育脱离了社会生活,学校教育就会失去了源头活水,失去了它的存在基础。杜威主张学校的教育要根植于社会生活当中,并且要随着社会生活的变化不断做出相应的调整。“我们的社会生活正在经历着一个彻底的和根本的变化。如果我们的教育对于生活必须具有任何意义的话,那么他就必须经历一个相应的完全的变革……采用主动作业、自然研究、科学常识、艺术、历史,把单纯的符号和形式的课程降低到次要的地位,改变学校的道德风尚、师生关系和纪律,引进更生动的、富于表情的和自我指导的各种因素——所有这一切都不是偶然发生的,而是出于更大的社会发展的需要”②。

理想的学校“应成为一个小型的社会,一个雏形的社会”。③ “学校即社会”,所说的学校并不是成人社会的简单再现,而是一种特殊的社会环境,它具有特殊的功能和特点。一是学校是一个简化的社会环境,不能同成人社会那样复杂。杜威指出:“我们现今社会生活的种种关系如此众多,错综复杂,就是把一个儿童放到最适宜的地位,并不能很快地参与到很多重要的关系中去。既然他不能参与到这些关系中去,它们的含义也就不会传达给他,也就不能变成他自己心智倾向的一部分。这就好像只见森林不见树木。商业、政治、艺术、科学和宗教,都要青少年注意,结果陷于混乱,无所适从。”④由此可见,学校教育所需要的社会生活环境,应当是简化版的社会环境,构建一种循序渐进的环境,使儿童逐步地参与吸收。二是学校是经过精选的社会环境。这个环境是要经过净化和过滤的,把各种杂质和糟粕都要排除掉,不能像成人社会那样良莠不齐。在杜威看来,鱼龙混杂、泥沙俱下的社会环境,不适合儿童健康生长,需要建立一个纯化的活动环境,选择社会生活中的精华在学校进行传递,以避免社会不良因素对儿童身心健康造成影响。正如他所说:“学校是缩小的集中的社会……学校不但是雏形的社会,并且是模范的社会,后来社会改良都要完全靠着它。”⑤三是学校应当能够在多种影响中求取平衡,不像成人社会那样充满冲突。杜威认为,学校具有平衡社会环境的功能,在各种不同的社会关系中发挥着改良调节作用,使儿童不受偏颇的环境影响和限制。“每个人所加入的社会环境有种种不同,每个人的倾向受到种种不同势力的影响,学校发挥着协调作用”⑥。

在杜威看来,确立“学校即社会”这个原则具有重要的意义。首先,这个原则破解了学校教育与社会生活脱离的难题。“学校即社会”的教育理念“彻底背离那种把学校看作仅仅是学习功课和获得某些技能的场所的见解。……这个思想,不仅影响学习和研

① 约翰·杜威.民主主义与教育[M].王承绪,译.北京:人民教育出版社,2001:13.

② 约翰·杜威.学校与社会·明日之学校[M].赵祥麟,任钟印,吴志宏,译.北京:人民教育出版社,2005:37.

③ 赵祥麟,王承绪.杜威教育论著选[M].上海:华东师范大学出版社,1981:21.

④ 赵祥麟,王承绪.杜威教育论著选[M].上海:华东师范大学出版社,1981:152.

⑤ 单中惠.现代教育的探索——杜威与实用主义教育思想[M].北京:人民教育出版社,2002:304.

⑥ 杜威.民主主义与教育[M].北京:人民教育出版社,1990:67.

究，而且影响儿童的组织……也影响教材的选择”，①进而彻底改变学校教育与社会生活相脱离的困境。其次，在塑造儿童的心灵方面更有优势。杜威认为，在教育实践中，如果从“学校即社会”的角度出发来考虑教育目的和安排教育活动，那么儿童就会在潜移默化中学到了知识，提高了能力，塑造了心灵。“我们可以在学校造成我们所要实现的一种社会的缩影，由此塑造青少年的心灵，逐步地改变成人社会的更加重大和更难控制的特征。”②第三，对于培养民主社会所需要的未来优秀成员，具有重要的推动作用。如果儿童生活在一个具有民主主义社会雏形的学校，通过在活动中来培养未来成员民主的行为习惯和参与的能力，“用服务的精神熏陶他，并授予有效的自我指导的工具时，我们将拥有一个有价值的、可爱的、和谐的大社会的最强大的并且最好的保证”。③

在“学校即社会”教育原则中，杜威非常重视儿童从生活中、从活动中学习。对此，有学者指责他，由于儿童的能力不高、生活接触面比较窄，这种教育方式容易放纵为儿童对零星碎片的常识的追求，不能通过学习获得系统而专深的知识，批判他在反对教条主义的同时，自己却陷入了经验主义。一部分进步主义教育派确实存在这样的问题和倾向，这种批评是有一定的道理。针对这个问题，杜威从综合观点和发展观点的角度出发，给予了回应。他认为，儿童和青少年的学习由于年龄的差异，可以分为三个阶段，强调教学是“连续重建的工作，应从儿童现有的经验进入有组织的真理研究的阶段”。儿童 4 到 8 岁阶段，应通过活动和工作进行学习，侧重学习怎样做，教学方法是从做中学，所得知识为了应用，不是为了未来进行储备；在 8 到 12 岁阶段，可以进行自由注意学习，能够学习间接知识，但要把握好间接知识和直接知识的融入问题，所学知识为了生活需要；在 12 岁以后这个阶段属于反省注重学习时期，受教育者能够掌握系统性、理论性的科学知识，能够把握事物的发展规律，并掌握科学的思维方法。事实上，杜威在教育实践中也是这样执行的，比如芝加哥实验学校在教学过程中并不是只让儿童从做中学，在高年级阶段也设置了比较高深的学科，以便对不同年龄阶段的孩子进行因材施教。

三、儿童中心论

杜威认为，传统的学校教育过于重视知识的传授和灌输，强调机械训练，注重发挥教师的主导作用，儿童成为被动接受的容器，压制了其个性，扼杀了其创造力，不利于儿童的健康成长。针对传统教育忽视学生的做法，杜威进行了强烈的批判，他指出：“传统学校的重心是在儿童之外，在教师，在教科书以及在其他你所高兴的任何地方，唯独不在儿童自己即时的本能活动之中”。④ 在他看来，传统教育关注儿童兴趣、经验和心理特点太少，与儿童现实生活严重脱节，对教师、教材等考虑较多，挫伤了儿童自主学习的

---

① 赵祥麟，王承绪. 杜威教育论著选[M]. 上海：华东师范大学出版社，1981：321.

② 杜威. 民主主义与教育[M]. 北京：人民教育出版社，1990：333.

③ 杜威. 学校与社会・明日之学校[M]. 北京：人民教育出版社，1994：41.

④ 约翰・杜威. 学校与社会・明日之学校[M]. 赵祥麟，任钟印，吴志宏，译. 北京：人民教育出版社，2005：41.

积极性、主动性,有必要对此进行改革。

在儿童教育问题上,杜威深受卢梭思想的影响,从中吸收了很多养分,并将这些养分融入自己的教学实践和教育思想当中,在借鉴基础上形成了自己的新儿童观。比如,他高度肯定了卢梭关于教育要顺应儿童的天赋能力,不是把外面的世界强加给儿童去接受,而是要使人类与生俱来的能力得以生长等观点。从重视儿童在教育中的地位出发,杜威认为,学校的一切教育活动都应当以儿童为中心,教学计划、课程教材、教学方法等应该围绕儿童的兴趣、心理特点、经验来展开,尊重儿童的个性和自然发展。对此,他甚至强调:"我们教育中将引起的改变是重心的转移。这是一种变革,这是一种革命,这是和哥白尼把天文学的中心从地球转到太阳一样的那种革命。这里,儿童变成了太阳,而教育的一切措施则围绕着他们转动,儿童是中心,教育的措施便围绕他们而组织起来。"①

由此可见,与传统教育相比,杜威非常重视儿童在教育中的地位和作用,强调儿童的天性、本能和自主的活动,尊重儿童的兴趣和独立性的发展,使儿童从被压迫的教育中解放出来,学校教学大为改观。那么,我们是否由此可以认为杜威就是"儿童中心主义者",把他的教育理论称为"儿童中心论"呢?有学者认为,"儿童中心"是解释杜威教育思想中关于儿童在教育或课程中的地位的一种比较重要的观点,这种观点认为"儿童中心论"是特定历史时期的教育观念,是美国进步主义教育运动的核心价值,是杜威教育思想的重要命题。②

事实上,"儿童中心"是进步主义教育运动的一面大旗,该学派主张包括:第一,学生有自然发展的自由;第二,兴趣是全部活动的动机;第三,教师是指导者,而不是布置作业的监工;第四,注重学生发展的科学研究;第五,对于儿童的身体发展给予更大的注意;第六,适应儿童生活的需要,加强学校与家庭之间的合作;第七,进步学校在教育运动中的领导作用。③ 可见,很多指向杜威的批判,所批判的教育主张实质上是进步主义教育学派的观点,并非是杜威自己的思想。被批判的进步主义教育的主张恰好是名副其实的"儿童中心"观点。

进步主义教育对美国教育理论和改革实践产生重要的影响,但随着进步主义运动发展的过程中有向极端化发展的倾向,教育中的"儿童因素"和课程教材、教师等其他因素存在走向对立面的危险,逐渐形成为一种激烈的对抗关系。"在纽约的格林尼治村的游戏学校,普拉特试图将学生置于一种环境中,通过与这种环境相互作用,他们能实现自我教育,在这个过程中,儿童游戏的冲动便足够维持他们在学校一整天中的或自发或有意的活动。"④可以看出,这所学校在教育过程中,儿童地位得到凸显,教师地位遭到忽视,教师权威下降,注重儿童自发活动。这种情况和现象,不管是在教育理论层面还

---

① 约翰·杜威.学校与社会·明日之学校[M].赵祥麟,任钟印,吴志宏,译.北京:人民教育出版社,2005:41.

② 李国庆.从中心到对话:现代西方师生观的新发展[J].教育科学,2005(2):34.

③ 克雷明.学校的变革[M].单中惠,马晓斌,译.上海:上海教育出版社,1994:270-273.

④ 张斌贤.教育与社会变革[M].北京:中国社会科学出版社,2012:210.

是教育实践层面都有很大的市场。

关于儿童在教育中的地位，杜威针对教育领域儿童与课程的关系中存在的两种极端化倾向进行了指责。一是“课程与教材中心的倾向”，该观点认为“儿童是需要被教化的未成熟的个体，他是肤浅的而非深刻的，他的经验是狭窄的而有待于扩展的，他的职责是接受、服从”；①二是“儿童中心的倾向”。该倾向认为，“儿童是起点，是中心，是目的，他的发展与成长是理想，生长与发展本身就是标准，对于儿童的生长而言，所有的课程都是从属的，他们是满足儿童生长的工具。个性、性格不仅仅是教材，自我实现是（课程的）目标而非知识与信息……教材不能从外部施之于学生，学习是主动的。”②杜威对教育实践中存在的两种倾向给予了强烈批判。他认为，第一种倾向忽视了儿童的主体作用，教育与儿童和社会生活相脱离，儿童成为被动接受知识的容器，把儿童的教育看作是未来生活的准备，这种倾向不利于调动儿童参与的积极性、主动性，不能有效激发儿童的潜能和创造精神；第二种“儿童中心的倾向”过于强调尊重儿童的天性、自主发展和自我活动，漠视了学科知识的学习，忽视了教师对于学生的引导作用和指导地位，是对儿童成长的放任，走向另一个极端，同样也是有害的。

对于儿童与课程的关系，杜威认为，一方面需要对儿童的内在能力、兴趣、心理特点给予充分的重视，另一方面也需要对儿童内在的不良倾向性保持警惕。在他看来，人的本性无所谓善恶，其儿童观与传统先验的儿童观和卢梭自然主义的人性观都有不同，他的儿童观是“经验的”“实际的”，他们的内在倾向性可以为善也可以造恶，儿童是积极的社会主体，他们的兴趣需要发现、鼓励与引导。③ 可以看出，杜威对儿童在教育中的地位有着清醒、理性的认识。他既不认可传统教育中忽视学生儿童的地位的做法，也反对进步主义教育运动中存在的放任儿童的倾向。在谈到教育的基础问题时，他认为教育由三部分构成，“儿童是教育的基础，学校与学科是教育的工具，社会是教育的目的”。④对于如何正确处理儿童与课程的关系，杜威强调，儿童和课程是教育过程中既相互作用而又不同的两个方面，不同学科在课程体系当中的呈现要与儿童的经验紧密结合起来，要坚决抵制两种错误的观念：一是认为教材应当是超出儿童经验之外的、孤立的、预备的学习材料；二是把儿童的经验看作是“流变的、不成熟的”，由此不当否定儿童的经验。我们认识到，儿童和课程仅仅是构成一个单一的过程的两极。正如两点构成一条直线一样，儿童现在的观点以及构成各种科目的事实和真理，构成了教学。……进入儿童的现在经验里的事实和真理，和包含在各门科目的事实和真理，是一个现实的起点和

① JOHN DEWEY. The Child and The Curriculum[M]. Chicago & London: The University of Chicago Press, 1902: 7.

② JOHN DEWEY. The Child and The Curriculum[M]. Chicago & London: The University of Chicago Press, 1902:10.

③ MOLLY COCHRAN. The Cambridge Companion to Dewey[M]. Cambridge: Cambridge University Press, 2010: 60.

④ 单中惠、王凤玉. 杜威在华教育演讲[M]. 北京：教育科学出版社，2007：30.

终点。[①]

从杜威创办的芝加哥实验学校的教育实践来看,是不是"儿童中心"也可以得到进一步印证。他把该"实验学校"定位为一个实验室,其价值主要是对探索性的,提倡参观者将注意力多放在关注实验学校中所彰显的教育思想和教育理念。可以看到,教育的社会方面(the social phase of education)放在第一位。这个事实,和实验学校创办以来所流行的以及那个很多参观人所带走的关于该校的印象恰恰相反。这就是在进步学校起过很大作用的一个思想:这些学校的存在,是为了给个人完全的自由,它们是,而且必然是"儿童中心(child-centered)"的,在某种程度上,忽视或者至少不重视社会关系和社会责任。尽管没有成功,在意图上,实验学校是"社会中心(community-centered)"的。[②]在这里,杜威将芝加哥实验学校和进步学校之间的界限进一步明确,强调他所创办的实验学校是提倡"社会中心"的,并不是主张"儿童中心"的,并解释说是参观者对实验学校产生了误解,把它误认为是"儿童中心"的,产生误解的原因就在于人们已经从旧学校里建立起来的印象。

基于以上的分析,我们认为,杜威和儿童中心主义者是不能画等号的,其教育理论也不能就此认为是"儿童中心主义"的教育思想,如果简单将他们等同起来,这是对杜威及其教育观点的曲解。这样。对于"儿童中心"的观点,有学者认为,杜威没有刻意追求将儿童视为一种孤立的"中心"。"教育界加之于儿童中心的种种罪名其实与早期的倡导者并无直接的关系。"[③]从杜威在其不同著作中的观点和表述来看,该学者的观点和评价是很有道理的,并且杜威本人也从没承认过自己就是儿童中心主义者。

四、师生关系论

在师生关系问题上,杜威认为,传统教育模式过于强调教师的权威和填鸭式的灌输,学生成了被动的接收容器,忽视了学生的主体地位和主动探索作用,主张学生在整个教学过程中都应该是积极主动的参与者,一切教学原则和教学活动应当围绕学生来组织,教师应当处在指导者地位,从知识的传授者转变为学生成长发展的促进者。

为此,不少研究者批评杜威,强调学生中心,降低教师威信,放弃教师的指导地位,否定教师的作用。"显然,杜威过分强调学是主体,低估了教是主导这个最重要的外因条件。杜威的错误正是在于他轻视系统知识、排斥课堂教学,从而否定了教师在传授科学知识方面的重要作用,而这正是教师的一种重要的主导作用。"[④]杜威的教育主张是不是如批评者所说的摈弃了教师的作用,使教师走向了学生的对立地位呢?他强调生活、生长和经验改造并不是对学生进行放任自流,放任自流就是断送教育。他在《我们

---

① 杜威.赵祥麟,任钟印,吴志宏,译.儿童与课程[M]//杜威.学校与社会·明日之学校.北京:人民教育出版社,1994:120-121.

② 杜威.王承绪,赵祥麟,顾岳中,赵端英,译.芝加哥实验的理论[M]//梅休,爱德华兹.杜威学校.上海:华东师范大学出版社,1991:408.

③ 张斌贤,王慧敏."儿童中心论"在美国的兴起[J].北京大学教育评论,2014(1):119.

④ 袁锐锷.新编外国教育史纲[M].广州:广东高等教育出版社,2005:226.

怎样思维》中指出："在传统的教育中，倾向于把教师看成是独裁的统治者。而在现代教育中，……有时人们把教师看成是一个微不足道的因素。……实际上，教师是一个社会团体的明智的领导者。……认为自由的原则使学生具有特权，而教师被划在圈外，必须放弃他所有的领导权力，这不过是一种愚蠢的念头。"①由此可见，杜威提出以学生为中心的目的是为了改变传统教育中对学生个性压制和强制灌输的现状，使学生摆脱被动接受的地位，并不是要否定教师的作用，而是尝试赋予教师新的角色和内涵，重构教师发挥作用的方式和途径，强调教师应是启发学生思维能力的领导者，应是学校生活和教学活动的组织者，应是平等师生关系中的交往者。

在杜威看来，理想中的师生关系应当是平等的、民主的，应当符合民主社会的要求。"师生的关系是民主和协作的关系，只有在这种社会关系中，学生才能形成社会需要的精神"②。在这种师生关系背景下，杜威对教师在教学过程中的角色作了重新审视，他认为："教师应该是一个社会集团的领导者，他的领导不以地位，而以他较深的知识，较成熟的经验，若说儿童享有自由的话，教师便应逊位而处于无权，那是愚笨的话。"③他还用一个生动的比喻说明两者的关系："教师是一个引导者，他掌着舵，学生用力把船划向前去"④也就是说，杜威所说的教师引导作用发挥，要注重调动学生的积极性和主动性，只有两者有效结合起来，才能形成教育的合力。因此，我们认为，杜威所强调的师生关系，应当是平等交往的、民主对话的关系，要抛弃传统教育中教师所处的外在的强迫式的权威地位，赋予教师新的内涵和价值，使教师成为学生团体的明智的指导者、发起者，而不是传统的控制者和操纵者，学生也不再是填充知识的容器，而是积极主动的学习者、创造者。

第四节　延伸阅读

杜威深受欧美思想影响，具有深厚的哲学、心理学、社会学理论基础，在哲学、教育学方面都有很高的建树。他的主要哲学著作有《哲学的改造》《经验与自然》和《确定性的寻求》。在教育理论方面，杜威由于具有深厚的哲学根基和心理学知识积淀，使其教育思想既有理论深度，又具有宽广视野。其教育著作除《民主主义与教育》外，还有《我们怎样思维》《经验与教育》《我的教育信条》等，这些著作共同构成杜威的教育思想体系。直到今天，杜威教育思想的现实影响仍在继续扩大，对现代教育理论的发展提供了

① 约翰·杜威. 我们怎样思维·经验与教育[M]. 姜文闵，译. 北京：人民教育出版社，2005：223.

② 约翰·杜威. 杜威教育论著选[M]. 赵祥麟，王承绪，译. 上海：华东师范大学出版社，1981：33.

③ 约翰·杜威. 思维与教学[M]. 北京：人民教育出版社，1981：246.

④ 约翰·杜威. 思维与教学[M]. 北京：人民教育出版社，1981：32.

很多启示,对当前我国的教育改革仍然具有指导意义。

一、《我们怎样思维》

《我们怎样思维》成书于1910年,1933年作了修订,并增加了一个副标题——“重述反思性思维与教学的关系”,是一本专门论述思维及思维训练问题的著作。该书有十六个章节,核心内容是阐述思维的本质、反省思维以及应该怎样有效培养反省思维。全书大体可以分为三部分内容:一是“思维训练问题”,重点阐述思维的内涵、思维训练的重要性;二是“逻辑的探讨”,讲述了思维所需具备的逻辑概念判断、推理、经验思维和科学思维等重要因素,以及这些要素是如何形成、如何影响思维的;三是思维应该如何正确训练,从活动、语言、观察、知识的传授、讲课等方面分析了正确训练思维的方法,并强调如何避免陷入不当的训练误区。

在《我们怎样思维》1933年修订版书中第一部分第一章的开始部分,杜威就明确指出:“那些懂得什么是较好的思维方式,并且知道为什么这些思维方式比较好的人,只要他愿意的话,他就可以改变个人的思维方式,从而使思维变得更有成效。”①他认为,传统的教育实践中通常注重知识的传授、情感的引导、价值观的塑造,而对思维的重要性以及如何掌握正确的思维方式关注不够,应当重视培养学生正确而科学的思维能力,用不同的思维方式去指导行为会产生不同的效果。他指出,在意识流、想象、信念以及反省思维等四种思维形式中,反省思维是“最好的思维方式”,其他三种思维都存在不同程度的缺陷或者不足。反省思维是指“对于任何信念或假设性的知识,按照其所依据的基础和进一步导出的结论,去进行主动的、持续的和周密的思考”②。

在杜威看来,反省思维是一种工具或手段,其本身不是目的,其主要功能就是将“困惑的、疑难的、矛盾的或混乱的情景”作为思维的起点,通过反省思维转化为“清晰的、连贯的、确定的情景”,从而使困难解决、疑虑消除。“它将未经加工的经验转变为富有意义的理论,服务于个人成长和社会进步”③。因此,思维的方法就是解决问题的方法。在《我们怎样思维》一书中,杜威将反省思维的过程分为五个阶段,也就是经典的思维五步法:其一,暗示:感觉到的困难,心智寻找可能的解决办法。其二,理智化:使感觉到的疑难或困惑理智化,成为有待解决的难题和必须寻求答案的问题。其三,假设:在收集事实资料中开始,并指导观察及其他工作,假设可能的解决办法。其四,推理:对一种概念或假设从理智上认真推敲,通过推理选择解决困难的假设。其五,用行动检验假设:通过外显的行动或想象的行动加以检验,证实结论是否可信。④当然,在实际反省思维中,杜威的这五个阶段顺序并不是固定的,儿童只有处在直接的

① 约翰·杜威. 我们怎样思维·经验与教育[M]. 姜文闵,译. 北京:人民教育出版社,1991:1.

② 约翰·杜威. 我们怎样思维·经验与教育[M]. 姜文闵,译. 北京:人民教育出版社,2005:16.

③ RODGERS C. Defining reflection: Another look at John Dewey and reflective thinking[J]. Teachers College Record, 2002(6): 866.

④ 约翰·杜威. 我们怎样思维·经验与教育[M]. 姜文闵,译. 北京:人民教育出版社,1991:88-94.

经验的情境，亲身考虑问题的各种条件和情况，在此基础上寻找解决问题的办法，才可以称之为真正地思维。

《我们怎样思维》一书运用大量日常生活中的案例，分析了人类思维的本质，全面系统地介绍了思维的运转过程，对思维模式、好奇、经验、观察、联想、理解、推理、概念、判断等诸多问题进行了清晰而深刻的阐释，并提出了如何在教育中进行思维训练的原理，可以说是现代教育理念的奠基之作。当代美国著名杜威研究学者戴克威教授曾对该书做了这样的评论："其最初的设想是给教师提供一种帮助，因而采用一种简单的和非技术的风格来写，全部使用来自教室里的和日常经验的例证。这本书的根本信念就是：如果儿童去学习的话，那就要教他去思考，因为学习过程就是思维过程。《我们如何思维》几乎直接就成了教育文献中的经典，对教育实践产生了巨大的影响……"①有更为直白的评论：《我们如何思维》1933 年修订版"这本书本身为教育改革运动作出了贡献。"该书虽然自出版以来已经过去一百多年，直到今天依旧闪烁着智慧之光，并具有实践指导意义，不仅有助于我们了解思维的特性，运用科学的训练方法提高学生的思维能力，而且有助于教师根据思维的发展过程提高教育教学质量、提升学生的创新能力。

二、《经验与教育》

《经验与教育》出版于 1946 年，是杜威在其他教育思想流派对进步主义教育运动进行强烈批判背景下写作的，是杜威后期一部重要的教育著作，也是杜威对自己 40 多年里的教育思想与教育改革实践进行总结反思的成果。当代美国教育史学家克雷明（L. A. Cremin）在其《学校的变革》中指出，《经验与教育》"这本书实际上是杜威各方面教育观点的重申，而这些教育观点是他 20 多年来在被批评、歪曲和误解的过程中形成的"②。该书有八个章节，主要论述了传统教育与进步教育的对立、经验的理论、社会控制与个人自由、教育目的的意义和进步学校的教材组织、经验教育的方法和目标等内容。

杜威认为，传统教育不重视经验在教育中的作用，忽视了把学校作为社会生活的一种形式这一基本原则，学校成为传授知识的场所，批判儿童现在的学习是为未来生活做准备，这并不能成为儿童生活经验的一部分，因而并不真正具有教育作用。1938 年版的《经验与教育》"编者前言"中指出："无论旧教育还是新教育，都不能满足需要。两者都对教育有错误的理解，因为它们都没有运用精心阐述的经验哲学的原则。"③在杜威看来，教育要以经验哲学为基础，重视经验在教育中的核心地位和作用，强调教育与个人经验的有机联系。教育是在经验中、由于经验和为着经验的一种发展过程，教育即经验的生长，强调"为了实现教育的目的，不论对学习者个人来说，还是对社会来说，教育

---

① DYKHUIZEN G, GEORGE D. The Life and Mind of John Dewey [M]. Carbondale: Southern Illinois University Press, 1973: 139.

② 克雷明. 学校的变革[M]. 单中惠，王强，译. 济南：山东教育出版社，2013：213.

③ 霍尔-奎斯特.《经验与教育》编者前言//杜威全集：晚期著作第 13 卷[M]. 上海：华东师范大学出版社，2015：318.

都必须以经验为基础———这种经验往往是一些个人的实际的生活经验。”[①]由此,他指出:“教育者的主要责任是不仅要通晓环境条件所形成的实际经验的一般原则,而且也要认识到在实际上哪些环境有利于引导生长的经验,最为重要的是,他们应当知道怎样利用现有的自然的和社会的环境,并从中抽取一切有利于建立有价值的经验的东西。”[②]

杜威非常重视学生个人的生活经验,强调教育应以学习者现有经验为起点,在此基础上建立教育与个人经验之间的联系,当然,经验的作用具有两面性,需要鉴别经验的教育价值。他指出:“相信一切真正的教育是来自经验的,这并不表明一切经验都具有真正的或同样的教育的性质。不能把经验和教育直接地彼此等同起来。因为有些经验具有错误的教育作用。任何对经验的继续生长有阻碍或歪曲作用的经验,都具有错误的教育作用。”[③]为此,杜威提出了经验的“连续性”和“交互作用”原则,作为衡量经验是否具有教育的意义和价值的标准。杜威认为,进步教育是比传统教育更进步的教育,进步学校是新的事物,要以理性的态度反思教育改革。在他看来,进步学校的最大缺陷就是没有解决好教材的选择和组织问题,强调要在经验的基础上解决好教材的循序组织问题,如果教材不适应学习者的需要和能力,那么经验就会丧失教育作用,同样的道理,如果学习者不适应教材,经验就会丧失经验作用。

经验论是杜威教育哲学的核心,也是杜威教育理论的一块基石,不理解杜威对经验的认识和论述,就很难真正深刻地理解杜威的全部的教育理论。《经验与教育》一书就是为了总结、修改和完善其“自然主义的经验论”,杜威在书中系统阐释了“教育即生活”“教育即生长”“教育即经验的改造”等实用主义教育思想。有学者认为,《经验与教育》是20世纪所公认的最重要的教育理论家对教育问题的最简要的阐述,是对“教育”这一主题的最简明的和最易读的扩展性论述。它不仅对“传统教育”和“进步教育”两者进行了很好的分析,而且对每一种教育的基本弱点或缺陷都进行了论述。[④] 因此,可以说《经验与教育》凝聚了杜威哲学思想和教育思想的精华,是全面了解和研究杜威教育理论的重要文本。

三、《我的教育信条》

《我的教育信条》出版于1897年,是杜威早期的教育著作。全书分为教育心理、教育哲学、教育实验三个部分。第一部分是“教育心理”,主要讨论了兴趣、学校课程的心理学维度、想象力与表达以及教育中的审美因素等内容,澄清了人们对这些心理现象的误解及对相关概念的误用;第二部分是“教育哲学”,阐述了作者关于教育的基本信念、

① 约翰·杜威.我们怎样思维·经验与教育[M].姜文闵,译.北京:人民教育出版社,1991:304.

② 约翰·杜威.我们怎样思维·经验与教育[M].姜文闵,译.北京:人民教育出版社,2005:259.

③ 约翰·杜威.我们怎样思维·经验与教育[M].姜文闵,译.北京:人民教育出版社,1991:253.

④ 单中惠.阅读杜威:教育名著中的思想发展轨迹及特点[J].教育史论,2021(4):13.

关于儿童研究的一些学术思考以及高中对于教育方法的影响等思想；第三部分是“教育实验”，介绍了杜威任职于芝加哥大学期间所进行的富有创意的学校实验，论述了作者在初等教育阶段进行教育实验的设想与计划。

在这本著作中第二部分，其中一个篇章介绍了杜威的教育信条，阐述了什么是教育、什么是学校、教材、方法、学校与社会进步。在教育信条中，杜威把教育放在了第一位，从个人与社会关系的基本原理视角提出，一切教育都是通过个体参与人类社会意识进行的，真正的教育是通过对于儿童的能力的刺激而来的，强调教育过程包括两个方面：一个是心理学的，一个是社会学的。在杜威看来，学校主要是一种社会组织，是经历社会生活过程的场所，教育是生活的过程，而不是将来生活的预备，应当把现实的社会生活简化起来，使学校成为现实的、雏形的社会。在谈到什么是教材时，杜威认为，不应当给儿童提供许多与其社会生活无关的专门科目，这违反了儿童的天性，应当选择与儿童心理、兴趣相适应的社会活动，教育根本的基础在于儿童活动的能力。杜威强调，教育方法的性质是发展儿童的兴趣与能力，压制兴趣等同于抑制儿童的好奇心、灵敏心和创造力；对于学校与社会进步的关系，杜威指出，教育是社会进步与社会改革的基本方法，社会对于教育的责任便是它的至高无上的道德责任。

《我的教育信条》是杜威实用主义教育思想的一个纲领性阐述，不仅清晰而简要地阐释了他对教育的信仰，而且是他后来教育实践和理论研究的引领。可以说，杜威此后发表和出版的教育论著，实际上就是对他自己教育信仰的不断拓展和深入阐释。①

学习评价

1. 杜威教育思想评述。
2. 谈谈你对杜威关于教育本质的理解。
3. 简述杜威“学校即社会”的教育思想。
4. 试评杜威“从做中学”的教学思想。

阅读参考

1. 弗兰克·M·弗拉纳根著，卢立涛、安传达译：《最伟大的教育家：从苏格拉底到杜威》，华东师范大学出版社，2009。

2. 单中惠、王凤玉：《杜威在华教育演讲》，教育科学出版社，2007。

3. 曹孚：《实用主义教育思想批判》，新知识出版社，1956。

4. 张斌贤：《教育与社会变革》，中国社会科学出版社，2012。

5. 克雷明著，单中惠、马晓斌译：《学校的变革》，上海教育出版社，1994。

① 单中惠. 阅读杜威：教育名著中的思想发展轨迹及特点[J]. 教育史论，2021(4)：9.

参考文献

1. 肖朗. 中外教育名著选读[M]. 北京:高等教育出版社,2009.

2. 郝泽华. 历代《论语》注释梳理与研究[J]. 赤峰学院学报(汉文哲学社会科学版),2016,37(8).

3. 蒋冬梅,潘艺林.《论语》中孔子的"好学观"及其启示[J]. 成都师范学院学报,2020(12).

4. 姚徽. 论朱熹《论语集注》的特点及贡献[J]. 安徽教育学院学报,1999(4).

5. 陆晓华. 论刘宝楠《论语正义》的训诂方法及特点[J]. 安徽教育学院学报,2001(2).

6. 王晟,高毓婷. 简析《论语》之"学"[J]. 文学教育,2021(1).

7. 赵志浩.《论语》中关于"学"的内涵及方式[J]. 衡阳师范学院学报,2018(4).

8. 李建华,冯丕红.《论语》中的"好学"之德及现代启示[J]. 大学教育科学,2013(1).

9. 李惠文. 孔子眼中的好学——从一个系统性角度的考察[J]. 孔子研究,2014(3).

10. 张传燧,周文和.《学记》教学艺术思想探微[J]. 教育评论,2002(05).

11. 郭晓东.《学记》与中国古代教育之道[J]. 大学教育科学,2017(06).

12. 胡小婷.《学记》教育思想对当下语文教学的启示[D]. 福建师范大学,2019.

13. 王红军.《学记》"喻"教育思想的现代启示[D]. 西南大学,2006.

14. 王晓雷. 浅议新课改中对启发式教学的误解[J]. 教育与职业,2005(26).

15. 柯艺扬,柯晓露. 论《学记》教育思想的现实意义[J]. 教育探索,2008(10).

16. 张晓峰,张乐君,夏素荣. 试论《学记》的教学思想原则[J]. 辽宁科技学院学报,2019(12).

17. 李想. 论学记中的"时"[J]. 全球教育展望,2019(01).

18. 马靖."豫时孙摩"教育四原则应用研究[J]. 文化产业,2019(05).

19. 刘继武. 试谈现代教学方法之特点[J]. 教育研究,1995(10).

20. 中央教育科学研究所. 徐特立教育文集[M]. 北京:人民教育出版社,1979.

21. 谌安荣. 阐释与反思:《学记》教学哲学思想研究[D]. 湖南师范大学,2007.

22. 顾明远. 教育大辞典(卷 11)[M]. 上海:上海教育出版社,1991.

23. 约翰·洛克. 教育漫话[M]. 杨汉麟,译. 北京:人民教育出版社,2006.

24. 伍德勤,贾艳红,袁强. 中外教育简史[M]. 合肥:安徽大学出版社,2005.

25. 王天一,夏之莲,朱美玉. 外国教育史(上)[M]. 北京:北京师范大学出版社,1993.

26. 袁锐锷. 新编外国教育史纲要[M]. 广州:广东高等教育出版社,2005.

27. 赵厚勰,李贤智. 外国教育史教程[M]. 武汉:华中科技大学出版社,2018.

28. 约翰·洛克. 教育漫话[M]. 徐大建,译. 北京:商务印书馆,2018.

29. 赫尔巴特. 普通教育学[M]. 李其龙,译. 北京:人民教育出版社,2015.

30. 赫尔巴特. 教育学讲授纲要[M]. 李其龙,译. 北京:人民教育出版社,2015.

31. 赫尔巴特. 兴趣的多方面性与教育教学[M]. 李其龙,译. 北京:人民教育出版社,2018.

32. 刘新科,栗洪武. 中外教育名著选读[M]. 北京:中国人民大学出版社,2007.

33. 黄华. 世界著名教育思想家赫尔巴特[M]. 北京:北京师范大学出版社,2012.

34. 蒋林. 赫尔巴特的反轻松教育[M]. 长沙:湖南少年儿童出版社,2006.

35. 沈致隆. 对话加德纳:多元智能我们不能简单理解[N]. 中国教育报,2004-8-5.

36. 加登纳. 智能的结构[M]. 兰金仁,译. 北京:光明日报出版社,1990.

37. 霍华德·加德纳,沈致隆. 多元智能理论二十年——在美国教育研究协会上的演讲[J]. 人民教育,2003(17).

38. 沈致隆,霍华德·加德纳. 智能的结构[J]. 全球教育展望,2007(1).

39. 联合国教科文组织国际教育发展委员会. 教育——财富蕴藏其中[M]. 联合国教科文组织中文科,译. 北京:教育科学出版社,2014.

40. 联合国教科文组织国际教育发展委员会. 反思教育:向"全球共同利益"的理念转变?[M]. 联合国教科文组织中文科,译. 北京:教育科学出版社,2017.

41. 贺微. 世界著名心理学家阿德勒[M]. 北京:北京师范大学出版社,2013.

42. 叶浩生. 西方心理学的理论和流派[M]. 广州:广东高等教育出版社,2004.

43. 约翰·杜威. 民主主义与教育[M]. 王承绪,译. 北京:人民教育出版社,2001.

44. 约翰·杜威. 我们怎样思维·经验与教育[M]. 姜文闵,译. 北京:人民教育出版社,1991.

45. 约翰·杜威. 学校与社会·明日之学校[M]. 赵祥麟,任钟印,吴志宏,译. 北京:人民教育出版社,2005.

46. 赵祥麟,王承绪. 杜威教育论著选[M]. 上海:华东师范大学出版社,1981.

47. 王承绪,赵祥麟. 西方现代教育论著选[M]. 北京:人民教育出版社,2001.

48. 单中惠. 现代教育的探索——杜威与实用主义教育思想[M]. 北京:人民教育出版社,2002.

49. 吕达,刘立德,邹海燕. 杜威教育文集(第二卷)[M]. 北京:人民教育出版社,2008.

50. 袁锐锷. 新编外国教育史纲[M]. 广州:广东高等教育出版社,2005.